Dieter Senghaas
Zum irdischen Frieden

Erkenntnisse
und Vermutungen

Suhrkamp

edition suhrkamp 2384
Erste Auflage 2004

Satz: Jung Crossmedia, Lahnau
Druck: Nomos Verlagsgesellschaft, Baden-Baden
Umschlag gestaltet nach einem Konzept
von Willy Fleckhaus: Rolf Staudt
Printed in Germany
ISBN 3-518-12384-X

1 2 3 4 5 6 - 09 08 07 06 05 04

edition suhrkamp 2384

Zum irdischen Frieden will jene Erkenntnisse aufbereiten, die für ein zeitgemäßes differenziertes Verständnis der gegenwärtigen Friedensproblematik von Bedeutung sind. In Beantwortung der Frage, wodurch und wie sich Frieden unter den komplexen Bedingungen der Gegenwart konstituiert, entfaltet Senghaas Definitivbestimmungen zum Frieden, die im Modell des sogenannten »zivilisatorischen Hexagons« ihren Ausdruck finden. Er diskutiert Einwände gegen dieses Modell und vertieft besondere Aspekte wie Friedenszonen, unterschiedlich gelagerte Interdependenzen im internationalen System, Implikationen von Entwicklungsprozessen für die Friedenspolitik und die Problematik eines interkulturellen Dialogs unter den Bedingungen der Globalisierung.

Dieter Senghaas, geb. 1940, lehrt Friedens-, Konflikt- und Entwicklungsforschung an der Universität Bremen. Letzte Veröffentlichungen im Suhrkamp Verlag: *Zivilisierung wider Willen. Der Konflikt der Kulturen mit sich selbst* (1998, es 2081); *Klänge des Friedens. Ein Hörbericht* (2001, es 2214). Herausgeber u. a. von *Den Frieden denken* (1995, es 1952); *Frieden machen* (1997, es 2000).

Inhalt

Vorwort

Dieses Buch handelt über den *irdischen* Frieden, aber sein Anliegen ist in der Tendenz jenen frühen Traktaten vergleichbar, in denen über *dauerhaften, immerwährenden* oder gar *ewigen* Frieden nachgedacht wurde. Im einen wie im anderen Falle ging es und geht es immer noch um Überlegungen über die Bedingungen der Möglichkeit von Frieden, aber auch über die Wahrscheinlichkeit einer Verwirklichung der jeweiligen Friedensprogrammatik.

Wenn im folgenden ausdrücklich von *irdischem* Frieden die Rede sein wird, dann nicht, weil der Begriff des *ewigen* Friedens in der Diskussion des 18. und 19. Jahrhunderts und auch noch später schon mehrfach prominent besetzt wurde, insbesondere natürlich mit Immanuel Kants Schrift *Zum ewigen Frieden* (1795), dem philosophischen Höhepunkt dieser Diskussion einschließlich einer geradewegs unendlichen Geschichte von Nachfolgediskussionen. Auch liegt der Wechsel in der Begrifflichkeit nicht darin begründet, daß die Rede vom *ewigen* Frieden erneut das alte durchaus naheliegende und weiterhin immer wieder bemühte Mißverständnis provozieren könnte, als handele es sich bei einschlägigen Traktaten notwendigerweise um utopisches Denken bzw. die Produktion von Chimären oder gar um Abhandlungen über eine ganz andere, nämlich eine transzendente Welt.[1] Diese Mißverständnisse werden allein schon durch die frühen Friedensentwürfe widerlegt, in denen es darum ging, unter den jeweils gegebenen Umständen ein zeitgemäßes realisierbares Friedenskonzept wirklichkeitsnah darzulegen.[2] Möglicherweise hat

1 S. Wolfgang Burgdorf: *»Chimäre Europa«. Antieuropäische Diskurse in Deutschland (1648-1999)*, Bochum 1999.

2 S. die Zusammenstellungen der Friedenspläne seit der Renaissance in Kurt von Raumer (Hg.): *Ewiger Friede*, München 1953; Hans-Jürgen Schlochauer (Hg.): *Die Idee des ewigen Friedens*, Bonn 1953; John Sylvester Hemleben: *Plans for World Peace through Six Centuries*, Chicago 1943; Jacob ter Meulen: *Der Gedanke der Internationalen Organisation in seiner Entwicklung*, Bd. 1-3, Den Haag 1917-1940. Daß die Friedensentwürfe nicht abseits der politischen Realität entstanden, wird dokumentiert in Thomas Fröschl (Hg.): *Föderationsmodelle und Unionsstrukturen. Über Staatenverbindungen der Frühen Neuzeit vom 15. bis zum 18. Jahrhundert*, München 1995. Dieser Band dokumentiert, ohne wirklich aktuell sein zu wollen, eine fast tagespolitische Aktualität, wenn man die frühen Diskurse mit jenen ver-

jedoch die Fixierung der theoretischen und praktischen Diskussion auf Kants Traktat und dessen Duktus einer solchen Fehlwahrnehmung Vorschub geleistet. Mit der spezifischen Begrifflichkeit im Titel dieses Buches soll somit von vornherein nichts weiter signalisiert werden, als daß es konkret um Frieden unter den Bedingungen des 21. Jahrhunderts geht.

Folglich enthält dieses Buch insbesondere keine Abhandlung über die genannte frühe Debatte,[3] auch nicht einen weiteren Beitrag zur Kant-Philologie, die, nachdem Kant inzwischen unendlich oft und durchaus mit Erkenntniszugewinn hin- und herinterpretiert wurde, allmählich von abnehmendem Grenznutzen ist.[4] Auch wird im folgenden nicht die Geschichte des Friedensdenkens in und außerhalb Europas rekapituliert[5] oder gar, wie heute aus solchem Anlaß zu formulieren wäre, im Hinblick auf spezifische aktuelle Erfordernisse »rekonstruiert«. Alle diese Unternehmungen in ideengeschichtlicher Absicht sind vielfach und vielerorts schon erfolgt; für ihre Fortsetzung gibt es zum jetzigen Zeitpunkt keine erneute Dringlichkeit.

gleicht, die im sogenannten Verfassungskonvent der Europäischen Union 2002/03 stattfanden.

3 S. hierzu eine ausführliche Dokumentation samt Auswertung in Anita und Walter Dietze (Hg.): *Ewiger Friede? Dokumente einer deutschen Diskussion um 1800*, München 1989.

4 Zur neueren Rezeption von Kants Schrift *Zum ewigen Frieden* (1795), allermeist aus Anlaß des 200. Jahrestages dieser Veröffentlichung und einer entsprechenden Folgediskussion, s. Otfried Höffe (Hg.): *Immanuel Kant. Zum Ewigen Frieden*, Berlin 1995 (mit ausführlicher Bibliographie auch der früheren Literatur zu Kants Schrift); Matthias Lutz-Bachmann und James Bohman (Hg.): *Frieden durch Recht. Kants Friedensidee und das Problem einer neuen Weltordnung*, Frankfurt/M. 1996; Reinhard Merkel und Roland Wittmann (Hg.): *»Zum Ewigen Frieden«. Grundlagen, Aktualität und Aussichten einer Idee von Immanuel Kant*, Frankfurt/M. 1996; Matthias Lutz-Bachmann und James Bohman (Hg.): *Weltstaat oder Staatenwelt? Für und wider die Idee einer Weltrepublik*, Frankfurt/M. 2002. Umfassende Interpretationen von Kants Schrift im Kontext von dessen Philosophie legten vor Wolfgang Kersting: *Wohlgeordnete Freiheit. Immanuel Kants Rechts- und Staatsphilosophie*, Frankfurt/M. 1993^2; Volker Gerhardt: *Immanuel Kants Entwurf »Zum Ewigen Frieden«. Eine Theorie der Politik*, Darmstadt 1995; Otfried Höffe: *»Königliche Völker«. Zu Kants kosmopolitischer Rechts- und Friedenstheorie*, Frankfurt/M. 2001.

5 S. hierzu die glänzende Zusammenfassung von Wilhelm Janssen: »Friede. Zur Geschichte einer Idee in Europa«, in: Dieter Senghaas (Hg.), *Den Frieden denken*, Frankfurt/M. 1995, S. 227-275, sowie Michael W. Doyle: *Ways of War and Peace*, New York 1997.

Warum dennoch eine weitere Abhandlung über den Frieden, dessen Problembereiche und Dimensionen in einer Fülle von Literatur längst ausdiskutiert sein müßten?[6] Was zur Veröffentlichung dieses Buches motivierte, ist folgende Beobachtung: In vielen neueren Abhandlungen über Frieden wird dieser entweder abstrakt-allgemein und relativ empiriefern, gewissermaßen kategorienlastig abgehandelt (so vor allem in vielen Beiträgen zur politischen Philosophie); oder aber er wird (übrigens meist methodisch unreflektiert) nur ausschnitthaft-regionalistisch (so vor allem in sozialwissenschaftlichen Beiträgen) thematisiert, wobei im letzteren Falle die nicht thematisierten Teilwelten und die Welt insgesamt selten in den Blick der Analyse geraten. Nun stellt sich aber die Friedensproblematik nicht auf einer abstrakt-allgemeinen Ebene, sondern in je besonderen konkreten Kontexten dar, wobei insonderheit die Welt insgesamt, der beliebte (abstrakte) Bezugspunkt philosophischer Reflexion, nur einen von diesen konstituiert: Der friedensphilosophischen Diskussion fehlt allermeist sowohl die Konkretion als auch die Vermittlung der jeweils favorisierten Gesamtperspektive zu den in der Welt tatsächlich vorfindbaren Teilwelten.[7] Andererseits können noch so überzeugende ausschnitthafte Analysen von Teilwelten, wie sie üblicherweise von der Sozialwissenschaft vorgelegt werden (z. B. über das in den indisch-pakistanischen Beziehungen angelegte Sicherheitsdilemma, über die Bemühungen um Integration in Südamerika usf.), kein wirklichkeitsnahes Gesamtbild vermitteln.[8]

Was in beiden Diskursen merkwürdigerweise unterbelichtet bleibt, ist der für eine Analyse der derzeitigen Friedensproblematik elementare Tatbestand, daß die heutige Welt ein in ihren Ausmaßen unvergleichlich extrem abgeschichtetes Gebilde voller Zerklüftungen, Gefälle und daraus resultierender Asymmetrien ist: In ökonomischer, sozialer, kultureller und politischer Hinsicht ist die real existierende Welt geradewegs ein Inbegriff struk-

6 Eine umfangreiche Auswahlbibliographie allein zur Grundlagenliteratur findet sich in dem von mir herausgegebenen, in Anm. 5 zitierten Buch S. 490-503.

7 Das muß nicht so sein, wie der Band von Christine Chwaszcza und Wolfgang Kersting (Hg:): *Politische Philosophie der internationalen Beziehungen*, Frankfurt/M. 1998, beispielhaft dokumentiert.

8 Der Sachverhalt ist banal und wird anhaltend durch eine Fülle von Neuerscheinungen belegt.

tureller Heterogenität.[9] Konzepte, die infolge ihrer Abstraktheit oder in der Folge einer Insensibilität gegenüber strukturell unterschiedlich gelagerten Handlungszusammenhängen einfach empiristisch-blindlings weltflächige Gleichläufigkeiten, also eine Art von Homogenität der Welt, unterstellen und sich damit einer von der Sachlage her gebotenen Kontextuierung der Argumentation entziehen, entsprechen jedoch weder den friedenspolitischen Problemlagen, noch können sie dem Anspruch genügen, wirklich zeitgemäß zu sein. Die Gleichzeitigkeit von ungleicher Entwicklung in einer beharrlich zerklüfteten Welt macht jedoch sachhaltige kategoriale Differenzierungen, die in den meisten Friedensdiskursen fehlen oder modellplatonisch eingeebnet werden, unabweisbar.[10]

So kann sich beispielsweise ein zeitgemäßer Traktat zum *irdischen* Frieden in der Analyse nicht nur auf das sich aus der sogenannten »Anarchie der Staatenwelt« ergebende Sicherheitsdilemma konzentrieren. Dieses Dilemma muß vielmehr selbst im Zusammenhang eines strukturell gelagerten, inzwischen weltweit zum Problem gewordenen Entwicklungsdilemmas thematisiert werden, denn die konkrete Ausprägung des Sicherheitsdilemmas hängt in erheblichem Maße von der entwicklungsbedingten Lage einzelner Staaten innerhalb der markant hierarchisierten Weltgesellschaft ab. Die auch im Friedensdiskurs ständige Rede von den wachsenden Interdependenzen in der gegenwärtigen Welt bleibt ohne analytische Aussagekraft, wenn nicht die in der Realität sehr unterschiedlich ausgeprägten Interdependenzen samt ihrer höchst verschiedenartigen friedenspolitischen Implikatio-

9 Der Begriff entstammt, wie nicht anders vermutbar, der Entwicklungsforschung. Dort wird mit ihm eine abgeschichtetete sozio-ökonomische, soziokulturelle und politische Realität verstanden, wobei die Abschichtungen im Hinblick auf symbiotisch miteinander verschränkte, aber hierarchisiert aufeinander bezogene Produktionsweisen zustande kommen. S. hierzu Dieter Senghaas: *Weltwirtschaftsordnung und Entwicklungspolitik. Plädoyer für Dissoziation*, Frankfurt/M. 1977, S. 41 ff. Der Begriff entstammt ursprünglich der lateinamerikanischen *dependencia*-Diskussion (»heterogeneidad estructural«).

10 Eine wegweisende, nicht von einem Wissenschaftler, sondern von einem Praktiker stammende Differenzierung findet sich in Robert Cooper: *Gibt es eine neue Weltordnung?*, in: Dieter Senghaas (Hg.), *Frieden machen*, Frankfurt/M. 1997, S. 102-118; ausführlicher ders.: *The Post-Modern State and the World Order* (o. J.; über Internet zugänglich).

nen im Hinblick auf ihre spezifischen Profile analysiert werden. Im übrigen stellt sich erst auf solcher Grundlage die Frage nach der »Interdependenz von Interdependenzen« (Willy Brandt). Und eine Kategorie mit weltweitem Bezug wie »Globalisierung« ist nur dann aussagekräftig und sinnvoll verwendbar, wenn ganz unterschiedliche, aber gleichzeitig zu beobachtende Erfahrungen in der Konzeptualisierung von Globalisierung Berücksichtigung finden: beispielsweise eine relativ problemlose, in ökonomischer, sozialer und kultureller Hinsicht bereichernde Globalisierung (*Welt I:* »Globalisierung *de luxe*«); davon unterschieden: eine Globalisierung, die in wenigen Teilen der Welt tatsächlich eine Aufwärtsmobilität innerhalb der Hierarchie internationaler Arbeitsteilung eröffnet (*Welt II*); ferner: eine Globalisierung, die in weiten Teilen der Welt eine ohnehin schon vorhandene, meist politisch virulente Entwicklungskrise noch einmal deutlich akzentuiert und überdies vielfach ordnungs- und machtpolitisch motivierte Kulturkämpfe provoziert (*Welt III*); und schließlich: eine Globalisierung, die in den chronischen Problemzonen der Welt, definierbar durch Staatszerfall und Gewaltmärkte, eine politische, sozio-ökonomische und kulturelle Regression breitenwirksam virulent werden läßt (*Welt IV*). Ein zeitgemäßer Friedensdiskurs muß sich mit solchen, hier beispielhaft genannten Realitäten auseinandersetzen und damit auch in Aussagen, die in verallgemeinernder Absicht erfolgen, die Komplexität der real existierenden Welt und ihrer Teilwelten erkennbar werden lassen.[11]

Zum irdischen Frieden will jene Erkenntnisse, Einsichten und auch Vermutungen, insbesondere aber wißbares weltkundiges Wissen, aufbereiten, die für ein zeitgemäßes differenziertes Verständnis der gegenwärtigen und absehbar zukünftigen weltweiten Friedensproblematik von Bedeutung sind. Dergestalt ist die Erkenntnisabsicht des vorliegenden Buches, das, wenngleich nicht im Titel und auch nicht im Inhalt, so doch in der Motivation und insbesondere in der Anlage *dem* klassischen Vorbild folgt: In den Präliminarüberlegungen (Kap. 1) werden in aller Kürze eine friedensunzuträgliche Handlungsmaxime (*»si vis pacem, para*

11 Diese vierteilige Welt-Analyse findet sich in Dieter Senghaas: *Die Konstitution der Welt – eine Analyse in friedenspolitischer Absicht*, in: *Leviathan*, Bd. 31, Heft 1, 2003, S. 117-152.

bellum«) kritisiert und die *»para pacem«*-Maxime umrißhaft vorgestellt. In dem darauffolgenden umfangreichen zweiten Abschnitt (Kap. 2) werden kompakt die operativen Definitivbestimmungen zum irdischen Frieden – das sogenannte »zivilisatorische Hexagon« – entfaltet. Gefragt wird: Wodurch und wie konstituiert sich Frieden unter den komplexen Bedingungen der Gegenwart? Daran anschließend findet sich ein dritter Abschnitt (Kap. 3) mit einer paradigmenhaft zugespitzten Erörterung der nicht weniger wichtigen, aber merkwürdigerweise kaum erörterten Frage: Wodurch und wie konstituiert sich eigentlich friedenspolitische, d. h. eine den Frieden fördernde Vernunft? Ein vierter Abschnitt (Kap. 4) setzt sich mit Kritiken zu früher veröffentlichten Darlegungen zum zivilisatorischen Hexagon auseinander. Diese vier Kapitel (Teil I des Buches) bündeln die Kernaussagen zum irdischen Frieden.

In einem zweiten Teil des Buches vertiefen *Zusätze* spezifische Aspekte der Definitivbestimmungen und entsprechender Erfahrungen. Der *Erste Zusatz* (Kap. 5) stellt vier auf erfahrungswissenschaftlicher Grundlage erarbeitete Friedensprogrammatiken vor: also friedenspolitische Komplexprogramme, die dokumentieren, daß in der friedenstheoretischen und der friedenspolitischen Diskussion nicht eine Reduktion von Komplexität, sondern deren Steigerung erforderlich ist. Im *Zweiten Zusatz* (Kap. 6) werden die historische Erfahrung der Herausbildung einer Zone stabilen Friedens und die Chance von deren Erweiterung eingehend analysiert.

Die Beiträge im *Anhang* des Buches (Teil III) erläutern grundlegende strukturelle Sachverhalte, deren Kenntnis für ein Verständnis der friedenspolitischen Problemlagen der heutigen Welt und für eine zeitgemäße Friedensprogrammatik unerläßlich ist. Hier werden begriffliche Differenzierungen entfaltet, die eine komplexe Analyse der Realität, also der derzeitigen Lage der Welt, nicht nur nahelegt, sondern geradezu erzwingt. Diese Differenzierungen betreffen die in die Struktur der heutigen Welt eingebauten *Dilemmata* (Kap. 7), die unterschiedlich gelagerten Erfahrungen mit *Interdependenz* (Kap. 8), insbesondere diejenigen im Hinblick auf die Entwicklungsproblematik, die, anders als eine übliche Vorstellung suggeriert, eine weltweite ist (Kap. 9). Auch betreffen die Differenzierungen den *Globalisierungs*diskurs, der heute in seiner gängigsten Ausprägung ganz besonders durch einen mangelnden Sinn für strukturell unterschiedlich gelagerte Handlungszusammenhänge gekennzeichnet ist. Dieser Diskurs wird exemplarisch unter besonderer Berücksichtigung der Problematik kultureller Globalisierung beleuchtet (Kap. 10).

Diese vier Kapitel von Teil III können auch die methodische Prämisse dieses Buches, die ein Ergebnis sachhaltiger Erkenntnis und nicht einfach Ausfluß einer willkürlich-beliebigen Setzung ist, plausibilisieren: nämlich das Erfordernis einer Argumentation, in der unterschiedlich gelagerte Handlungszusammenhänge differenziert, *also kontextsensibel*, erfaßt werden. Das hat dann zur Folge, daß auf solcher Grundlage wirklichkeitsgesättigter Erfahrung auch der politisch motivierte Friedensdiskurs einem entsprechenden Zugzwang zur argumentativen Differenzierung ausgesetzt wird, ohne daß in der analytischen bzw. praxeologischen Argumentation der synoptische Blick auf die friedenspolitische Problemlage, in der sich die Welt insgesamt befindet, verlorengeht. Da die neuzeitliche und insbesondere die heutige Welt immer mehr eine Einheit von eigenem strukturellen Gewicht ist, allerdings eine gestaffelte Einheit nicht-homogener, jedoch aufeinander bezogener Teile, kommt eine angemessene Lagebeurteilung ohnehin nur zustande, insofern sich eine Analyse über die Gesamtstruktur der Welt und jene über strukturell unterschiedlich gelagerte »Teilwelten« vermitteln.[12]

Eine letzte Bemerkung zu Beginn: Der Titel dieses Buches ist kein Etikettenschwindel. Das Buch handelt vom *Frieden*, nicht also von Gewalt und Krieg. Die Gewalt- und Kriegsursachenforschung sind wichtig, und deren wesentliche Erkenntnisse fließen

12 Eine solche Vermittlung, spätestens in der Darstellung eines Sachverhaltes abgeschlossen, setzt im Erkenntnisprozeß die von Jean-Paul Sartre paradigmatisch dargelegte, sogenannte progressiv-regressive Methode voraus: also ein im Erkenntnisprozeß anhaltendes Pendeln zwischen empirischer Detailanalyse im Kleinen und der Analyse von Gesamtzusammenhängen, ständig dergestalt fortschreitend, zumindest so lange, bis man glaubt, einen erkenntnismäßig vertretbaren Befund darlegen zu können. Befund bedeutet dann: die im Erkenntnisprozeß zustande kommende und sich verdichtende Aufbereitung und Erschließung eines Sachverhalts, folglich dessen Durchdringung als sachbezogener theoriekonstituierender Vorgang. S. hierzu Jean-Paul Sartre: *Kritik der dialektischen Vernunft*, Bd. 1 *(Theorie der gesellschaftlichen Praxis)*, Hamburg 1967, Kap. 1.

natürlich auch, soweit erforderlich, in dieses Buch ein.[13] Aber diese Forschung bleibt unzulänglich, wenn die Kernfrage der *Friedensursachenforschung* beantwortet werden soll, nämlich welche Rahmenbedingungen und Voraussetzungen für die »Architektur« eines dauerhaften und stabilen irdischen Friedens, also eines Friedens, der sich durch Nachhaltigkeit auszeichnet, erforderlich sind. Daß zwischen dem einen und anderen Schwerpunkt der Forschung und damit auch der intellektuellen Aufmerksamkeit im allgemeinen Brücken möglich sind, wird auch in diesem Buch dokumentiert, ebenfalls (wie insbesondere in Kapitel 3) daß es im Friedensdiskurs sinnvolle konzeptuelle Brückenschläge zwischen unterschiedlichen Ebenen der Friedensproblematik – der Makro-, Meso- und Mikroebene – gibt.

13 Zur Gewaltursachenforschung s. hierzu jetzt Wilhelm Heitmeyer und John Hagan (Hg.): *Internationales Handbuch der Gewaltforschung*, Wiesbaden 2002; zur Kriegsursachenforschung Manus Midlarsky (Hg.): *Handbook of War Studies*, Ann Arbor 2000^2.

I

Den Frieden stiften: Über die Konstitutionsbedingungen vernünftigen Friedens und friedenspolitischer Vernunft

Erster Abschnitt, welcher Präliminarüberlegungen zum irdischen Frieden enthält (*»para bellum«*)

»Si vis pacem, para bellum« lautet die in weiten Teilen der Welt immer noch verständnisvoll rezipierte und akzeptierte Maxime für Friedenssicherung: Eine geschickte Kriegsvorbereitung (*»para bellum«*) soll Krieg verhindern helfen und also die Wahrscheinlichkeit von Frieden (minimalistisch als Nicht-Krieg definiert) erhöhen. In dieser gängigen Maxime stehen nicht die Umstände, unter denen Gewaltpotentiale heranreifen und gegebenenfalls Gewalt virulent wird, im Zentrum der Aufmerksamkeit. Vielmehr wird mit ihr auf bloß vermutete, auf tatsächlich drohende oder auf schon eskalierende Gewalt, gleich welchen Ursprungs diese ist, reagiert; und inszeniert wird dagegen ein *militärisch abgesichertes Machtmanagement*, das der Diplomatie im allgemeinen und insbesondere im Hinblick auf den *worst case* als Rückversicherung dient. In diesem Sinne sind diese Maxime und eine ihr entsprechende Politik nicht ursachen-, sondern vielmehr symptomorientiert.[1]

Von ihrer Prämisse her, der Orientierung an *konfrontativer Sicherheit*, ist die *para bellum*-Maxime, sachlogisch bedingt, in der Regel auch insensibel für die Frage, ob das von ihr jeweils vorgesehene Instrumentarium – eine instrumentell konzipierte, meist chronisch werdende Drohpolitik sowie militärische Rüstungen jedweder Art – nicht seinerseits die Eskalationsträchtigkeit von Gewaltlagen verschärft, anstatt potentieller Eskalation entgegenzuwirken und sie einzudämmen. Denn ein militärisch abgesichertes Machtmanagement läßt sich durchaus mit unterschiedlichen

1 Sinnigerweise wird eine solche Orientierung in konzeptueller, aber insbesondere in praktischer Hinsicht von ihren Verfechtern als »realistisch« etikettiert, womit gemeint ist, daß die Realität so strukturiert ist, daß sich eine solche Orientierung mit der Realität synchronisiert. Über die Bedeutung solcher Lagebeurteilung, aber auch über die erforderliche Kritik informierten jüngst erneut Gert Krell: *Weltbilder und Weltordnung. Einführung in die Theorie der internationalen Beziehungen*, Baden-Baden 2000, Kap. 6, sowie Ulrich Menzel: *Zwischen Idealismus und Realismus. Die Lehre von den Internationalen Beziehungen*, Frankfurt/M. 2001, Kap. 2 und 8.

Akzenten verfolgen: als bloße Abhaltestrategie (beispielsweise im Sinne nicht-provokativer Verteidigung), als Strategie der Abschreckung und Eindämmung mit maßgeblich defensiven und/ oder offensiven Komponenten und als eine offensiv ausgelegte Strategie der potentiellen Vorwärtsverteidigung, der Präemption und Prävention, die sich von einer reinen Offensivstrategie kaum unterscheidet.[2] Vor allem unter den letztgenannten Prämissen ist es unmöglich, zu einer funktionsfähigen, ggf. kooperativen Sicherheitsgemeinschaft zu gelangen, in welcher das zwischen souveränen, schon gar zwischen verfeindeten Staaten chronisch existierende *Sicherheitsdilemma* wenigstens abgefedert und entproblematisiert wäre.[3]

Überdies ist und bleibt militärisch orientierte Friedenssicherung *prämissenbedingt* auf die Trennung der Kontrahenten ausgerichtet: Sie ist also nachhaltig *dissoziativ* angelegt, weshalb immer die Gefahr droht, in einer anhaltenden, politisch unfruchtbaren Rüstungskonkurrenz zu enden.[4] Deshalb die allenthalben beobachtbare Anfälligkeit von konfrontativer Rüstung für eigendynamisches Wachstum, vor allem wenn Rüstung ein erhebliches Ausmaß annimmt und einen ausdifferenzierten Apparat mit einer Vielzahl von kompetitiven Interessen hervorbringt.[5] Und politisch unfruchtbar ist diese Sicherheitsvorkehrung, weil unter den Vorzeichen des militärischen Primats andere Instrumentarien der Friedenssicherung als von nur sekundärer Bedeutung eingestuft werden: so beispielsweise die Instrumentarien der friedlichen Streitbeilegung und selbst noch relativ militärnahe Instrumentarien wie Vorkehrungen für kooperativ-kollektive Sicherheit bei-

2 Zur letzteren Variante einer Strategie der Präemption und Prävention, s. beispielhaft neuerdings die im September 2002 veröffentlichte sicherheitspolitische Strategie der USA *The National Security Strategy of the United States of America*, hg. von The White House, Washington (17. September) 2002.

3 S. hierzu Harald Müller: *Erfordernisse einer »friedlichen Militärordnung«*, in: Dieter Senghaas (Hg.), *Frieden machen*, Frankfurt/M. 1997, S. 362-375.

4 Die Differenzierung zwischen einer dissoziativ und einer assoziativ ausgerichteten Friedensstrategie (letztere wird weiter unten erwähnt) findet sich erläutert in Johan Galtung: *Theorien des Friedens*, in: Dieter Senghaas (Hg.), *Kritische Friedensforschung*, Frankfurt/M. 1971, S. 235-246.

5 Über den Zusammenhang von Größe und Eigendynamik von Militär- und Rüstungsapparaten s. Dieter Senghaas: *Rüstung und Militarismus*, Frankfurt/M. 1972, Teil II und III, sowie ders.: *Aufrüstung durch Rüstungskontrolle. Über den symbolischen Gebrauch von Politik*, Stuttgart 1972, S. 81ff.

spielsweise im Sinne der Charta der Vereinten Nationen (dort Kapitel VII) – von Friedenssicherung durch die breitgefächerte Aktivierung von politischen Arrangements bzw. von vertieften, institutionell abgesicherten wirtschaftlichen, sozialen und kulturellen Beziehungen ganz zu schweigen.[6]

Historisch und soziologisch betrachtet reflektiert eine solche *para bellum*-Maxime die Suche nach einer stabilen »Staatsfriedensordnung« unter der Prämisse von territorial verfaßten Staaten, ggf. von Nationalstaaten, wie sie sich seit dem Beginn der Neuzeit vor allem in Europa und später auch andernorts entwikkelt haben.[7] Die Maxime setzt dabei ein stabiles Gewaltmonopol im Innern solcher territorialstaatlich verfaßter Gesellschaften voraus, also die Überwindung der Gefahr eines Bürgerkriegs: der *»situation hobbésienne«* (R. Aron). Auf dieser Grundlage aufbauend werden zwischenstaatliche Problemlagen vermittels einer Kombination aus Diplomatie und militärischen Vorkehrungen einschließlich, falls erforderlich, im Grenzfall kriegerischer Aktionen bearbeitet. Die Diplomatie ist dabei in der Regel auf die eine oder andere Variante einer immer bestandsgefährdeten Gleichgewichtsordnung und im Grenzfall einer nicht weniger fragilen, meist nur zeitweilig aufrechtzuerhaltenden Hegemonialordnung ausgerichtet.[8] Ihre Parallele findet die genannte Maxime im klassischen Völkerrecht als einer wenigstens marginal wirksam werdenden Sozialisationsagentur auf internationaler Ebene, das den souveränen Einzelstaat zur Grundlage hat und das bis in die erste Hälfte des 20. Jahrhunderts Kriege (und damit auch die vorgängigen Rüstungen) für legitim hielt und das im Grunde genommen auch heute noch, wenngleich mit Abstrichen, am Prinzip der Nichteinmischung in innere Angelegenheiten ausgerichtet ist.[9] In beiden Fällen, der durch Rüstungsvorkehrungen unterfütterten Maxime militärischer Friedenssicherung und dem klassischen Völkerrecht, ging es um die

6 Hierzu vorzüglich jetzt Ernst-Otto Czempiel: *Kluge Macht. Außenpolitik für das 21. Jahrhundert*, München 1999.

7 Eine hierzu instruktive, in der Reihe »Kontroversen um die Geschichte« erschienene Studie ist jetzt Edgar Wolfrum: *Krieg und Frieden in der Neuzeit. Vom Westfälischen Frieden bis zum Zweiten Weltkrieg*, Darmstadt 2003.

8 S. hierzu Werner Link: *Die Neuordnung der Weltpolitik. Grundprobleme globaler Politik an der Schwelle zum 21. Jahrhundert*, München 1998.

9 Immer noch besonders instruktiv hierzu Wilhelm Grewe: *Epochen der Völkerrechtsgeschichte*, Baden-Baden 1988[2].

Koexistenz souveräner staatlicher Akteure, nachdem die Koexistenz konfligierender gesellschaftlicher Gruppen innerhalb der Staaten durch Schaffung einer entsprechenden Staatsautorität unterstellt werden konnte.[10] Staatsautorität meint hier: Existenz eines zunächst kruden, keineswegs rechtsstaatlich-demokratisch eingehegten und kontrollierten Gewaltmonopols, das sich in einem in aller Regel kriegerischen Staatsbildungsprozeß formiert hat und lange Zeit nur machtmäßig und keineswegs legitimatorisch gesichert war.[11]

Das einer solchen neuzeitlichen *para bellum*-Maxime zugrundeliegende Konzept des *Friedens qua Nicht-Krieg* ist folglich extrem engspurig und undifferenziert. Auch aus der Perspektive des historisch vorangegangenen relativ breiten, konzeptuell reichhaltigen Friedensbegriffes des europäischen Mittelalters ist das neuzeitliche Konzept allein auf *»securitas«* (Sicherheit) und ggf. *»tranquillitas«* (Waffenruhe) ausgerichtet. Die früher umfassendere Perspektive des internationalen Friedens als Ergebnis einer übergeordneten Rechtsordnung (*»iustitia«*) wird nicht mehr in ein und demselben Friedenskonzept thematisiert, auch nicht die für das mittelalterliche Friedensverständnis immer mitbedachte *»caritas«* im Sinne einer wohlwollenden Hinwendung zu den Bedürfnissen des Nächsten. Die Erörterung dieser Orientierungen findet sich aus der friedenstheoretischen Diskussion ausgelagert.[12]

Damit liegt der *para bellum*-Maxime eine sich durch konzeptuelle Engführung auszeichnende Idee von Staatsfrieden (*pax civilis*) zugrunde, und zwar in der doppelten Richtung einer administrativ und insbesondere polizeilich abgesicherten effektiven Zwangsgewalt (*pax effectiva*) *nach innen* (mit der unterstellten Chance relativ anhaltenden Erfolgs) und einer militärisch fundierten Zwangsgewalt *nach außen* mit der erwarteten, sich

10 Über den unterschiedlichen Rechtscharakter innergesellschaftlichen und zwischenstaatlichen Rechts s. Otto Kimminich: *Das Völkerrecht und die friedliche Streitschlichtung*, in: Dieter Senghaas (Hg.), *Den Frieden denken*, Frankfurt/M. 1995, S. 142-161.

11 Über den Prozeß des Übergangs von machtmäßiger zu legitimatorischer Rückversicherung s. Kap. 2 im vorliegenden Buch.

12 Eine eindrucksvolle Darstellung der Entwicklung des Friedenskonzepts in der europäischen Ideengeschichte findet sich in Wilhelm Janssen: *Friede. Zur Geschichte einer Idee in Europa*, in: Dieter Senghaas (Hg.), op. cit. (Anm. 10), S. 227-275.

aus der »Anarchie« der Staatenwelt ergebenden hohen Wahrscheinlichkeit wiederkehrender kriegerischer Auseinandersetzungen.[13]

Eine solche konzeptuelle und praktische Orientierung ist jedoch nicht alternativlos. So reflektiert die kontrastierende Maxime *»si vis pacem, para pacem«* gerade jene gewaltträchtigen Problemlagen, aus denen heraus es immer wieder zur Erschütterung des inneren *und* des zwischenstaatlichen Friedens kommt: imperiales Vormachtstreben, das ein eventuell bestehendes Gleichgewicht unter den Großen Mächten untergräbt; weiterhin: Machtbesessenheit und Expansionismus, Rüstungskonkurrenz (Vor- und Nachrüstung), politische Diskriminierung und Mißachtung von Menschenrechten, ökonomische Ausbeutung bzw. Disparitäten und damit verbundene Chancenungleichheit, machtpolitisch verankerte autistische Orientierungen und Feindbildprojektion. Und anders als die *para bellum*-Maxime ist die *para pacem*-Maxime differenziert und breit angelegt, da sie in der Breite solcher und ähnlicher Problemlagen den Ausgangspunkt der Friedensgefährdung erkennt: Sie ist ursachenorientiert und auf die Beseitigung solcher Produktionsstätten des Unfriedens ausgerichtet. Auch mit ihr bleibt die Verhütung von Gewalt und Krieg ein oberstes Ziel: Mit Bemühungen um *assoziativ* ausgerichtete friedensfördernde innergesellschaftliche und zwischenstaatliche Strukturen wird zu erreichen versucht, derartige Gewaltpotentiale möglichst nicht entstehen zu lassen – wohl wissend, daß in einer sich im ständigen Umbruch befindlichen Welt dieses Ziel nicht immer optimal realisierbar sein wird, weshalb entsprechende Vorkehrungen für den Grenzfall – eine gegebenenfalls er-

13 Die polizeiliche Absicherung effektiver Zwangsgewalt nach innen war »polizeylich«, d. h. seinerzeit viel breiter begriffen und praktiziert als mit dem heutigen Begriff der Polizei verstanden. So schreibt Ernst-Wolfgang Böckenförde: *Vom Wandel des Menschenbildes im Recht* (Gerda Henkel Vorlesung), Münster 2001: »Die so gesehene Polizeigewalt greift weit aus. Sie umfaßt Berufspolizei ebenso wie Sitten- und Aufwandspolizei, Haus- und Wirtschaftspolizei u. a. m. In ihren Maßnahmen und Reglementierungen verbinden sich Sorge für die Wohlgeordnetheit mit dem Verfolg merkantilistischer Nützlichkeit« (S. 10). Aus der Polizeywissenschaft, die diesen Sachverhalt affirmativ reflektierte, erwuchs allmählich dann die spätere moderne Politikwissenschaft!

forderlich werdende, rechtlich eingehegte gewaltsame Eindämmung von Gewalt – getroffen werden müssen.[14]

Im Unterschied zur *para bellum*-Maxime ist der soziologische Hintergrund der *para pacem*-Maxime in der sich aus sozialer Mobilisierung ergebenden Umwandlung relativ stationärer und traditionaler Gesellschaften in sich modernisierende und moderne Gesellschaften zu sehen. Denn in solchen Gesellschaften (und nur in ihnen) läßt sich die innere und die äußere Friedensproblematik nicht mehr wie zu Zeiten traditioneller Despotie und Autokratie bzw. absolutistischer Herrschaft handhaben: Auf krudem Gewaltmonopol – einem siegreichen Ausscheidungskampf und daraus folgender Machtbehauptung pur und simpel – läßt sich Frieden nicht mehr verläßlich sichern. Folglich kann Frieden heute nicht mehr nur als Schutz vor Gewalt (Nicht-Krieg) verstanden werden, sondern wie in späteren Abschnitten dieses Buches darzulegen sein wird, auch als Schutz der Freiheit, als Schutz vor Not und als Schutz vor Chauvinismus und vergleichbaren mentalen und emotionalen Haltungen.[15]

In solchen erweiterten Orientierungen reflektieren sich die Anforderungen an ein *zeitgemäßes Friedenskonzept* und damit an die Friedenspolitik *sozial mobiler Gesellschaften*, aus denen sich unabweisbare friedenspolitische Zugzwänge ergeben: Denn eine sozial mobile Gesellschaft bedarf der breitenwirksamen Partizipationschancen und vielfältiger Konfliktregelungsmechanismen. Eine in modernen, d. h. marktwirtschaftlich-kapitalistisch verfaßten Gesellschaften ökonomisch bedingte Produktion von sozialer Ungleichheit, aus der in aller Regel ein erhebliches Politisierungspotential resultiert, macht anhaltend ausgleichende sozial- und bildungspolitische Maßnahmen erforderlich. Aufstiegs- und Abstiegsmobilität, die Folge ständigen sozialen Wandels, produzieren, vor allem wenn entsprechende Sozialschichten kollidieren, problematische psychologische Orientierungen, die sich nur entproblematisieren lassen, wenn sie in eine relativ resistente politische Kultur konstruktiver Konfliktbearbeitung eingebettet sind. Auch wird die Verrechtlichung der gesellschaftlichen Bezie-

14 S. hierzu die Beiträge in Dieter Senghaas (Hg.), op. cit. (Anm. 10), sowie als monographische Abhandlung Ernst-Otto Czempiel: *Friedensstrategien*, Opladen 1998.

15 Die systematische Verortung dieser Orientierungen bzw. Imperative findet sich im nachfolgenden Kap. 2.

hungen unter den Vorzeichen einer Herrschaft des Rechts (*rule of law*) nur akzeptiert, wenn Recht als demokratisch legitimiert und in der Sache als fair empfunden wird. Ungeachtet aller immer noch bestehender Unterschiede, die in späteren Kapiteln darzulegen sein werden, zeigen sich in der Tendenz vergleichbare Erfordernisse einer lebensfähigen Friedensordnung auch auf internationaler Ebene – und damit auch vergleichbare friedenspolitische Imperative. Denn sozial mobile Gesellschaften gleichen nicht Monaden. Die sich aus ihren Profilen ergebende politische Dynamik überträgt sich auf vielfältige, wenngleich unterschiedlich gelagerte, weltweit wirksame Interdependenzgefüge, in die sie eingebettet sind.

Zwischen solchen, hier nur illustrativ erwähnten, im zweiten Abschnitt dieses Buches im einzelnen systematisch dargelegten inhaltlichen Komponenten eines zeitgemäßen Friedenskonzeptes und damit einer innergesellschaftlichen und internationalen Friedensstruktur bestehen Rückkopplungen mit wechselseitigen Verstärkungseffekten. Dann kann davon ausgegangen werden, daß eine solche Struktur, wenn sie voll entfaltet und folglich *relativ* stabil ist, durch eine vielfache (redundante) Verursachung gekennzeichnet wird: Einzelne Komponenten können dann durchaus unterschiedlich stark ausgeprägt sein, ohne daß die relative Stabilität der gesamten Struktur dadurch maßgeblich in Mitleidenschaft gezogen würde. Dies ist der sachliche Hintergrund, warum unter heutigen Bedingungen – sozial mobilen, sich politisierenden Gesellschaften *sowie* weltweiten, sich in den genannten Dimensionen ebenfalls politisierenden internationalen Interdependenzen – auf analytischer Ebene Frieden konzeptuell als eine *Konfiguration* zu denken ist und weshalb in der Realität eine Friedensstruktur entsprechend *konfigurativ* gestaltet sein muß. Denn erst redundante Verursachung in einem konfigurativen Gebilde läßt die Grundlage für »Überdeterminierung« entstehen, d. h. für eine in der Tendenz relativ erschütterungsfeste Stabilität eines Friedens, den man jedoch allein schon aus Gründen der Vorsicht und politischen Klugheit in Friedenskonzepten und in der Realität als potentiell immer gefährdet unterstellen sollte.[16]

16 Zu einer früheren Begründung der Wichtigkeit von konfigurativer Analyse bei Beachtung redundanter Kausalität s. die in Anm. 5 zitierten Arbeiten. Ohne die Begrifflichkeit zu verwenden, finden sich konfigurativ angelegte Konzeptualisierungen von Frieden in den Beiträgen von Heinrich

Dieser elementare Sachverhalt – konfigurativ-redundante Verursachung – läßt sich auch in negativer Hinsicht darlegen: Verteilungsungerechtigkeit kann sich innergesellschaftlich und auf internationaler Ebene akzentuieren; gruppen- oder massenpsychologische Problemlagen können militant werden; eine auf Verrechtlichung basierende Konfliktregelung kann mangels Legitimität und Fairneß zusammenbrechen. Wenn solches und ähnliches zugespitzt und überdies gebündelt geschieht, besteht die Gefahr und bei Zuspitzung der Problemlagen die hohe Wahrscheinlichkeit, daß diese Sachverhalte sich zu einem konfigurativen Negativszenario mit eingebauten wechselseitigen Verstärkungsmechanismen verdichten und eine redundant verursachte zivilisatorische Regression bewirken.

Ihr erfolgreich entgegenzuwirken, dient das Friedenskonzept, das im *Zweiten Abschnitt* ausführlich und systematisch dargelegt wird. In ihm werden kompakt die operativen Definitivbestimmungen zum irdischen Frieden entfaltet. Gefragt wird: *Wodurch und wie konstituiert sich Frieden unter den komplexen Bedingungen der Gegenwart?* Die Antwort findet sich gebündelt in den Darlegungen über das sogenannte *»zivilisatorische Hexagon«*. In diesem historisch inspirierten Paradigma, das erfahrungswissenschaftliche, aus komparativer Analyse resultierende Befunde systematisiert, wird Frieden als ein *Projekt der Zivilisierung des modernen sozialen Konflikts* in und zwischen Gesellschaften thematisiert. Wo mit Erfolg realisiert, wird die *para bellum*-Maxime zurückgedrängt, in ihrer herkömmlicherweise überragenden politischen Bedeutung marginalisiert oder wie im Falle sich herausbildender »Friedenszonen« (s. Kap. 6) gänzlich aufgehoben und also durch eine Struktur, die der alternativen *para pacem*-Maxime entspricht, tendenziell oder insgesamt ersetzt. Wie voraussetzungsvoll der selten systematisch beleuchtete Vorgang und auch das Ergebnis sind, wird in den folgenden drei *Abschnitten* (Kap. 2-4) zu erläutern sein. Deren Länge kontrastiert bewußt mit der Kürze dieses Abschnitts, geht es doch darum, Frieden konstruktiv zu thematisieren und nicht eine im Hinblick auf Frieden spätestens heute dysfunktional gewordene Maxime samt ih-

Schneider, Georg Picht, Johan Galtung und Karl W. Deutsch in dem von mir herausgegebenen, in Anm. 10 zitierten Buch. Zur Konzeptualisierung von »Überdeterminierung« s. Kap. 3.11 im vorliegenden Buch.

rer Folgerungen im Denken und in der Praxis noch einmal zu kritisieren. Diese vielfach erfolgte Kritik wird hier als bekannt vorausgesetzt.

Zweiter Abschnitt, welcher die Definitivbestimmungen zum irdischen Frieden entwickelt (*»para pacem«*): *Wodurch und wie konstituiert sich Frieden heute?*

1. Die Lehre des »ursächlichen Pazifismus«

Wodurch und wie konstituiert sich Frieden? Diese elementare Frage rückte in den ersten beiden Jahrzehnten des vergangenen 20. Jahrhunderts einer der führenden deutschen Pazifisten, Alfred H. Fried, in den Mittelpunkt pazifistischer Programmatik. *»Ursächlicher Pazifismus«* war das Stichwort: »Wer eine Folge beseitigen will, muß zunächst ihre Ursache beseitigen. Und wer eine neue wünschbare Folge anstelle einer anderen gezeitigt sehen will, muß anstelle der einen Ursache jene andere setzen, die die gewünschte Folge hervorbringen kann«.[1] Das klingt methodisch-abstrakt, war aber ganz konkret gemeint: Wenn Krieg die Folge einer »internationalen Anarchie« ist, die im Verhältnis der Staaten noch vorherrscht, muß ebendiese Anarchie beseitigt werden, um ihre Folge, den Krieg, zu beseitigen. Und an die Stelle von Anarchie muß eine »soziale Ordnung« treten, in deren Folge Konflikte in aller Regel verläßlich gewaltfrei bearbeitet werden, also im *politischen* Sinne des Begriffes *Frieden* hergestellt ist.

Die Lehre des sogenannten »ursächlichen Pazifismus« ist demnach in dem Versuch begründet, systematisch über Voraussetzungen und Bedingungen, die Frieden ermöglichen und wahrscheinlich werden lassen, nachzudenken. In analytischer Hinsicht war somit die Lehre vom »ursächlichen Pazifismus« den heutigen Bemühungen um eine zeitgemäße Friedenstheorie vergleichbar.[2]

»Ursächlicher Pazifismus« war, gleichgültig ob dieser spezifische Begriff von einzelnen Autoren benutzt wurde oder nicht, in der klassischen Pazifismus-Diskussion ein gleichermaßen grund-

1 Alfred H. Fried: *Probleme der Friedenstechnik*, Leipzig 1918, S. 10.

2 Ernst-Otto Czempiel: *Friedensstrategien*, Opladen 1998; ders.: *Kluge Macht. Außenpolitik für das 21. Jahrhundert*, München 1999; Dieter Senghaas (Hg.): *Den Frieden denken*, Frankfurt/M. 1995 (mit ausführlicher Bibliographie).

legendes wissenschaftliches wie praktisches Anliegen. Zur Tragödie des vergangenen Jahrhunderts gehört, daß diese Perspektive in den pazifistischen Strömungen an Aufmerksamkeit verlor, um schließlich zu einem Nicht-Thema zu werden. In jenem 20. Jahrhundert der Gewaltherrschaft, der Kriege, der Genozide, der wechselseitigen Vernichtungsdrohung im Rahmen des Abschreckungssystems wurde – durchaus verständlich und nachvollziehbar – *Antimilitarismus* zu einer vorherrschenden, Denken und Handeln bestimmenden Orientierung des Pazifismus. Zurück blieb allerdings eine Lücke, ein »leeres Loch« (Vlasta Jalusic): Denn Antimilitarismus will aggressions-, gewalt- und kriegsverursachende Strukturen und Mentalitäten abbauen. *Demgegenüber geht es dem »ursächlichen Pazifismus« um den Aufbau dauerhafter friedensfördernder Strukturen und Mentalitäten.* Deshalb könnte man »ursächlichen Pazifismus« und vergleichbare Orientierungen auch als einen auf die Konstruktion und Architektur des Friedens ausgerichteten, eben als *»konstruktiven Pazifismus«* bezeichnen.

Die klassische Lehre des »ursächlichen Pazifismus« beabsichtigte – so explizit 1918 von Alfred Fried formuliert – die Errichtung einer *»neuen Weltordnung«*.[3] Dieser Absicht lag keine eschatologische Vorstellung zugrunde, sondern eine friedenstechnisch-handhabbare, »beseelt von einem zielbewußten Friedensgeist«. Diese neue Weltordnung wurde als das Ergebnis eines schon anhaltenden Prozesses der »Staatenvergesellschaftung« begriffen, der in einen »Gesellschaftsvertrag der Staaten« münden würde. Darüber käme es, in heutiger Terminologie formuliert, nicht zur Beseitigung von Konflikten, sondern zur *Konflikttransformation*: »zur Umwandlung des zwischenstaatlichen Verhältnisses, die erst den Konflikten einen solchen Charakter verleihen wird, daß sie der Gewaltlösung entrückt und zur rechtlichen Behandlung durchaus geeignet sein werden«.[4] Solche Konflikttransformation, die »Umwandlung des Charakters der Konflikte« meint damit genau das, was in der derzeitigen friedenstheoretischen Diskussion als *»Zivilisierung des Konfliktes«* bezeichnet wird.

Während jedoch in der klassischen Lehre des »ursächlichen Pazifismus« der zivilisierte Umgang mit Konflikten im jeweils *in-*

3 Fried, op. cit. (Anm. 1), S. 42.
4 Ebd., S. 12.

nerstaatlichen Rahmen als mehr oder weniger gelungen unterstellt wurde – hier fand mit Blick auf Europa gemäß der seinerzeitigen Lagebeurteilung erfolgreiche »Vergesellschaftung« schon statt –, kann diese Prämisse heute nicht mehr als selbstverständlich unterstellt werden. Denn ein Blick in die Welt zeigt, daß es, zumindest derzeit, kaum noch zwischenstaatliche Kriege gibt (obgleich die Staatenwelt keineswegs schon »vergesellschaftet« ist); demgegenüber sind Staatszerfall und eine Fülle von militanten innerstaatlichen Konflikten, vor allem von Bürgerkriegen unterschiedlichster Prägung zu beobachten.[5] Damit wird die Ermöglichung *inneren* Friedens – und also nicht nur die »neue Weltordnung« – erneut zu einer wichtigen analytischen und praktischen Orientierung konstruktiven Friedensdenkens. Eine zeitgemäße Theorie des Friedens hat sich damit auf beide Ebenen, die innerstaatliche und die internationale, zu beziehen.

2. Pluralisierung und Politisierung traditionaler Gesellschaften

Das Erfordernis, sich in der *Friedensursachenforschung* noch einmal auch mit den Bedingungen *inneren* Friedens auseinandersetzen zu müssen, hat mit tiefgreifenden Veränderungen zu tun, die die westliche Welt schon früher, die außerwestliche Welt vor allem im 20. Jahrhundert erfaßt haben. Als die Idee des »ursächlichen Pazifismus« am Ende des 19. und zu Beginn des 20. Jahrhunderts formuliert wurde, war die Welt, gerade auch der Großteil der heute industrialisierten Länder, noch weithin bäuerlich organisiert. Die vergangenen hundert Jahre (1900-2000) werden, worüber wenig reflektiert wird, in die Geschichte als das Jahrhundert der *Entbäuerlichung der Welt* und deren Folgen eingehen: Heute leben, anders als noch zu Beginn des 20. Jahrhunderts, die meisten Menschen nicht mehr unter Subsistenzbedingungen und der sie kennzeichnenden Abhängigkeit von Mensch zu

5 Klaus-Jürgen Gantzel und Torsten Schwinghammer: *Die Kriege nach dem Zweiten Weltkrieg 1945 bis 1992. Daten und Tendenzen*, Münster 1995; Mary Kaldor: *Neue und alte Kriege*, Frankfurt/M. 2000; Herfried Münkler: *Die neuen Kriege*, Reinbek b. Hamburg 2002. Zur Analyse der Hintergrundbedingungen s. die grundlegende Studie von Günther Bächler: *Violence through Environmental Discrimination*, Dordrecht 1999.

Mensch im kleinformatigen Umkreis; vielmehr leben sie in territorialen Verkehrswirtschaften mit zunehmenden breitgefächerten weltwirtschaftlichen Bezügen. Entwicklungsländer sind davon nicht ausgenommen, wenngleich in dieser Hinsicht weiterhin deutliche Abstufungen beispielsweise zwischen Ostasien und Schwarzafrika bestehen.

Im Unterschied zu bäuerlichen Gemeinschaften im traditional-dörflichen Rahmen hat dieses neue sozio-ökonomische Umfeld für die Menschen eine ungeheure Horizont- und Handlungserweiterung zur Folge. Die mit dem Strukturwandel einhergehende *Verstädterung* verdichtet überdies Kommunikation und macht zum erstenmal in der Weltgeschichte die Masse der Menschen politisch organisationsfähig. Eine gleichzeitig stattfindende *Alphabetisierung* auf Massenbasis bewirkt überdies eine breitenwirksame Mobilisierung von Intelligenz, also geistige Emanzipation, und eine *Fertigkeitsrevolution*: Das Kompetenzniveau von Menschen steigt dramatisch. Es findet eine Konversion statt: »von der Ignoranz zum Bewußtsein, zum Anschluß an die Welt«, wie einmal eine in der Unterschicht Indiens arbeitende Nonne treffend formulierte (*FAZ* 6. 1. 1999). Darin ist, im Unterschied zur traditionalen Gesellschaft, die Chance zur sozialen Aufwärtsmobilität angelegt. Über sich weltweit ausbreitende Medien werden zudem Lebenserwartungen und Lebensstile vergleichbar. Möglicherweise ist die Globalisierung solcher Demonstrationseffekte heute sogar wirkungsmächtiger als die bloße Globalisierung der Ökonomien.

So werden aus traditionalen Gesellschaften politisierbare und faktisch politisierte Gesellschaften. In ihnen werden überkommene Identitäten fragwürdig. Die »Wahrheiten« lassen sich nicht mehr einfach definieren. Gerechtigkeitsvorstellungen vervielfältigen sich, so auch die Interessen. Was eine »gute Gesellschaft« ist, wird angesichts der Pluralität von ordnungspolitischen Projekt- und Definitionsangeboten zum Problem. Die *»tranquillitas ordinis«*, die »Ruhe der Ordnung«, über die im Umfeld traditionaler Gesellschaft einst Augustin und viele andere europäische und vor allem auch außereuropäische Autoren schrieben, ist nicht mehr dingfest zu machen. Es entstehen, von ihrer Struktur her gesehen, konfliktträchtige, gegebenenfalls gewaltträchtige Gesellschaftsgebilde, die nicht mehr auf einen Nenner zu bringen sind, außer man zwingt sie dazu durch Diktatur oder Despotie. Diese sind allerdings unter den dargelegten neuen sozio-ökonomischen und sozio-kulturellen Bedingungen über kurz oder lang zum Scheitern verurteilt sind: Denn die sozio-kulturelle, sozio-ökonomische und folglich politische Pluralität ist nicht überwindbar, *und unumkehrbar ist die Politisierung von Identitäten, Wahrheiten, Gerechtigkeitsvorstellungen und Interessen.* Aus all dem folgt die in jeder Ecke der Welt inzwischen vernehmbare Forderung nach politischer Teilhabe.[6]

Der aus politisierter Differenz resultierende »moderne soziale Konflikt« wird damit zu einer gesamtgesellschaftlichen Problemlage mit erheblichen externen Folgen: Wenn gesellschaftliche, ökonomische und kulturelle Auseinandersetzungen sich als politische und politische Auseinandersetzungen sich als gesellschaftliche, ökonomische und kulturelle darstellen, liegt *Fundamentalpolitisierung* vor. Und damit stellt sich heute in vielen Gesellschaften zugespitzt die Frage nach Koexistenz trotz Fundamentalpolitisierung. Die fragwürdige Alternative zur Koexistenz ist im Grenzfall der Bürgerkrieg – die tagespolitische Anschauung lehrt es uns täglich erneut.

3. Das zivilisatorische Hexagon oder Die Notwendigkeit der Zivilisierung des modernen sozialen Konflikts

Wie aber entgeht man in solcher Lage dem Bürgerkrieg? Der eben gekennzeichnete Umbau der Welt fand zunächst als Folge von Agrar- und industrieller Revolution seit der Mitte des 18. Jahrhunderts und vor allem im 19. Jahrhundert im westlichen Teil Europas statt. Nicht verwunderlich wurde hier die eben umrissene Problematik – *Koexistenz trotz Fundamentalpolitisierung* – am frühesten akut, und deshalb lassen sich hier auch am ehesten einige Ergebnisse der Auseinandersetzung mit dieser Problematik beobachten.[7]

6 S. hierzu Karl W. Deutsch: *Tides Among Nations*, New York 1979; Ralf Dahrendorf: *Der moderne soziale Konflikt*, Stuttgart 1992.

7 Die nachfolgenden Überlegungen setzen Beobachtungen über die moderne Entwicklungsgeschichte Europas fort, wie ich sie in meinem Buch *Von Europa lernen. Entwicklungsgeschichtliche Betrachtungen*, Frankfurt/M. 1982, dokumentiert habe.

Vor allem sechs Bedingungen für eine zivilisierte, d. h. nachhaltig gewaltfreie Bearbeitung von unvermeidlichen Konflikten müssen hervorgehoben werden (*»zivilisatorisches Hexagon«*):

Erstens: Da ist zunächst einmal das *legitime Monopol staatlicher Gewalt*, d. h. die *Sicherung der Rechtsgemeinschaft*, zu nennen, was für jede moderne Friedensordnung von grundlegender Bedeutung ist: Nur eine »Entwaffnung der Bürger«, die Entprivatisierung von Gewalt, nötigt diese dazu, ihre Identitäts- und Interessenkonflikte mit Argumenten und nicht mit Gewalt auszutragen. Nur unter solchen Vorzeichen werden potentielle Konfliktparteien zur argumentativen Auseinandersetzung und damit zu deliberativer Politik im öffentlichen Raum gezwungen. Die Bedeutung des Sachverhalts wird überall dort dramatisch erkennbar, wo das Gewaltmonopol zusammenbricht und es zu einer Wiederbewaffnung der Bürger kommt, also das Fehdewesen und die Kriegsherren in neuem Gewande wiederauferstehen, so wie das heute in vielen militanten Konfliktherden der Welt beobachtbar ist.

Das Gewaltmonopol bedarf aber, *zweitens*, der *rechtsstaatlichen Kontrolle*, soll es nicht einfach Ausdruck von Willkür sein. Ohne solche Kontrolle, die der Inbegriff des modernen Verfassungsstaates ist, wäre das Gewaltmonopol, rechtlich uneingehegt, nichts anderes als Diktatur, also pure Herrschaft des Stärkeren und damit des Faustrechts. Rechtsstaatlichkeit (*rule of law*) legt die Spielregeln des politischen Meinungs- und Willensbildungsprozesses und der Entscheidungsfindung, auch der Rechtsdurchsetzung von einmal gesetzten Rechtsgeboten fest. Neben allgemeinen Prinzipien, wie sie in Grundrechtskatalogen niedergelegt sind, sind diese verfassungsmäßig fixierten Spielregeln von grundlegender Bedeutung, gerade weil man sich in politisierten Gesellschaften hinsichtlich substantieller Streitfragen meist nicht einig ist.

Rechtsstaatlich verfaßte politische Ordnungen hegen das Gewaltmonopol ein; erst dadurch wird es *legitim*. Es verliert in einem ersten Schritt seinen ursprünglichen Charakter, nämlich einfach eine Instanz von machtmäßiger, letztlich militärisch oder kriegerisch errungener Vormacht zu sein.

Zu den einhegenden, kontrollierenden und das Gewaltmonopol transformierenden, insbesondere verrechtlichenden Prinzipien gehören u. a. der Schutz von Grundfreiheiten, die Gewährleistung von Menschenrechten durch Gesetze, die Gleichheit der Bürger und Bürgerinnen vor dem Gesetz; als einer der wesentlichsten Punkte: die Gewaltenteilung; ferner die freie Wahl und das Recht auf politische Partizipation, das verfassungsgemäße Handeln von Regierungen, die Rechtsgebundenheit von Regierung und Verwaltung, das Prinzip der Öffentlichkeit, die Verwaltungsgerichtsbarkeit, insbesondere auch die Rechtsmittelbelehrung in richterlichen Sprüchen, die Unabhängigkeit der Richter und der Staatsanwaltschaft, die Eindeutigkeit der vor dem Strafverfahren festgelegten Strafverfahrensregeln, das Recht auf Rechtsbeistand im Falle von Strafverfolgung, das Recht auf öffentliches und faires Gerichtsverfahren, das Recht auf Verteidigung, eine Strafverfolgung nur bezüglich gesetzlich festgelegter Tatbestände, die Unschuldsvermutung bis zum richterlichen Nachweis der Schuld usf.[8]

Überdies zeichnen sich rechtsstaatliche Ordnungen auch im gesellschaftlichen Bereich durch eine Fülle von institutionalisierten Formen der Konfliktartikulation, des Konfliktmanagements, der Konfliktregelung und der Konfliktlösung aus. Konflikte jedweder Art, seien es Interessen- oder Identitätskonflikte, werden dabei von vornherein als »normal« und legitim erachtet, wobei in intakten Rechtsverhältnissen Interessenkonflikte häufiger sind als Identitätskonflikte und die ersteren in aller Regel leichter bearbeitbar sind als die letzteren.[9]

So verfaßte politische Systeme lassen weiche und unfertige Problemlösungen auf Zeit entstehen, die einem Versuchs- und Irrtumsprozeß unterliegen. Man könnte deshalb eine rechtsstaatliche Ordnung als institutionalisiertes Dauerlernen hinsichtlich der Bearbeitung von Konflikten, die für die Allgemeinheit von Bedeutung sind, interpretieren. Sein Produkt sind rechtmäßig zustande gekommene (legale), autoritative Entscheidungen auf Zeit,

8 S. hierzu *Dokument des Treffens der Konferenz über die Menschliche Dimension der KSZE in Kopenhagen vom 29. 06. 1990*, in dem nach dem weltpolitischen Umbruch 1989/90 die Grundprinzipien von Rechtsstaatlichkeit, wie sie in der europäischen Verfassungsgeschichte erkämpft wurden und sich herausgebildet haben, zusammenfassend dargestellt wurden; abgedruckt in Dieter Senghaas: *Friedensprojekt Europa*, Frankfurt/M. 1992, S. 191-210.

9 S. hierzu John Burton: *Conflict. Resolution and Provention*, London 1990.

welche nur dann nicht zum Ausgangspunkt gravierender politischer Konflikte, im Grenzfall von Bürgerkriegen werden, wenn sie unter prozeduralen und substantiellen Gesichtspunkten als legitim akzeptiert bzw. als prinzipiell revisionsfähig empfunden werden.

Über das Verhältnis von Gewaltmonopol und Rechtsstaat ist, sachlogisch betrachtet, also festzuhalten: Ohne die vorgängige Konstitution des Gewaltmonopols ist der demokratische Rechtsstaat gar nicht vorstellbar. Der Rechtsstaat selbst wird aber, wo ausgebildet, zum Inbegriff der Kontrolle des Gewaltmonopols. Das Gewaltmonopol seinerseits wird verrechtlicht. Obgleich also nur ein rechtsstaatlich eingehegtes, überdies ein demokratisch untermauertes (s. u.) Gewaltmonopol der Zivilisierung des modernen sozialen Konfliktes zuträglich ist, ist die im zivilisatorischen Hexagon vorgenommene Trennung von Gewaltmonopol und dessen Kontrolle *konzeptuell* sinnvoll, wenn nicht gar zwingend geboten, weil im historischen Prozeß in aller Regel machtlagenbedingt zunächst nur eine krude Monopolisierung von Gewalt zustande kommt, ehe in allermeist langwierigen Auseinandersetzungen, also in der Konfliktgeschichte von Gesellschaften, die Kontrollinstanzen und -modalitäten erkämpft und schließlich als legitim anerkannt werden (Prozeß der Konstitutionalisierung).

Eine weitere wesentliche Bedingung für inneren Frieden besteht, *drittens*, in *Affektkontrolle*, die aus vielfältigen *Interdependenzen* erwächst: Die Entprivatisierung von Gewalt (»die Entwaffnung der Bürger«) und die Sozialisation in eine Fülle von institutionalisierten Konfliktregelungen implizieren eine Kontrolle von Affekten. Solche Selbstkontrolle wird maßgeblich durch die Herausbildung von großflächig angelegten Verflechtungen (im Elias' schen Sinne: von »langen Ketten des Handelns«) unterstützt, weil diese, zu beobachten vor allem in arbeitsteiligen Ökonomien, ein erhebliches Maß an Berechenbarkeit erfordern und in der Folge Erwartungsverläßlichkeit mit sich bringen.[10]

Moderne Gesellschaften sind vielgliedrig ausdifferenziert; die Menschen sind in ihnen vielfältige »Rollenspieler« mit aufgefächerten Loyalitäten. Vielfältige Rollenanforderungen, das lehren

10 S. Norbert Elias: *Über den Prozeß der Zivilisation*, Frankfurt/M. 1976, Bd. 2.

Konflikttheorie und Alltagserfahrungen, führen zur Konfliktfraktionierung und zu einer Mäßigung des Konfliktverhaltens, zu einer Zähmung der Affekte, weil ohne letztere in komplexen Umwelten, wie sie modernisierende und moderne Gesellschaften darstellen, ein Zusammenleben gar nicht denkbar wäre.

Affektkontrolle – Ergebnis einer Sublimierung von Affekten – meint dabei die in differenzierten Gesellschaften sich aus diversen Handlungszusammenhängen ergebende Selbstkontrolle bzw. Selbstbeherrschung. Sie ist Grundlage nicht nur von Aggressionshemmung und Gewaltverzicht, sondern darauf aufbauend von Toleranz und Kompromißfähigkeit: Beide Einstellungen sind nicht denkbar ohne vorgängig eingeübte Selbstdisziplin. In ihr findet das Autonomiestreben von Individuen und von Gruppen, das moderne Gesellschaften durchgängig kennzeichnet, ein unerläßliches Korrektiv.

Andererseits ist, *viertens*, aber *demokratische Teilhabe* erforderlich. Denn dort, wo Menschen sich nicht in öffentliches Geschehen einmischen können, sei es aus Gründen rechtlicher oder sonstiger Diskriminierung, entsteht »Rechtsunruhe« (S. Freud), schlimmstenfalls ein Konfliktstau, der in politisierbaren Gesellschaften zur Produktionsstätte von Gewalt werden kann. Demokratie als die Grundlage von institutionell geregelter Rechtsfortbildung ist also kein Luxus, sondern eine notwendige Voraussetzung für friedliche Konfliktbearbeitung.[11]

Gesellschaften, in denen sich weiträumige Interdependenzgeflechte herausbilden, werden zu sozial mobilen Gesellschaften. In ihnen findet, wie eingangs betont, ein grundlegender Transformationsprozeß statt, der sich stichwortartig wie folgt umschreiben läßt: Entbäuerlichung bzw. Proletarisierung, Entdörflichung bzw. Urbanisierung sowie für sozial mobil werdende Gesellschaften grundlegend: Alphabetisierung. Ein solcher Transformationsprozeß führt zur Herausbildung ganz neuer Sozialschichten, die je nach ihrer Verortung in der Gesellschaft und abhängig von ihrer potentiellen Aufwärts- bzw. drohenden Abwärtsmobilität je spezifische Interessen artikulieren und verfechten und eigenständige

11 Hellsichtig hierzu Sigmund Freud (in seiner berühmten Antwort auf eine Anfrage von Albert Einstein) in Albert Einstein/Sigmund Freud: *Warum Krieg? Ein Briefwechsel*, Zürich 1996, S. 43 ff.; s. auch Dieter Senghaas: *Aggressivität und kollektive Gewalt*, Stuttgart 1972², S. 53 ff.

Identitätsprofile ausprägen. Seit einigen Jahrzehnten werden auch als Ergebnis fortschreitender Demokratisierung geschlechtsspezifische Rollenzuschreibungen und die ihnen zugrundeliegenden patriarchalen Beziehungen infrage gestellt.

In politisierbaren Gemeinschaften müssen Interessen auf breiter Front artikulationsfähig und in den gängigen politischen Prozeß integrierbar sein. Je offener und flexibler dabei das rechtsstaatlich-demokratische Institutionsgefüge, um so belastungsfähiger wird es bei anhaltenden und möglicherweise sich ausweitenden politischen Anforderungen sein.

In aller Regel werden in fortgeschrittenen sozial mobilen Gesellschaften Unterordnungsverhältnisse aufgrund von Geschlecht, Rasse, Klasse oder anderen Merkmalen von den Betroffenen nicht mehr erduldet. In demokratisierten Rechtsstaaten mit einem hohen Politisierungspotential untergräbt solche Diskriminierung die politische Stabilität.

Jedoch ist, *fünftens*, solche Konfliktbearbeitung in politisierten Gesellschaften nur von Dauer, wenn es anhaltende *Bemühungen um soziale Gerechtigkeit* gibt. Sozial mobilisierte Gesellschaften mit einer sich ausweitenden demokratischen Partizipation sind Gesellschaften, die durch einen hohen Grad an lobbyistischer Organisation von vielen (wenn auch nicht immer allen) Interessen und demzufolge durch ein hohes Ausmaß an potentieller bzw. tatsächlicher Politisierung gekennzeichnet sind. Unabweisbar wird in ihnen soziale Gerechtigkeit im doppelten Sinne des Begriffes, nämlich von Chancengerechtigkeit und Verteilungsgerechtigkeit, zu einem anhaltenden virulenten Problem.

In Gesellschaften mit einem erheblichen Politisierungspotential ist eine aktive Politik der *Chancen- und Verteilungsgerechtigkeit*, letztlich ergänzt um Maßnahmen der *Bedürfnisgerechtigkeit* (Sicherung der Grundbedürfnisse), unerläßlich, weil nur dann sich die Masse der Menschen in einem solchen politischen Rahmen *fair aufgehoben* fühlt. Die materielle Anreicherung bzw. Unterfütterung von Rechtsstaatlichkeit, insbesondere im Sinne eines fairen Anteils an Wohlfahrt, ist also nicht eine politische Orientierung, der in solchen Gesellschaften nach Belieben gefolgt werden kann oder auch nicht; sie ist vielmehr eine konstitutive Bedingung der Lebensfähigkeit von rechtsstaatlichen Ordnungen und damit des inneren Friedens von Gesellschaften.

Rechtsstaatlich verfaßte Gesellschaften tun deshalb gut daran, die Frage der Gerechtigkeit niemals zur Ruhe kommen zu lassen, zumal wenn die ihnen zugrundeliegenden Ökonomien, in der Regel kapitalistische Marktwirtschaften, systembedingt eher Ungleichheit als Gleichheit produzieren. Wenn dieser Dynamik zur Ungleichheit nicht ständig entgegengewirkt wird, entwickeln sich in diesen Gesellschaften brisante soziale Zerklüftungen. Gibt es keine anhaltenden Bemühungen um Verteilungsgerechtigkeit, wird von den Benachteiligten die Glaubwürdigkeit des Rechtsstaates in Frage gestellt, weil seine Spielregeln nicht mehr als fair empfunden werden. Demgegenüber führen ernsthafte Bemühungen um soziale Gerechtigkeit und Fairneß einer konstruktiven Konfliktbearbeitung materielle Substanz zu; sie unterfüttern öffentliche Institutionen mit Legitimität, die sich aus unmittelbarer Alltagserfahrung speist.

Sechstens: Gibt es im öffentlichen Raum faire Chancen für die Artikulation von Identitäten *und* den Ausgleich von unterschiedlichen Interessen, kann unterstellt werden, daß ein solches Arrangement der Konfliktbearbeitung verläßlich verinnerlicht wird und also kompromißorientierte Konfliktfähigkeit einschließlich der hierfür erforderlichen Toleranz zu einer selbstverständlichen Orientierung politischen Handelns wird. Das Gewaltmonopol, die Rechtsstaatlichkeit und die Demokratie – kurz: der demokratische Verfassungsstaat – verankern sich in der politischen Kultur. Die *Kultur konstruktiver Konfliktbearbeitung* wird darüber zur emotionalen Grundlage des Gemeinwesens. Die materiellen Leistungen (»soziale Gerechtigkeit«) erweisen sich dabei als eine wichtige Brücke zwischen dem Institutionengefüge und dessen positiver emotionaler Absicherung (»Bürgergesinnung«). Es entstehen, um einen Begriff Ralf Dahrendorfs zu benutzen, entsprechende »Ligaturen«, also politisch-kulturelle Bindekräfte bzw. sozio-kulturelle Tiefenbindungen: definierbar als »subjektive Innenseite der Normen, die soziale Strukturen garantieren«.[12]

Die Herausbildung von geographisch umgrenzten dichten Interdependenzgeflechten übersetzt sich deshalb in aller Regel

12 So definiert von Ralf Dahrendorf in *Auf der Suche nach einer neuen Ordnung*, München 2003, S. 45; s. auch Christian Graf von Krockow: *Die Tugenden der Friedensfähigkeit*, in: Dieter Senghaas, op. cit. (Anm. 2), S. 419-441.

nicht nur in einen einheitlichen Rechtsraum, einen einheitlichen Wirtschaftsraum (symbolisiert durch eine gemeinsame Währung) und ggf. in einen einheitlichen Kulturraum, sondern, was meist wenig beachtet wird, in einen entsprechenden »Gefühlsraum«. Dieser ist ein Spätprodukt von langwierigen Modernisierungsprozessen; er kommt in »nationaler Identität« oder auch »regionaler Identität« zum Ausdruck.[13] Auf ihrer Grundlage entwickelt sich die Fähigkeit, im Hinblick auf eine weit größere Zahl von Menschen als diejenigen, die einem unmittelbar nahestehen, empathisch zu denken und zu handeln.

Die politische Kultur konstruktiver Konfliktbearbeitung steht dabei nicht am Anfang der Herausbildung moderner Koexistenz. Sie ist vielmehr ein spätes Produkt im historischen Prozeß. Und sie ist, nicht anders als die anderen fünf Komponenten, nicht in traditionaler europäischer (sprich: westeuropäischer) Kultur vorgezeichnet. Im Gegenteil: Die Herausbildung jeder einzelnen Komponente läßt sich viel eher als ein *Vorgang wider Willen* interpretieren. Denn historisch betrachtet war Entwaffnung in aller Regel das Ergebnis von Sieg und Niederlage in Ausscheidungskämpfen: Der Stärkere siegte über den Schwächeren, eine übergeordnete Instanz über die untergeordnete. Rechtsstaatlichkeit hatte ihren Ursprung in historisch umkämpften und den Konfliktparteien abgetrotzten Kompromißregelungen, die natürlich nicht geliebt waren, sondern zunächst in brüchigen Machtlagen als Konzession auf Zeit begriffen wurden. Was die Affektkontrolle betrifft: Selbstbestimmtes Leben in konkret-überschaubaren und kleinräumigen Zusammenhängen wurde allemal einer Eingliederung in eigendynamischen, wie man heute sagt: selbstreferentiellen Funktionssystemen vorgezogen. Spätestens seit Sigmund Freud weiß man, daß die Affektkontrolle durch die Imperative des Realitätsprinzips und nicht des Lustprinzips bestimmt wird, beide Prinzipien aber unaufhebbar im Widerstreit miteinander liegen.

Auch fand der Kampf um die Erweiterung von Partizipation immer gegen harte Abwehrfronten statt, ebenso in einer Welt der systembedingten Ungleichheit die Auseinandersetzung um Ver-

13 S. hierzu Karl W. Deutsch: *Nationalism and Social Communication*, Cambridge 1966^2, sowie ders., op. cit. (Anm. 6).

teilungsgerechtigkeit und Fairneß: Politische Teilhabe und Verteilungsgerechtigkeit mußten den jeweiligen Status quo-Mächten abgerungen werden. Und schließlich kam eine Kultur konstruktiver Konfliktbearbeitung nur unter den glücklichen Umständen zustande, insofern die vorgenannten Bausteine von Zivilität je einzeln geschichtsmächtige Wirklichkeit wurden, sich überdies wechselseitig verstärkten, um sich auch schließlich emotional zu verankern. Nur unter solchen extrem voraussetzungsvollen Bedingungen wurde eine *Zivilisierung des Konfliktes* und damit der prinzipiell gewaltfreie Austrag von Konflikten in einem Umfeld der Fundamentalpolitisierung wahrscheinlich.

Der Vorgang selbst ist also nur als das historische Ergebnis vieler Konflikte, die sich im europäischen Kontext in einer gewissen, der obigen Darlegung entsprechenden sechsfachen Stufenfolge abspielten, begreifbar. Im übrigen ist dieser historische Sachverhalt auch aus der Geschichte des modernen politischen Denkens erkennbar. Synoptisch rekonstruiert stellt er sich wie folgt dar: In der neuzeitlichen Friedensdiskussion hatte Hobbes die pazifierende Wirkung des kruden staatlichen Gewaltmonopols angesichts akuter und drohender Bürgerkriege hervorgehoben. Der Kantsche Beitrag war auf die rechtsstaatliche Einhegung dieses Gewaltmonopols (»republikanische Ordnung«) gerichtet (sowie auf die konföderative Vernetzung der Staaten in einem »Friedensbund«). Liberales Denken thematisierte in vielen Variationen ergänzend die zivilisierende Wirkung von Arbeitsteilung, freiem Warenverkehr und (wenngleich lange Zeit mit erheblichen Einschränkungen) von Demokratisierung. Die sozialistische Tradition betonte nachdrücklich die Verteilungsgerechtigkeit. Später war die psychologische (insbesondere die psychoanalytische) Argumentation auf Selbstbewußtwerdung, Ich-Stärke, Affektkontrolle und Empathie ausgerichtet. Feministisches Denken hat, wo es zu einer konstruktiven Wende fähig war, viele dieser Gesichtspunkte akzentuiert. Rückblickend enthüllt sich in diesen unterschiedlichen, aufeinander aufbauenden Denktraditionen die konfigurative Komplexität des Zivilisierungsprojektes: seine verfassungspolitische, institutionelle, materielle und emotionale Dimension.

Entstanden ist ein Konstrukt der Konfliktbearbeitung – hier »zivilisatorisches Hexagon« genannt –, das verfassungsmäßige, institutionelle und materielle Dimensionen hat, aber auch von spezifischen Mentalitäten geprägt ist und insgesamt – man muß es nachdrücklich betonen – ein *zivilisatorisches Kunstprodukt* darstellt:

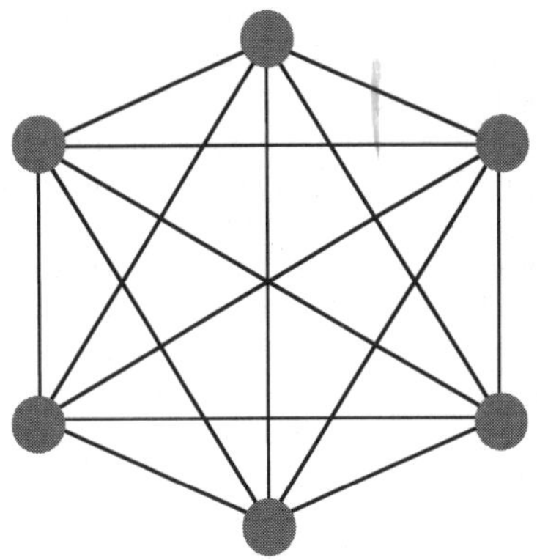

Denn plausibel läßt sich argumentieren, daß die Sachverhalte, die in emanzipierten Massengesellschaften Fundamentalpolitisierung kennzeichnen, wie beispielsweise der Absolutheitsanspruch, die Fixierung auf das Partikularinteresse, die Betonung besonderer Identität, der Besitzindividualismus, lobbyistische Antriebe usf. naheliegend, gewissermaßen »natürlich« sind, während demgegenüber Toleranz, Sensibilität für Spielregeln, Mäßigung, Gewaltenteilung, Kompromißbereitschaft, der Sinn für mehr als das eigene Interesse (Empathie) eher »künstlich«, also das Ergebnis von mühsamen *kollektiven Lernprozessen* sind. Alle diese breitenwirksamen zivilisatorischen Errungenschaften wurden gerade auch in Europa gegen die eigene alteuropäische, ständegesellschaftlich geprägte Tradition erkämpft und nur im Widerstreit mit dieser Vergangenheit erreicht. So ist der demokratische Verfassungsstaat nicht das Ergebnis kulturgenetischer Vorprägungen. Vielmehr ist er Ausdruck einer Innovation bzw. einer

Summe von Innovationen, überdies im Rahmen einer zweieinhalbtausendjährigen europäischen Geschichte das Ergebnis erst allerjüngster Entwicklung.[14]

Die obengenannten sechs Komponenten des zivilisatorischen Hexagons sind als Voraussetzungen und Bedingungen für eine dauerhafte zivilisierte Konfliktbearbeitung *konfigurativ*, nicht also monothematisch oder schrumpftheoretisch zu denken: Monothematisches bzw. schrumpftheoretisches Denken konzentriert sich auf einen der sechs genannten Punkte des Hexagons, um diesen positiv oder kritisch (einschließlich fundamentalkritisch) zu beleuchten. Die Komplexität der Konfiguration geht dabei (wie beispielsweise bei den Fundamentalkritikern des Gewaltmonopols belegbar) verloren. Alle sechs Komponenten sind wichtig, ebenso die Rückkopplungen, denn über letztere finden die einzelnen Komponenten eine Abstützung und wechselseitige Rückversicherung, worüber *relative* Stabilität konfigurativ bzw. redundant verursacht wird. Ist diese Konfiguration mangelhaft, so ist auch Stabilität nicht erwartbar: Ohne gesichertes Gewaltmonopol keine Rechtsstaatlichkeit, auch keine gewaltfreie demokratische Partizipation; ohne Verteilungsgerechtigkeit keine Bestandsgarantie für eine als fair und legitim empfundene Rechtsstaatlichkeit und demzufolge kein verläßlich eingehegtes Gewaltmonopol, auch keine Konfliktkultur; ohne demokratische Partizipation und Verteilungsgerechtigkeit keine Bürgergesinnung, keine »Ligaturen«.

Begreift man das zivilisatorische Hexagon differenziert von seinen Komponenten und den Rückkopplungen her, so erschließt es sich als ein fragiles Gebilde, das, so wie es von seinen Eckpunkten her sich aufbaut, von dort her auch immer zusammenbruchsgefährdet ist: Das Gewaltmonopol kann in einen Polizeistaat umkippen; Rechtsstaatlichkeit und demokratische Prozesse können sich als reine Fassade herausstellen und damit an Legitimität verlieren; überwältigende, nicht mehr durchschaubare Interdependenzen können zu Identitätsverlust und in der Folge zur erneuten Freisetzung von Affekten führen; Verteilungsungerechtigkeit gehört zu den politisch sensitivsten Gefährdungen. Wenn solche und andere abträglichen Sachverhalte sich bündeln, hat auch kon-

14 S. Dieter Senghaas: *Zivilisierung wider Willen. Der Konflikt der Kulturen mit sich selbst*, Frankfurt/M. 1998.

struktive Konfliktkultur keine Chance. Die Stufenfolge einer »Libanisierung« – am Beispiel des Libanon, der früher oft zitierten »Schweiz des Nahen Ostens« und ihres Zusammenbruchs in einem 15 Jahre dauernden Bürgerkrieg (1975-90), exemplifiziert – bietet hierfür ein repräsentatives Szenario: wahrgenommene und politisch virulent werdende Chancen- und Verteilungsungerechtigkeit als Ausgangspunkt, Entlegitimierung der verfassungspolitischen Koexistenzformeln, Zusammenbruch der Konfliktkultur, Reprivatisierung von Gewalt sowie Mißachtung und Zusammenbruch der Rechtsstaatlichkeit, Munitionierung der Konfliktparteien, Verfall der überkommenen interdependenten Handlungsgeflechte einschließlich der Ökonomie, Freisetzung parochial bestimmter, ethnopolitisch motivierter Affekte, Bürgerkrieg und Enthemmung der Affekte – bis zur schließlichen Erschöpfung der Beteiligten und der Intervention eines externen Hegemons (Syrien).[15]

Das zivilisatorische Hexagon ist also angesichts einbruchsgefährdeter Stellen ein immer erneut zu sicherndes Unternehmen. Um den Gefährdungen mit Erfolg entgegenzuwirken, bedarf es deshalb anhaltender Anstrengungen in allen von den sechs Eckpunkten bezeichneten Bereichen. Und wie in analytischer, so muß also auch in praktischer Hinsicht konfigurativ gedacht werden.

4. Historische und aktuelle Erfahrungen (»Hexagon-Variationen«)

Im zivilisatorischen Hexagon wird unübersehbar die historische Erfahrung aus der neuzeitlichen Geschichte in Teilregionen Europas – dem Bereich der demokratischen Verfassungsstaaten –

15 Es entsteht, wie Rainer Tetzlaff insbesondere mit Blick auf Schwarz-Afrika argumentiert hat, ein »Hexagon der Entzivilisierung in der Folge von Staatszerfall«. S. seinen Beitrag *Staats- und Zivilisationsverfall. Wird Afrika anschlußfähig an die globalisierte Welt?*, in: Hans Küng und Dieter Senghaas (Hg.), *Friedenspolitik. Ethische Grundlagen internationaler Beziehungen*, München 2003, S. 321-383. Das Hexagon der Entzivilisierung hat folgende Komponenten: (1) Fragmentierung/Privatisierung von Gewalt; (2) Faustrecht, Anomie; (3) Raubökonomie und Selbsthilfe/Affektexplosion, (4) Diktatur, Bevormundung, Versklavung; (5) Selbstprivilegierung/soziale Polarisierung; (6) Krieg und Terror/Exklusion von Feindgruppen.

gebündelt. Historisch betrachtet hat sich hier seit dem Ende des europäischen Mittelalters zunächst das Gewaltmonopol herausgebildet – Folge lang anhaltender politischer Ausscheidungskämpfe (in aller Regel von Fehden und Kriegen) um Vormachtstellungen. Zusammen mit der Herausbildung des Gewaltmonopols begannen sofort die Konflikte um die Kontrolle dieses Gewaltmonopols. Langfristig mündeten diese in die Institutionalisierung von Rechtsstaatlichkeit. Die Ausdifferenzierung und Vernetzung der sich modernisierenden Gesellschaften in der Folge großflächig werdender Verkehrswirtschaften und dichter und immer feinmaschigerer Kommunikationsstrukturen erfolgten zeitverschoben. Der Kampf um demokratische Partizipation, vorstellbar nur auf der Grundlage sozial mobil gewordener Gesellschaften, ging einher mit Auseinandersetzungen um soziale Gerechtigkeit, insbesondere um Verteilungsgerechtigkeit. Parallel dazu entfaltete sich schrittweise eine politische Konfliktkultur liberaler Prägung.[16]

Die Variationen des Entwicklungsprozesses innerhalb dieses Grundmusters waren dabei durchaus bemerkenswert. So hatte England schon einen langen Kampf um Rechtsstaatlichkeit hinter sich, als sich in den großen Flächenstaaten des europäischen Kontinents das Gewaltmonopol noch absolutistisch-autokratisch behaupten konnte. In aller Regel hing der Kampf um demokratische Partizipation vom Ausmaß und der Geschwindigkeit der Transformation traditionaler Gesellschaften in moderne ab. Wo dabei gleichzeitig das Arbeitskräftepotential knapp war bzw. wurde, wurde der politische Kampf um soziale Gerechtigkeit erleichtert. Das war z. B. in den Siedlerkolonien Europas (insbesondere in Neuseeland, Australien und Kanada) der Fall; sie waren überdies durch das Erbe des europäischen Feudalismus nicht vorbelastet, weshalb dort die Herausbildung des zivilisatorischen Hexagons, obgleich spät einsetzend, besonders schnell und im Hinblick auf alle sechs Komponenten erfolgte. In ähnliche Richtung weisende Erfahrungen durchliefen auch die skandinavischen Länder, bei denen es viel früher als auf dem europäischen Kontinent zu einer

16 S. hierzu Wolfgang Reinhard: *Geschichte der Staatsgewalt. Eine vergleichende Verfassungsgeschichte Europas von den Anfängen bis zur Gegenwart*, München 1999; Paolo Prodi: *Eine Geschichte der Gerechtigkeit. Vom Recht Gottes zum modernen Rechtsstaat*, München 2003.

Komplettierung und Abrundung des zivilisatorischen Hexagons gekommen ist. Ohnehin läßt sich erst in den demokratisch und marktwirtschaftlich organisierten Verfassungsstaaten des Westens (OECD-Staaten) nach 1950 ein gewisses »Reifestadium« des zivilisatorischen Hexagons beobachten, ohne daß allerdings dadurch die oben konstatierten Einbruchsgefährdungen prinzipiell beseitigt worden wären.

Obgleich also eurozentrisch verwurzelt, ist das zivilisatorische Hexagon dennoch nicht in irgendwelchen originären »Kulturgenen« Europas verankert: Vor 500 Jahren zeigten sich erste Umrisse; vor 100 Jahren begann es sich in wenigen einzelnen Fällen auszudifferenzieren; noch im vergangenen 20. Jahrhundert gab es dramatische Regressionen; und ob sich die relativ positive Erfahrung der letzten 50 Jahre im OECD-Bereich bruchlos in die Zukunft verlängern lassen wird, muß sich erst noch erweisen. Sowenig sich also in Europa eine Ursprungsgewißheit feststellen läßt, sowenig gibt es für das zivilisatorische Hexagon in diesem Europa und in der westlichen Welt insgesamt eine Bestandsgarantie. Und da es sich bei diesem Gebilde um eine Summe von politisch-institutionellen Innovationen handelt, wäre es auch abwegig, zu unterstellen, Innovationen jenseits der heute bekannten Ausprägungen des Hexagons seien in den kommenden Jahrzehnten oder gar Jahrhunderten unwahrscheinlich.

Vielleicht kommen solche Innovationen in anderen Regionen und Kulturbereichen der Welt zustande, beispielsweise in den kommenden Jahrzehnten im ostasiatischen bzw. südostasiatischen Raum. Hier könnte man von einem hexagonalen Entwicklungsprozeß sprechen, heute vor allem in Korea und Taiwan, tendenziell aber in allen leidlich erfolgreichen Entwicklungsländern Ost- und Südostasiens. Die in diesen Fällen beobachtbare Sequenz ist wie folgt zu beschreiben: Ausgangspunkt waren diktatoriale Entwicklungsregime in Gestalt von Militärdiktaturen, die in der Zeit nach 1950 über ein weithin rechtlich uneingehegtes Gewaltmonopol verfügten. Nach gängigen ökonomischen Maßstäben war die von ihnen verfolgte Entwicklungspolitik äußerst erfolgreich, insbesondere wenn man die Ergebnisse mit der Entwicklungspolitik in anderen Kontinenten der Dritten Welt vergleicht. Die Konsequenz erfolgreicher Entwicklungspolitik dokumentiert sich in einer dramatisch schnellen Transformation traditionaler in moderne Gesellschaften, die sich, sozialstatistisch betrachtet, immer mehr dem OECD-Durchschnitt annähern.[17] Diese Umwandlung führte, wie immer schon in der Geschichte, zu politischen Anerkennungskämpfen, d. h. zu Auseinandersetzungen neuer Sozialschichten um politische Teilhabe. Damit kam Demokratisierung in diesen Gesellschaften auf die Tagesordnung. Eine ihrer Zielsetzungen war die Durchsetzung rechtsstaatlicher Prinzipien, insbesondere einer rechtsstaatlichen Kontrolle des Gewaltmonopols. Da ein fulminantes Wirtschaftswachstum inzwischen das Arbeitskräftepotential erschöpft und sich die Konfliktgruppen der sich modernisierenden Gesellschaft organisieren (Bildung »strategischer Gruppen«), wird sich die Auseinandersetzung um soziale Gerechtigkeit weiter akzentuieren.[18] Die interessante Frage wird dann sein, ob sich in einem bisher eher konfliktabgeneigten Kulturbereich (wie dem konfuzianisch-buddhistischen) eine politische Kultur verankern kann, die zu Konflikten und Konfliktbearbeitung allmählich ein positives Verhältnis gewinnen wird.

Was also im Fernen Osten zu beobachten ist, ist das Szenario eines sich *in spezifischer Sequenz* entfaltenden Hexagons (»emergentes Hexagon«): krudes Gewaltmonopol, effiziente Ökonomie, demokratische Partizipation, Rechtsstaatlichkeit, Verteilungsgerechtigkeit, Konfliktkultur. Wie immer schon in der Geschichte geht es auch hier letztendlich um ein Ringen um neue Formen der Koexistenz, im Kern also um Verfassungsfragen, deren Antworten zwar historisch inspiriert, aber keineswegs vorab determiniert sind – ein Spielraum für politisch-institutionelle Innovation ist deshalb immer gegeben.

Die ostasiatische Erfahrung eines emergenten zivilisatorischen Hexagons kontrastiert deutlich mit dem Fehlschlag des realsozialistischen Experiments. In politischer, sozialer, ökonomischer und kultureller Hinsicht war der Realsozialismus auf das Gewaltmonopol – den Monopolanspruch der kommunistischen Partei –

17 Diese Annäherung ist indikatorenmäßig unschwer meßbar. S. hierzu Ulrich Menzel und Dieter Senghaas: *Europas Entwicklung und die Dritte Welt. Eine Bestandsaufnahme*, Frankfurt/M. 1986, Kap. 6.

18 S. hierzu Hans-Dieter Evers und Tilman Schiel: *Strategische Gruppen. Vergleichende Studien zu Staat, Bürokratie und Klassenbildung in der Dritten Welt*, Berlin 1988; Gunter Schubert u. a. (Hg.): *Demokratie und konfliktfähige Gruppen in Entwicklungsländern*, Münster 1993.

zugespitzt. Und obgleich der Realsozialismus die Transformation traditionaler in moderne Gesellschaften forciert beförderte, insbesondere die Industrialisierung, Urbanisierung und Alphabetisierung, war er nicht fähig, die wachsende Komplexität von Gesellschaft, Ökonomie und Kultur durch entsprechend komplexer werdende politische Steuerungsinstrumentarien aufzufangen – und in der Folge den Monopolanspruch der einzigen Partei schrittweise abzubauen und sich einer auf Pluralismus aufbauenden Demokratisierung zu öffnen. Statt sich auf ein Szenario eines emergenten Hexagons einzulassen, kam es zur Machtbehauptung des kruden Gewaltmonopols mit mehr oder weniger unverstellter Repression. So manövrierte sich der Realsozialismus in eine zivilisatorische Sackgasse: Die ihn kennzeichnende Planwirtschaft wurde trotz eines erheblichen und wachsenden Kapitalaufwandes immer leistungsschwächer, weshalb für die Masse der Bevölkerung an die Stelle von ideologisch versprochener Verteilungsgerechtigkeit eine sich verallgemeinernde Knappheit trat. Rechtsstaatlichkeit blieb unbekannt; die Selbstorganisation gesellschaftlicher Konfliktparteien (»Zivilgesellschaft«) war verpönt. Als schließlich soziale Bewegungen den Umbruch erzwangen, resultierte nicht selten zunächst aus Demokratisierung Chaotisierung – ein Vorgang, der im Lichte des zivilisatorischen Hexagons völlig begreifbar ist. Ethnisierung – der kleinste gemeinsame Nenner von Politik – wurde vielfach zum pseudo-biologistischen Fluchtpunkt politischer Bewegungen.

Im Lichte des zivilisatorischen Hexagons hatte das Aufbauprogramm nach erfolgtem politischem Umbruch (1989-92) dramatische Ausmaße: Das Gewaltmonopol war vielfach bürgerkriegshaft umstritten; rechtsstaatliche Kontrolle, bisher unbekannt, mußte sukzessive etabliert, demokratisch-pluralistische Politik eingeübt werden. Dafür war eigentlich eine politische Konfliktkultur erforderlich, die ihrerseits wiederum wenig Chancen hatte, wenn nicht der Neuaufbau von effizienten Ökonomien die soziale Frage entschärfen hilft. Aufgaben dieser Art und dieses Ausmaßes stellten sich also abrupt (»Dilemma der Gleichzeitigkeit«) und stellen sich immer noch in allen sechs Dimensionen des zivilisatorischen Hexagons auf einmal. Das ist historisch beispiellos: Es kann deshalb nicht überraschen, wenn alle betroffenen Gesellschaften sich mit diesen Aufgaben schwer tun und für viele ein Licht am Ende des Tunnels noch nicht erkennbar ist (wenngleich das Bild vom »Tunnel am Ende des Lichts« übertrieben sein mag[19]).

Das emergente Hexagon im Fernen Osten verweist auf wachsende, wenn auch keineswegs schon gesicherte Chancen einer zivilisierten Konfliktbearbeitung im politischen Raum; das auf das Gewaltmonopol zugespitzte realsozialistische »Schrumpfhexagon« auf die Gewaltträchtigkeit eines solchen Gebildes unter den Vorzeichen einer sozial mobilen, politisierbaren Gesellschaft. Andere Erfahrungen kommen hinzu: In den großen lateinamerikanischen Gesellschaften, die in ihrer Geschichte schon über begrenzte Etappen mit demokratischen Erfahrungen verfügten (Argentinien, Brasilien, Mexiko), sind die Chancen für ein emergentes zivilisatorisches Hexagon immer noch gegeben, so auch in den bevölkerungschwächeren Ländern (wie Chile und Uruguay). Zumindest ist bemerkenswert, daß Lateinamerika derzeit nicht zu den besorgniserregenden Konfliktherden der Welt gehört, ganz anders als weite Teile von Schwarzafrika, wo vielerorts politische Institutionen, ökonomische Potentiale und Infrastrukturen regelrecht zerfallen oder zugrunde gerichtet werden, andererseits jedoch auch vereinzelt gewisse Demokratisierungsprozesse mit allerdings völlig offenem Ausgang zu beobachten sind. Im Hinblick auf zivilisierte Konfliktbearbeitung mag Lateinamerika (wenngleich vielleicht nur vordergründig) optimistisch, Schwarzafrika eher tief pessimistisch stimmen. In anderen Teilen der Welt, so vor allem im arabisch-islamischen Bereich, stehen mancherorts angesichts einer sich ausweitenden und vertiefenden Entwicklungskrise vorhandene Institutionen der Konfliktregelung wie der postkolonial-säkulare Staat (wo existent) unter dem politischen Beschuß fundamentalistisch-islamistischer Kräfte. Fatalerweise ist derselbe Sachverhalt auch im ethnopolitisch zerklüfteten Indien zu beobachten (»Hindustan«), wo (demnächst) mehr als eine Milliarde Menschen nicht umhin kommen wird, den säkularen Staat als institutionelle Plattform einigermaßen zivilisierter Konfliktbearbeitung zu bewahren oder, ihn ersetzend, eine neue,

19 So eine Formulierung von Claus Offe: *Der Tunnel am Ende des Lichts. Erkundungen der politischen Transformation im Neuen Osten*, Frankfurt/M. 1994. Zu einer Analyse des Realsozialismus, die mit der hier erfolgten weithin kongenial ist, s. Wolfgang Engler: *Die zivilisatorische Lücke. Versuch über den Staatssozialismus*, Frankfurt/M. 1992.

die Ethnokonflikte einhegende Plattform zu (er)finden – aber welche könnte das abseits des säkularen Staates sein?

Ob China, die schon existierende Milliardengesellschaft der Welt, in ein flächendeckendes emergentes zivilisatorisches Hexagon hineinwachsen wird, ist eine besonders spannende Frage. Die Größenordnung der Aufgabe ist ohne Beispiel: Einübungen in das zivilisatorische Hexagon im Sinne konflikthafter kollektiver Lernprozesse erfolgten bisher besonders erfolgreich in kleinen Ländern wie in Skandinavien oder in den Siedlerkolonien, neuerdings in Taiwan. Wie aber hat man sich einen solchen Vorgang bei einem Flächenstaat mit derzeit mehr als 1,3 Milliarden Menschen vorzustellen? Ist ein solcher Vorgang nach gängigen Erfahrungen überhaupt erwartbar? Die Antwort ist offen, aber ein Sachverhalt ist bemerkenswert: Wie im übrigen Ostasien, so wächst auch in China jenen Kräften, die an der Herausbildung der einen oder anderen Variante des demokratischen Verfassungsstaats interessiert sind, eine neue, dynamisch sich entfaltende ökonomische Basis zu, während die materielle Machtbasis der Kräfte des Status quo, gefangen in einer planwirtschaftlich alternden zentralistischen Ökonomie, eher schrumpft. Ganz anders als die Reformkräfte in der östlichen Hälfte Europas, die in der Stunde Null (1989-92) über keine neue ökonomische Basis verfügten, werden die Reformer Chinas in dem demnächst unausweichlich werdenden politischen Konflikt über die Richtung zukünftiger Entwicklung eigene ökonomisch fundierte, politische Gewichte in die Waagschale werfen können. Das ist ein deutlicher Unterschied zur Entwicklung in der östlichen Hälfte Europas, insbesondere Rußlands, nach dem weltpolitischen Umbruch.

5. Die weltweite Zivilisierungsproblematik in allgemeiner Perspektive

Was also Europa mühsam und qualvoll, in Versuch und Irrtum, auf Wegen, Umwegen und auch Abwegen lernen mußte – *Toleranz als Lösung angesichts einer zunächst als Bedrohung empfundenen Pluralisierung* –, wird sich als Vorgang in anderen Teilen der Welt, wenn nicht im Detail, so doch prinzipiell wiederholen müssen: Die nicht aufschiebbare Bewältigung der Koexistenzproblematik angesichts um sich greifender Fundamentalpolitisierung in der Folge des zitierten Umbaus traditionaler in sozial mobile Gesellschaften steht dort zunehmend auf der Tagesordnung. *Jedoch, sowenig wie einst in Europa, so ist in keiner der verschiedenen außereuropäischen Regionen in herkömmlicher politischer Kultur diese moderne Problematik vorgesehen.* Auch deren Selbstverständnis war im großen und ganzen »kosmozentrisch« orientiert. In ihm wurden – vor allem in den Ausprägungen der Hochmythologie – der Kosmos, die Gesellschaft und die Menschen unter ganzheitlicher Perspektive als eine Einheit begriffen. Diese wurde als eine wohlgeordnete und wohlgefügte Hierarchie vorgestellt. Ihre Architektur war statisch gedacht. Auch waren in ihr die Rollen und Rollenspiele der Handelnden vorgezeichnet. Zyklizität bestimmte das historische Selbstverständnis, das in Wirklichkeit kein im heutigen Sinne historisches war, weil der Zyklus – analog zu den Vorgängen im Jahresrhythmus der Natur oder zu Vorgängen im politischen Raum (Aufstieg, Blüte und Verfall von Reichsstrukturen oder Imperien) immer wieder zum selben Ausgangspunkt zurückkehrte. Unvorstellbar war im großen und ganzen die Idee einer Pluralität von Wahrheiten.

Wenn unter solchen Prämissen insbesondere die Institution der Gemeinschaft und der Herrschaft als eine organische Einheit erscheint, dann gelten Konflikte in aller Regel als dysfunktional. Sie werden, wie im alten China, aber nicht nur dort, als die »große Unruhe unter dem Himmel« begriffen, also als Ausgangspunkt der Gefahr von Chaotisierung oder als Ausdruck eines schon bestehenden Chaos. Entgegenwirkendes Denken begreift sich dann als Beitrag zur Bewältigung ebendieses Chaos, als Chaosbewältigungsstrategie, die darauf gerichtet ist, »kosmische Ordnung« wiederherzustellen.[20] Für die Erfordernisse einer Bewältigung der *modernen* Koexistenzproblematik sind solche Orientierungen jedoch nicht mehr hilfreich. Deshalb werden auch in der übrigen Welt aus dem Zwang der Verhältnisse neue zeitgemäße Perspektiven der Konfliktbearbeitung und damit neue zeitgemäße Formeln und Formen des inneren Friedens erwachsen müssen.

Im Unterschied zur endogenen westlichen Entwicklung werden die kollektiven Lernprozesse in der außereuropäischen Welt

20 Über die Weltanschauungen der Hochmythologie s. Ernst Topitsch: *Vom Ursprung und Ende der Metaphysik*, Wien 1958.

jedoch nachdrücklich von den vorgängigen Entwicklungen innerhalb des Westens mitbestimmt. Denn diese definieren, da sie zeitlich früher lagen, den geschichtsmächtigen internationalen Kontext, der die jeweiligen Vorgänge vor Ort mitprägt. Dabei lassen sich, ganz ähnlich wie einst in Europa im Verhältnis von hexagonalen Pioniergesellschaften (wie Großbritannien, Frankreich und Skandinavien) und Nachzüglern (z.B. Deutschland), heute in der außereuropäischen Welt im allgemeinen vier prototypische Reaktionsweisen beobachten:

Modernistisch-imitativ ist eine Reaktion, die die Herausforderung des Westens sowie dessen Erfahrungen und »Lösungsangebote« annimmt, diesen also als Vorbild begreift und gegen die Last der eigenen Tradition, einschließlich der eigenen traditionellen politischen Kultur ankämpft. In der ersten Hälfte des vergangenen Jahrhunderts gab es solche Orientierungen vielerorts, vor allem in China; sie blieben seinerzeit ohne Erfolg. Heute sind sie jedoch z. B. in zwei der vier Schwellenländer Ostasiens, Korea und Taiwan, von durchschlagendem Erfolg. Hier entstehen, wie oben dargelegt, aus jungen Industrieländern »newly democratizing countries«, deren politische Kultur sich bei aller lokaler Einfärbung in absehbarer Zeit kaum von derjenigen westlicher Länder unterscheiden wird.

Wo Modernisierungsumbrüche stattfinden und die Koexistenzproblematik virulent wird, da treten auch die *Bewahrer* mit unterschiedlicher Orientierung auf den Plan: die Traditionalisten, auch die Reaktionäre, im allgemeinen aber die Konservativen. Ihnen geht es darum, gegebenenfalls das Rad der Geschichte zurückzudrehen, auf jeden Fall der Modernisierung Einhalt zu gebieten. Dieser Typ von Reaktion läßt sich überall auf der Welt, wo westliche Moderne mit Traditionalem zusammentrifft, beobachten. Gandhi könnte hier beispielhaft zitiert werden, denn seine traditionsbewußte Lebensphilosophie war dörflich, antikommerziell und egalitär ausgerichtet. Sie sah kleine Einheiten vor, und deshalb favorisierte sie eine auf Konsens ausgerichtete direkte Demokratie im überschaubaren Raum, nicht also eine repräsentative Demokratie, für die es in bevölkerungsreichen Gesellschaften ohnehin keine Alternative gibt. Heute finden sich vergleichbare Vorstellungen, wenngleich kontrovers diskutiert, vor allem noch in Schwarz-Afrika.

Wo Umbrüche stattfinden, da machen sich auch *halbierte Modernisten* bemerkbar. Sie stürzen sich auf westliches Know-how, aber alle übrigen geistigen Einflüsse wollen sie fernhalten. Japan verfolgte seit der Mitte des 19. Jahrhunderts erfolgreich ein solches Projekt; der Realsozialismus des 20. Jahrhunderts blieb demgegenüber ohne Erfolg. Die sogenannte »Singapur-Schule« ist in den letzten drei Jahrzehnten des vergangenen Jahrhunderts für eine solche Orientierung der halbierten Moderne prominent geworden, immer noch anhaltend auch der islamistische Fundamentalismus. Jedoch, die politischen Probleme einer komplexer werdenden, sich pluralisierenden Gesellschaft, sei es in Singapur, in China, im weiten Bereich islamischer Gesellschaften oder andernorts, werden mit Hilfe eines solchen ordnungspolitischen Programms nicht gelöst, nicht einmal einer Lösung nähergebracht – am wenigsten dort, wo man versucht, mit theokratischen Rezepten islamistischer Provenienz zu Werke zu gehen. In letzteren dokumentieren sich erstaunliche Parallelitäten zu historischen Vorläufern, aber auch die Vergeblichkeiten einer »theokratischen Konterrevolution« gegen die Moderne, wie sie z.B. in Europa in der ersten Hälfte des 19. Jahrhunderts in Reaktion auf die französische Revolution zu beobachten waren. Pluralismus galt und gilt in diesem antimodernistischen Programm als eine sittenwidrige und gemeinschaftsstörende Idee, als Ausdruck von Werte- und Kulturverfall, als Inbegriff von moralischer Blindheit (»jahiliyya«); uneingeschränkte, religiös motivierte Herrschaftsausübung galt und gilt als zeitgemäß.[21]

Jedoch: Letztlich werden auch in der außereuropäischen Welt, wenn Moderne und Tradition sich begegnen und irreversible Umbrüche zustande kommen, *Innovationen* erforderlich sein. Sowenig wie sie in Europa vorhersagbar waren, sowenig können sie im außereuropäischen Bereich prognostiziert werden. Dabei wird sich die innereuropäische Erfahrung wiederholen: *Sobald traditionale politische Ordnung und Kultur mit Modernisierungsschüben konfrontiert werden, Gesellschaften also einen strukturellen und folglich mentalen Umbruch durchlaufen, geraten ebendiese Ordnungen und Kulturen mit unerbittlicher Zwangsläufigkeit mit sich selbst in Konflikt.* Daraus gehen die erforderlichen kollek-

21 S. hierzu Ian Buruma und Awishai Margalit: ›*Okzidentalismus*‹ *oder Der Haß auf den Westen*, in: *Merkur*, Bd. 56, 2002, S. 277-288.

tiven Lernprozesse hervor – oder auch problematische Fehlentwicklungen.

Daß sich im europäisch-westlichen Raum die Innovationen der Moderne hinsichtlich der Bewältigung der Koexistenzproblematik völlig erschöpft haben – auf dieser Annahme beruht Francis Fukuyamas These vom »Ende der Geschichte« –, ist nicht anzunehmen. Im Gegenteil: *Vier Fünftel der Menschheit werden in den kommenden Jahrzehnten in der Regel wider Willen damit experimentieren müssen, auf die Probleme sozialer Mobilisierung und von Fundamentalpolitisierung erneut angemessene Antworten zu finden.* Es ist unwahrscheinlich, daß die Antworten, die sich schließlich und endlich bewähren werden, abstrakt am Reißbrett erfunden werden. Naheliegender ist auch in dieser Hinsicht eine Wiederholung der europäischen Erfahrung: Was sich schließlich als tragfähige Arrangements der Koexistenz, also des *inneren Friedens*, im einzelnen bewährt, wird als nicht beabsichtigte Folge tiefgreifender politischer Konflikte entstanden sein.

Die mühsame, qualvolle und konfliktreiche Erfahrung Europas auf dem Wege zum demokratischen Verfassungsstaat, seinen Institutionen und seinem Ethos, wird also außereuropäischen Gesellschaften nicht erspart bleiben. Der Vorgang ist dem europäischen vergleichbar, wenngleich sein Ergebnis im Endeffekt verschieden sein könnte, vor allem wenn genuine Innovationen tatsächlich zustande kommen sollten. Aber gerade im letzteren Fall würde das Ergebnis nicht die Tiefendimension herkömmlicher politischer Kultur reflektieren, sondern Neues – *wider die eigene Tradition.*

Pluralisierung als empfundene Bedrohung, eine institutionell abgesicherte und emotional verankerte Toleranz als Lösung: Das ist, weltweit betrachtet, eine der großen Herausforderungen für die Menschheit im 21. Jahrhundert, nicht weniger gewichtig als die sich akzentuierende weltweite Umweltproblematik. Ein Rückblick auf das 20. Jahrhundert verdeutlicht die Brisanz der Problematik. In ihm wurden »Alternativen« zur Toleranz auf barbarisch-grauenvolle Weise vielfach durchexerziert: Ausgrenzung, Ghettoisierung, Apartheid, Vertreibung, »ethnische Säuberung«, Völkermord und vor allem Bürgerkriege in vielen Varianten.[22]

22 S. hierzu Gunnar Heinsohn: *Lexikon der Völkermorde*, Reinbek b. Hamburg 1998; Mihran Dabag und Kristin Platt (Hg.): *Genozid und Moderne*, Bd. 1, Opladen 1998.

Anders als im »ursächlichen Pazifismus« zu Beginn des 20. Jahrhunderts unterstellt, bleibt damit angesichts der Unumkehrbarkeit von Pluralisierung die Suche nach ordnungspolitisch-normativen, institutionellen, materiellen und mentalen Bedingungen von Koexistenz innerhalb von Gesellschaften ganz oben auf der Tagesordnung: *Innerer Frieden* ist also nicht ein Problem am Rande, sondern zu einem virulenten und existentiellen Kernproblem geworden – *weltweit betrachtet mehr als je zuvor*: Denn noch im letzten Winkel der Welt brechen die Selbstverständlichkeiten überkommener Ordnungen weg, weshalb unvermeidliche Orientierungskonflikte in einer Mischung aus Machtauseinandersetzungen und ordnungspolitisch motiviertem Kulturkampf unausweichlich sind: Man beobachte beispielhaft die entsprechenden zugespitzten Konflikte im Iran seit den 1980er Jahren!

6. Gestaltung einer Weltordnungspolitik

6.1 Konstruktive Konfliktbearbeitung auf der internationalen Ebene

Das zivilisatorische Hexagon wurde zunächst mit Blick auf die Zivilisierungserfordernisse von Politik *innerhalb* von Gesellschaften erläutert. In solchen einzelnen hexagonal geordneten Gesellschaften entsteht in der Folge des Zivilisierungsprozesses ein kohärent werdender Handlungszusammenhang. Lassen sich diese Überlegungen auf die Ebene jenseits der einzelnen Gesellschaften übertragen? Was würde Zivilisierung von Politik *auf internationaler Ebene* bedeuten?

Eine Übertragung des zivilisatorischen Hexagons von der staatlich-innergesellschaftlichen auf die internationale Ebene müßte die Welt entweder als eine Summe von hexagonalen Gesellschaften oder gar als eine einzige hexagonal strukturierte Weltzivilgesellschaft begreifen. Deren emergente Entwicklung könnte, *abstrakt betrachtet*, wie folgt vorgestellt werden: Herausbildung von sich verdichtenden transnationalen zwischengesellschaftlichen Verflechtungen innerhalb der überkommenen *Staatenwelt*, wodurch sich zunächst in regionalen Zusammenhängen und später darüber hinaus eine transnationale »Gesellschaftswelt« und

»Wirtschaftswelt« entfalten würde; allmähliche Relativierung der Staatenwelt und schrittweise Herausentwicklung einer *Weltgesellschaft* vor allem vermittels sich globalisierender systemischer Bezüge in den Dimensionen Weltwirtschaft, Verkehr, Information und Kommunikation; Herausbildung korrespondierender, im Endeffekt gemeinsamer normativer und rechtlicher Horizonte sowie korrespondierender institutioneller Überwölbungen, von akzeptierten Spielregeln und politischen Steuerungsmedien, die einen zivilen Umgang mit Konflikten fördern und zur kulturellen Entfaltung und Stabilisierung einer *Weltzivilgesellschaft* beitrügen. Würde eine solche Weltgesellschaft überdies zu einer tendenziell homogenen Wertegemeinschaft, so würde die heutige Staatenwelt schließlich in eine *Weltgemeinschaft* transformiert, wobei den einzelnen Staaten in einem solchen weltweiten Handlungszusammenhang eine wichtige, aber letztendlich nur noch subsidiäre Rolle und Funktion zukämen. Innerhalb eines solchen Gesamtgebildes – der Weltzivilgesellschaft – wäre, nunmehr auf höchstmöglicher, nämlich weltweiter Ebene, die Realisierung eines weltflächigen zivilisatorischen Hexagons vorstellbar: Herausbildung eines (wie immer im einzelnen institutionell ausgestalteten) als legitim anerkannten Gewaltmonopols; rechtsstaatsanaloge Kontrolle dieses Gewaltmonopols (*rule of law*); weltweite Interdependenzgeflechte und daraus resultierende Disziplinierungszwänge mit dem Ergebnis der Affektkontrolle; Demokratisierung zumindest im Sinne angemessener Vertretungsmöglichkeiten wesentlicher Kollektive oder Gruppierungen; ökonomischer Ausgleich, um soziale Gerechtigkeit auf weltweiter Ebene zu erreichen; sowie internalisierte Konfliktkultur vor allem im Sinne von Toleranz als dem grundlegenden Inhalt eines Weltethos.

Nichts kann einen hindern, in einem *abstrakten* Gedankenexperiment (wie dem eben durchgespielten) das zivilisatorische Hexagon in seinen einzelnen Komponenten und als Gesamtfigur in eine solche künftige Welt hineinzudenken, ungeachtet, ob man eine solche Entwicklung für wünschbar oder verwerflich hält. Was die Wünschbarkeit angeht, so könnte man sich in diesem Zusammenhang an den Skeptizismus von Kant, wie er ihn in *Zum ewigen Frieden* (1795) artikuliert hat, erinnern. Dieser vertrat die These, daß voneinander unabhängige benachbarte Staaten zwar einen Zustand des Krieges begründen (wenn nicht eine föderative

Vereinigung derselben dem Austausch der Feindseligkeiten vorbeugt), daß aber gemäß der Vernunftidee eine föderative Vereinigung solcher unabhängiger Staaten besser sei als deren Zusammenschmelzung (Amalgamierung) in eine alle einzelnen Staaten überwölbende, in einen Weltstaat übergehende Macht. Seine Begründung: »weil die Gesetze mit dem vergrößerten Umfang der Regierung immer mehr an ihrem Nachdruck einbüßen und ein seelenloser Despotism, nachdem er die Keime des Guten ausgerottet, zuletzt doch in Anarchie verfällt«. Und obgleich die Verschiedenheit der Sprachen und der Religionen zwar den Hang zu wechselseitigem Haß und den Vorwand zum Kriege in sich trüge, würde doch gerade diese Verschiedenheit von »der Natur« genutzt, um die Völker von der Vermischung abzuhalten und sie abzusondern. Wachsende Kultur und die allmähliche Annäherung der Menschen an gemeinsame Prinzipien und zu einem Einverständnis im Hinblick auf Frieden würden Wetteifer und schließlich ein Gleichgewicht hervorbringen, die friedensfördernder wären als jener »Despotism«.

In der Sprache der neueren Theorie: Die *abstrakte* Extrapolation des zivilisatorischen Hexagons von der einzelnen Bürgergesellschaft auf die Welt insgesamt würde auf die Herausbildung einer »amalgamierten Sicherheitsgemeinschaft«, also eines neuen Bundesstaates auf supranationaler Ebene, zielen. Kants Kritik daran orientiert sich demgegenüber positiv an der einen oder anderen Variante von »pluralistischer Sicherheitsgemeinschaft« (K. W. Deutsch), d. h. an vorstellbaren Varianten von Konföderation.[23] Auch vorstellbar sind zwischen Bundesstaat und Staatenbund gelagerte Figuren politisch-konstitutioneller Verfaßtheit, so der »Staatenverbund«, wie die Europäische Union in einem Urteil des Bundesverfassungsgerichtes etikettiert wurde: Der »Staatenverbund« wäre demzufolge weniger integrativ organisiert als ein Bundesstaat, jedoch weit integrierter als ein bloßer Staatenbund, eine »Konföderation«.

Was möglich, was wahrscheinlich und was überdies sinnvoll ist, hängt natürlich in erster Linie nicht von solchen *abstrakten* Extrapolationen, sondern von der *Realität der Welt* und *absehbaren Entwicklungstrends* ab. Diese Realität zeichnet sich jedoch zual-

23 S. hierzu Kap. 5 im vorliegenden Buch.

lererst dadurch aus, daß sie sich nicht als ein einziger homogener und kohärenter Handlungszusammenhang darstellt, sondern als ein in sich zerklüftetes, also heterogenes Beziehungsgefüge.[24] Und die Wahrscheinlichkeit, daß sich die Welt insgesamt allmählich und in absehbarer Zeit flächendeckend homogenisieren und darüber eine weltweit wirksame systemische, überdies institutionelle und mentale Kohärenz erreichen wird, ist weiterhin gering.

Was im Innern von Gesellschaften schwierig zu bewerkstelligen ist und dort auch unter den besten Bedingungen nur als ein brüchig bleibendes Konstrukt ohne Bestandsgarantie verstanden werden sollte (weshalb selbst bei leidlich stabiler Ausgangslage, wie dargelegt, ständige Bemühungen um den inneren Frieden erforderlich bleiben), das stellt sich, *nicht abstrakt extrapoliert, sondern mit Bezugnahme auf die vorfindbare Realität konkret analysiert*, auf internationaler Ebene als eine um so schwierigere Aufgabe: nämlich mit *Welt*ordnungspolitik *internationale Koexistenz* zustande zu bringen und zu sichern.

Deshalb zunächst die Frage: Welche systematischen Überlegungen ergeben sich im Hinblick auf die vorfindbare Realität aus den vorangehenden Überlegungen zum zivilisatorischen Hexagon hinsichtlich der Umwandlung des Charakters *internationaler* Konflikte? Was müßte *in der real existierenden Welt* getan werden, um auch auf dieser Ebene »Frieden zu stiften« (Kant) und also im Sinne des eingangs zitierten ursächlichen bzw. konstruktiven Pazifismus eine »soziale Ordnung« jenseits der einzelnen Staaten zustande zu bringen?

Erstens: Der Entwaffnung der Bürger im Innern der Staaten entspräche, äquivalent, die *»Entwaffnung der Staaten«*. Denn potentiell oder tatsächlich bewaffnete Staaten leben – das definiert bekanntlich die Situation der »Anarchie der Staatenwelt« – unter dem Vorzeichen des sog. Sicherheitsdilemmas, das im Falle von entsprechenden Interessenkonflikten mit Gewaltdrohungen bzw. Gewaltanwendung einhergeht. »Frieden« unter den Prämissen von Sicherheitsdilemma bedeutet, so auch einst Alfred Fried, zunächst Waffenruhe. Aber: »Dieser Friede würde .... nur ein latenter Krieg sein, der gefristet sein würde durch wechselseitiges

24 S. hierzu Dieter Senghaas: *Die Konstitution der Welt. Eine Analyse in friedenspolitischer Absicht*, in: *Leviathan*, Bd. 31, Nr. 1, 2003, S. 117-152.

Überbieten an Gewaltmitteln, durch die Angst eines jeden Staates vor einem Überfall seitens des anderen, und der allein erhalten werden könnte durch ein Hinopfern aller jener produktiven Kräfte der Staaten, die zur Erhöhung des Lebensglücks der Völker dienen sollten, für die möglichst lange Hinausschiebung einer, fälschlich Frieden genannten, Zwischenzeit zwischen dem eben beendigten und dem nächsten Krieg. Wie ein Mensch nicht als gesund angesehen werden kann, der auf eine im voraus bemessene Frist von einem akuten Anfall befreit wird, so ist die Staatenwelt nicht befriedet durch eine Umwandlung des akuten Kriegszustandes in einen nur latenten, von dem man weiß, daß er sich wieder zum akuten Krieg zurückwandeln muß.«[25]

Wenn aber an die Stelle des Sicherheitsdilemmas Erwartungsverläßlichkeit, Berechenbarkeit und damit Verhaltenssicherheit treten, was müßten die institutionellen Vorkehrungen sein, um einen solchen Zustand zu erreichen? Was wäre das funktionale Äquivalent zum innerstaatlichen Rechtsgebot und der erforderlichen durchsetzungsfähigen Rechtsmacht, also zum innerstaatlichen *Monopol legitimer Gewalt*? Die negative Antwort ist einfach zu geben: Ein stabiles Monopol legitimer Gewalt auf internationaler Ebene könnte nicht das bloße Ergebnis von Sieg und Niederlage in einem internationalen Ausscheidungskampf sein, auch nicht das Ergebnis einer nur machtmäßig begründeten Hegemonialordnung. Schon gar nicht ist ein solches Monopol in einem Abschreckungs- oder Gleichgewichtssystem der Mächte vorstellbar – oder in einem Arrangement zwischen Militärallianzen (seien sie regional oder weltweit orientiert). Die Begründung letzterer Systeme, die die Geschichte der internationalen Beziehungen bisher kennzeichneten, widersprechen explizit der Idee des legitimen Gewaltmonopols. Überdies sind alle diese Arrangements nicht von Dauer: Eine Hegemonialordnung ist immer erosionsanfällig; Gleichgewichts- und Abschreckungssystemen wird in aller Regel durch nicht kontrollierte und nicht steuerbare Prozesse der Boden, auf dem sie vermeintlich stabil aufruhen, entzogen. Auf internationaler Ebene und in einem dort anhaltend heterogenen Milieu *ist bei fortdauernder Existenz von Einzelstaaten* ein Monopol legitimer Gewalt nur im Rahmen eines Systems kollektiver Sicherheit vorstellbar, so wie es seit 1945 in der Charta der

25 Fried, op. cit. (Anm. 1), S. 29.

Vereinten Nationen (VN), wenngleich nur in embryonaler Ausprägung, konzipiert ist. Dieses System baut auf einem prinzipiellen, nicht mit dem Gewalt*monopol* zu verwechselnden *Gewaltverbot* auf, weshalb das Völkerrecht erst nach 1945 beanspruchen kann, *Friedens*völkerrecht zu sein. Die einzige Ausnahme vom Gewaltverbot ist die individuelle bzw. kollektive Selbstverteidigung auf Zeit, nämlich so lange, bis die Instrumentarien des Systems *kollektiver* Sicherheit in Gang gesetzt werden, vermittels deren dem Gewaltopfer, also einem angegriffenen Staat, bei der Abwehr des Aggressors effektive Hilfe zukommt. Letzterer Sachverhalt ist analog zu jenem konzipiert, der im Hinblick auf Individuen auch innerhalb von rechtsstaatlich verfaßten politischen Ordnungen existiert: Auch Individuen haben in akuten Notsituationen so lange ein Recht auf Selbstverteidigung, bis ihnen rechtmäßig zuständige staatliche Organe zu Hilfe kommen.

Theoretisch ist das System kollektiver Sicherheit, wie in der VN-Charta niedergelegt, durchweg logisch konzipiert. Daß seine Instrumentarien nicht voll implementiert worden sind, ist nicht dem Konzept (der kollektiven Sicherheit) anzulasten, sondern den Staaten, die sich weiterhin weigern, ein solches System voll ins Werk zu setzen, was dazu führt, daß es nicht eigentlich zur Wirkung kommt. Worin besteht seine Logik? Das System kennt für den Fall von Interessenkonflikten, die gewaltträchtig sind und ggf. zu offenen Gewalthandlungen führen könnten, die Vorkehrungen der *Friedlichen Streitbeilegung* (FSB): Verhandlung, Untersuchung, Vermittlung, Vergleich, Schiedsspruch, gerichtliche Entscheidung und andere friedliche Mittel eigener Wahl. Für den Fall eines Scheiterns solcher Bemühungen und eingetretener Aggression kennt es abgestufte Maßnahmen: Feststellung der Angriffshandlung, friedliche Sanktionsmaßnahmen im Sinne eines wirtschaftlichen Embargos, Evaluation der Wirksamkeit bzw. Nichtwirksamkeit solcher friedlichen Sanktionsmaßnahmen, Möglichkeit militärischer Sanktionsmaßnahmen, wofür eine ganze Reihe von Vorkehrungen vorgesehen sind (bisher nicht realisierte Sonderabkommen zwischen dem Sicherheitsrat und den zum Beistand verpflichteten Mitgliedern der VN; Bereithaltung von Luftstreitkräften; Aufstellung von Plänen für die Anwendung von Waffengewalt durch den Sicherheitsrat mit Unterstützung eines Generalsstabsausschusses; Durchführung der

Beschlüsse des Sicherheitsrates je nach dessen Ermessen von allen oder von einigen Mitgliedern der VN; Möglichkeit der Ermächtigung eines einzelnen oder mehrerer Mitglieder, also Mandatierung von entsprechenden Aktionen).

Bei allen Unterschieden im einzelnen: Das seit 1945 auf internationaler Ebene völkerrechtlich fixierte Gewaltverbot beruht, nicht anders als im innerstaatlichen Bereich, auf zwei elementaren Prämissen: Dem einzelnen (hier: den Staaten, dort: den Individuen oder einzelnen Gruppierungen) ist bei Durchsetzung eigener Interessen und außer im Falle von Selbstverteidigung der Griff zur Gewalt *prinzipiell* verboten; es gibt keine wie immer geartete Ausnahme. Und weiterhin: Da auch ein prinzipielles Gewaltverbot keine Garantie dafür ist, daß es nicht dennoch zur Gewaltanwendung kommt, besteht die zweite Prämisse eigentlich in der Rechtspflicht, dem Opfer der Aggression zu Hilfe zu kommen: dem konzeptuell folgerichtigen Pendant zum Gewaltverbot. Wenn solche Hilfeleistung, obgleich zwingend geboten, auf internationaler Ebene nicht oder nur selten oder nur aus Opportunitätsgründen geschieht, heißt dies, daß die Völkergemeinschaft in der Wirklichkeit hinter dem zurückbleibt, worauf sie sich selbst *explizit und ohne jeglichen Abstrich* verpflichtet hat. Die heutige Staatenwelt ist also im Hinblick auf die Sicherheitsgarantie im formalen Sinne eigentlich eine Rechtsgemeinschaft, während in der politischen Wirklichkeit meist so gehandelt wird, als ob Rechtsanarchie bestünde. D. h., einschlägige Entscheidungen (z. B. im Sicherheitsrat) werden als kontingentes Ergebnis von politischen *bargaining*-Prozessen nach Gutdünken getroffen, nicht aber immer und zwingend im Lichte der unter Rechtsgesichtspunkten gesichteten und bewerteten Tatbestände: Es handelt sich dabei in aller Regel immer noch um macht- oder interessenpolitisch motivierte Entscheidungen *à la carte*, nicht also um solche, die aus Lagebeurteilungen im Lichte von Rechtsgeboten resultieren.

Das Grundproblem des Systems kollektiver Sicherheit, wie es heute völkerrechtlich gemäß der VN-Charta existiert, besteht demnach darin, daß es als eine Machtfigur, die nach Opportunitätsgesichtspunkten in alle möglichen Richtungen manipuliert wird, gehandhabt wird, und nicht als eine verbindliche Rechtsfigur. Wäre politisches Handeln auf der Höhe eines Völkerrechts mit eigener Wertigkeit, müßten die Gewichtungen genau umgekehrt sein: Der Rechtscharakter der in der VN, insbesondere im Sicherheitsrat zu treffenden Entscheidungen müßte erstrangig sein, Gesichtspunkte der politischen Opportunität zweitrangig. Daß dem nicht so ist, deutet darauf hin, daß die vielzitierte »Völkergemeinschaft« auf oberster Ebene sich immer noch als eine machtpolitisch definierte »Staatenwelt« begreift und gerade im Hinblick auf ganz elementare, polizeilich zu bezeichnende internationale Ordnungsfunktionen nicht als ein Rechtsverbund. Eine Weltfriedensordnung wird es jedoch nur geben, wenn diese Gewichtung sich, wie vom bestehenden *Friedens*völkerrecht her prinzipiell geboten, verändert.

Ungeachtet dieses Sachstandes stellt sich natürlich auch jenseits der Einzelstaaten, *zweitens*, die Frage nach der *rechtsstaatsanalogen Kontrolle* von Erzwingungsmaßnahmen: Es handelt sich dabei um die Problematik der *rule of law auf internationaler Ebene*. Wer eigentlich kontrolliert auf dieser Ebene den Exekutor von Sanktionen gegen Friedensbedrohung und Friedensbruch: heute den Sicherheitsrat?

Diese Problematik ist für die Entwicklung einer Weltfriedensordnung von grundlegender Bedeutung. Betrachtet man das derzeitige System kollektiver Sicherheit, wie es in der VN-Charta niedergelegt wurde, so stellt sich unmittelbar die Frage, an welche Kontrollinstanz sich die von den Entscheidungen des Sicherheitsrates Betroffenen für den Fall richten könnten, daß sie sich in ihren eigenen Rechten verletzt fühlen sollten. Im innergesellschaftlichen Bereich gibt es vielfältige Rechtswege und Gerichtsbarkeiten, die dem Schutz des Individuums dienen: Das innerstaatliche Gewaltmonopol wird erst in Kombination mit solchen Kontroll- und Schutzvorkehrungen zu einer der tragenden Säulen von Rechtsstaatlichkeit und damit zum Rückgrat einer genuinen Rechtsgemeinschaft. Von vergleichbarer Entwicklung ist auf internationaler Ebene wenig zu beobachten, und kaum etwas ist bisher analog institutionalisiert, wenn man von einigen regulativen Grundprinzipien wie beispielsweise dem Prinzip der Verhältnismäßigkeit des Mitteleinsatzes absieht. Eine internationale Rechtsordnung, der Legitimation zuwachsen soll, ist jedoch ohne eine Kontrolle der entscheidenden Sanktionsinstanz nicht denkbar. Die Rolle von »Weltöffentlichkeit« ist dabei sicherlich nicht zu unterschätzen, *aber wirklich relevant wären entspre-*

chend institutionalisierte Rechtsinstanzen:[26] d. h. eine unabhängige Tatsachenermittlung (*fact finding*), über die festgestellt wird, ob und in welchem Ausmaß eine Friedensbedrohung bzw. ein tatsächlicher Friedensbruch vorliegt; weiterhin eine davon unabhängige Instanz, die die ermittelten Tatsachen überprüft *und im Lichte internationalen Rechts bewertet* und zu einem *rechtlich begründeten* Urteil gelangt; weiterhin eine Instanz, die im Lichte dieses Urteils entsprechende Sanktionen exekutiert; und schließlich eine Instanz, bei der der sanktionierte Staat, falls er sich ins Unrecht gesetzt sieht, Klage gegen das Vorgehen der Völkergemeinschaft erheben kann. Je mehr überdies innerstaatliche Gewaltausbrüche, also Bürgerkriege, vom Weltsicherheitsrat als »Bedrohung des Friedens« und damit als legitimes Handlungsfeld für VN-Aktivitäten interpretiert und entsprechende Interventionen beschlossen werden,[27] wird nicht nur eine Kasuistik legitimer Intervention erforderlich.[28] Zwingend geboten werden auch in dieser Hinsicht differenzierte Rechtsinstitute, die die *rule of law* und damit eine Legitimität von Friedenserzwingungs- bzw. Rechtsdurchsetzungsmaßnahmen auf der Höhe der Zeit erst eigentlich herstellen und damit den quasi-absolutistischen Charakter des derzeitigen Status des Sicherheitsrates überwinden würden. Erst dann ließe sich auch auf internationaler Ebene im Rahmen eines ausdifferenzierten *Friedensverfassungsrechts* korrekterweise von der Existenz eines *Monopols legitimer Gewalt* sprechen.

Rechtsstaatsanaloge Prinzipien zugrunde gelegt, existiert heute auf internationaler Ebene ein institutionell ausdifferenziertes und deshalb als legitim zu qualifizierendes Gewaltmonopol noch

26 S. Richard Falk u. a. (Hg.): *The Constitutional Foundations of World Peace*, Albany 1993; sowie explizit Michael Zürn und Bernhard Zangl: *Weltpolizei oder Weltinterventionsgericht? Zur Zivilisierung der Konfkliktbearbeitung*, in: *Internationale Politik*, Bd. 54, Nr. 8, S. 17-24; Dieter Senghaas: *Recht auf Nothilfe*, in: Reinhard Merkel (Hg.), *Der Kosovo-Krieg und das Völkerrecht*, Frankfurt/M. 2000, S. 99-114.

27 S. Heike Gading: *Der Schutz grundlegender Menschenrechte durch militärische Maßnahmen des Sicherheitsrates – das Ende staatlicher Souveränität?*, Berlin 1996; Martin Lailach: *Die Wahrung des Weltfriedens und der internationalen Sicherheit als Aufgabe des Sicherheitsrates der Vereinten Nationen*, Berlin 1998.

28 Der Vorschlag für eine solche Kasuistik findet sich in Dieter Senghaas: *Wohin driftet die Welt? Über die Zukunft friedlicher Koexistenz*, Frankfurt/M. 1994, Kap. 6.

nicht. Was besteht, ist ein generelles Gewalt*verbot* – nicht weniger (welcher Fortschritt im Völkerrecht!), aber eben auch nicht mehr: Für den Sicherheitsrat existiert auf der Grundlage der VN-Charta das durch die Charta völkerrechtlich verbriefte Recht, als verbindlich geltende Entscheidungen treffen zu können: Es besteht ein »Autorisierungsmonopol für die Anwendung von Gewalt« (L. Brock). Allerdings handelt es sich um Entscheidungen *à la carte:* Sie können, aber müssen sich nicht am bestehenden Völkerrecht orientieren. Orientierungspunkte können auch einzelstaatliche oder koalitionsbedingte Interessen, machtopportunistische Lagebeurteilungen, dezisionistische Willensbekundungen usf. sein. In Abwandlung des Diktums eines Ludwig XIV. »L'état (le droit), c'est moi!« könnten die Mitglieder des Sicherheitsrates im Kontext der VN-Charta legitimerweise sagen »Le droit international, c'est nous!« – im Kern ein skandalöser Sachverhalt, den es dringend vermittels rechtsstaatsanaloger institutioneller Vorkehrungen zu überwinden gilt:[29] Wie dringend Reformen sind, wurde durch die Irak-Krise im Winter 2002/03 nachdrücklich dokumentiert.

Kommen wir, *drittens*, zur weiteren Komponente des Hexagons, den *Interdependenzen* und ihren Folgewirkungen. Schon vor acht Jahrzehnten hatte der oben zitierte Alfred Fried (wie ganz ähnlich viele andere) die folgende Beobachtung formuliert: »Infolge der Umwälzung der Verkehrs- und Produktionstechnik macht sich eine mächtige Tendenz zur Arbeitsteilung und zur systematischen Zusammenarbeit der Völker, auch der entferntesten Länder, automatisch geltend; sie schuf eine wechselseitige Abhängigkeit in materieller wie moralischer Beziehung zwischen den verschiedenen Staaten. Fast alle Lebensbetätigung ragt heute über den Rahmen des einzelnen Staates hinaus. Eine Gemeinschaft der Kulturmenschheit hat sich als natürlicher Prozeß vor unseren Augen zu entwickeln begonnen. Diese Gemeinschaft strebt nach

29 Völkerrechtler, in aller Regel fixiert auf den *politischen* Charakter des Sicherheitsrates, waren bisher meist nicht sehr einfallsreich im Hinblick auf eine entsprechende Reform; eher wird Kritik gegen einschlägige Vorschläge, die als utopisch oder illusionär gelten, vorgebracht. S. jedoch Mohammed Bedjaoui: *The New World Order and the Security Council. Testing the Legality of its Acts*, Den Haag 1995; Bernd Martenczuk: *Rechtsbindung und Rechtskontrolle des Weltsicherheitsrates*, Berlin 1996.

einer Organisation, in der die Handlungen der Menschen angepaßt werden sollen der Tendenz und dem Zweck der durch die Technik beeinflußten neuen Lebensbedingungen.«[30]

Die frühe Friedsche Beobachtung ist nicht falsch, aber sie bedarf einer erheblichen Differenzierung, die für die hier diskutierte Problematik von großer Bedeutung ist:[31] Die *Interdependenzen in der Welt* sind nämlich höchst unterschiedlich gelagert: symmetrisch, asymmetrisch oder konfrontativ. *Symmetrische* Interdependenzen, wie sie beispielsweise im westeuropäischen Raum vorliegen, bauen auf ordnungspolitisch relativ homogenen Staaten auf (hier: hexagonale Rechtsstaaten westlichen Typs). Diese Gebilde zeichnen sich wiederum durch vergleichbare hochproduktive und effiziente Wirtschaftsprofile aus, woraus dichte materielle Verflechtungen von der Art substitutiver Arbeitsteilung resultieren, die ihrerseits in korrespondierend dichte institutionelle Vernetzungen sowohl auf Regierungs- als auch auf gesellschaftlicher und auf Nichtregierungsebene eingebettet sind. Das Ausmaß an Selbstregulierung ist relativ hoch. Für Konfliktfälle gibt es explizite Konfliktregelungsmechanismen. Im übrigen läßt dieses Beziehungsgefüge einen Zwang zu anhaltender Koordination auf Regierungsebene und zunehmend auch zwischen gesellschaftlichen Gruppen sowie zwischen Regierungen und transnational operierenden Nichtregierungsorganisationen entstehen.

Vergleichbares läßt sich natürlich im Hinblick auf *asymmetrische* Interdependenzen, wie sie zwischen entwickelten und wenig, fehl- oder unterentwickelten Regionen bestehen, nicht feststellen. In asymmetrischer Interdependenz ist Ungleichheit, möglicherweise (wenn auch nicht zwingend) mit der Tendenz zur Vertiefung eingebaut. Die inhaltliche Qualität der Austauschstruktur gleicht im schlimmsten Fall den Kolonialbeziehungen: Technologie, Maschinen und Fertiggüter werden gegen Rohstoffe ausgetauscht. Liegt solcher Austausch vor, kommt es zu einer strukturellen Bereicherung der einen Seite und zu einer relativen, oft auch absoluten Strukturverarmung (als Peripherisierung oder Marginalisierung gekennzeichnet) der anderen Seite. Ein solches Kompetenzgefälle ist in der Regel herrschaftlich abgesichert. Überdies ist es inhärent instabil, erosionsgefährdet und

30 Fried, op. cit. (Anm. 1), S. 46/47.
31 S. hierzu Kap. 8 im vorliegenden Buch.

aus naheliegenden Gründen nicht nur konflikt- sondern gewaltträchtig.

Bei *konfrontativer* Interdependenz (wie sie beispielsweise im Ost-West-Konflikt vorlag und heute in vielen eher regionalisierten Konfliktbezügen zu beobachten ist, so beispielsweise zwischen Indien und Pakistan oder im Nahen Osten) droht immer ein Zusammenprall der Akteure, gerade weil diese angesichts konkreter Interessenunvereinbarkeiten direkt aufeinander fixiert sind, die Interdependenz also *ex negativo* zustande kommt. Diese Interdependenz drückt sich in Rüstung und Gegenrüstung, also einer Rüstungsdynamik bzw. in Militarisierungsschüben aus. Bricht das sie kennzeichnende Konfliktmanagement zusammen, bedeutet dies drohender oder tatsächlicher Krieg.

Die genannte dreifache Differenzierung ist angesichts der in der Welt beobachtbaren, höchst unterschiedlichen Handlungszusammenhänge nicht nur von heuristischem Wert; sie hat auch eine Bedeutung für die politische Praxis: Symmetrische Interdependenz ist die einzige, in die Mechanismen der Selbststabilisierung und der Selbsterweiterung eingebaut sind. Demgegenüber ist mit konfrontativer Interdependenz die Neigung verbunden, aus solcher Struktur heraus Teufelskreise freizusetzen. Asymmetrische Interdependenz widerspricht in den meisten Fällen elementaren Anforderungen an Verteilungsgerechtigkeit und Fairneß und ist deshalb nicht stabilisierbar. Wo immer eine dieser drei Ausgangslagen gegeben ist, werden praktisches Handeln und Politik ganz unterschiedlich ausgerichtet: Symmetrische Interdependenz lädt zur Vertiefung ein; konfrontative Interdependenz erfordert wider den in ihr angelegten Teufelskreis erhebliche Anstrengungen zu ihrem Abbau; asymmetrische Interdependenz verlangt zumindest einen Umbau. Die in den beiden zuletzt genannten Fällen explizit vorhandenen Handlungsperspektiven zielen letztlich auf Symmetrisierung. *Symmetrische Interdependenz wird damit in Analyse und Praxis zu einem normativen Richtmaß.* Es rechtfertigt sich dadurch, daß mit solcher Interdependenz die Chance für eine Zivilisierung internationaler Politik wächst. *Symmetrie weltweit zu erreichen, dürfte jedoch ein unrealistisches Ziel sein.* Doch läßt sie sich gegebenenfalls im regionalen oder subregionalen Kontext verwirklichen. Deshalb sollten auf diesen Ebenen möglichst viele Bausteine für eine Weltordnung zustande kommen.

Im Hinblick auf Affektkontrolle sind die Implikationen der

genannten Differenzierung relativ klar: Konfrontative Interdependenz läßt die Affekte anheizen; es bedarf deshalb besonderer Anstrengungen zu ihrer Mäßigung (»Entspannungspolitik«). Bei asymmetrischer Interdependenz ist zur Überwindung von Macht- und Wohlfahrtsgefällen oft eine zeitlich begrenzte Mobilisierung von Affekten unerläßlich, um der benachteiligten Seite die Chance zu geben, der Diskriminierung zu entgehen (*»empowerment«*). Symmetrische Interdependenz setzt den Affekten restriktive Bedingungen: Affekte werden eingehegt und abgefedert; wo es zu ihrer Mobilisierung käme, würde das allseits konterproduktive und schädigende Folgen zeitigen. Funktionale Ausdifferenzierungen haben also hier – und nur in diesem Falle – auf zwischenstaatlicher und internationaler Ebene die gleichen Folgewirkungen wie im eingangs thematisierten innergesellschaftlichen Raum.

Das überragende Merkmal der Welt sind also die völlig unterschiedlich gelagerten Ausprägungen von Interdependenzen, worüber sich im großen und im kleinen die Lage der Welt definiert: *Nicht Homogenität, sondern Heterogenität ist ihr Kennzeichen.* Das schafft, *wenn man die Welt insgesamt betrachtet*, tendenziell erhebliche analytische, aber auch beträchtliche friedenspolitische Probleme.

Viertens: Und was könnte *demokratische Partizipation* auf internationaler Ebene bedeuten? *Wer* müßte sich – von den Staaten abgesehen, die es ohnehin schon tun – auf internationaler Ebene *wie* organisieren, um dem Demokratie-Gebot mit dem Ziel, gewaltträchtigen Konfliktstau zu vermeiden, Genüge zu tun: neben den Staaten auch Interessengruppen (wie multinationale Firmen, Arbeitnehmerorganisationen, Berufsverbände usf.) oder auch Kultur- und Religionsgemeinschaften jeglicher Art und Größenordnung – oder die vielzitierte und selten konkret gekennzeichnete »Zivilgesellschaft« – neben Greenpeace, amnesty international und Transparency International wer sonst noch? Und wie würde eine repräsentativ-demokratische Verfassung auf mondialer Ebene aussehen? Was hieße hier »Bürgerbeteiligung«?

Auf internationaler Ebene entwickelt sich inzwischen ein (allerdings immer noch weithin rhetorisch bleibender) Konsens, daß die von Staaten getragenen und beschickten Instanzen und Institutionen jenseits der Einzelstaaten dringend einer institutionell abgesicherten Rückkopplung mit den Institutionen der einzelnen Bürgergesellschaften bedürfen, um Partizipation zu ermöglichen, Transparenz zu schaffen, die Effektivität von Entscheidungen und ihrer Implementierung zu erhöhen und darüber Legitimität zu mobilisieren. Die Problematik betrifft die EU und insbesondere die internationalen Organisationen bis hin zu den Vereinten Nationen.

Vorstellungen, die es in dieser Hinsicht gibt, sind vielfältigster Natur.[32] So wird beispielsweise auf VN-Ebene in Ergänzung zu Sicherheitsrat und Generalversammlung (dem Vertretungsorgan der Staaten) die Etablierung einer »Versammlung der Völker« als bewußtem Gegenpunkt und Gegengewicht zu der etatistischen Schwerlastigkeit der Vereinten Nationen diskutiert. Ausbaubar sind Arrangements, wie sie sich inzwischen auf den großen Weltkonferenzen der Vereinten Nationen herausgebildet haben: Nichtregierungsorganisationen bekommen dort ihre eigene Plattform parallel zur offiziellen Veranstaltung oder neuerdings sogar mit dieser eng verknüpft. Vorstellbar ist auch eine weitergehende Einbeziehung aller relevanten Kräfte bei der Beratung innerhalb spezifischer Problembereiche, analog zur »Komitologie« der EU und dem schon seit den 1920er Jahren in der Internationalen Arbeitsorganisation (ILO) praktizierten, institutionell verankerten Arrangement, demgemäß die Vertreter von Staat, Kapital und Arbeitnehmerschaft (neuerdings auch informell von Nichtregierungsorganisationen) in ein und derselben internationalen Organisation miteinander kooperieren.

Fünftens: Wenn die These richtig ist, daß die sog. Gesellschafts- und Wirtschaftswelt von eigenem Gewicht sind und in aller Regel nicht staatlicher Handlungslogik folgen, dann werden deren Akteure im Laufe der Zeit ihre Beteiligung an Beratungen und Entscheidungen über die sie betreffenden Belange auch jenseits des Einzelstaates einfordern. Die entsprechenden Vorgänge im EU-Bereich sind hierfür von beispielhafter Bedeutung. Grund genug für eine solche Berücksichtigung gibt es allein schon angesichts der dramatischen Ausmaße von Ungleichheit und Verteilungsun-

32 S. Daniele Archibugi und David Held (Hg.): *Cosmopolitan Democracy. An Agenda for a New World Order*, Cambridge 1995; David Held: *Democracy and the Global Order. From the Modern State to Cosmopolitan Governance*, Cambridge 1995.

gerechtigkeit auf internationaler Ebene und des darin enthaltenen latenten und vielfach schon manifesten Konfliktstoffes. Nur in Teilbereichen der Welt nimmt die Ungleichheit ab, so zwischen den alten Industriezentren und den »neuen Industrieländern« vor allem Ostasiens und Südostasiens. Ansonsten sind eher eine Vertiefung von Ungleichheiten und damit auch eine Anhäufung von Konfliktstoff, also ein in materiellen Bedingungen begründeter Konfliktstau, zu beobachten. Wenngleich eine weltweit flächendeckende und zeitgleiche Eruption dieses Konfliktstaus nicht zu erwarten ist, so kann ein solcher doch in lokalem oder regionalem Zusammenhang mit weltweiten Folgewirkungen virulent werden. Zumindest weisen historische und aktuelle Erfahrungen genau in diese Richtung.

So viel läßt sich vermuten: Läßt man die Problematik der *Verteilungsgerechtigkeit* unbearbeitet, ist wie im Innern von Gesellschaften und Staaten, so auch auf internationaler Ebene politische Stabilität nicht erwartbar; die Chancen einer Zivilisierung des Konflikts bleiben gering. Positiv formuliert: Auch auf internationaler Ebene bedarf es einer ernsthaften Bemühung um Verteilungsgerechtigkeit, zumindest der Anstrengungen, krasse Not zu lindern. Nur so läßt sich die aus der Dynamik von Privilegierung und Diskriminierung resultierende Anhäufung eines nicht mehr einhegbaren politischen Sprengstoffs vermeiden.[33]

Eine gegen Friedensbedrohung und Friedensbruch gerichtete Sanktionsgewalt, die formal existiert, aber *à la carte* benutzt, wenn nicht gar mißbraucht wird, fehlende bzw. mangelnde rechtsstaatsanaloge Institutionen und Kontrollmechanismen, strukturelle Heterogenität hinsichtlich der Interdependenzen, unzulängliche oder doch nur embryonale Beteiligungsformen, krasse Ungleichheit – kann angesichts solcher Sachverhalte, *sechstens,* eine *Kultur konstruktiver Konfliktbearbeitung auf Weltebene* überhaupt entstehen? Die naheliegende Antwort ist: nein. Aber erstaunlich ist, daß trotz aller kontroversen Debatten, nunmehr auch über vermeintlich weltweite »Kulturkonflikte«, der Bezugspunkt solcher Auseinandersetzung wie selbstverständlich *universelle* Werte sind (die Menschenrechte der ersten bzw. zweiten Generation), die auch dann noch maßstabsetzend wirken, wenn sie verworfen wer-

33 S. Norbert Brieskorn (Hg.): *Globale Solidarität*, Stuttgart 1997.

den. Vielleicht wiederholt sich darin auf internationaler Ebene die Erfahrung aus den Binnenräumen von hexagonalen Gesellschaften: Auch hier war konstruktive Konfliktkultur in aller Regel nicht nur das Ergebnis entsprechender Programmatiken, sondern die unbeabsichtigte Folge von machtpolitischen Lagen, aus denen heraus die wechselseitige Duldung der Kontrahenten unausweichlich, Toleranz also zu einer Orientierung wider Willen und erst im Laufe der Zeit zu einer Art von einsozialisiertem Routineverhalten wurde.[34]

So ist Frieden auch auf internationaler Ebene, nicht anders als im Innern von Gesellschaften, nur als eine mehrdimensionale konfigurative Struktur mit verfassungspolitischen, institutionellen, materiellen und emotionalen Komponenten zu denken. Um noch einmal Frieds Kernüberlegung zu zitieren: Wer eine Folge (Frieden) anstelle einer anderen (Krieg) gezeitigt sehen will, muß anstelle der einen Ursache (Anarchie) jene andere (»neue Weltordnung«) setzen, die die gewünschte Folge hervorbringen kann. Konzeptuell einfacher ist Frieden, *die dauerhafte Zivilisierung des Konflikts*, nicht zu stiften. Folglich: *Frieden muß als ein gewaltfreier und auf die Verhütung von Gewaltanwendung gerichteter politischer Prozeß begriffen werden. Durch ihn sollen vermittels Verständigungen und Kompromissen solche Bedingungen des Zusammenlebens von gesellschaftlichen Gruppen bzw. von Staaten und Völkern geschaffen werden, die zum einen nicht ihre Existenz gefährden und zum anderen nicht das Gerechtigkeitsempfinden oder die Lebensinteressen einzelner und mehrerer von ihnen so schwerwiegend verletzen, daß diese nach Erschöpfung aller friedlichen Abhilfeverfahren Gewalt anwenden zu müssen glauben.*[35]

Ein solches Gelingen ist schon im kleineren Umkreis, also innerhalb von Gesellschaften und Staaten, erstaunlich voraussetzungsvoll, und widrige Umstände führen oft genug dazu, daß an-

34 S. Norberto Bobbio: *Das Zeitalter der Menschenrechte. Ist Toleranz durchsetzbar?*, Berlin 1998; Michael Walzer: *Über Toleranz. Von der Zivilisierung der Differenz*, Hamburg 1998.

35 Diese Friedensdefinition findet sich erläutert und hergeleitet in Dieter und Eva Senghaas: *Si vis pacem, para pacem. Überlegungen zu einem zeitgemäßen Friedenskonzept*, in: *Leviathan*, Bd. 20, Nr. 2, 1992, S. 230-251 (wiederabgedruckt in: Berthold Meyer (Hg.), *Eine Welt oder Chaos?*, Frankfurt/M. 1996, S. 245-275).

stelle des inneren Friedens im schlimmsten Fall Bürgerkriege treten. Ist demnach *auf internationaler Ebene*, operativ gedacht, eine Weltfriedensordnung überhaupt realisierbar?

6.2 Global Governance als Leitbild einer Weltordnungspolitik

Fingerzeige für die Chance einer Verwirklichung von Weltfriedensordnung finden sich zunächst nicht notwendigerweise auf der Weltebene selbst, sondern in relevanten *Subsystemen der Welt*, so derzeit vor allem im europäischen Raum. Die *westliche* Hälfte von Europa, das heutige EU-Europa, ist seit dem Ende des Zweiten Weltkriegs, wenn schon nicht von bürgerkriegsähnlichen Auseinandersetzungen (wie in Nordirland, im Baskenland und auf Korsika), so doch von großen Kriegen verschont geblieben. Und was noch wichtiger ist: Niemand erwartet hier noch die Androhung oder gar die Anwendung von militärischer Gewalt trotz der natürlich auch hier weiterhin existierenden Interessenkonflikte. Die Abwesenheit solcher Erwartung im Alltagsleben – niemand denkt mehr an Krieg als Mittel der Politik – ist aber, folgt man einer klassischen Definition, Ausdruck (wenngleich nicht die eigentliche Konstitutionsbedingung) von »stabilem Frieden«.[36]

Stellt man sich die Frage, wie es in der westlichen Hälfte Europas (und nur hier) zu dieser Situation gekommen ist, so bietet sich folgende Erklärung an: Alle westeuropäischen Staaten sind, unter zivilisierungstheoretischer Perspektive betrachtet, nach 1950 »hexagonale Gesellschaften« geworden. In verfassungspolitischer Hinsicht handelt es sich um demokratische Rechtsstaaten, in ökonomischer Hinsicht um marktwirtschaftlich organisierte Gebilde mit vergleichbarem Profil, die vermittels symmetrischer Interdependenz dicht miteinander verflochten sind. Ausgleichende Gerechtigkeit zwischen ihnen gibt es allerdings derzeit erst in Ansätzen (z. B. EU-Regionalfond). Überdies sind die institutionellen Vernetzungen so ausgeprägt, daß die wesentlichen Akteure sich unter ständigem Koordinationszwang befinden und widerwillig ihre jeweiligen egoistischen Interessen auf gemein-

36 Kenneth Boulding: *Stable Peace*, Austin 1978.

same Positionen ausrichten müssen. Da es keine wechselseitigen militärischen Gefahren gibt, hat es sich sogar erübrigt, ein regionales System kollektiver Sicherheit zu schaffen. Zur Abwehr von äußeren Gefahren gab und gibt es ein über den eigenen Raum hinausreichendes Verteidigungsbündnis, die NATO, sowie ein (wenngleich nur symbolisches) regionales Sicherheitssystem in Gestalt einer sich in die EU überführenden WEU. Auf gesamteuropäischer Ebene existiert in embryonaler Ausprägung ein Sicherheitsarrangement, das einige (immer noch ausbaubare) Instrumentarien für die friedliche Streitbeilegung bereithält, die OSZE.

Damit werden im westlichen Europa die Umrisse einer geographisch erweiterungsfähigen *regionalen* Friedensordnung erkennbar. Sie ist das Ergebnis eines langwierigen *Prozesses politischer Vergemeinschaftung*, dessen Finalität, wie anhaltende öffentliche Debatten dokumentieren, durchaus offen ist. Zu dieser Vergemeinschaftung hat eine ganze Reihe von Sachverhalten beigetragen: die Übereinstimmung aller wesentlichen Akteure hinsichtlich grundlegender politischer Werte, die Erwartung eines positiven Nutzens aus der Intensivierung von grenzüberschreitender Kommunikation und ökonomischen Austauschprozessen; die Bereitschaft, auf die Nöte von Schwächeren einzugehen (»responsiveness«), akzentuiertes Wachstum und die Erwartung von gemeinsamen Vorteilen, die Steigerung von Problemlösungsfähigkeiten, die Existenz von Kerngebieten mit Zugpferd-Funktion, variable bzw. flexible Rollen, die einzelne Länder im Laufe der Zeit einnehmen, die Erweiterung der Eliten als Folge der Chance für soziale Aufwärtsmobilität, die Herausbildung neuer Lebensstile; vor allem die zunehmende Voraussagbarkeit der Motive und des Verhaltens (Erwartungsstabilität) usf.[37]

Diese Faktoren haben zu institutionell abgesicherten *kollektiven Lernprozessen* beigetragen, die so weit fortgeschritten sind, daß ein Auseinanderdriften dieses Teils Europas inzwischen unwahrscheinlich und einigermaßen unvorstellbar ist. Was oft als Defizit diagnostiziert wird, daß nämlich Westeuropa noch nicht zu einer wirklichen Erinnerungs-, Kommunikations- und Erfahrungsgemeinschaft geworden sei, ist aber kein gravierendes, solange es keinerlei Anzeichen dafür gibt, daß Interessenauseinan-

37 S. hierzu Kap. 5 im vorliegenden Buch.

dersetzungen, so wie in der europäischen Geschichte üblich gewesen, erneut militant ausgetragen werden. Im übrigen ist EU-Europa langsam auf dem Weg, eine solche Gemeinschaft zu werden.

Weder in Gesamteuropa noch in anderen Teilen der Welt läßt sich heute schon eine vergleichbare Lage beobachten – in dieser Hinsicht auch nicht in Ostasien, wo sich zwar, wie vor allem im Falle Koreas und Taiwans, neue hexagonale Gesellschaften entwickeln, deren wechselseitige grenzüberschreitende Vernetzungen insbesondere mit Japan (und China) jedoch noch durch erhebliche Defizite gekennzeichnet sind, insbesondere durch einen Mangel an substitutiver Arbeitsteilung – von gemeinsamen übergeordneten Institutionen der Kooperation und der Koordination von Politik ganz zu schweigen.

Welche Lehre kann also aus der exzeptionellen westeuropäischen Erfahrung für eine Weltfriedensordnung gezogen werden? Der erfolgversprechendste Weg in Richtung auf eine *Welt*friedensordnung würde darin bestehen, daß sich in vielen Regionen der Welt *Regionalsysteme* herausbilden, innerhalb deren weder mit militärischer Gewalt gedroht noch militärische Gewalt angewendet wird – und diese Erwartung müßte ökonomisch, sozial und emotional verwurzelt und institutionell abgesichert sein. Denn eine solche *Friedensordnung auf regionaler Ebene* ist nur dann von Dauer, wenn die zitierten Komponenten qua Unterbau und Überbau zusammenwirken und jene »soziale Ordnung« zustande kommt, von der einst Alfred Fried völlig zu Recht behauptet hat, sie sei die Ursache jener Wirkung, die im ursächlichen Pazifismus anvisiert wird: also die Ursache dauerhaften Friedens jenseits der einzelnen Staaten. Diese Leitperspektive gilt für Gesamteuropa,[38] aber auch für andere Regionen der Welt.

Ausgehend von solchen regionalen Systemen dauerhaften Friedens wäre dann auch eine *Welt*friedensordnung unschwer vorstellbar: eben als eine Summe solcher regionaler Arrangements, nicht als Weltstaat (im gängigen Sinne des Begriffs), vielleicht als ein föderalistisch zu denkendes Gebilde, sicherlich als ein quasi-konföderatives Arrangement von Regionen, denen es

38 Diese Leitperspektive ist für Gesamteuropa differenziert entfaltet in Dieter Senghaas: *Friedensprojekt Europa*, Frankfurt/M. 1992.

vor allem darum gehen müßte, zusammen jene regionenübergreifenden, also die übergeordneten *Weltprobleme* zu bearbeiten, die selbst in friedenspolitisch eingehegten regionalen Zusammenhängen nicht zureichend zu bearbeiten sind: *global governance* wäre hierfür wohl der angemessene Begriff – eine *Welt*ordnungspolitik, aufbauend auf mehrfacher solider einzelstaatlicher *und* regionaler Grundlage.[39]

6.3 EU-Europa als bisher exzeptioneller Fall eines sich entwickelnden Mehrebenenhexagons

Beispielhaft macht das EU-Europa als hervorgehobener Fall einer fortgeschrittenen politischen Vergemeinschaftung auf interessante praktische und demzufolge auch konzeptuelle Implikationen für hexagonal-friedenstheoretische Überlegungen, die zu einem späteren Zeitpunkt möglicherweise an anderer Stelle in der Welt von Relevanz sein könnten, aufmerksam. Wie dargelegt, hat sich das zivilisatorische Hexagon im historischen Prozeß in einer als einzelstaatlich oder national zu kennzeichnenden Konstellation herausgebildet. Darauf aufbauend und politisch beabsichtigt, ist der Integrationsprozeß im EU-Europa inzwischen so weit fortgeschritten, daß hier von einer emergenten *postnationalen Konstellation* gesprochen werden muß.[40] Diese ist das schrittweise Ergebnis von politischen Entscheidungen, die zu einer Entgrenzung bisher territorial begrenzter, in ihrer Binnenstruktur hexagonal konstituierter Nationalstaaten geführt hat und im weiteren Integrationsprozeß noch führen wird. Dieser Vorgang läßt sich auch als »Denationalisierung« beschreiben:[41] Die neuen

39 Eine komplexe Konzeptualisierung findet sich in Otfried Höffe: *Demokratie im Zeitalter der Globalisierung*, München 2002²; Dirk Messner und Franz Nuscheler: *Global Governance. Herausforderung an der Schwelle zum 21. Jahrhundert*, in: Dieter Senghaas (Hg.), *Frieden machen*, Frankfurt/M. 1997, S. 337-361; Paul Kennedy, Dirk Messner und Franz Nuscheler (Hg.): *Global Trends and Global Governance*, London 2002; kritisch Ulrich Brand u. a.: *Global Governance. Alternative zur neoliberalen Globalisierung?*, Münster 2000.

40 So explizit Jürgen Habermas: *Die postnationale Konstellation*, Frankfurt/M. 1998, Kap. 4.

41 Michael Zürn: *Regieren jenseits des Nationalstaates. Globalisierung und Denationalisierung als Chance*, Frankfurt/M. 1998.

grenzüberschreitenden Handlungszusammenhänge und Transaktionsverdichtungen vor allem im Hinblick auf eine sich transnationalisierende Ökonomie (Binnenmarkt) und eine erhöhte Mobilität aller möglichen Faktoren über die bisher einzelstaatlich fixierten und bewachten Grenzen hinweg (Menschen, Kapital, Schadstoffe, Drogen, Kriminalität usf.) lassen eine Inkongruenz zwischen bisherigen nationalstaatlich begrenzten, meist bereichsspezifisch ausgeprägten politischen, administrativen und rechtlichen Regelwerken auf der einen Seite und den neuen denationalisierten Handlungsräumen entstehen.

Nun ist es unwahrscheinlich, daß auf die neuen Handlungsräume bezogen einfach ein räumlich ausgedehntes, jedoch strukturmäßig völlig identisches, nunmehr eben »postnationales Hexagon«, das an die Stelle der vielen bisherigen nationalen Hexagone treten würde, entstehen wird. Wahrscheinlicher ist die Herausbildung eines *»Mehrebenenhexagons«*, also eines gestuften Gebildes, das tendenziell angemessen auf den Prozeß der Denationalisierung reagiert und damit die neue postnationale Konstellation innovativ verarbeitet.[42] Eine solche Entwicklung läßt vermuten, daß die bisher im zivilisatorischen Hexagon der nationalen Konstellation gebündelten Errungenschaften in einer postnationalen Konstellation über mehrere Ebenen hinweg sich neu inszenieren bzw. neu inszeniert werden müssen, weshalb das Mehrebenenhexagon sich durch einige beachtenswerte Spezifika auszeichnen wird.

Im einzelnen ist erkennbar: Das *Gewaltmonopol* muß sich nicht gemäß der überkommenen Logik von Vertikalität und Hierarchie an die Spitze des neuen Gebildes bewegen; es kann, wie derzeit, im nationalen Rahmen verankert bleiben. Dies ist

42 Michael Zürn: *Vom Nationalstaat lernen. Das zivilisatorische Hexagon in der Weltinnenpolitik*, in: Ulrich Menzel (Hg.), *Vom Ewigen Frieden und vom Wohlstand der Nationen*, Frankfurt/M. 2000, S. 19-44. Gleichermaßen von Interesse sind in diesem Zusammenhang die von Emanuel Richter artikulierten Imperative einer »nachholenden Zivilisierung Europas«, worüber ein »republikanisches Europa« avisiert wird. S. von diesem Autor *Das republikanische Europa. Aspekte einer nachholenden Zivilisierung*, Opladen 1999. Auch lassen sich die Überlegungen von Christine Landfried über die Nutzbarmachung der reichen Erfahrung an Differenz in Europa für eine *Politik*gestaltung auf europäischer Ebene dem Konzept eines Mehrebenen-Hexagons zuordnen. S. von der Autorin *Das politische Europa. Differenz als Potential der Europäischen Union*, Baden-Baden 2002.

deshalb möglich und wahrscheinlich, weil die europäische Integration das Ergebnis weitgehend konsensual ausgehandelter politischer Bestrebungen ist, ein hohes Maß an freiwilliger Regelbefolgung ohne entsprechende überstaatliche Sanktionsinstanz unterstellt werden kann und praktisch auch vorliegt und demzufolge die EU selbst nicht als Inbegriff eines klassischen etatistischen Gewaltmonopolisten figurieren muß. Weiterhin: Trotz eines sich entwickelnden Regierens jenseits des Nationalstaates bleibt die *rechtsstaatliche Kontrolle* auf einzelstaatlicher Ebene unverändert bewahrt. Ergänzt wird diese jedoch auf EU-Ebene durch eine Institution wie der Europäische Gerichtshof (EUGH), dessen wachsendes (weithin selbstinszeniertes) Eigengewicht unübersehbar ist. Für noch defizitär wird allerdings im allgemeinen die *demokratische Legitimation* der Willensbildung und Entscheidungen über Regelungen auf transnationaler Ebene gehalten. Doch dieser Sachverhalt ist durch den Ausbau transnationaler parlamentarischer Befugnisse, die weit fortgeschrittene Entwicklung des Verbändewesens auf EU-Ebene sowie eine sich in Zukunft über enge parteiische und lobbyistische Interessen hinweg transnational artikulierende politische Öffentlichkeit korrigierbar. Im Hinblick auf öffentliche Kontrolle ist auch die kritische Rolle von zivilgesellschaftlichen Gruppierungen, die in grenzüberschreitenden Netzwerken sowohl national als auch transnational operieren, von erstrangiger und wachsender Bedeutung. Angesichts einer politisch gewollten entgrenzten Ökonomie, die einem Interdependenzschub gleichkommt, und angesichts nicht entsprechend ausgebauter *sozialpolitischer Regelungsbefugnisse* auf transnationaler Ebene droht jene vielzitierte Abwärtsspirale (*race to the bottom*) der Sozialstandards, die zu einer legitimatorischen Gefahrenquelle für das transnationale europäische Mehrebenensystem und folglich auch für die nationalen politischen Systeme werden kann. Es ist jedoch nicht anzunehmen, daß in einem denationalisierten Raum wie der EU die soziale Frage, deren Antwort einst in nationalen wohlfahrtsstaatlichen Vorkehrungen bestand, sich einfach verflüchtigt und also zu einem Nicht-Problem werden wird. Im Gegenteil: Der Problematik wird im neuen Kontext jene politische Virulenz zuwachsen, deren Bearbeitung schließlich auch auf überstaatlicher Ebene unausweichlich sein wird. Gerade im Hinblick auf diesen Punkt ist es wichtig, konfigurativ zu denken: Die genannte Problematik produziert Handlungsimperative, die nicht ohne Folgen für das politische Bewußtsein und eine angemessene politische Strategie bleiben werden. So wird die heute in aller Regel noch nicht vorstellbare redistributive Politik auch auf transnational-regionaler Ebene Wirklichkeit werden, wenngleich zu unterstellen ist, daß die zentralen Bemühungen um soziale Gerechtigkeit schwerpunktmäßig weiterhin im jeweils nationalen Rahmen lokalisiert sein werden.

Es wird also in einem gestuften regionalen Mehrebenenhexagon à la EU zwischen den diversen Ebenen Abschichtungen geben, die in aller Regel eine andere, die bekannten hexagonalen Bausteine variierende Komplexität entstehen lassen als jene, die aus der nationalen Konstellation vertraut ist. Der Vorgang wird sich an anderer Stelle in der Welt wiederholen, insofern sich dort einige der EU vergleichbare Voraussetzungen entwickeln sollten.

6.4 Akteure einer neuen Weltordnung

In den Bemühungen um eine Weltordnungspolitik geht es also, wie einst hellsichtig vom »ursächlichen Pazifismus« gesehen, um die Architektur und das Innenleben einer Weltfriedensordnung: von der unteren Ebene des befriedeten Einzelstaates (welche Voraussetzung!) über dessen Integration in locker oder breit gefächert integrierte Regionalverbünde bzw. in ggf. emergente Mehrebenenhexagone (wiederum: welche Voraussetzung!) bis hin zur obersten Ebene, wo internationale Organisationen und internationale Regelwerke (internationale Regime) dauerhafte institutionelle, auch rechtlich verfaßte Rahmenbedingungen für einen zivilisierten Umgang mit den in diversen Konfliktfeldern unvermeidbaren Konflikten schaffen.[43] Auf allen Ebenen und in den relevanten Politikbereichen gewaltsamem Konfliktaustrag entgegenzuwirken, ja ihn prinzipiell zu überwinden – das war einst die Idee von Visionären, heute muß dieses Bemühen die Aufgabe von pragmatischer Realpolitik werden.

Aber von wem ist eine solche weltordnungsorientierte Realpolitik – also eine Politik, die eine »neue Weltordnung« (eine hexa-

43 Die unterschiedlichen Ebenen finden sich diskutiert in Dieter Senghaas (Hg.): *Frieden machen*, Frankfurt/M. 1997.

gonal inspirierte *»global governance«*) auf den Weg bringt, zu erwarten? Pazifisten mit konstruktivem Programm dachten einst, eine neue Weltordnung würde aus dem umsichtigen Verhalten maßgeblicher Staatsakteure, also aus kluger Diplomatie, die sich an internationalistisch-kosmopolitischen Normen orientiert und in internationalen Organisationen ihre Rückversicherung findet, resultieren. Mit dem Staat per se hatten sie keine Probleme, da sie um die qualitative Differenz zwischen Staaten wußten und vor allem den Begriff des »Rowdy-Staates« kannten[44] – womit in der internationalen Gemeinschaft jene Akteure gemeint waren, die sich chronisch internationaler Ordnung verweigern (heute werden sie »Schurkenstaaten« genannt). So war ihr Denken, den Umständen der Zeit entsprechend, staatslastig, obgleich von ihnen, wenn immer es um die Zivilisierung der Staatenwelt ging, gesellschaftliche Bewegungen von der Art des bürgerlich, frauenbewegt oder sozialistisch motivierten Pazifismus und deren transnationale bzw. internationale Vernetzung für nützlich gehalten wurden. Anarchistisches Denken war ihnen durchweg fremd.

Zwar gibt es immer noch Staaten unterschiedlichen Charakters; es wäre leichtfertig, diesen Sachverhalt geringzuschätzen, denn aus ihm lassen sich Hinweise für Zivilisierungschancen erschließen. Aber vertiefte und erweiterte Interdependenzen in der Welt relativieren inzwischen zumindest im OECD-Bereich den Stellenwert von Staat und Staatlichkeit; sie lassen nicht nur die Akteure der Wirtschafts- und Kulturwelt, sondern gerade auch der Gesellschaftswelt zu den Koakteuren internationaler Politik werden: In Ergänzung zur seit langem beobachtbaren Ökonomisierung von gängiger Außenpolitik läßt sich heute eine im Entstehen begriffene *Vergesellschaftung der Außenbeziehungen*, die schon jetzt erhebliche Rückwirkung auf die Außenpolitik hat, beobachten: Medien, Interessengruppen, Parteien, Stiftungen, Berufsverbände, Nichtregierungsorganisationen (NGOs) und weitere gesellschaftliche Gruppierungen vernetzen sich zunehmend über nationale Grenzen hinweg; manche von ihnen haben inzwischen schon ein bemerkenswertes Gewicht. Die alte Frage »Ist Außenpolitik *Außen*politik?« gewinnt damit, erweitert reformu-

44 So explizit Fried im 1894 veröffentlichten *Friedenskatechismus*, auszugsweise abgedruckt in Wolfgang Benz (Hg.): *Pazifismus in Deutschland*, Frankfurt/M. 1988, S. 73.

liert, erneut an Aktualität.[45] Die Antwort kann nur negativ sein: In fortgeschrittenen Gesellschaften vom Typ der OECD-Welt ist Außenpolitik die Fortsetzung einer sich internationalisierenden Innenpolitik.

Überdies: Geht es um die Bewältigung von Katastrophen und Notlagen, insbesondere aber um die Bearbeitung von ethnopolitischen Konflikten, sind in der heutigen Welt *Nichtregierungsorganisationen* regelrecht unentbehrlich. Hier entwickelt sich für gesellschaftlich engagierte Bürger und Bürgerinnen jenseits des eigenen Staates ein neues Feld vielfältiger autonomer Aktivitäten oder von solchen, die in Zusammenarbeit mit staatlichen Behörden stattfinden und die alle unterschiedliche Anforderungen an personelle Präsenz und Kompetenz(erfordernisse) stellen.[46] Zu denken ist an aktivierende Hilfestellungen für politisch und sozial benachteiligte Gruppen (*»empowerment«*), an Eskortendienste für gefährdete Personen, an die Unterstützung von Flüchtlingen und entsprechende Aufbauhilfe bzw. Nachsorge (*»post-conflict peace building«*), an Berichterstattung bei drohenden Konflikten und sich abzeichnender Eskalation (»Frühwarnung«), an Demonstrationsbeobachtungen, an die Organisation von Dialogen zwischen verfeindeten Gruppen, an Hilfestellung bei Vermittlungsbemühungen, an Gerichtsbeobachtungen, an die physische Präsenz in potentiellen und tatsächlichen Spannungsgebieten, an Wahlbeobachtungen, an die Beratung offizieller Missionen beispielsweise der UNO oder der OSZE bzw. der EU. Solche Aktivitäten lassen sich auf Dauer nicht aus dem Stegreif heraus inszenieren; sie verlangen neben dem notwendigen Engagement eine situationsgerechte Ausbildung, also einen problem- und hand-

45 S. Ekkehart Krippendorf: *Ist Außenpolitik* Außen*politik*, in: *Politische Vierteljahresschrift*, Bd. 3, 1963, S. 243-266; Thomas Risse (Hg.): *Bringing Transnational Relations Back In. Non-State Actors, Domestic Structures and International Institutions*, Cambridge 1995.

46 S. Jörg Calließ (Hg.): *Barfuß auf diplomatischem Parkett. Die Nichtregierungsorganisationen in der Weltpolitik*, Loccum 1998; Margaret E. Keck und Kathryn Sikkink: *Activists Beyond Borders. Advocacy Networks in International Politics*, Ithaca 1998; Norbert Ropers: *Konfliktbearbeitung in der WeltbürgerInnengesellschaft. Friedensförderung durch Nichtregierungsorganisationen*, in: Ulrich Menzel (Hg.), op. cit. (Anm. 42), S. 70-101; eher kritisch Elmar Altvater u. a. (Hg.): *Vernetzt und verstrickt. Nichtregierungsorganisationen als gesellschaftliche Produktivkraft*, Münster 1999^2.

lungsfeldspezifischen zivilen Friedensdienst, ja, einen *Friedensfachdienst*, in dem sich bürgerschaftliches Engagement kompetent verwirklichen kann. Hier eröffnet sich gesellschaftlichen Akteuren und damit dem konstruktiven Pazifismus ein weites Betätigungsfeld.[47]

Die notwendige Konzeptualisierung solcher Dienste wächst mit der Nachfrage, die einen objektiven Bedarf reflektiert, und insbesondere mit ersten Erfahrungen. Dabei dokumentieren diese Erfahrungen, vor allem, wenn sie in Krisenlagen und zugespitzten Konflikten gemacht werden, wie sehr staatliche und gesellschaftliche Aktivitäten in vielen Fällen aufeinander angewiesen sind, obgleich sie doch auf unterschiedlichen Ebenen operieren und unterschiedliche Adressaten haben. Selbst polizeilich-militärische Sicherungsmaßnahmen können sich gegebenenfalls als unentbehrlich erweisen, damit in einem Umfeld kriegerisch gewordener Konflikte zivilgesellschaftliche Aktivitäten überhaupt erst möglich werden. Dogmatisch motivierte Berührungsängste haben sich dabei als kontraproduktiv erwiesen, gemeinsame Lernprozesse (*»multi-track activities«* im Rahmen von *»security governance«*-Strukturen) als zukunftsweisend.[48]

Friedensfachdienste sind Hilfestellungen für den Aufbau von Friedensstrukturen, nicht anders als eine auf Frieden ausgerichtete Diplomatie. *Nachhaltigen Frieden* wird es letztlich jedoch nur dort geben, wo die Konfliktparteien vor Ort sich schließlich und endlich auf allseits akzeptierte Verfassungsordnungen einigen und ihr Handeln in diesem Rahmen organisieren.[49] Das gilt für einzelne Gesellschaften genauso wie auf internationaler Ebene. Und wie mühsam auch mitten in Europa eine solche Verständigung auf neue Spielregeln der Koexistenz im öffentlichen Raum ist, das zeigte in den vergangenen Jahrzehnten nicht nur der schleppende, von staatlichen und gesellschaftlichen Kräften ge-

47 S. Christine Merkel (Hg.): *Friedenspolitik der Zivilgesellschaft*, Münster 1998.

48 Das *»security governance«*-Konzept findet sich begründet in Elke Krahmann: *Multilevel Networks in European Foreign Policy*, Aldershot 2002. Zu Erfahrungsberichten über Friedenskonsolidierung s. Mir A. Ferdowsi und Volker Matthies (Hg.) *Den Frieden gewinnen. Zur Konsolidierung von Friedensprozessen in Nachkriegsgesellschaften*, Bonn 2003.

49 S. John Paul Lederach: *Building Peace. Reconciliation in Divided Societies*, Tokyo 1994.

tragene und von ständigen Rückfällen gekennzeichnete Prozeß der Verfassungsfindung im benachbarten Nordirland.[50]

7. Schlußbetrachtung

»Ursächlicher Pazifismus« hat einst die Akzente für »Frieden denken« und »Frieden machen« richtig gesetzt. Seine konstruktive Programmatik, die bisher weithin unbeachtet blieb, sollte eine Quelle der Inspiration für zeitgemäße kongeniale Bestrebungen sein. Dabei kann als Leitidee gelten, *daß das Maß des Friedens der Frieden selbst ist.* Darin liegt das Vermächtnis einer Idee aus dem Beginn des vergangenen Jahrhunderts – einer Idee, die es nunmehr nach einem schrecklichen Jahrhundert und trotz weiterhin erkennbarer Widrigkeiten im 21. Jahrhundert zu beleben gilt – einer Idee, deren Zeit gekommen ist.

Si vis pacem, para pacem: Die in dieser Leitperspektive enthaltene *para pacem*-Maxime enthält auf einzelstaatlicher, regionaler und internationaler Ebene kognitive, verfassungspolitische, institutionelle, materielle und emotionale Voraussetzungen: Sie verweist auf das Erfordernis konsensfähiger und legitimierter Koexistenzformeln und entsprechender Institutionen (Verfassung); sie erkennt in den materiellen Voraussetzungen für eine konstruktive Konfliktbearbeitung einen sensiblen Punkt, der für sozial mobile und politisierbare Gesellschaften von kritischer Bedeutung ist. Eine emotionale Rückversicherung – »Ligaturen« – gewinnt eine solche Maxime durch die Orientierung des Handelns an Lebenserhaltung bzw. Lebensförderung, wobei Transparenz und empfundene Fairneß wichtige Kriterien für Legitimität sind.

Damit kommt die Dynamik des *Prozeßcharakters von Frieden* als einem Zivilisierungsprojekt deutlich zum Ausdruck: Denn erweisen sich angesichts der Bedürfnisse von insbesondere sich neu organisierenden, mündig werdenden Akteuren die überkommenen inneren bzw. internationalen politischen Rahmenbedingungen als anpassungsunfähig, wird im Grenzfall – paradoxerweise (oder eben nicht) – Gewalt mit unerbittlicher Zwangsläufigkeit zum Ersatz für Kommunikation, letztlich zu

50 S. als umfassende Aufarbeitung der Problematik Ulrich Schneckener: *Auswege aus dem Bürgerkrieg*, Frankfurt/M. 2002.

einer oft als alternativlos empfundenen Ressource in der Not. Von diesem Hintergrund her gesehen wird verständlich, warum solche Ausgangslagen mehr oder weniger schnell in politische Umbruchssituationen, ggf. in Bürgerkriege und Revolutionen, aber auch in zwischenstaatliche Kriege übergleiten. Lern- und Anpassungsfähigkeit sind also wichtige Kategorien für das Zivilisierungsprojekt Frieden. Und die Forderung nach Vorkehrungen für »friedlichen Wandel«, obgleich in der Friedensdiskussion in aller Regel vor allem von Völkerrechtlern erhoben, ist für ein zeitgemäßes Zivilisierungs- bzw. Friedenskonzept von ebenso allgemeiner wie grundlegender Bedeutung.

Friedlicher Wandel unter den Vorzeichen einer sich weltweit dokumentierenden sozialen Mobilisierung und Politisierung sowie angesichts einer sich fortschreitend entwickelnden Gesellschafts- und Wirtschaftswelt und unausweichlicher Konflikte über die Entwicklungsrichtung von einzelnen Gesellschaften und der Welt insgesamt, also von ordnungspolitisch relevanten, machtlagenabhängigen Kulturkonflikten, erfordert bei allen Akteuren und auf allen Ebenen Lernbereitschaft und Anpassungsfähigkeit. Gerade sie lassen sich nicht durch die Inszenierung von kruden Machtpotentialen erzwingen; sie kommen nur zustande in der Folge von wechselseitiger Überzeugungsarbeit im Rahmen materiell und institutionell voraussetzungsvoller partizipationsoffener und transparenter Kommunikationsforen.[51] Denn da auf der Ebene jenseits des Einzelstaates in aller Regel Akteure nicht gezwungen werden können, ihrem Handeln Leitperspektiven, die sie selbst nicht akzeptieren, zugrunde zu legen, gibt es keine Alternative zu einer Überzeugungsarbeit vermittels Kommunikation, d.h. mit Hilfe von Dialogen und Diskursen, von Argumenten und Gegenargumenten. Wo entsprechende Foren in Gestalt von Netzwerken privater, öffentlicher oder gemischter Natur sich herausbilden, können politisch relevante Kommunikationsgemeinschaften entstehen, die lernen, *gemeinsame* Regelungen zu finden und in der Folge kommunikativ zustande gekommener Macht diese als *verbindlich* zu akzeptieren. Ein

51 Der Sachverhalt erschließt sich aus einer faszinierenden Beobachtung von Karl W. Deutsch, einem der bedeutendsten Friedensforscher der zweiten Hälfte des 20. Jahrhunderts. Er definierte einst Macht (*power*) »as the ability to afford not to learn«; zitiert aus: *The Nerves of Government. Models of Political Communication and Control*, New York 1966[2], S. 111.

solches Ergebnis *kollektiven Lernens* ist jedoch nur vorstellbar, wenn die jeweils Betroffenen eine faire Chance zur Partizipation haben und der Kommunikationsvorgang selbst weitgehend transparent ist und überdies wechselseitig Fairneß erwartet werden kann.[52] Auf solchem Wege der diskursiven Erzeugung plausibler Gründe für eine erfolgreiche Vergemeinschaftung sind dann auch jene Prozesse der Verrechtlichung und schließlich eine verläßliche Verrechtlichung internationaler Beziehungen zu erwarten, in denen der zu Beginn dieses Zweiten Abschnitts zitierte »ursächliche Pazifismus« immer schon den Inbegriff einer »neuen Weltordnung«, d. h. eines *dauerhaften Friedens*, erkannt hat.

Als Fazit läßt sich – obgleich apodiktisch anmutend, jedoch in diesen Überlegungen zu den Definitivbestimmungen für einen Frieden hier und heute differenziert begründet – formulieren: Die Konstitutionsbedingungen vernünftigen Friedens sind bekannt.

52 Zu dieser Problematik s. den grundlegenden Beitrag von Rainer Schmalz-Bruns: *Deliberativer Supranationalismus. Demokratisches Regieren jenseits des Nationalstaates*, in: *Zeitschrift für internationale Beziehungen*, Bd. 6, Nr. 2, 1999, S. 185-244.

Dritter Abschnitt, welcher friedenspolitische Vernunft ermöglichende Bedingungen erläutert: *Wodurch und wie konstituiert sich die Vernunft zum Frieden heute?*

In einem großen Teil der politischen Theorie ist es zur Tradition geworden, das außenpolitische bzw. internationale Verhalten von Staaten als »rational« zu beschreiben. In der Tat wird die »Staatsräson« oft so dargestellt, als verkörpere sie sozusagen eine Logik, die tiefer und beständiger ist als die Vernunft von Individuen und kleinen Gruppen.[1] Neben ihrer überragenden Bedeutung wird Staatsräson zuweilen auch als inhärent realistisch charakterisiert. Der politische Realist, wie ihn vor Jahrzehnten beispielsweise Hans Morgenthau beschrieb, muß die Interessen seiner Nation über die persönlichen Wünsche und Werte ihrer Staatsmänner und selbstverständlich über die Wünsche und Werte ihrer weniger einflußreichen Bürger stellen. Dieser »Begriff von Interesse, der sich an der Macht orientiert, [...] ist das Bindeglied zwischen Vernunft [...] und Realität. Auf seiten des Akteurs [...] schafft er jene erstaunliche Kontinuität in der Außenpolitik, die die amerikanische, britische oder russische Außenpolitik als intellektuell faßbares, rationales Kontinuum erscheinen läßt, welches im großen und ganzen in sich konsistent ist, ungeachtet der verschiedenen Motive, Präferenzen und intellektuellen und moralischen Qualitäten aufeinanderfolgender Staatsmänner.«[2]

1 Klassische Formulierungen der »Staatsräson« finden sich in Niccolò Macchiavelli: *Der Fürst*, und Karl von Clausewitz: *Vom Kriege*. Einen wichtigen kritischen Überblick bietet Friedrich Meinecke: *Die Idee der Staatsraison in der Neueren Geschichte*, in: *Werke*, Bd. 1, München 1957; und Hans Morgenthau: *Politics Among Nations*, New York 1964, S. 4-11. Von diesen frühen Überlegungen zum »rationalistischen Paradigma«, wie es auch in der Analyse internationaler Beziehungen seit den 1950er Jahren immer wieder propagiert wurde, um schließlich mit der Behauptung aufzutreten, den Königsschlüssel der Analyse zu verkörpern, ist der intellektuelle Weg kürzer, als es letztgenannten Verfechtern je bewußt war. S. hierzu *Handbook of International Relations*, hg. von Walter Carlsnaes u. a., London 2002, Kap. 3 und 4.

2 Morgenthau, ebd., S. 5.

1. Die begrenzte Rationalität von Regierungen und Nationen

Mit den nachfolgenden Überlegungen wird ein alternativer Ansatz unterbreitet. Das »Staatsräson«-Modell scheint aus zwei Gründen unangemessen: Erstens unterstellt es einen höheren Grad an *Kontinuität* in der Außenpolitik der Großmächte, als tatsächlich festzustellen ist. In den Jahrzehnten zwischen 1900 und heute haben die USA, Großbritannien, Deutschland und andere westliche Staaten alle die Grundziele ihrer Außenpolitik geändert, sowohl in Hinblick auf die wichtigsten Methoden und Strategien als auch in bezug auf einzelne Ziele. Auch die ehemalige Sowjetunion hatte an die Stelle ihrer ehedem eingeschworenen politischen Ziele später die offizielle Anerkennung der Doktrin der friedlichen Koexistenz gesetzt, einschließlich der Behauptung, daß Weltkriege in Zukunft vermeidbar seien, obwohl seinerzeit zwei Drittel der Menschheit unter kapitalistischen Wirtschaftssystemen lebten. Diese Art von empirisch beobachtbarer *Diskontinuität* wird im »Staatsräson«-Modell allermeist einfach übersehen.

Ein zweiter Einwand ist in seinen Implikationen noch weitreichender: Staaten handeln viel weniger *rational*, als es die Theorie behauptet. Das rationalistische Modell unterstellt eine größere Frequenz korrekter Prognosen von seiten der Regierungen, was die Folgen ihrer eigenen außenpolitischen Aktionen angeht, als es in der Praxis feststellbar ist. Die *Frequenz von Irrtümern und Fehleinschätzungen* war vor allem bei solchen Entscheidungen hoch, aufgrund deren Regierungen große kriegsähnliche Aktionen einleiteten oder eskalierten. Von allen staatlichen Entscheidungen, die den Ausbruch großer Kriege seit 1910 zur Folge hatten, erwiesen sich etwa drei Fünftel als falsch, und zwar sowohl in der Einschätzung der Fähigkeiten und Intentionen der anderen großen Staaten zum Zeitpunkt des Kriegsbeginns als auch in bezug auf die tatsächlichen Folgen bei Kriegsende:[3] Die Entschei-

3 Errechnet nach Daten über 50 internationale Kriege, 1815-1965, gesammelt von J. David Singer und Melvin Small, veröffentlicht in *The Wages of War*, New York 1973. S. Dieter Senghaas: *Politische und militärische Dimensionen der gegenwärtigen Kriegs- und Friedensproblematik*, in: ders. (Hg.), *Friedensforschung und Gesellschaftskritik*, München 1970, S. 39-57, insbes. S. 39-44.

dung Österreich-Ungarns im Jahre 1914, Serbien den Krieg zu erklären, die Entscheidung Rußlands, gegen Österreich-Ungarn Krieg zu führen, die Entscheidung Deutschlands, gegen Rußland und Frankreich in den Krieg zu ziehen und in Belgien einzumarschieren, die Entscheidung des Osmanischen Reiches, auf der Seite der Mittelmächte zu kämpfen, anstatt neutral zu bleiben, und die Entscheidung Österreich-Ungarns, für Triest und Südtirol zu kämpfen, anstatt diese Gebiete abzutreten, um Italiens Neutralität zu wahren – sie alle stellten sich als Fehlentscheidungen heraus, die wesentlich zur Vernichtung der Regierungen (samt der Regierungssysteme!) beitrugen, die diese Entscheidungen gefällt hatten. Die Entscheidung der Deutschen, 1939 Polen und 1941 Rußland anzugreifen, die Entscheidung der Russen, im Juli 1941 nicht mit einem Angriff der Deutschen zu rechnen, und die Entscheidung der Japaner, die Vereinigten Staaten im September 1941 anzugreifen, sie alle erwiesen sich als Fehler. Im Falle Japans und Deutschlands führten sie zur Vernichtung der Regierung, und im Falle Rußlands forderte Stalins Irrtum einen zusätzlichen hohen Preis für das schließliche Überleben seines Staates.

2. Die Suche nach rationalen Modellen für irrationales Verhalten

Zweckrationalität scheint in den wichtigsten staatlichen Entscheidungen bedeutend seltener zu sein, als wir aufgrund einer rationalistischen Interessentheorie erwarten würden.[4] Etwas Ähnliches

4 *Zweckrationalität* bezeichnet ein Verhalten, welches in der Tat eine hohe Wahrscheinlichkeit besitzt, zu dem vom Akteur gewünschten Ergebnis zu führen. Sein Wunsch nach diesem Ergebnis ist natürlich subjektiv, aber die Wahrscheinlichkeit, daß sein Verhalten tatsächlich zu diesem Ergebnis führen wird, ist eine Frage der objektiven Tatsachen. Nach Max Weber und Karl Mannheim sollte diese *Zweckrationalität* von der *formalen Rationalität* unterschieden werden, welche in der Nachvollziehbarkeit der Abfolge der Schritte besteht, durch die ein Ergebnis oder eine Entscheidung zustande gekommen ist. Die Verfahren der formalen Logik, Mathematik oder Rechnungsführung sind Beispiele *formaler* Rationalität. Wenn jeder Schritt in einem solchen Verfahren nur zu einem einzigen Ergebnis führen kann, dann bezeichnen wir dieses Verfahren nicht nur als formal rational, sondern auch als rigoros.
Zweckrationale Verfahren müssen nicht unbedingt formalrational sein. Sie können die erwünschten Ergebnisse auch dann erzielen, wenn die Schritte,

wird im Leben von Individuen seit langem beobachtet. Auch sie handeln in Augenblicken kritischer Entscheidungen bei weitem seltener im Einklang mit der objektiven zweckhaften Rationalität und bei weitem häufiger auf eine Weise, die für sie selbst und für ihre höchsten Werte schädlich und zerstörerisch ist – zumindest weit mehr, als man, ausgehend von jeglicher Art rationalistischer Theorie des aufgeklärten Selbstinteresses, unterstellen muß. Überdies ist es im Falle von Individuen offenkundig, daß sie, wenn sie mit zusätzlichen Informationen über die zu erwartenden Konsequenzen ihres Verhaltens versorgt werden, diesen Informationen oft keinen Glauben schenken oder sie aus anderen Gründen zurückweisen. Mit einem Wort: Kognitive Informationen spielen für die Entscheidungen, die Individuen in kritischen Momenten tatsächlich fällen, oft eine geringere Rolle, als jedwede rationalistische Interessentheorie normalerweise prophezeit.

Konventionelles Denken erklärt die Differenz zwischen dem, was zweckhaft rationale Menschen tun würden, und dem, was Menschen in der Wirklichkeit tatsächlich tun, mit der »Irrationalität« der menschlichen Natur. Dieses Denken hat die Tendenz, konterproduktives Verhalten als irrational und als nicht zu begründende Tatsache abzustempeln. Die moderne Tiefenpsychologie und die Psychiatrie versuchen jedoch, Schritt für Schritt die Prozesse nachzuvollziehen, die Menschen dazu veranlassen, so zu handeln, daß sie Ergebnisse erzielen, die sie selbst nicht bewußt wünschen, ja, die sie vielleicht sogar am liebsten ganz vermeiden würden. Wissenschaftler wie Sigmund Freud haben sich im Verlaufe ihrer therapeutischen Praxis bemüht, formal rationale Modelle für das irrationale Verhalten ihrer Patienten zu entwikkeln – und dies in der Hoffnung, daß solche Modelle die Ärzte schließlich auf therapeutische Verfahren bringen würden, durch die das selbstzerstörerische Verhalten ihrer Patienten geheilt oder gemildert werden könnte.

die zu ihnen führen, nicht nachvollziehbar sind. Formal rationale Verfahren müssen nicht unbedingt zweckrational sein: Obwohl in jedem Schritt nachvollziehbar, kann es sein, daß sie nicht zu dem gewünschten Ergebnis führen, vor allem dann nicht, wenn sie von unvollkommenen oder unrealistischen Prämissen ausgehen. Das Zusammenfallen von formaler und zweckhafter Rationalität ist folglich wiederum eine Frage der empirischen Tatsachen in jedem einzelnen Fall. Das einfache Alltagsverständnis des Begriffs Rationalität läßt ein solches Zusammenfallen erwarten; die Erfahrung lehrt jedoch, daß es nicht als selbstverständlich unterstellt werden kann.

In neuerer Zeit ist mit Untersuchungen der Entscheidungsstruktur großer Organisationen Ähnliches versucht worden. Untersuchungen moderner Wirtschaftsorganisationen zeigen, daß zweckrationales Handeln nicht immer als selbstverständlich vorausgesetzt werden kann. Wirtschaftsorganisationen lassen sich seltener von den Kräften des Marktes, Regierungsbehörden lassen sich seltener von der Billigung durch Wähler oder Parlamentsmehrheiten und politische Parteien seltener von der Reaktion der Wähler leiten, als wir aufgrund einer simplen rationalistischen Interessentheorie erwarten würden. Neuere Untersuchungen haben versucht, begreifbar und durchschaubar zu machen, warum derlei Organisationen sich in einer (unter Gesichtspunkten von Zweckrationalität) so irrationalen Weise verhalten, daß sie zu Ergebnissen kommen, die sowohl den Zielen der jeweiligen Organisation als auch den Wünschen ihres führenden Personals widersprechen.

Vergleichbare Probleme können sich bei der Planung großer Computer und komplexer, sich selbst steuernder mechanischer und/oder elektronischer Systeme ergeben. In solchen Fällen haben die Planer eine besondere Kategorie von Ergebnissen im Sinn, die ihnen wünschenswert erscheinen; und sie versuchen, umfassende Kontroll- und Kommunikationssysteme zu entwerfen, die nach dem Rückkoppelungsprinzip arbeiten und das System in die Richtung der erwünschten Ziele oder Ergebnisse lenken sollen. Zu solchen komplexen Systemen gehört aber auch eine Vielzahl von Rückkoppelungskreisen, die oft in Subsystemen und Hierarchien arrangiert sind. Solche Subsysteme und Rückkoppelungen auf niedrigerer Ebene können dann Entscheidungen hervorbringen, die verhindern, daß das Gesamtsystem seine Ziele erreicht; es kann aber auch sein, daß das Gesamtsystem, selbst wenn solche inneren Schwierigkeiten nicht vorhanden sind, ungenügende oder irreführende Informationen von dem noch größeren Suprasystem erhält, innerhalb dessen es arbeiten muß. In beiden Fällen kann daraus ein Verhalten resultieren, das in bezug auf die Ziele des ursprünglichen Gesamtplans konterproduktiv ist. Probleme dieser Art werden von Kommunikations- und Kontrollspezialisten studiert und haben sich bei ihnen in vielen Fällen oft als nur schwer lösbar erwiesen.

Es hat also den Anschein, als hätten einzelne Menschen, große Organisationen von Menschen und bestimmte nicht auf Menschen bezogene Kommunikations- und Kontrollsysteme bestimmte Probleme gemeinsam. Bei allen kann sich eine Differenz zwischen anvisierter Zweckrationalität und tatsächlichem Verhalten zeigen; und für alle kann es schwierig sein, Rückkoppelungsprozesse auf der Ebene des gesamten, sich selbst steuernden Systems sowie auf der Ebene seiner konstitutiven Subsysteme und des Suprasystems, in das das Gesamtsystem eingebettet ist, miteinander zu koordinieren.

Im Bereich der Friedensursachenforschung sind Untersuchungen dieser Art nötig, um die Häufigkeit und die Ursachen eines solchen (unter Gesichtspunkten von Zweckrationalität) irrationalen Verhaltens von Regierungen und Nationen bei denjenigen Entscheidungen zu erklären, die einen ausschlaggebenden Einfluß auf ihre Stabilität und ihre Überlebenschancen haben können.

Ein möglicher Zugang zur hier umrissenen Problematik findet sich mit verallgemeinerungsfähiger Perspektive im Werk von Sigmund Freud.

3. Eine strukturelle Interpretation des Freudschen Modells über individuelle Entscheidungssysteme

Freuds grundlegende Theorien resultieren aus dem Versuch, aus seinen klinischen Erfahrungen allgemein anwendbare abstrakte Muster abzuleiten. Obwohl es ihm in hohem Maße um die Fragen der biologischen Grundlagen und Entwicklungsphasen sowohl des einzelnen Menschen als auch der ganzen Gattung Mensch ging, hat das Grundmodell, das er schließlich erarbeitete, eine relativ einfache Struktur. Nicht sosehr Freuds Gedanken über die mögliche Genesis, sondern vielmehr die Struktur seines Modells des menschlichen Persönlichkeitssystems soll hier zunächst aufgegriffen werden.

Ein solcher Strukturvergleich wird sich auf den bewußten Gebrauch *unvollständiger Analogien* stützen. Analogien, die sich wissenschaftlich als nützlich erwiesen haben, waren oft in dem Sinne unvollständig, als sie viele wichtige Aspekte der beiden Systeme, die sie miteinander verglichen, ausklammerten; aber die sehr begrenzten Aspekte, unter denen die beiden Systeme vergleichbar waren, waren innerhalb jedes einzelnen Systems von Bedeutung, und ihr Vergleich erwies sich für die weitere Arbeit als fruchtbar. So ließ Harveys Vergleich der Blutzirkulation mit einem System von mechanischen Klappen und Pumpen gerade die Faktoren außer acht, die für das wirkliche Funktionieren der Blutversorgung des menschlichen Körpers wesentlich sind. Beim Vergleich der Struktur unseres Kreislaufsystems mit der Struktur eines hydraulischen Systems überging oder übersah Harvey die Rolle der roten und weißen Blutkörperchen und ihrer chemischen und biologischen Eigenschaften, die Mechanismen, die die Bluttemperatur aufrechterhalten, die Prozesse, die das Gerinnen des Blutes verhindern oder hervorrufen, die Existenz von Blutgruppen und viele andere Dinge. Unter all diesen und vielen anderen Gesichtspunkten war das menschliche Blut in einem lebendigen Körper in der Tat »nicht vergleichbar« mit Wasser in einer Pumpe. Aber in seiner Reaktion auf die Funktionsweisen der Klappen und Pumpen war es vergleichbar. Daß er diese Vergleichbarkeit sah und diesen Vergleich effektiv entwickelte, war ein wesentlicher Teil der wissenschaftlichen Leistung von Harvey.[5]

Hier soll nun ein ähnlich *begrenzter* Vergleich bestimmter struktureller Besonderheiten des Freudschen Modells über die individuelle menschliche Psyche mit bestimmten strukturellen Besonderheiten der nationalen Staaten, der Interessengruppen innerhalb einer Nation sowie des internationalen Systems unterbreitet werden. Dabei ist es unerläßlich, sich zwischen der Ebene des Individuums und der des Staates hin- und herzubewegen, ohne die Grenzen der Ähnlichkeiten, die es analytisch auszuschöpfen gilt, aus dem Auge zu verlieren. Erneut: Der Leser möge hierbei bedenken, daß alle Vergleiche dieser Art viele wichtige Aspekte von Freuds Modell nicht berücksichtigen (wie z. B. seine Ansichten zur Persönlichkeitsentwicklung) oder nur teilweise behandeln können, wie etwa Freuds Begriff der Libido und ihrer Verteilung auf die verschiedenen Aktionen und Objekte des Bewußtseins. Es geht nur darum, daß die begrenzten Strukturen, die miteinander verglichen werden, sich innerhalb ihrer relativ engen Grenzen als vergleichbar erweisen und daß ihr Vergleich zur Klärung der eingangs dargelegten Problematik beitragen kann und also analytisch fruchtbar ist.

Freud selbst wäre vielleicht der Ansicht gewesen, daß ein sol-

5 S. James B. Conant: *Science and Common Sense*, New Haven 1951, S. 221/222.

ches Unterfangen dem Geist einiger seiner Werke nicht völlig widerspricht. 1915 veröffentlichte er einen Artikel mit dem Titel *Zeitgemäßes über Krieg und Tod*, in dem er über »die Großindividuen der Menschheit, die Völker« schrieb. Darin sprach er davon, wie diese »Großindividuen« im Krieg ihre sittlichen Beschränkungen gegeneinander fallenlassen und das zum Anlaß nehmen, dem bestehenden Druck der Kultur für eine Weile zu entfliehen, um ihren zurückgehaltenen Trieben vorübergehend Befriedigung zu gönnen – wahrscheinlich, so fügte er hinzu, ohne dem relativ hohen Maß an Sittlichkeit innerhalb ihrer nationalen Gemeinschaft zu schaden. »Die Völker«, so schloß er, »gehorchen ihren Leidenschaften derzeit weit mehr als ihren Interessen. Sie bedienen sich höchstens der Interessen, um ihre Leidenschaften zu rationalisieren; sie schieben ihre Interessen vor, um die Befriedigung ihrer Leidenschaften begründen zu können.«[6]

In Passagen wie diesen behandelte Freud die Gemeinschaften der menschlichen Großindividuen als soziale Systeme, und er verglich begrenzte, aber wichtige Aspekte ihres Verhaltens mit dem Verhalten der Systeme von »Kleinindividuen«. Um nun die Möglichkeiten solcher Art von Vergleichen weiter erkunden zu können, sollen zunächst die relevanten Aspekte der Struktur des Freudschen Modells der individuellen Persönlichkeit dargelegt werden. Das geschieht auch mit einer gewissen Ausführlichkeit, weil Freuds Theoreme, ganz allgemein betrachtet, von großer Bedeutung für die Friedensforschung sind. Später soll dann das Freudsche Modell mit relevanten Aspekten derjenigen Struktur verglichen werden, innerhalb deren sich friedenspolitisches Verhalten entfaltet.

3.1 Triebe und das Es

Ausgehend vom Verhalten von Kleinkindern sah Freud das menschliche Verhalten von einer Reihe von Grundtrieben bestimmt, die er *instinktiv* nannte, d. h. angeboren und nicht erlernt, beruhend auf der physikalischen, neurologischen und biochemischen Konstitution des menschlichen Organismus. Das Atmen,

6 Sigmund Freud: *Zeitgemäßes über Krieg und Tod*, in: *Gesammelte Werke* (London/Frankfurt/M.-Ausgabe), Bd. X, S. 339/340.

der Durst, der Hunger und die Liebe – letztere auf keinen Fall nur in der Form von Sexualität – galten ihm als Beispiele für solche Grundtriebe. Eine Vielzahl solcher Triebe existiere im menschlichen Organismus und gebe, über den Weg des Nervensystems, Anstoß zu einer Reihe von Verhaltensweisen, die zu einem vorübergehenden Zustand der Befriedigung führten, oder zumindest in deren Richtung zielten. Man weiß heute, daß diese Annahmen insofern zu präzisieren, wenn nicht gar zu revidieren wären, als die Beziehung von Trieb und Objekt bei Menschen eine relativ offene beziehungsweise durch Sozialisation strukturierte ist, was sich auf das Triebgeschehen selbst auswirkt.

Die »Region« oder die »psychische Provinz« der menschlichen Persönlichkeit, die alle diese Triebe in sich vereine, nannte Freud das *Es*. Für Freud war das Es also eine Kollektion von nervlichen und seelischen Vorgängen. Er erklärte ausdrücklich, daß das Es keine Organisation sei, daß es keine Konsistenz erfordere und dem Gesetz des Ausschlusses von Widersprüchen, wie es in der klassischen Form der Logik bekannt ist, nicht unterworfen sei. Das Es kenne weder Logik noch Sittlichkeit noch Angst. Seine einzelnen Triebe oder Subsysteme drängten oder verlangten nur blind nach Befriedigung. Diese Befriedigung empfinde der Organismus jedoch als Lust, und die Suche nach dieser Lust – die Freud das *Lustprinzip* nannte – sei das einzige Prinzip, dem das Es gehorche. Das Es in seiner Totalität, als die Summe all dieser Triebe, war für Freud die Quelle aller »psychischen Energie« und lag somit menschlicher Motivation zugrunde, einschließlich jener mit Realität und Erfahrung vermittelten Motivation, die, Wiederholungszwängen gleichend, aus dem Unbewußten wirkt.

Obwohl Freud das Es im Prinzip als Summe einer Vielzahl von verschiedenen und potentiell widersprüchlichen Trieben definierte, schenkte er in Wirklichkeit in allen seinen Schriften einem der Triebe, den er *Libido* nannte, die größte Beachtung. Mit seinen eigenen Worten bezeichnete er mit Libido »die als quantitative Größe betrachtete – wenn auch derzeit nicht meßbare – Energie solcher Triebe, welche mit all dem zu tun haben, was man als Liebe zusammenfassen kann.«[7] Dessen ungeachtet leugnete Freud nie die Bedeutung anderer Grundtriebe im Menschen, ob-

7 Sigmund Freud: *Massenpsychologie und Ich-Analyse*, in: *Gesammelte Werke*, Bd. XIII, S. 98.

wohl er ihnen weniger ausdrückliche Aufmerksamkeit widmete – vielleicht deshalb, weil er den Eindruck hatte, daß ihre Befriedigung im Mittelschichtenmilleu des Wien seiner Zeit seltener vernachlässigt und unterdrückt wurde.[8] (Eine Ausnahme bildet der Aggressions- und Todestrieb in den späteren Schriften Freuds.)

3.2 Ich und Realität

Das andere Extrem des Freudschen Modells bildete sein größtes und umfassendstes System, das er *»Realität«* oder die *»reale Welt«* nannte. Dazu gehöre nicht nur die physikalische Welt von Stock und Stein und Tag und Nacht, sondern auch die gesamte menschliche und soziale Umwelt des Individuums, wie z.B. Familie, Nachbarn, Regierung, Gesellschaft und Kultur. Jeder Mensch müsse die Befriedigung seiner diversen Triebe in dieser realen Welt suchen, die zum größten Teil außerhalb seines Körpers und unabhängig von seinen eigenen Neigungen und Wahrnehmungen existiere; aber selbst sein eigener Körper, z.B. ein gebrochenes Bein, könne als Teil dieser Realität fungieren. Der Mensch könne diese Realität bearbeiten und sie ein wenig verändern, damit sie einen Teil seiner Triebbedürfnisse befriedige; er könne, so sagte Freud, ein Feld bestellen und Nahrung anbauen, um seinen Hunger zu stillen. Indes konfrontiere die Realität, ob in Form von Einschränkungen oder günstigen Gelegenheiten, den Menschen mit dem *Realitätsprinzip*, das von jedem Individuum verlangt, daß es sich der ihm von der Außenwelt auferlegten Bedingungen und der Folgen seines Handelns in dieser Welt bewußt ist.

Das Es (und mit ihm auch alle Triebe) sei jedoch blind für den größten Teil dieser Realität. Ein bestimmter Trieb könne auf ein bestimmtes, für ihn relevantes Signal reagieren, etwa wie ein Erstickender nach Luft schnappt oder ein Durstiger nach dem Wasser greift. Aber der überwiegende Teil der menschlichen Wahrnehmung der Außenwelt sei nicht Teil des Es. Vielmehr gehörten die Wahrnehmungen zum *Wahrnehmungssystem*, durch das allein das Es Informationen von der Außenwelt empfange und das

8 S. auch Alfred Lorenzer u. a.: *Psychoanalyse als Sozialwissenschaft*, Frankfurt/M. 1971.

deshalb gewissermaßen zwischen den Trieben und der Realität vermittele.

Im Verlauf der Evolution des Menschen, so meinte Freud, habe sich dieses Wahrnehmungssystem und seine Vermittlerfunktion ein gutes Stück weiterentwickelt. Es sei durch Erinnerungen bereichert worden und in seinen Koordinations- und Entscheidungsfähigkeiten weiter fortgeschritten. Schließlich sei es zu einem voll entwickelten eigenständigen System geworden, zu einem Vermittler zwischen dem großen System der Außenwelt und dem schwach organisierten pluralistisch-chaotischen System des Es, welches im großen und ganzen blind für die Außenwelt sei, nur »seine eigene Wahrnehmungswelt« habe und dem »unerbittlichen Lustprinzip« gehorche, dem es aber an der inneren Organisation fehle, um eine Konsistenz in seinen einzelnen und miteinander konkurrierenden Trieben zu gewährleisten.

Diese Vermittlerorganisation nannte Freud das *Ich*, Es war in der Tat eine Organisation, wie er es beschrieb: »Die hauptsächlichen Charaktere des Ichs. Infolge der vorgebildeten Beziehung zwischen Sinneswahrnehmung und Muskelaktion hat das Ich die Verfügung über die willkürlichen Bewegungen. Es hat die Aufgabe der Selbstbehauptung, erfüllt sie, indem es nach außen die Reize kennenlernt, Erfahrungen über sie aufspeichert (im Gedächtnis), überstarke Reize vermeidet (durch Flucht), mäßigen Reizen begegnet (durch Anpassung) und endlich lernt, die Außenwelt in zweckmäßiger Weise zu seinem Vorteil zu verändern (Aktivität); nach innen gegen das Es, indem es die Herrschaft über die Triebansprüche gewinnt, entscheidet, ob sie zur Befriedigung zugelassen werden sollen, diese Befriedigung auf die in der Außenwelt günstigen Zeiten und Umstände verschiebt oder ihre Erregungen überhaupt unterdrückt. In seiner Tätigkeit wird es durch die Beachtungen der in ihm vorhandenen oder in dasselbe eingetragenen Reizspannungen geleitet. Deren Erhöhung wird allgemein als *Unlust*, deren Herabsetzung als *Lust* empfunden. Wahrscheinlich sind es aber nicht die *absoluten* Höhen dieser Reizspannung, sondern etwas im Rhythmus ihrer Veränderung, was als Lust und Unlust empfunden wird. Das Ich strebt nach Lust, will der Unlust ausweichen. Eine erwartete, vorausgesehene Unluststeigerung wird mit dem *Angstsignal* beantwortet, ihr Anlaß, ob er von außen oder innen droht, heißt eine *Gefahr.* Von Zeit zu Zeit löst das Ich seine Verbindung mit der Außenwelt und zieht sich in den Schlafzustand zurück, in dem es seine Organisation weitgehend verändert.«[9]

Für jedes Individuum sei sein Ich der organisierte Teil seiner Persönlichkeit, der ihm gestatte, sich an die Außenwelt anzupassen und zugleich eine gewisse Kompatibilität und Konsistenz in seinem Verhalten zu wahren. Jedoch werde kein Mensch mit einem so voll entwickelten Ich geboren. Die meisten Elemente des Ichs würden aus den Erfahrungen des Individuums abgeleitet und im Laufe seiner Persönlichkeitsentwicklung zu einem organisierten System aufgebaut. Viele dieser Erfahrungen sind von Person zu Person verschieden; viele sind in der Tat zufällig. Aus diesen verschiedenen Elementen, die in verschiedenen Zeitabständen erworben wurden, baut sich jedes Individuum sein eigenes Ich auf, das sich in einigen Punkten von jedem anderen Ich unterscheidet.

3.3 Gesellschaft, Sittlichkeit und Über-Ich

Eine Kategorie von Erfahrungen, die in das Ich praktisch aller Menschen eingehen, sind nach Freud die Vorschriften und Verbote, die jeder als Kind von seinen Eltern oder anderen Personen, die an seiner Erziehung teilhaben, mitbekommt. Viele dieser Gebote und Verbote sind Normen der spezifischen Kultur, Religion oder Ideologie, in der das Individuum aufgewachsen ist. Damit assoziiert werden die zärtlichen und schmerzlichen Erinnerungen an die Eltern, die Erinnerungen an die kindlichen Ängste und die Autoritäten, die Schutz vermittelten oder aber diese Ängste verschlimmerten. Die Gesamtheit dieser Gebote und Verbote und die mit ihnen verbundenen Gefühle von Liebe und Angst werden, nach Freud, zu einem kohärenten eigenständigen Subsystem innerhalb des Ichs. Diesen Teil nannte Freud das *Über-Ich* bzw. das *Ich-Ideal.* Seine Gebote bilden dann das, was gemeinhin als Stimme des Gewissens bezeichnet wird.

Ein Teil des Ichs könnte sich demnach vom Ich abspalten und diesem gewissermaßen entgegentreten. Seine Gebote könnten den vom Ich gewählten Aktionen widersprechen; und die Aktionen, die das Ich dirigiert und kontrolliert hatte, könnten auf

9 Sigmund Freud: *Abriß der Psychoanalyse*, in: *Gesammelte Werke*, Bd. XVII, S. 68/69.

ernste Mißbilligung des Über-Ichs stoßen, welches dann jene Mißbilligung symbolisieren würde, die die Eltern und Autoritätspersonen, an die sich der einzelne aus seiner Vergangenheit erinnert, diesem Verhalten gegenüber artikuliert hätten, falls es ihnen bekannt geworden wäre.

Obwohl Freuds Zeitgenossen sich überwiegend von seinem Begriff des Es und dessen unbewußter Funktionsweise gefangennehmen ließen, ist es das Ich, das in der Struktur seines Modells eine zentrale Stellung einnimmt. In den letzten Jahrzehnten haben deshalb Psychiater dem Ich mehr Beachtung geschenkt; und es ist das Ich und seine Funktionsweise, die das allgemeine Freudsche Modell unter strukturellen Gesichtspunkten für die Analyse der internationalen Politik im Sinne unseres Analogieverfahrens als besonders relevant erscheinen lassen.

3.4 Die Aufgaben des Ichs: Wahrnehmung, Vermittlung und Kontrolle

Freuds Darstellung des Verhältnisses von Ich zu Es ist anregend: »Die Wahrnehmung spielt für das Ich die Rolle, welche im Es dem Trieb zufällt. Das Ich repräsentiert, was man Vernunft und Besonnenheit nennen kann, im Gegensatz zum Es, welches die Leidenschaften enthält. [...] Die funktionelle Wichtigkeit des Ichs kommt darin zum Ausdruck, daß ihm normalerweise die Herrschaft über die Zugänge zur Motilität eingeräumt ist. Es gleicht so im Verhältnis zum Es dem Reiter, der die überlegene Kraft des Pferdes zügeln soll, mit dem Unterschied, daß der Reiter dies mit eigenen Kräften versucht, das Ich mit geborgten. Dieses Gleichnis trägt ein Stück weiter. Wie dem Reiter, will er sich nicht vom Pferd trennen, oft nichts anderes übrig bleibt, als es dahin zu führen, wohin es gehen will, so pflegt auch das Ich den Willen des Es in Handlung umzusetzen, als ob es der eigene wäre.«[10]

In seinem Verhältnis zur Außenwelt hat das Ich die Aufgabe der Wahrnehmung und Anpassung (Anpassung im autoplastischen und alloplastischen Sinne verstanden). Bei der Berücksichtigung der Gefahren und Hindernisse der Außenwelt können

10 Sigmund Freud: *Das Ich und das Es*, in: *Gesammelte Werke*, Bd. XIII, S. 252/253.

seine Leistungskriterien Vorsicht und Zweckmäßigkeit sowie Weitblick und Entschlossenheit sein.

In seinem Verhältnis zum Über-Ich kann es indes sein, daß Vorsicht und Zweckmäßigkeit bei der Beurteilung der vorhandenen Außenwelt mit den aus der Vergangenheit erinnerten Geboten von Tradition und Autoritätspersonen kollidieren. Diese Gebote des Über-Ich können insofern um so schwerwiegendere Folgen haben, als sowohl ihre Auswirkungen als auch ihre Quellen wahrscheinlich unbewußt geworden sind und deshalb die Gegenbefehle des Ichs beim Über-Ich keinen Zugang mehr finden. In den meisten Menschen spricht das Über-Ich, ist aber selbst nicht ansprechbar.

Ähnliches gilt für das Es. Der Inhalt des Es ist ebenfalls weitgehend unbewußt. Ein Großteil unserer Motivation ist unbewußt, und unbewußt sind auch die meisten ihrer Einzelheiten und die Erinnerungen und Reaktionen, die wir im Verlauf unserer seelischen und emotionalen Entwicklung mit ihnen assoziiert hatten. Deshalb sind sie gewöhnlich nicht oder nur schwer zugänglich für die Kritik des Ichs, was ihre mögliche Unangemessenheit oder Unvereinbarkeit miteinander oder mit einem der anderen Systeme angeht. Normalerweise ist ihren Quellen nicht mit Vernunft beizukommen. Man kann sie nur sorgsam beobachten oder ihnen widerstehen, sie akzeptieren oder verdrängen. Und da das Es die Quelle psychischer Energie und der Motivation (auch vermittelter Motivation wie im Falle von Wiederholungszwängen) ist, sind die Anstrengungen des Ichs, dem Es zu widerstehen, in der Tat sehr ernsthaft.

Freud beschreibt den Konflikt zwischen dem Ich und dem Es mit folgenden Worten: »Es gibt zwei Wege, auf denen der Inhalt des Es ins Ich eindringen kann. Der eine ist der direkte, der andere führt über das Ich-Ideal, und es mag für manche seelische Tätigkeiten entscheidend sein, auf welchem der beiden Wege sie erfolgen. Das Ich entwickelt sich von der Triebwahrnehmung zur Triebbeherrschung, vom Triebgehorsam zur Triebhemmung. An dieser Leistung hat das Ich-Ideal, das ja zum Teil eine Reaktionsbildung gegen die Triebvorgänge des Es ist, seinen starken Anteil. [...] Aber andererseits sehen wir dasselbe Ich als armes Ding, welches unter dreierlei Dienstbarkeiten steht und demzufolge unter den Drohungen von dreierlei Gefahren leidet: von der Außenwelt her, von der Libido des Es und von der Strenge des Über-Ichs.

Dreierlei Arten von Angst entsprechen diesen Gefahren, denn Angst ist der Ausdruck eines Rückzuges vor der Gefahr. Als Grenzwesen will das Ich zwischen dem Es und der Welt vermitteln, das Es der Welt gefügig machen und die Welt mittels seiner Muskelaktionen dem Es-Wunsch gerecht machen. Es benimmt sich eigentlich wie der Arzt in einer analytischen Kur, indem es sich selbst mit seiner Rücksichtnahme auf die reale Welt dem Es als Libidoobjekt empfiehlt und dessen Libido auf sich lenken will. Es ist nicht nur der Helfer des Es, auch sein unterwürfiger Knecht, der um die Liebe seines Herrn wirbt. Es sucht, wo möglich, im Einvernehmen mit dem Es zu bleiben, überzieht dessen unbewußte Gebote mit seinen vorbewußten Rationalisierungen, spiegelt den Gehorsam des Es gegen die Mahnungen der Realität vor, auch wo das Es starr und unnachgiebig geblieben ist, vertuscht die Konflikte des Es mit der Realität und wo möglich auch die mit dem Über-Ich. In seiner Mittelstellung zwischen Es und Realität unterliegt es nur zu oft der Versuchung, liebedienerisch, opportunistisch und lügnerisch zu werden, etwa wie ein Staatsmann, der bei guter Einsicht sich doch in der Gunst der öffentlichen Meinung behaupten will.«[11]

Wie diese Passage zeigt, unterstrich Freud die ständige Möglichkeit dreier Arten von Konflikt: zwischen dem Ich und der Realität, zwischen dem Ich und dem Es, und zwischen dem Ich und dem Über-Ich. An einer anderen Stelle erörtert er eine vierte Art von Konflikt, nämlich den Konflikt zwischen der Realität und dem Es. In einem solchen Konflikt, so sagt er, muß das Ich sich auf die Seite der Realität stellen. Wenn es das aber in einer ungeeigneten Weise tut, so wird daraus beim Individuum eine Neurose entstehen. Eine solche Neurose entsteht nach Freud aus einem Konflikt zwischen einem »Ich, das in seiner Synthese gehemmt ist, [...] und ein[em] Es, in dem sich einzelne Triebe selbständig gemacht haben, ohne Rücksicht auf die Interessen der Gesamtperson ihre Ziele verfolgen. [...], daß das Ich den Versuch gemacht hat, gewisse Anteile des Es in *ungeeigneter Weise* zu unterdrücken [...] und das Es dafür seine Rache genommen hat. Die Neurose ist also die Folge eines Konflikts zwischen dem Ich und Es, in den das Ich eintritt, weil es [...] durchaus an seiner Gefügigkeit gegen die reale Außenwelt festhalten will. Der Gegensatz

11 Ebd., S. 286/287.

läuft zwischen Außenwelt und Es, und weil das Ich, seinem innersten Wesen getreu, für die Außenwelt Partei nimmt, gerät es in Konflikt mit seinem Es. Beachten Sie aber wohl, nicht die Tatsache dieses Konflikts schafft die Bedingung des Krankseins, – denn solche Gegensätze zwischen Realität und Es sind unvermeidlich und das Ich führt unter seinen beständigen Aufgaben, in ihnen zu vermitteln –, sondern der Umstand, daß das Ich sich zur Erledigung des Konflikts des unzureichenden Mittels der Verdrängung bedient hat. Dies hat aber selbst seinen Grund darin, daß das Ich zur Zeit, als sich ihm die Aufgabe stellte, unentwickelt und ohnmächtig war.«[12]

Andere Konflikttypen erwähnt Freud an anderer Stelle in seinen Schriften. Ordnet man die in Freuds Schema enthaltenen Haupttypen möglicher Konflikte systematisch, so ergeben sich zehn mögliche Konflikttypen; und es sind diese zehn Typen, die ihre Pendants in Typen potentieller politischer Konflikte auf subnationaler, nationaler und internationaler Ebene haben können.

4. Eine einfache Typologie möglicher Konflikte in Freuds Strukturmodell

In einem großen Teil seiner Schriften beschäftigte Freud sich besonders mit Konflikten zwischen dem Ich sowie den anderen drei Systemebenen in seinem Modell. Diese Konflikte waren: Es versus Realität, Es versus Über-Ich und Es versus Ich sowie Konflikte innerhalb des Es, d. h. Konflikte zwischen einigen Subsystemen, die das Es bilden. Zusätzlich zu diesen vier möglichen Konflikttypen kann es einen fünften Typ von Konflikt zwischen dem Ich und dem Über-Ich geben; solchen Konflikten hat Freud ebenfalls große Aufmerksamkeit gewidmet.

Aber auch ein sechster Typ von Konflikt ist möglich, nämlich zwischen dem Ich und der Realität. Die physikalische oder soziale Realität kann so komplex sein, sich so rasch ändern oder so bedrohlich sein, daß das Ich sich kein adäquates Bild von seiner Umwelt machen kann, oder aber, daß das Ich nicht in der Lage ist, einen adäquaten Apparat von Verhaltensreaktionen zu fin-

12 Sigmund Freud: *Die Frage der Laienanalyse*, in: *Gesammelte Werke*, Bd. XIV, S. 231.

den, um mit seiner Umwelt fertigzuwerden. Der ersten dieser Möglichkeiten ist Karl Mannheim mit seiner Vorstellung der Undurchschaubarkeit moderner Industriegesellschaften nahegekommen.[13] Die zweite Möglichkeit, die Möglichkeit überwältigender Ansprüche an das Selbstreflexionsvermögen von seiten einer unerträglichen Umwelt, ist einer der Aspekte, die Bruno Bettelheim in seiner Arbeit über das Verhalten von Gefangenen in den Konzentrationslagern der Nazis erörtert hat; sie spielt auch eine Rolle in der Erforschung der psychologischen Reaktionen von Individuen auf Katastrophensituationen.[14]

Ein siebter Typ von Konfliktsituationen könnte zwischen Über-Ich und Realität vorkommen, nämlich dann, wenn das Über-Ich für die Realität von geringer Relevanz ist, oder wenn die Realität so ist, daß die Gebote des Über-Ich unter ihren Bedingungen nicht zu befolgen sind. In solchen Situationen muß vermutlich entweder die Realität oder das Über-Ich geändert werden. Aber bis das geschieht, kann der Konflikt durchaus zugespitzt sein. Konflikte dieses Typs spielen oft vielerorts bei Unruhe unter Jugendlichen und Studenten eine Rolle; sie sind auch bei sozialen und politischen Führern, die sowohl ihr eigenes Über-Ich als auch einen Teil der Wertordnung ihrer eigenen Zeit neu gestalten wollen, zu beobachten. Beispielhaft wäre an Martin Luther und Mahatma Gandhi zu denken, deren Fälle Erik H. Erikson studierte.[15] Freud selbst befaßte sich relativ wenig mit Konflikten vom sechsten und siebten Typ, aber einige der stärker soziologisch orientierten Psychiater und Psychologen taten das später.[16]

Drei weitere Konflikttypen fanden bei Freud ebenfalls wenig Beachtung, obwohl sie logisch in seinem Schema enthalten sind.

13 Karl Mannheim: *Mensch und Gesellschaft im Zeitalter des Umbaus*, Darmstadt 1958.

14 S. Bruno Bettelheim: *Aufstand gegen die Masse*, München 1965; Allen H. Barton: *Communities in Disaster: A Sociological Analysis of Collective Stress Situations*, New York 1970.

15 Erik H. Erikson: *Der junge Mann Luther*, München 1965, und ders.: *Gandhi's Truth*, New York 1969.

16 S. besonders Alexander Mitscherlich: *Auf dem Wege zur vaterlosen Gesellschaft*, München 1963; Alexander und Margarete Mitscherlich: *Die Unfähigkeit zu trauern*, München 1968; Theodor W. Adorno: *Zum Verhältnis von Soziologie und Psychologie*, in: *Sociologica I*, Frankfurt/M. 1955, S. 11-45; Klaus Horn: *Politische Psychologie*, in: Gisela Kress und Dieter Senghaas (Hg.), *Politikwissenschaft*, Frankfurt/M. 1969, S. 215-268.

Erstens und vor allen Dingen ist die Realität selbst nicht frei von ernsten Konflikten, Widersprüchen und Unvereinbarkeiten. Besonders was die soziale Realität angeht, gibt es weder eine Kultur noch überhaupt ein politisches oder wirtschaftliches System, in dem Teile seiner menschlichen Komponenten, seiner herrschenden Praktiken oder der Bedingungen seiner physikalischen Umwelt nicht in innere Konflikte und Widersprüche verwickelt wären. Die Geschichte der sozialen Konflikte, des Bevölkerungswachstums und der Erschöpfung der Ressourcen ist reich an Beispielen.

Zweitens ist es unwahrscheinlich, daß die Erinnerungen und Gebote, die das Über-Ich ausmachen, frei von Widersprüchen und inneren Konflikten wären. Es ist schwierig, ein komplexes System von Geboten oder logischen Sätzen oder elektrischen Schaltern oder Synapsen zwischen den Nervenzellen so zu konstruieren, daß es, selbst nur für eine kurze Zeitspanne, völlig frei von Widersprüchen und Paradoxa wäre. Nach dem Mathematiker Kurt Goedel ist die Immunität aller so gearteter Systeme gegen diese Widersprüche langfristig niemals nachzuweisen. Die Geschichte der philosophischen und religiösen Systeme zeigt, daß sie alle, früher oder später, einander widersprechende und in sich selbst widerspruchsvolle Gebote hervorgebracht haben. Die daraus resultierenden Gewissens- oder Loyalitätskonflikte sind ein ständig wiederkehrendes Thema in Literatur, Philosophie und Politik.

Drittens und letztens ist es aus denselben Gründen unwahrscheinlich, daß das Ich-System selbst von inneren Widersprüchen und Konflikten frei sein sollte. Gewiß besteht die Aufgabe des Ichs in der Suche nach Konsistenz und Synthese; aber es ist selbst nach wie vor ein System. Es spielt keine Rolle, wie logisch seine Struktur ist, es unterliegt doch immer dem Goedelschen Theorem. Innere Konflikte im Ich – dem bewußten Teil einer Persönlichkeit – haben Psychologen und Psychiater, Schriftsteller und Denker zu allen Zeiten beschäftigt.

Freud selbst befaßte sich weniger mit diesen Konflikten innerhalb jeder Systemebene seines Modells: den Konflikten im Innern der Realität, im Innern des Über-Ich und des Ich-Systems. Andererseits haben philosophische Traditionen von Kant über Hegel und Marx bis hin zu den modernen Existentialisten seit langem ihre Bedeutung hervorgehoben.

Tabelle 1: Ein Schema möglicher Konflikte in Freuds Modell

	I Realität	II Über-Ich	III Ich	IV Es	Konflikttypen
I Realität	Konflikte zwischen Komponenten von Realität (z. B. Klassenantagonismus, Rollenkonflikte)	Realität versus Über-Ich (z. B. Vorurteil)	Realität versus Ich (z. B. Forderung nach Symbolbildungsvermögen)	Realität versus Es (z. B. Einschränkung des primären Narzißmus)	Realitätskonflikte
II Über-Ich	Über-Ich versus Realität (z. B. Empörung)	Konflikte zwischen Komponenten des Über-Ichs (z. B. Loyalitätskonflikte)	Über-Ich versus Ich (z. B. Schuldgefühle; Aufforderung, ein Ideal zu erreichen)	Über-Ich versus Es (z. B. Verdrängung, Abwehr sowie Symptombildung)	Über-Ich-Konflikte
III Ich	Ich versus Realität (z. B. Verneinung oder Bearbeitung der Realität)	Ich versus Über-Ich (z. B. Bewußtsein über die Historizität von Werten)	Konflikte zwischen Komponenten des Ichs (z. B. Rollenkonflikte, bewußt oder abwehrend bewältigt)	Ich versus Es (z. B. Verdrängung oder Rationalisierung; Realisierung von Imperativen der Realität)	Ich-Konflikte
IV Es	Es versus Realität (z. B. Projektion oder Autismus, über das Ich vermittelt)	Es versus Über-Ich (je nach Ich-Vermittlung: psychotische und neurotische Lösungen)	Es versus Ich (z. B. Triebangst; psychotisches Verhalten oder zwangsneurotische Symptomatik)	Konflikte zwischen Komponenten des Es (z. B. sich widersprechende Triebimpulse)	Es-Konflikte

Insgesamt ergeben sich aus Freuds Modell also zehn Typen möglicher Konflikte (siehe *Tabelle 1*).[17] Vier davon sind Konflikte innerhalb der Systemebenen, während sechs Konflikte existieren, die die Ebenen überkreuzen. Hierbei wird angenommen, daß die Folge der Initial- und Reaktionseinheit innerhalb jedes einzelnen Konfliktpaares irrelevant ist, so daß ein Konflikt zwischen Ich und Es als Äquivalent zu einem Konflikt zwischen Es und Ich behandelt wird. Verzichtete man auf diese vereinfachende Annahme – z. B. wenn man zwischen dem Subsystem, in dem ein Konflikt entsteht, und dem Subsystem, in dem sich die Auswirkungen des Konflikts später zeigen, unterscheiden wollte –, dann würde sich die Zahl der möglichen Typen von Konflikten zwischen den Systemen auf zwölf und die Gesamtsumme der potentiellen Konflikttypen auf sechzehn erhöhen.

5. Ich-Belastung versus Ich-Leistung

Jeder der zehn Typen von potentiellen Konflikten stellt eine potentielle Belastung für das Ich dar. Nach Freud hat der Mensch zur Bewältigung jeder Art von Konflikt keinen anderen Mechanismus als das Ich-System. Sogar in bezug auf seine eigenen inneren Konflikte muß das Ich sich seine Stabilität selbst erarbeiten.

Freuds Modell gibt damit einen eindeutigen Hinweis auf den großen Umfang und die Schwere der Kommunikations- und Entscheidungslast, die jedes Ich tragen muß, wenn es seiner Kontrollfunktion gerecht werden will. Den Begriff der *Ich-Belastung* hat Freud nicht explizit formuliert, er ist aber implizit in den Begrif-

17 Ein zentrales Problem in der Darstellung von *Tabelle 1* liegt in der Schwierigkeit, die Doppelaspekte der hier aufgeführten Strukturbegriffe kenntlich zu machen. So besteht die Funktion des Ich einmal im Bilden von realitätsgerechten Symbolen (synthetisierende und organisierende Funktion); es ist dies das Ich, zu dem Es werden soll. Andererseits ist das Ich die Stätte der Abwehrmechanismen: Selbst- und Realitätsverständnis werden nicht wirklichkeitsgerecht ausgebildet (Abwehrfunktion). Im Begriff des Über-Ich besteht eine Spannung zwischen dessen autoritativer, sanktionierender, ja, strafender Funktion und seiner Funktion als Vorbild und Ich-Ideal. Das Es enthält sowohl Archaisch-Dynamisches als auch das mit diesem vereinigte Verdrängte. Nun lassen sich diese hier nur ausgewählt angedeuteten Doppelaspekte der Strukturbegriffe zwar analytisch trennen; in der Lebensgeschichte von Menschen sind sie jedoch zuinnerst verschränkt und als solche Teil der Identität von Persönlichkeit.

fen *Ich-Stärke* und *Ich-Leistung* enthalten; diese tauchen in seinen Schriften auf und haben bei den zeitgenössischen Sozialpsychologen gleichbleibend starke Beachtung gefunden.[18]

In dem Maße, wie die relevante Umwelt des Menschen sehr viel komplexer wird und die Sozialsysteme, in denen er lebt, komplexer und widersprüchlicher werden, wächst zwangsläufig auch die Belastung seines Ichs, und gleichermaßen werden die Ansprüche an die Ich-Leistung, die das Leben ihm abverlangt, größer. In dem Maße, wie seine Ich-Leistung schwieriger wird, wird sein Versagen häufiger und gefährlicher.

6. Abwehrmechanismen des Ichs: Verdrängung, Projektion, Verneinung und Autismus

Aus diesem Schema scheint klar hervorzugehen, daß die Belastung des Ichs groß und die dem Individuum abverlangte Ich-Leistung in der Tat hoch sein kann. Häufig, so sagt Freud, wird das überbelastete Ich seine Aufgabe nicht meistern. In seinem Versagen kann es zum blinden Diener der einen Systemebene werden, und zwar auf Kosten einer tiefen Frustration und Benachteiligung der anderen: Das Ich kann sich dann beispielsweise dem Über-Ich völlig unterwerfen, indem es die Bedürfnisse des Es verdrängt oder zurücksetzt und das Individuum wesentlicher Quellen der Lust und Motivation beraubt. Im Dienste des Über-Ich kann es die Realität bis zur Selbstzerstörung blind verneinen. Oder das Ich kann, im Gegenteil, ein unterwürfiger Diener des Es werden, indem es dessen Lustforderungen nachkommt und jeden Anspruch in einer Sprache »rationalisiert«, die es von der Realität oder dem Über-Ich ausgeborgt hat, ohne jedoch Realität und Über-Ich ernsthaft zu beachten.

Selbst wenn das Ich sich völlig in den Dienst eines Subsystems stellt, verschwinden die anderen Subsysteme nicht. Übergangen oder verdrängt, ist ihren Informationen der Zugang zum Bewußtsein des Ichs verwehrt; sie werden aber Teil des Systems bleiben, und das hat mittelbare, doch weitreichende Folgen.[19]

18 S. die in Anm. 16 zitierte Literatur.

19 Zum Verhältnis von Freuds allgemeinen Theorien zur Analyse von Krieg und Frieden s. Alix Strachey: *The Unconscious Motives of War*, London 1957. Zur Interpretation der Vermittlung unbewußter Motive für gesell-

Die *verdrängten* Wünsche des Es, aber auch gesellschaftlich vermittelte Triebregungen, können mit anderen psychischen Inhalten, die Ich und Über-Ich akzeptieren, sich assoziieren, aber sie können diesen scheinbar harmloseren oder objektiveren Anforderungen eine starke zusätzliche Lust- oder Unlust-Belastung hinzufügen, die aus den verborgenen Ansprüchen des Es herrühren. So kann es, wie Freud betont, dazu kommen, daß Gedanken an strenge Moral und Strafe, die das Über-Ich ausdrücklich billigt, sich mit verborgenen, aber machtvollen Assoziationen der Selbstzüchtigung verbinden, mit neurotischen Schuldgefühlen, unheilvollen Ahnungen, ja sogar mit dem geheimen Wunsch nach diesen.

Verdrängung ist nur einer der Abwehrmechanismen des Ichs gegen die Versuchungen der Lust sowie die Verbote der Realität und des Bewußtseins. Ein weiterer Abwehrmechanismus – bzw. ein weiteres Abwehrverfahren – wird *Projektion* genannt. Hier gesteht das Ich sich nicht ernstlich ein, daß ein verbotener Wunsch des Es in seiner eigenen Person existieren könnte. Da der Wunsch jedoch so stark verspürt wird, daß sein Vorhandensein nicht zu leugnen ist, wird er auf irgendeinen anderen Akteur projiziert, der ganz eindeutig nicht das Selbst ist und gegen den sich nun die Verdrängungswut des Über-Ich mit Sicherheit wenden kann. So werden, wie Freud gezeigt hat, dic eigenen verdrängten Wünsche nach Spontaneität, Faulheit, Unordnung, Unsauberkeit, sexueller Freizügigkeit und dergleichen häufig auf die Images derjenigen projiziert, die gesellschaftlich unter uns stehen, oder auf die Menschen fremder Nationen oder anderer Rassen. Den Armen, den Arbeitern, den ethnischen Minderheiten, Schwarzen oder Ausländern wird dann in der eigenen Vorstellung ein bestimmter Hang oder besonderer Mut zu dieser Art verbotenem Verhalten zugeschrieben. Wenn unsere Wahrnehmungen erst einmal auf diese Weise verzerrt sind, können Über-Ich und Ich uns mit einer Mischung aus moralischer Entrüstung, Haß und verstecktem Neid dazu treiben, die Personen oder Gruppen, auf die die verdrängten Wünsche unseres Es projiziert wurden, zu verfolgen, zu unterdrücken und sogar zu töten. Seelische Vorgänge dieser Art spielen sich, nach Freud, in vielen Individuen

schaftliches Handeln s. Klaus Horn: *Insgeheime kulturistische Tendenzen der modernen psychoanalytischen Orthodoxie*, in: ders., *Psychoanalyse und gesellschaftliche Widersprüche* (Schriften, Bd. 4), Gießen 1998, S. 41-74.

automatisch ab.[20] Politische Bewegungen und nationale Regierungen bemühen sich oft bewußt um die Schaffung solcher Bedingungen für Zwecke der Politik und des Krieges. Werden von ihnen die Instrumente des Regierens und die Massenmedien zur bewußten Propagierung von Haß benutzt, so können sich die Folgen einer anfänglichen Projektion in einem hohen Maße ausweiten und intensivieren.[21]

Ein weiterer Abwehrvorgang des Ichs ist gegen die Realität gerichtet. Informationen aus der realen Welt, die mit starken Wünschen des Es oder strengen Verboten des Über-Ich nicht vereinbar sind, können dann einfach verneint werden. Mit Hilfe dieser Verneinung redet das Ich sich selbst ein, diese unannehmbaren Informationen der Realität seien gar nicht bei ihm angekommen, oder die Bedingungen der realen Welt, welche diese Informationen beschreiben, existierten nicht oder seien irrelevant.

Derartige Prozesse der *Verneinung* können dazu dienen, diejenigen Informationen über die reale Welt auszuschalten, die mit anderen kognitiven Erinnerungen und Vorstellungen des Ichs anscheinend nicht vereinbar sind. Während Psychiater, die sich auf Freud berufen, die Neigung des Menschen zur Verneinung derjenigen Informationen besonders betonen, die stark affektiv besetzt sind, betonen andere Psychologen unseren Hang zur Verneinung solcher Informationen, die nicht vereinbar sind mit der kognitiven *Konsonanz* dessen, was wir zu wissen meinen.[22] In der Praxis sind im Vorgang der Verneinung bei Individuen häufig emotionale und kognitive Elemente miteinander stark vermischt, und das gilt dann um so mehr, wenn ähnliche Prozesse sich auf der Ebene von Regierungen und Nationen vollziehen. So verneinte z. B. die nationalsozialistische Regierung 1944 die Relevanz der Wahrheit der alliierten Pläne zur Invasion in der Normandie, die Botschafter Franz von Papen aus Ankara geschickt hatte, nachdem Agenten der Nazis sie dort entwendet hatten. Die Informationen, die

20 S. Daniel J. Levinson: *Authoritarian Personality and Foreign* Policy, in: *Journal of Conflict Resolution*, Bd. 1, 1957, S. 37-47, und den zusammenfassenden Bericht von William Eckhardt und Theo Lentz: *Factors of War/Peace Attitudes*, in: *Peace Research Review*, Bd. 1, Nr. 5, 1967 (Schwerpunktheft).

21 S. Gordon Allport: *The Role of Expectancy*, in: Hadley Cantril (Hg.), *Tensions that Cause Wars*, Urbana 1950, S. 43-78.

22 Eine Sammlung dieser Theorien findet sich in Robert Abelson u. a. (Hg.): *Theories of Cognitive Consistency*, Chicago 1969.

diese Pläne über Stärke und Fähigkeiten der Alliierten enthüllten, waren mit früheren Schätzungen der Naziführer nicht vereinbar und paßten nicht zu dem Selbstbildnis ebendieser Führer, welches ihnen Umsicht und Weitblick bescheinigte. Infolgedessen ignorierten sie die neue Information, was für sie katastrophale Konsequenzen hatte.[23] Ganz allgemein scheinen Verneinung, Abwehr, kognitive Konsonanz und Konsistenz eine wichtige Rolle bei den meisten großen Fehlern zu spielen, die Regierungen in Friedens- und Kriegszeiten mit ihren Spionagediensten machen.

Verdrängung, Projektion und Verneinung haben eines gemeinsam, nämlich die Tendenz, die Kontrolle der Informationen aus der Realität über die Aktionen des Ichs zu schwächen oder auszuschalten. Jedoch, in dem Maße, wie die effektive Kontrolle vermittels des Realitätsprinzips ausgeschaltet wird, wird das Ich zu autistisch präformierten Aktionen schreiten. *Autismus* ist ein Kommunikationszustand, in welchem Informationen aus dem inneren Selbst entschieden den Vorrang haben vor Informationen aus der weiteren Umgebung des Individuums. Eine verwandte Reaktion ist *Psychismus* (»psychism«) – um den Begriff von Robert J. Lifton zu gebrauchen: Hier bildet der Akteur sich ein, die Außenwelt sei durch eine bloße Anstrengung der Psyche oder des Willens zu verändern.[24] In beiden Fällen werden Informationen der Umwelt rundheraus zurückgewiesen oder formal akzeptiert, ohne jedoch in den Entscheidungsprozessen des Ichs berücksichtigt zu werden. Der Akteur wird dann blind und taub für seine Umwelt und hört in zunehmendem Maße nur auf das Ergebnis seiner inneren Stimmen.[25]

Autismus – wie hier kommunikationstheoretisch verstanden – ist eine letzte verzweifelte Abwehr des überbelasteten Ichs gegen den unerträglichen Konflikt zwischen der gesamten Realität der Außenwelt und den partiellen inneren Realitäten seines eigenen Es und Über-Ichs. In dem Maße, wie die äußere Realität tatsächlich feindlicher, härter oder unzugänglicher wird, werden ihre

23 L. C. Moyzisch: *Operation Cicero*, New York 1969.

24 S. Robert J. Lifton: *Revolutionary Immortality: Mao Tse Tung and the Chinese Cultural Revolution*, New York 1968.

25 Zu einer früheren Diskussion über Autismus s. Theodore M. Newcomb: *Autistic Hostility and Social Reality*, in: *Human Relations*, Bd. 1, 1947, S. 69-86. Siehe auch E. M, Lemert: *Paranoia and the Dynamics of Exclusion*, in: *Sociometry*, Bd. 25, 1962, S. 2-20.

Konflikte mit den inneren Bedürfnissen und Strebungen des menschlichen Es und Über-Ichs wahrscheinlich weniger toleriert werden, und in der Folge wird sich die Wahrscheinlichkeit autistischen Verhaltens erhöhen. Zum Teil kann das autistische Verhalten allerdings darin bestehen, die Realität als feindlicher hinzustellen, als sie in Wirklichkeit ist, und die eigenen Gefühle der Angst, Wut und Aggression des einzelnen auf andere Individuen und Gruppen zu projizieren. Autistisches Verhalten wird dann eine Eigendynamik entwickeln. Da es sich dabei um einen sich selbst verschlimmernden Prozeß, einen Teufelskreis, handelt, kann es bei einzelnen Menschen oder Gruppen zu einer wachsenden Isolation von der Realität und anderen Akteuren führen sowie zu immer schärferen Konflikten mit diesen.[26]

7. Außenpolitik und Abwehrmechanismen: »Schumpeter-Effekte«

Gegen den auf ihnen lastenden Druck nehmen nationale Regierungen Zuflucht zu Abwehrmechanismen, die in ihren Kommunikationsaspekten in vielem der Abwehr des Ichs von Individuen ähneln. Bei der Verteidigung ihrer kognitiven Konsonanz bedienen sie sich der Mechanismen der Projektion, Verdrängung und Verneinung, was »autistische Milieus« hervorbringt. Der Vorgang zunehmend autistischer Kommunikation und entsprechenden Verhaltens bei Individuen, so wie ihn Freud und seine Anhänger beschreiben, zeigt auffällige Parallelen zu den Entwicklungen von Militarismus, wie beispielsweise Joseph Schumpeter sie beschrieben hat.[27] Folgt man Schumpeter, so können Völker oder Staaten eine gewisse reale, aber begrenzte oder vorübergehende militärische Bedrohung von seiten ihrer Umwelt erfahren. Auf diese Bedrohung werden sie sehr wahrscheinlich so reagieren, daß sie militärische Fertigkeiten und soziale Institutionen, Kasten und Klassen entwickeln, die ihnen helfen können, der Bedrohung er-

26 Zu einer Interpretation von Abschreckungspolitik im Rahmen des Modells von autistischer Kommunikation und daraus resultierendem Verhalten s. Dieter Senghaas: *Abschreckung und Frieden. Studien zur Kritik organisierter Friedlosigkeit*, Frankfurt/M. 1981³, S. 185-203.

27 Joseph Schumpeter: *Zur Soziologie der Imperialismen*, in: *Aufsätze zur Soziologie*, Tübingen 1953, S. 72-146.

folgreich entgegenzutreten. Nachdem sie die äußere Bedrohung jedoch überstanden haben, bleiben die starken gewalt- und kriegsgeneigten sozialen Klassen, Institutionen, Interessengruppen und eine vom Krieg geprägte Kultur in ihrer eigenen Gesellschaft bestehen. Einzelne Personen, die sich an Kriegserwartungen und -akte gewöhnt haben, werden dazu neigen, ihre Gewohnheiten weiter auszuagieren oder zumindest eine Gelegenheit dazu zu suchen. Diejenigen Klassen und Interessengruppen, für die der Krieg in der Vergangenheit lohnend war, werden weiter nach ähnlichem »Lohn« streben. Informationen von der Außenwelt, die einen Hinweis auf die Notwendigkeit geben, Kriegsvorbereitungen und Kriege fortzusetzen, werden eifrig ausgewählt, akzeptiert, nachdrücklich bestätigt und von solchen »auf Verteidigung eingestellten« oder »kriegsgewohnten« Individuen oder Gruppen belohnt werden. Informationen über die Außenwelt, die das Gegenteil bekunden, werden zurückgewiesen oder nicht geglaubt werden; und wer sich nach ihnen richtet, wird auf die verschiedenste Art und Weise bestraft werden. Infolgedessen wird kriegerisches Verhalten in zunehmendem Maße von Prozessen bestimmt werden, welche sich *innerhalb* des gewalt- und kriegsgeneigten Staates abspielen. Seine Herrscher und Soldaten werden immer neue Gründe dafür finden, warum Vorsichtsmaßnahmen getroffen, zusätzliche Waffen beschafft, Allianzen geschlossen, Militärstützpunkte errichtet, Bündnispartner unterworfen, fremde Regierungen gestürzt und neue Grenzprovinzen erobert werden müssen.

Die Expansion der Herrschaftsbereiche, schon gar der Imperien, wird nach Schumpeters Auffassung also größtenteils von innen heraus vorangetrieben, und zwar durch einen soziologisch oder interessenpolitisch begründeten Prozeß kognitiver Verzerrung. Schumpeter schrieb seine Studie im Jahre 1918, und seine historischen Beispiele reichen vom Alten Ägypten und Rom bis zum Ersten Weltkrieg. Die neuere empirische Forschung stützt Schumpeters allgemeine These, bestätigt aber nicht unbedingt seine spezifische Schlußfolgerung, nach der solch ein autistisches kriegerisches Verhalten angeblich in erster Linie auf Aristokratien und Großgrundbesitzergesellschaften beschränkt ist und letzten Endes in dem Maße zerbröckelt und verschwindet, wie kommerzielle und kapitalistische Wirtschafts- und Gesellschaftsordnungen wachsen, von denen Schumpeter meinte, sie hielten sich eher an Realität, Rationalität und Frieden. Die neuere Forschung zeigt, daß die autistische Form von Feindseligkeit in der Außenpolitik der großen modernen Mächte sowohl vor 1914 als auch danach eindeutig vorherrschte.[28]

8. Der Freudsche Begriff des »Todestriebes«: Bürde und Versagen der Kontroll-Leistung

Zu den Ich-Prozessen gehört gewöhnlich die Realitätsprüfung. Daher implizieren sie Selbstkritik, Selbstkorrektur und die häufige Revision früherer Impulse und früheren Verhaltens. Dem eigenen früheren Verhalten entgegenzutreten und es zu ändern, bedeutet oft eine zeitweilige Zunahme des internen Ungleichgewichts, das innere Spannung genannt wird. Eine solche Zunahme wird als Unlust empfunden, ähnlich dem Unlustgefühl, welches Schmerzen verursacht.

Auch bei anderen Ich-Prozessen, zu denen die Vermittlung zwischen den sechzehn Arten von Konflikten gehört, besteht die Wahrscheinlichkeit der zeitweiligen Zunahme des internen Ungleichgewichts. Diese Zunahme der inneren Spannungen wird ebenfalls als Unlust verspürt, und diese Unlust kann einen Grad der Intensität erreichen, der ebenso schwer zu ertragen ist wie Schmerz. Je weniger das Ich solche Konflikte bewältigt, um so schlimmer wird die Ich-Belastung, und um so mehr wird Ich-Leistung mit Unlust assoziiert werden.

Nach Freud suchen seelische Prozesse sich indes automatisch Wege, die in einer Entspannung und folglich mit der Erzeugung von Lust oder mit der Schmerzverminderung oder -vermeidung enden.[29] Wenn das so ist, dann werden Strategien verfolgt, die von der vollen Ich-Belastung und dem damit verbundenen bohrenden oder quälenden Selbst-Bewußtsein wegführen. Gleichzeitig werden Vorstellungen von solchen Aktionen und Zuständen der Persönlichkeit, die als gewissermaßen der Ich-Belastung entgegenwirkend empfunden werden, mit Lust assoziiert. Unter solchen

28 Für einen Überblick über diese Literatur s. Robert Jervis: *Perception and Misperception in International Politics*, Princeton 1976.

29 Sigmund Freud: *Jenseits des Lustprinzips*, in: *Gesammelte Werke*, Bd. XIII, S. 1 ff.

Bedingungen kann es sein, daß Vorstellungen von Berauschtheit, Schlaf und gar Tod sämtlich lustbesetzt oder libidinös werden. Sie werden um so verlockender und attraktiver werden – ja, zuweilen fast überwältigend verlockend und attraktiv, je größer und frustrierender die Ich-Belastung geworden ist.

Das, was Freud den *Todestrieb* nannte, wird, *der hier unterbreiteten Hypothese zufolge*, in dem Maße wachsen, wie die Ich-Überbelastung wächst. Diese Hypothese prophezeit ein Anwachsen der Frequenz und/oder Intensität von Todessymbolen in der Kommunikation und in den Traumberichten von Personen, die unter einer Überbelastung des Ichs leiden. Ebenso sagt sie voraus, daß soziale Bedingungen, die unerträgliche Forderungen an die Ich-Leistung stellen und das Ich extremen inneren Spannungen unterwerfen, viele auf den Tod gerichtete Symbole dieser Art und todesbezogene Verhaltensmuster hervorbringen werden. Schließlich werden auf den Tod gerichtete Werke der Kunst und Literatur sowie todesbezogene kulturelle und politische Symbole viele Gruppen anstecken, ganz besonders diejenigen, auf die solche Bedingungen zutreffen. Die erste Prognose kann mit Hilfe einer Inhaltsanalyse der relevanten Materialien geprüft werden; die zweite anhand der Häufigkeit von Mord, Selbstmord und anderen Arten von Zerstörungswut; und die dritte durch das Beobachten der Häufigkeit des Auftretens und der Verbreitung von todesbezogenen Ausdrücken in Kunst, Politik und Kultur.[30]

Wenn dieses Argument als vorläufige Arbeitshypothese akzeptabel ist, dann folgt daraus, daß der Todestrieb kein angeborener

30 Einige Beispiele für todesbezogene politische Symbole werden in etwas anderem Zusammenhang zitiert bei Karl W. Deutsch: *Nationalism and Social Communication*, Cambridge 1968², S. 182/183, 306. Solch ein innerlich erzeugtes Interesse am Tod – innerlich vom Standpunkt des Akteurs – sollte von Reaktionen auf Todessymbole unterschieden werden, die durch äußere Ereignisse kenntlich wurden, wie z. B. nach der Pest im Mittelalter oder den Atomexplosionen in Hiroshima und Nagasaki. Zu letzterem vgl. Robert J. Lifton: *Death in Life*, New York 1967. Zur innerlichen Beschäftigung mit dem Tod als einer Alternative zu endlosen Entscheidungsproblemen und Frustrationen vgl. die Darstellung des Todes in Friedrich Hebbels *Die Nibelungen* und Richard Wagners musikalische Tetralogie *Der Ring* des *Nibelungen*, die eine enorme Popularität genoß, welche von 1870 bis zum Ende der nationalsozialistischen Zeit anhielt. S. auch Robert J. Lifton: *History and Human Survival*, New York 1970, Teil II, S. 114-207.

Hang oder Trieb ist, so wie ihn Freud in erster Linie sah.[31] Vielmehr erscheint er nun als Funktion eines Systems, und vielleicht noch spezieller als Begleiterscheinung der Systemüberbelastung. In der Bewegung hin zum Tod wird die *Ich-Last* – die Last qualvoller Entscheidungen, Ängste und innerer Konflikte – abgeworfen. Eine einzige Verhaltensdeterminante kann unter großartiger Mißachtung der vielfältigen Forderungen und Restriktionen der Realität alle anderen überwiegen: die Helden der *Edda* oder des *Nibelungenliedes* gehen ruhig in den Tod, und Jahrhunderte später rät Oswald Spengler den westlichen Nationen, sich im Hinblick auf ihr unausweichliches Verderben ebensolche heroischen Verhaltensweisen anzueignen. Oder aber sämtliche Verhaltensdeterminanten werden gleichermaßen bis zur Bedeutungslosigkeit abgewertet, und das Leben endet dann im Nirwana der Buddhisten oder in der Resignation eines Schopenhauer.

Freud selbst bezeichnete seinen eigenen Begriff des Todestriebes nur als Hypothese; er könne keinen Beweis liefern; diese Hypothese sei, so sagte er, aufgrund theoretischer, durch die Biologie gestützter Überlegungen entwickelt worden.[32] Indes unterschied sich dieser Trieb von anderen Trieben, wie andere Verhaltensforscher und oft auch Freud selbst sie verstanden. Im Gegensatz zu Hunger oder Sexualität hatte dieser »Todestrieb« keine eigene biochemische Grundlage. Wie vom Eros, so wurde auch vom Todestrieb angenommen, er sei »in jedem Stück lebender Substanz tätig«. Aber während der Eros angeblich in bestimmten Teilen verhältnismäßig stark konzentriert sei, »so daß eine bestimmte Substanz der Hauptvertreter des Eros sein könnte«, gab Freud keinen Hinweis darauf, daß entsprechend irgendeine bestimmte Substanz der Hauptträger des Todestriebes sein könnte. Auch einen Überlebenswert für die Gattung Mensch schien der »Todestrieb« nicht zu haben. Im Gegensatz zu anderen Trieben werde der Todestrieb daher auch nicht durch natürliche Selektion konserviert oder begünstigt.

Mit einem Wort, Freuds »Todestrieb« war ein abstraktes Prinzip, die Verminderung von Differenzen und Spannungen bis zum

31 Sigmund Freud: *Das Ich und das Es*, in: *Gesammelte Werke*, Bd. XIII, S 237ff., und *Jenseits* des *Lustprinzips*, ebd., S. 40ff.

32 Sigmund Freud: *Das Ich und das Es*, ebd., Bd. XIII, S. 268/69. Freud schreibt hier, er habe den Todestrieb, dem die Aufgabe gestellt sei, das organische Leben in den leblosen Zustand zurückzuführen, »supponiert«.

begrifflichen Nullpunkt. Freuds Begriff des Eros war konkreter. Indem er aber neben den Todestrieb gestellt wurde, war er der Definition nach ebenfalls ein allgemeines Prinzip, dessen Ziel es sei, »das Leben durch immer weitergreifende Zusammenfassung der in Partikel zersprengten lebenden Substanz zu komplizieren, natürlich es dabei zu erhalten.«[33] Der Begriff des Todestriebes wird somit praktisch zu einer anderen Bezeichnung für das allgemeine *Prinzip der Entropie*: der Tendenz, daß alle Unterschiede in Form und Energie sich verwischen, bis ein Zustand des schwachen »Zufallrauschens« (*»random noise«*) erreicht ist. Und Eros läuft auf das entgegengesetzte Prinzip hinaus: auf eine negative Entropie (*Negentropie*) oder die Anhäufung wachsender Information und Ordnung, angewandt auf lebende Substanzen.

Trotz seiner Abstraktheit beinhaltet Freuds Begriff des »Todestriebes« und seine Feststellung, daß der Akteur diesen Trieb in Form eines Aggressionstriebes nach außen wendet, unter dem Gesichtspunkt der allgemeinen Systemtheorie ein wichtiges Erkenntniselement. Sein Ansatz gibt einen Hinweis darauf, *daß Verhaltensmuster, die auf Aggressivität, gar auf Tod ausgerichtet sind, als Resultat des Abbaus und der Demontage komplexerer Ordnungsmuster begriffen werden können*. In den eklatantesten Fällen von destruktivem oder todsuchendem Verhalten werden die Normen der Kontrolle und der Ich-Leistung abgebaut.

Dieser Überlegung zufolge gehört der Todeswunsch zu den Phänomenen der *Regression*, verbunden mit dem Verlust der Ich-Leistungen oder mit der Flucht vor diesen. So setzt sich das erschöpfte Opfer eines Schneesturms schließlich nieder, um einzuschlafen und nie wieder aufzuwachen; und der Selbstmord bildet die letzte Entscheidung, d. h., er nimmt alle anderen Entscheidungen ab. In allen solchen Fällen wird die qualvolle Pflicht der fortgesetzten realitätsbezogenen Selbstkontrolle aufgegeben.[34]

33 Ebd., S. 269.

34 Eine eindrucksvolle beispielhafte Schilderung präzise dieses Sachverhaltes findet sich in der Autobiographie des Komponisten Hans Werner Henze: *Reiselieder mit böhmischen Quinten*, Frankfurt/M. 2001[2]: »Es muß in einem Augenblick besonderer seelischer Erschöpfung gewesen sein, im Trennungsschmerz und -trotz, in einer Depression. Vielleicht waren zu viele schlechte Nachrichten auf einmal gekommen, zu viele persönliche Schwierigkeiten, für die ich keine Lösung mehr wußte, vielleicht war zu viel Dunkel da. Jedenfalls trifft es zu, daß ich eines Sonntagmorgens eine Dosis Schlafpulver einnahm, um somit, wie ich hoffte, den Fall ein für alle

Freuds grundlegendes Systemmodell ist nunmehr, wie oben schon sporadisch angedeutet, in vieler Hinsicht für das Verhalten von Nationalstaaten aufschlußreich. Im folgenden soll untersucht werden, welche Prozesse auf der Ebene von Nationalstaaten den Konflikten des Lustprinzips, des Realitätsprinzips und des Über-Ichs, wie in Freuds Modell entwickelt, entsprechen; weiterhin: inwiefern die Leistung der Regierung in einer Nation der Ich-Leistung im Ich ähnelt, und auf welche Weise Nationalstaaten wie seelisch kranke Individuen zu destruktiver und selbstzerstörerischer Aktion regredieren können.

9. Interessengruppen, Realitätsprüfung und supranationale Moral auf der Ebene von Nationalstaaten

Wie schon aus der bisherigen Erörterung hervorgeht, kann die *Grundstruktur* des Freudschen Modells durchaus auf die Analyse des Verhaltens von Staaten und Nationen angewendet werden. *Einige begrenzte, doch spezifische Ähnlichkeiten sind feststellbar* (siehe *Tabelle 2* im Vergleich zu *Tabelle 1* oben): Viele moderne Interessengruppen verhalten sich in gewissen Punkten ähnlich wie die Teilmechanismen im Es: Jede einzelne Interessengruppe drückt durch ihr Verhalten die Absicht der Annäherung an ihr eigenes partikulares Ziel oder der Förderung ihrer eigenen partikularen Ansprüche aus, wobei sie die Bemühungen anderer Gruppen wenig oder gar nicht berücksichtigt. Wie etwa für ein Individuum eine Handlung nicht lustvoll ist, die nicht sein Es befriedigt, so wird auch ein politischer Akt schwerlich starke Zustimmung finden, wenn er nicht die Unterstützung einer bestimmten Interessengruppe gewinnen kann. *In diesem Sinne begründen Interessen das Lustprinzip der Politik.*

Vom Standpunkt der Politik der Interessengruppen ist es wahrscheinlich, daß beispielsweise Vorstöße in Richtung auf eine Erhöhung des Rüstungsstandes und selbst begrenzte Kriegführung in diesem Sinne als politisch »lustvoll« empfunden werden. In vielen Orten und Gegenden werden neue Rüstungsbetriebe, Ver-

Male zu erledigen. Vierundzwanzig Stunden später erwachte ich im Westendkrankenhaus (...). Von der Großstadt übermannt und verschlungen! Durch Schwachsinn allein in die Knie gezwungen! (...)« (S. 112).

teidigungsanlagen oder Verteidigungserlasse sicherlich populär sein, nämlich als Quellen der Erhöhung des Beschäftigungsniveaus, der Verkaufsziffern und der Bodenpreise. Die Schließung eines staatlichen Waffenarsenals oder einer Marinewerft, wie veraltet auch immer sie sei, stößt fast zwangsläufig auf Protest. Abgeordnete aus Distrikten, die ein Höchstmaß an Sonderaufträgen in der Rüstungsbranche haben, stehen als Hauptbefürworter höherer Rüstungsausgaben in der vordersten Reihe. Spezifische Interessengruppen, wie die Raumfahrtindustrie, und einzelne Unternehmen, wie z. B. die Boeing Company, arbeiten aktiv darauf hin, das Verteidigungsbewußtsein in der Öffentlichkeit zu stärken. In gewisser Weise fordern solche Firmen und Produktionszweige genauso blind und rücksichtslos höhere Zuwendungen aus dem Verteidigungshaushalt, wie der Hungerreflex im menschlichen Körper letztendlich zur Stabilisierung unseres Blutzuckergehaltes führt.[35]

So wie jedoch Informationen aus der Welt der äußeren Realität den Trieben des Es und seiner verschiedenen Subsysteme entgegenwirken können, so können Informationen aus dem internationalen System dem blinden Streben der Interessengruppen nach Vergrößerung des militärischen und industriellen Verteidigungsapparates tendenziell Einhalt gebieten oder entgegenwirken. Solche Informationen von außen könnten beispielsweise die technischen Grenzen der eigenen Waffensysteme einer Nation und die Möglichkeiten der konkurrierenden Nationen aufzeigen. Oder sie könnten auf die Gefahren des Wettrüstens und der Eskalation in der internationalen Arena hinweisen oder auf die Wahrscheinlichkeit, daß ein kleiner Krieg sich wider Erwarten doch als größer und frustrierender herausstellt. Oder sie könnten auf die sozialen und politischen Grenzen einer expansionistischen Außenpolitik verweisen: den wahrscheinlichen Verlust internationaler Sympathien, das Zerbröckeln von Bündnissen, den Verschleiß von Menschenleben und von finanziellen Ressourcen, den möglichen Rückgang der Kaufkraft der eigenen Währung. Wenn das geschieht, dann werden die Informationen von der äußeren Realität mit den Forderungen der Interessengruppen kollidieren.

Ähnlich den individuellen Persönlichkeitssystemen können

35 S. hierzu umfassend Dieter Senghaas: *Rüstung und Militarismus*, Frankfurt/M. 1982², Teil III.

Tabelle 2: Ein Schema möglicher Konflikte im nationalen und internationalen politischen System

	Weltsystem	Ethische Werte & Tradition	Regierungssystem	Interessengruppen	Konflikttypen
Weltsystem	Konflikte innerhalb des Weltsystems	Weltsystem versus ethische Werte & Tradition	Weltsystem versus Regierungssystem	Weltsystem versus Interessengruppen	Weltsystem-Konflikte
Ethische Werte & Tradition	Ethische Werte & Tradition versus Weltsystem	Konflikte zw. ethischen Werten & Komponenten von Tradition	Ethische Werte & Tradition versus Regierungssystem	Ethische Werte & Tradition versus Interessengruppen	Ethische Werte & Traditions-Konflikte
Regierungssystem	Regierungssystem versus Weltsystem	Regierungssystem versus ethische Werte & Tradition	Konflikte innerhalb des Regierungssystems	Regierungssystem versus Interessengruppen	Regierungs-Konflikte
Interessengruppen	Interessengruppen versus Weltsystem	Interessengruppen versus ethische Werte & Tradition	Interessengruppen versus Regierungssystem	Konflikte zw. Komponenten von Interessengruppen	Interessengruppen-Konflikte

auch nationale Kommunikationssysteme Elemente enthalten, die die Funktion des Über-Ich erfüllen. Abraham Lincoln richtete an seine Landsleute die dringende Bitte, sich weniger darum zu sorgen, ob Gott auf ihrer Seite stehe, als vielmehr darum, ob sie auf seiner Seite stünden. Hundert Jahre später, während der Kuba-Krise im Oktober 1962, widersetzten sich John und Robert Kennedy dem Drängen einiger Spitzenberater, den ersten Schlag gegen Kuba zu führen, was jenes Land schätzungsweise 25 000 Menschenleben gekostet und das Risiko eines größeren Krieges mit der damaligen Sowjetunion mit sich gebracht hätte. »Mein Bruder hat kein Bedürfnis, der Tojo des Dritten Weltkrieges zu werden«, sagte Robert Kennedy bei dieser Gelegenheit.[36] So hatte sich so etwas wie ein Über-Ich ein Mindestmaß an Wirksamkeit bewahrt. Vergleichbare Elemente eines Über-Ich zeigen sich auch in den Entscheidungsprozessen der meisten anderen Nationen, einschließlich Ländern wie Rußland und China, wo lange Zeit Gebote in die Sprache des Marxismus-Leninismus gekleidet wurden. Die bewußte Zurückweisung eines außerhalb des Nationalstaates existierenden Über-Ichs war ein Charakteristikum der faschistischen Regimes von Hitler und Mussolini, die sich glücklicherweise als kurzlebig erwiesen.

Auf der nationalen Ebene sind nicht nur Individuen die Träger des Über-Ich. Letzteres kann mehr oder weniger stark in den Kommunikationsstrukturen und Erinnerungen sozialer Gruppen und Institutionen verkörpert sein, beispielsweise in Kirchen, Universitäten, humanitären Verbänden, manchmal sogar im Arztberuf und in bestimmten ideologisch ausgerichteten politischen Parteien. Wie die Erfahrung der vergangenen Kriege lehrt, kann jede dieser Gruppen von nationaler Begeisterung und Sonderinteressen mitgerissen werden; aber wahrscheinlich erhalten sich einige Elemente, die einem Über-Ich oder Weltgewissen gleichen. Solche von der Erinnerung geprägten Gruppenwerte vom Typ des Über-Ich sollten nicht gleichgesetzt werden mit dem Verhalten ökonomisch, soziologisch oder machtpolitisch orientierter Interessengruppen, die sich bekanntlich in größerem Maße von den unmittelbaren Rückkoppelungssignalen momentaner Erfolge leiten lassen.

Wie beim Individuum das Ich die dreifache Aufgabe der Ver-

36 S. Robert Kennedy: *Thirteen Days*, New York 1969.

mittlung zwischen Es, Über-Ich und Realität zu erfüllen hat, so muß auf nationalstaatlicher Ebene die Regierung vermitteln zwischen den Tagesforderungen bornierter Interessengruppen, den verinnerlichten Ansprüchen der nationalen und supranationalen Kultur sowie den Realitätszwängen der Außenwelt und den konkurrierenden Akteuren im internationalen System.

10. Die Ich-Schwäche des Nationalstaates

Die Ich-Leistung, die diese Situation einer nationalen Regierung abverlangt, ist mindestens ebenso schwierig wie die vergleichbare Ich-Leistung der meisten Individuen, wobei die nationalen Regierungen nicht annähernd so gut gerüstet sind, den Anforderungen zu genügen.

Der Grad der Aufmerksamkeit, der der äußeren Realität im Vergleich zu den Vorgängen im Innern gewidmet wird, ist bei Individuen viel höher als bei Nationalstaaten. Dies gilt für die Exekutive und mehr noch für die Legislative, die Massenmedien und die Wählerschaft. Selbst dort, wo eine Aktion der Regierung als außenpolitisches Vorgehen und notwendige Reaktion auf die internationale Situation definiert wird, erweist die nähere Untersuchung häufig, daß ihre entscheidenden Determinanten engstirnige innenpolitische Interessen waren.

Aus diesen und anderen Gründen besteht für das Verhalten von Nationalstaaten, insbesondere von großen, eine viel höhere Wahrscheinlichkeit, autistisch zu werden, als bei Individuen.[37] Bei Individuen läuft der Vorgang der *Realitätsprüfung* konstant und simultan über viele verschiedene Kanäle der Sinneswahrnehmung. Wir hören nicht nur, wenn eine Mahlzeit als eßbar beschrieben wird, sondern können sie auch sehen, riechen, berühren und schmecken. Die Rückkoppelungszyklen in der von Individuen vorgenommenen Realitätsprüfung sind kurz und zugleich vielfältig; sie geben zusätzliche Daten zum Akteur zurück: sowohl über die Realität als auch die Ergebnisse seiner eigenen früheren Aktionen. Die Selbstkorrektur erfolgt daher rasch und ist relativ verläßlich. Demgegenüber setzt die Realitätsprüfung in

37 Weitere Gründe werden diskutiert in Dieter Senghaas: *Zur Analyse von Drohpolitik in den internationalen Beziehungen*, op. cit. (Anm. 35), Teil II (S. 28-93).

der Außen- und Militärpolitik von Nationalstaaten zeitweilig aus; sie ist eher zirkulär als interaktiv, langsam und selten. Sie durchläuft nur wenige Kanäle, manchmal sogar nur einen einzigen. Darüber hinaus gibt sie relativ wenig Auskunft über die Ergebnisse früherer Maßnahmen in der jeweiligen Politik. Die Selbstkorrektur einer nationalen Außenpolitik ist infolgedessen weitaus schwieriger.

Schließlich zahlen sich Fehlperzeptionen der Realität für das Individuum selten aus, auch wenn sie sowohl in Fällen von Es-beeinflußten Wahrnehmungen vorkommen, wie Freud sie erörtert hat, als auch in den relativ seltenen Fällen rein chemisch oder physiologisch basierter Süchtigkeit sowie in Fällen von Realitätsverzerrung, wo auf Süchtigkeit beruhende und psychische Vorgänge miteinander kombiniert sind. Im Gegensatz zu Individuen neigen Nationalstaaten bei weitem mehr zu Suchtverhalten, besonders in der internationalen Politik: Fehlperzeptionen der internationalen Realität können für einzelne Interessengruppen und sogar für Regierungen und ganze nationale Systeme durchaus lohnend sein. Daher ist es möglich, daß, ständig wiederholt, sie sich im Gedächtnis, den Kommunikationspraktiken und in sozialen Institutionen festsetzen, ja, verankern und entsprechende Lernprozesse prägen.[38] Aus all diesen Gründen ist die »Geistesverfassung« von Nationalstaaten weitaus brüchiger und prekärer als die der Individuen.

Wenn diese Thesen richtig sind und wenn die *Grundstruktur* des Freudschen Modells für die Analyse von Nationalstaaten relevant ist, dann ergeben sich daraus bestimmte Prognosen über die reale Welt: In der internationalen Politik wäre zu erwarten, daß Nationen irrational – im Sinne von nicht-zweckhaft oder konterproduktiv – handeln, und zwar so häufig, daß von Zufall nicht mehr die Rede sein kann. Und die Rivalitäten und Konflikte würden sich vermutlich über die Interessen jeder einzelnen beteiligten Nation hinaus verschärfen. Darüber hinaus wäre zu erwarten, daß die Häufigkeit und Tragweite solchen Versagens immer dann

38 Diese Problematik steht im Zentrum von Karl W. Deutsch: *The Nerves of Government. Models of Political Communication and Control*, New York 1966², bes. Teil II und III. S. hierzu Dieter Senghaas: *»Politik mit wachen Sinnen betreiben«. Eine Erinnerung an Karl W. Deutsch (1912-1992)*, in: *WZB-Vorlesungen*, Nr. 4, 2003, S. 11-25.

zunimmt, wenn die Ich-Belastung der nationalen Regierungen schneller wächst als ihre Fähigkeiten zur Ich-Leistung. Zunehmende Beteiligung der Massen an der Politik und wachsende Stärke der Interessengruppen innerhalb eines Landes müßten daher die Belastung der betroffenen Regierung verstärken. Eine weitere Zunahme der Belastung einer Regierung würde sich aus zunehmend schärfer werdenden Realitätszwängen ergeben.

Alle diese Prozesse kennzeichnen die internationale Politik des inzwischen vergangenen Jahrhunderts. In vielen Ländern hat es eine starke Zunahme der Massenbeteiligung und des Drucks von seiten der Interessengruppen gegeben, und gleichzeitig hat eine enorme Steigerung der Effektivität der modernen Waffen- und Produktionssysteme die realen Gefahren und Zwänge für die Außenpolitik erhöht. Es gibt jedoch keinen Anhaltspunkt für eine gleichzeitige entsprechende Steigerung des »Intelligenzquotienten« nationaler Regierungen oder politischer Systeme, d.h. eine Steigerung ihrer Fähigkeit, Informationen sine ira et studio zu bewerten und entsprechend Entscheidungen zu fällen. Es ist deshalb mit dem verstärkten Auftreten von Intelligenzversagen und Fehlentscheidungen zu rechnen sowie mit außenpolitischen Schritten, die sich in der internationalen Arena als konterproduktiv erweisen.

11. Kriegsneigung und Überdetermination – Zu einigen quantitativen Implikationen des Systemmodells

Ein Vier-Ebenen-Modell, das Freud entlehnt wurde, ermöglicht zum Beispiel, die Probleme der Kriegsneigung und Überdetermination anzugehen. Letzterer Begriff kann dazu verhelfen, Aufschluß zu gewinnen über die Häufigkeit und Leichtigkeit der *Eskalation internationaler Konflikte* sowie den bemerkenswerten Widerstand der nationalen politischen Systeme gegen Teilreformen oder begrenzte politische Anstrengungen, die darauf abzielen, die Neigung zu Gewalt, Kriegen und Rüstungswettläufen abzubauen.

Wenn man den Ausbruch eines bestimmten Krieges, z.B. des Ersten Weltkrieges, analysiert, dann lassen sich die relativ blinden Forderungen der Interessengruppen in jeder einzelnen Nation, die zusammengenommen gewissermaßen eine Entsprechung zu Freuds Es sind, gesondert betrachten. Diese Es-Antriebe lassen sich von den Ich-ähnlichen Bemühungen der verschiedenen Regierungen, rationale Entscheidungen zu fällen, unterscheiden; diese Entscheidungen gleichen oft – wie im Falle eines schwachen Ichs – lediglich oberflächlichen Rationalisierungen für die blinden Ansprüche der wirklich mächtigen Interessengruppen. Diese Prozesse werden ihrerseits von der Tradition, den Vorstellungen, Erinnerungen und Werten geprägt, welche sich in dem politischen Entscheidungssystem und dem Bewußtsein der tonangebenden entscheidungsfällenden Gruppen und Individuen in gleicher Weise etabliert haben wie in Freuds Modell das Über-Ich. Schließlich sind da noch die Auswirkungen der umfassenderen Realität, der internationalen Umwelt: Dazu gehören sowohl die kumulativen Wirkungen der Aktivitäten vieler anderer Staaten als auch die Auswirkungen der Waffensysteme und vor allem der Technologien, die beispielsweise für Transport und Kommunikation eingesetzt werden.

Jeder dieser Vorgänge allein kann tendenziell dreierlei bewirken: die Wahrscheinlichkeit eines Kriegsausbruches vergrößern, verringern oder unberührt lassen. Daß Vorgänge auf der einen Systemebene den Ausbruch eines Krieges stark begünstigen, steht zunächst in keinem unmittelbaren Zusammenhang mit dem, was auf anderen Systemebenen vor sich geht. Das heißt, Ereignisse auf jeder beliebigen Systemebene können mit großer Wahrscheinlichkeit für sich allein genommen Gewalt und Krieg auslösen.

Wenn die Ereignisse auf mehreren oder allen Systemebenen auf einen Krieg hinsteuern, dann können wir den Kriegsausbruch als *überdeterminiert* bezeichnen.[39] Das heißt, wenn die Forderungen der Interessengruppen allein eine Wahrscheinlichkeit von 0,9 (oder 90%) für Krieg und eine entsprechende Wahrscheinlichkeit von nur 0,1 (oder 10%) für Frieden bewirken, und wenn die Auswirkungen der Regierungsentscheidungen ein *unabhängiges* Ergebnis gleichen Umfangs und gleicher Richtung haben, dann ergibt sich daraus für den Frieden eine Wahrscheinlichkeit von nur 0,01 oder 1:100. Überwiegen die gleichen *unabhängigen* Ergeb-

39 Zur nachfolgenden Problematik s. Karl W. Deutsch und Dieter Senghaas: *A Framework for a Theory of War and Peace*, in: Albert Lepawsky u. a. (Hg.), *The Search for World Order* (Festschrift für Quincy Wright), New York 1971, S. 23-46.

nisse wie auf den ersten beiden Systemebenen auch auf der Ebene der Über-Ich-ähnlichen Erinnerungen, Vorstellungen und Werte und, wiederum unabhängig, auf der höheren internationalen Systemebene, dann sinkt die Wahrscheinlichkeit des Friedens auf 0,0001 bzw. 1 : 10 000. Gibt es ähnlich *unabhängige* Auswirkungen auf allen Ebenen eines Sechs-Ebenen-Entscheidungssystems, dann sinken die Aussichten für Frieden auf 10^6, das ist 1 : 1 000 000 (die sechs Ebenen werden weiter unten angegeben). Allgemein formuliert, wird die gesamte Wahrscheinlichkeit des Friedens in einem n-Ebenen-System, in welchem jede Ebene eine unabhängige Wahrscheinlichkeit p für den Kriegsausbruch und (1-p) für die Erhaltung des Friedens aufweist, gleich $(1\text{-}p)^n$ oder q^n sein, wobei wir mit q die Aussichten für Frieden bezeichnen und q mit (1-p) gleichsetzen.

In einem System, das solchermaßen *überdeterminiert* ist, würde sich die Ausschaltung von Kriegsausbrüche begünstigenden Bedingungen auf einer einzigen beliebigen Systemebene nur sehr schwach auf die Erhöhung der Friedensaussichten auswirken. Wenn beispielsweise alle den Krieg fördernden Prozesse auf einer Ebene des früher diskutierten Vier-Ebenen-Modells ausgeschaltet würden, die anderen drei Ebenen jedoch unangetastet blieben, dann verbesserten sich die Chancen für Frieden nur von 1 : 10 000 auf 1 : 1 000. In einem System mit einer größeren Anzahl von Ebenen wäre der Effekt der Beseitigung aller Kriegsursachen einer einzigen Ebene noch geringer. Wenn man zur Verringerung der Wahrscheinlichkeit eines Krieges in einem solchermaßen überdeterminierten System mit begrenzten Mitteln auskommen müßte, dann wäre die am meisten erfolgversprechende Strategie, die Bemühungen auf so viele Systemebenen wie möglich auszudehnen, um die Wahrscheinlichkeit eines Krieges, die auf jeder der Ebenen erzeugt wird, in bescheidenem Umfang zu verringern.

Zur Klärung des Begriffes der Überdeterminierung in bezug auf die kumulative Wahrscheinlichkeit sei ein weiteres Beispiel angeführt. Nimmt man einmal an, in einem Land wären die aktuellen Bedingungen auf jeder der folgenden sechs Systemebenen – Welt- und Regionalsystem; Nationalstaat; große Interessengruppen; kleine entscheidungsfällende Gruppen; individuelle Entscheidungsträger; innerpersönliche psychische Substrukturen und Erinnerungen – so geartet, daß die Lage der Dinge auf jeder einzelnen Ebene auf eine 90%ige Wahrscheinlichkeit für Krieg gegenüber einer nur 10%igen gegen Krieg schließen ließe.[40] Die kumulative Wahrscheinlichkeit des Friedens wäre dann, wie bereits gesagt, $0{,}1^6$ bzw. 1 : 1 000 000. Wenn es dann gelänge, durch eine große Friedensanstrengung die gesamten Kriege begünstigenden Bedingungen auf vier der sechs Systemebenen (gleichgültig welchen) abzuschaffen, dann würde die Wahrscheinlichkeit des Krieges reduziert, die Aussichten für Frieden würden auf ein immer noch hoffnungsloses Verhältnis von 1 : 100 steigen. Solange die Bedingungen auf nur einer einzigen Ebene dieses Beispiels unverändert blieben, so lange könnten die Aussichten für Frieden nicht besser als 1 : 10 sein.

Wenn aber die gleiche Friedensanstrengung auf alle Systemebenen ausgedehnt würde, um die Wahrscheinlichkeit eines Krieges, die von jeder einzelnen Ebene ausgeht, zu verringern, dann könnten die Friedensaussichten wesentlich verbessert werden: Wenn sich die Anstrengungen darauf konzentrierten, die Kriegsaussichten auf *jeder* der sechs Ebenen vergleichsweise um zwei Drittel zu reduzieren, d. h. für jede Ebene von 0,9 auf 0,3, dann könnte damit mehr als der zehnfache Erfolg erzielt werden: Die kumulativen Aussichten für Krieg wären dann $0{,}3^6$; und die entsprechenden Chancen für Nicht-Krieg bzw. Frieden wären $0{,}7^6$, bzw. 0,117649, was einer Chance von 1 : 8 für Frieden gleichkäme.

Bei all diesen Beispielen wurde eher um der Einfachheit als des Realismus willen davon ausgegangen, daß die Wahrscheinlichkeiten auf den verschiedenen Systemebenen voneinander unabhängig sind. Im wirklichen Leben kann die Wahrscheinlichkeit eines Ereignisses, das aufgrund der *Interaktion* mehrerer begünstigender Bedingungen auf allen Ebenen gemeinsam zustande gekommen ist, größer oder geringer sein als die Wahrscheinlichkeit, die jede einzelne Ebene für sich genommen erzeugt. Interaktionseffekte, wie z. B. Schwellenwert-Effekte, bedürfen zu ihrer adäquaten Darstellung komplexerer Modelle, häufig vom »nicht-linearen« Typ.

Ein Problem sei hier indes kurz erwähnt. Da es normalerweise relativ gut organisierte Staaten sind, die zum Mittel des Krieges

40 Über diese Systemebenen s. Karl W. Deutsch und Dieter Senghaas: *Die Schritte zum Krieg*, in: Dieter S. Lutz (Hg.), *Sicherheitspolitik am Scheideweg*, Baden-Baden 1982, S. 177-229.

greifen, wäre zu erwarten, daß die Richtung und Stärke der Kriege begünstigenden oder aber Kriege hemmenden Bedingungen und Maßnahmen in den meisten Fällen auf allen Systemebenen ziemlich ähnlich oder gleich sind. Wäre das nicht der Fall, dann wäre der Nationalstaat wenig gut organisiert und dem eigenen und internationalen Rahmen wenig angepaßt. Ein gewisses Maß dieser Anpassung scheint – wenngleich unvollkommen – in der Mehrzahl der modernen Staaten vorhanden zu sein. Wenn die verhältnismäßig konformen Wahrscheinlichkeiten auf sämtlichen Systemebenen einer Nation stärker zum Frieden tendieren, dann ist die Zuflucht zum Mittel des Krieges unwahrscheinlich, jedenfalls was die Initiative dieser Nation angeht (wenngleich sie immer noch das Opfer eines nicht provozierten Angriffs werden kann).

Wenn aber im Gegenteil die Bedingungen und Ereignisse auf allen Ebenen mehr oder weniger parallel zum Krieg tendieren, dann wird der Übergang zum Krieg verhältnismäßig glatt und leicht vonstatten gehen – so leicht, wie den alten Römern die Fahrt zur Hölle erschien. In diesem Fall wird von Diskontinuität oder inneren Konflikten wenig zu spüren sein. Die meisten Systemebenen, Institutionen und Personen werden genauso funktionieren wie zuvor, oft spontan und »natürlich«, d. h. im Einklang mit den früheren Wahrscheinlichkeiten ihres eigenen Verhaltens, während ihre Nation sich am Rande des Krieges bewegt. Das mag einer der Gründe dafür sein, daß so viele Kollisionstrends, Konfliktstrategien und Krisenprozesse zwischen den Nationen die Tendenz haben, eine *Eigendynamik* zu entwickeln, die sich der Kontrolle durch die in ihr gefangenen Entscheidungsträger entzieht (weshalb Kriege so selten in ihren Anfängen erstickt werden) und daß einmal begonnene Kriege dazu tendieren, sich auszuweiten und auf andere Länder überzugreifen.

Die hier vorgebrachte Argumentation ist mit *illustrativen* Zahlen geführt worden, um einen grundlegenden Sachverhalt zu erörtern. Was man im wirklichen Leben braucht, sind empirische Berechnungen, die sich auf Daten aus der realen Welt über die Wahrscheinlichkeit eines Frieden begünstigenden bzw. Kriege entfesselnden Verhaltens auf den verschiedenen Systemebenen stützen.

12. Zusammenfassung und Schlußbemerkung

Diese Darlegungen gingen von einem empirischen Faktum aus: dem seit Beginn des 20. Jahrhunderts zu beobachtenden zunehmenden Versagen nationaler Regierungen bei Entscheidungen, die zur Verschärfung von Konflikten, zum Krieg und gar zur Niederlage und Beseitigung derjenigen Regierungen führten, die einen Krieg großen oder auch kleineren Maßstabs auslösen. Auf der Suche nach einer *rationalen* Erklärung für solch konterproduktives und damit *irrationales* Verhalten wurde in den Theorien Sigmund Freuds *das Strukturmodell eines Entscheidungssystems* ausfindig gemacht, welches Aufschluß gibt über zehn Konflikttypen und die entsprechenden Informationsflüsse sowie über die daraus resultierende Anfälligkeit für irrationales, zerstörerisches und selbstzerstörerisches Verhalten bei Individuen. Wie sich herausstellte, wies dieses Freudsche Modell des individuellen Persönlichkeitssystems mehrere signifikante Analogien zum Entscheidungssystem von Nationalstaaten auf.

Wie die Individuen, so müssen Regierungen hohen Leistungsanforderungen gerecht werden. Aber sie sind für diese Aufgabe schlecht gerüstet. Sie müssen sowohl zwischen den Forderungen der Interessengruppen im Innern und der äußeren Welt der Ökologie, Technologie und internationalen Politik vermitteln, als auch zwischen jeder dieser beiden Welten und der Welt der supranationalen ethischen Werte und Erinnerungen. Unter diesen Gesichtspunkten gleichen ihre Aufgaben der Leistung, die dem Ich des Individuums abverlangt wird, welches zwischen dem Lustprinzip des Es, dem einschränkenden Realitätsprinzip der Außenwelt und den Ansprüchen der internalisierten supra-individuellen Sittlichkeit in Gestalt des Über-Ich vermitteln muß. Im Verhältnis zu ihren Aufgaben ist der Informationsfluß der Regierungen auf staatlicher Ebene jedoch schlechter und unausgeglichener; ihre Hilfsmittel sind weniger wirksam als die des Ichs im Individuum, aber ihre Machtpotentiale sind (fatalerweise) weit größer.[41] Veränderungen in der nationalen und Weltpolitik seit Beginn des 20. Jahrhunderts haben dieses Mißverhältnis ver-

41 Zur systematischen Analyse über diesen Kontrast s. mein in Anm. 35 zitiertes Buch, dort S. 63-84.

stärkt.[42] Daher sind irrationales Verhalten, Fehlentscheidungen und Zuflucht zu zerstörerischem und selbstzerstörerischem Verhalten auf der Ebene von Nationalstaaten häufiger als auf der Ebene von Individuen. Man denke an die Geschichte Deutschlands in dem genannten Zeitraum! Es ist ratsam, davon auszugehen, daß unter den Bedingungen des späten 20. und des beginnenden 21. Jahrhunderts die »Geistesverfassung« der Staaten prekärer ist als die von Individuen. Wird sich dies im Laufe des 21. Jahrhunderts ändern? Oder werden *strukturbedingte* Problemlagen dazu beitragen, daß sich die Symptome des 20. im 21. Jahrhundert einfach wiederholen, vielleicht sogar verschärfen werden? Unschwer ist zu prognostizieren, daß die Konstitutionsbedingungen friedenspolitischer Vernunft in der Zukunft nicht einfacher gelagert sein werden als in der jüngsten Vergangenheit oder heute.[43]

42 S. hierzu auch Ernst-Otto Czempiel: *Kluge Macht. Außenpolitik für das 21. Jahrhundert*, München 1999 – ein Buch, in dem die Friedensproblematik der Gegenwart komplex und mit einem von der Sache gebotenen Sinn für konfigurative Analyse abgehandelt wird.

43 Wie ein detaillierter Beleg dieser hier systematisch entfalteten Beobachtung liest sich die Studie über die Intervention der ehemaligen Sowjetunion in Afghanistan nach Weihnachten 1979, die zu einem vollen Desaster wurde: Pierre Allan und Dieter Kläy: *Zwischen Bürokratie und Ideologie. Entscheidungsprozesse in Moskaus Afghanistankonflikt*, Bern 1999. In einer Analyse der Gründe für den Krieg der USA gegen Irak im Frühjahr 2003 beobachtet Thomas Powers allein auf der Grundlage offiziell zugänglicher Dokumente dramatische Fehleinschätzungen. In *The Vanishing Case for War*, in: *The New York Review of Books*, Bd. 50, Nr. 19, 4. Dezember 2003, S. 12-17, diagnostiziert der Autor, ein Spezialist für die Analyse von Geheimdiensten, eine Serie totaler Fehlbeurteilungen, Irrtümer und Lügen. Er schreibt, daß die Einschätzungen in der USA-Administration in jedem einzelnen Detail und insbesondere im Kern (»at the heart«) falsch gewesen seien. Diese Fehleinschätzungen korrelieren offensichtlich mit der tatsächlichen bzw. eingebildeten Machtfülle, aus der sie erwachsen.

Vierter Abschnitt, welcher Kritiken zum »zivilisatorischen Hexagon« kommentiert

Seit den frühesten Darlegungen blieb das »zivilisatorische Hexagon« als eine friedenstheoretische und friedenspolitische Perspektive nicht ohne kritische Einwände. Im folgenden werden diese in Fragen übersetzt; die Antworten sind Versuche, auf die vorgetragenen Kritiken kompakt einzugehen.[1] Es geht dabei hinsichtlich der die Einwände bündelnden Fragen wie auch der Antworten um zentrale Argumente, nicht um Nebensächliches.

1. Rückfragen

Die Rückfragen waren und sind immer wieder in etwa die folgenden:

1. War der Prozeß der Herausbildung des zivilisatorischen Hexagons nicht ein gewaltförmiger (Gewaltmonopol), und ist bzw. bleibt diese Gewaltförmigkeit nicht ein konstitutives Moment der entsprechenden Wirklichkeit und damit auch des im zivilisatorischen Hexagon operational aufgegliederten Friedens?

Die Antwort kann nur ein »ja, aber« sein: Historisch betrachtet war die Konstituierung des Gewaltmonopols in aller Regel durch und durch gewaltförmig, denn es handelte sich dabei um lang anhaltende, machtpolitisch motivierte Ausscheidungskämpfe. Aber schon die Konzessionen und Kompromisse, die die immer nur auf Zeit siegreichen Gewaltmonopolisten – also die Kriegsherren mit absolutistischen Herrschaftsaspirationen – mit meist nicht völlig niedergerungenen bzw. nicht vollständig besiegten und besiegbaren politischen Gewalten kurz-, mittel- und langfristig eingehen mußten, lassen sich nicht nur mit der Kategorie »Gewaltförmigkeit« beschreiben, viel eher schon mit der Kategorie »Machtkontrolle wider Willen« (siehe die in der vor- und früh-

1 Fundstellen der Rezeption seit den 1990er Jahren sind am Ende dieses Kapitels aufgelistet.

neuzeitlichen europäischen Geschichte vielerorts erfolgten politisch-konstitutionellen Konzessionen der zur Zentralmacht werdenden Königshäuser gegenüber der Geistlichkeit, dem widerständigen Landadel und den Städten). Und je mehr sich die Gesellschaft emanzipierte – zunächst das Bürgertum gegen das *Ancien régime*, dann das Proletariat gegenüber dem Bürgertum usf. –, desto mehr fundierte sich Machtkontrolle als eine *gesellschaftliche* Kraft mit schließlich breitenwirksamer Grundlage. Der Prozeß reicht von (im Rückblick) prominenten Auseinandersetzungen wie derjenigen im England des 13. Jahrhunderts um die Magna Charta (1215) und vergleichbaren frühen Vorgängen im Südwesten Deutschlands bis zu den Revolutionen in Europa 1989/90 und war gerade auch im Hinblick auf die letztgenannte Erfahrung von einem durchweg *gesellschaftlichen* Impuls getragen.

Gewalt spielte also bei der Herausbildung des Gewaltmonopols eine zentrale Rolle, auch in den politischen Konflikten um die Kontrolle eben des *Gewalt*monopols. Jedoch: Dort, wo sich diese Auseinandersetzungen *machtlagenbedingt* in historische Kompromisse übersetzten, kam es zur Geburtsstunde von Rechtsstaatlichkeit (*rule of law*), deren zunächst eng begrenzte Prinzipien (z. B. Schutz vor willkürlicher Verhaftung) sich über die Jahrhunderte hinweg parallel zur Emanzipation der sozial mobil werdenden Gesellschaften immer mehr ausdifferenzierten. Nicht ohne historische Logik wurde die diesbezüglich neueste, politisch prominente »Magna Charta« dieser säkularen Entwicklung kurz nach den Revolutionen in Europa 1989/90 verfaßt: das *Dokument des Treffens der Konferenz über die Menschliche Dimension der KSZE in Kopenhagen vom 29. 06. 1990*: Es enthält eine umfassende und detaillierte Auflistung all derjenigen Prinzipien und Mechanismen, die konzeptuell mit »Rechtsstaatlichkeit« bzw. heute konzeptuell erweitert mit dem »demokratischen Verfassungsstaat« assoziiert werden.

Nun ist es gerade in diesem Zusammenhang – der Reflexion über das Gewaltmonopol – ein Vorzug, in Kategorien des zivilisatorischen Hexagons zu denken, weil – *konfigurativ gedacht* – das Hexagon auf jene diversen Komponenten und differenzierten Rahmenbedingungen aufmerksam macht, die in modernen Gesellschaften erforderlich sind, damit (beispielsweise) die rechtsstaatliche Kontrolle des Gewaltmonopols Bestand hat (Stabilisierung durch Rückkoppelung mit den anderen Eckpunkten des Hexagons).

An dieser Stelle muß vielleicht noch einmal wiederholt werden, was jedoch in den ursprünglichen Darlegungen zum »zivilisatorischen Hexagon« immer betont wurde: Das *Gewaltmonopol* per se ist zivilisatorisch nur zuträglich, wenn es durch die Rechtsinstitute, Prinzipien und Mechanismen des Rechtsstaates bzw. des demokratischen Verfassungsstaates kontrolliert wird. Hätte sich der Begriff »Gewaltmonopol« nicht einfach durchgesetzt, so müßte eigentlich korrekter von *Regelmonopol* die Rede sein. Gewaltmonopol *und* rechtsstaatliche Kontrolle *und* demokratische Teilhabe in Kombination begründen erst unter der Bedingung einer sozial mobilen Gesellschaft die jeweilige *Rechtsgemeinschaft*, d. h. die »Herrschaft des Rechtes« als Gegensatz zur »Herrschaft des Stärkeren«, der seinerseits einfach über mehr Gewaltmittel verfügt. Wer nun aber mit konkret gesatztem Recht, das innerhalb dieses spezifischen institutionellen Arrangements zustande gekommen ist, nicht einverstanden ist, dem steht nicht die Mobilisierung von Gewalt zur Durchsetzung eigener Überzeugungen, Identitäten und Interessen zur Verfügung – also nicht das Faustrecht, die »Selbstgewalt« oder Selbstjustiz, sondern der Meinungs-, Willens- und Entscheidungsfindungsprozeß moderner pluralistischer Demokratie.

Es ist banal zu betonen, aber man kann nicht genug wiederholen: Das gesamte Arrangement des *demokratischen* Verfassungsstaates ist nicht denkbar ohne ein Gewaltmonopol, d. h. ohne das *prinzipielle* Verbot für jedermann, im Falle eines politischen Dissenses in macchiavellistisch-interessenegoistischer Absicht zur gewalttätigen Selbsthilfe zu greifen. In der Kritik am Gewaltmonopol in und außerhalb hexagonaler Diskussionen ist über diesen elementaren Sachverhalt meist wenig zu vernehmen. Das überrascht um so mehr, als die Kritik am Gewaltmonopol oft selbst von Wissenschaftlern vorgetragen wird, die über den Sachverhalt bestens informiert sein sollten, es offensichtlich aber nicht sind oder aus politischen bzw. vordergründig »herrschaftskritischen« Gründen nicht sein wollen.

Eine andere Variante der Kritik betont, daß das Gewaltmonopol dialektisch zu sehen sei: Es könne zwar innerstaatlich befriedende Wirkungen haben, während es nach außen Machtballungen unkontrollierter Natur ermögliche, die sich, falls gewollt, unschwer in kriegerische Aktionen übersetzen lassen. Auch diese Beobachtung ist nur vordergründig korrekt, denn es zeigt sich (und darüber gibt es eine intensive Debatte mit einem fast einmütigen Fazit), daß hexagonale Gesellschaften Kriege gegeneinander nicht führen. Sie tun dies zumal dann nicht, wenn ihre Ökonomien symmetrisch gelagert sind (Austausch auf der Grundlage substitutiver Arbeitsteilung) *und* sie zusätzlich über gemeinsame internationale Regime, Organisationen und Institutionen so miteinander vernetzt sind, daß sie ständig ihr Außenverhalten wechselseitig koordinieren und konzertieren müssen. Die Debatte über »Friedenszonen« im internationalen System hat hierüber die wesentlichen Faktoren herausgearbeitet, die im Hinblick auf hexagonale Gesellschaften für *internationalen* Frieden konstitutiv sind.

Wo aber bleibt das Militär im Hexagon, wird nicht selten gefragt. Ist es in hexagonalen Gesellschaften gegenüber anderen Gesellschaften (und vor allem solchen, die nicht hexagonal konstituiert sind) nicht eine Instanz, die die problematische, uneingehegte Kehrseite des rechtsstaatlich eingehegten Gewaltmonopols – also der befriedeten inneren Rechtsgemeinschaft – darstellt? Diese Fragen lassen sich zumindest *konzeptuell* ohne jegliche Schwierigkeiten durch das heute gültige Völkerrecht, wie es in dieser Hinsicht in der Charta der Vereinten Nationen zum Ausdruck kommt, beantworten: Vom heutigen Völkerrecht her gesehen ist Selbstgewalt, also der politisch motivierte Einsatz von Militär zur Durchsetzung eigener Interessen, prinzipiell verboten. Es ist für den einzelnen Staat nur eine einzige Ausnahme vorgesehen, nämlich der Fall der individuellen oder kollektiven Selbstverteidigung (Art. 51 der VN-Charta). Aber auch diese Ausnahme wird restriktiv gesehen: Selbstverteidigung ist nur so lange möglich, bis das in der Charta vorgesehene Instrumentarium des Systems kollektiver Sicherheit in Aktion tritt. Ist dies der Fall, verliert Selbstverteidigung ihre zeitweilige Legitimität.

Überträgt man das zivilisatorische Hexagon auf die internationale Ebene, so könnte man feststellen: Auf dieser Ebene besteht schon, zumindest was das heute gültige Völkerrecht angeht, ein prinzipielles Gewalt*verbot*, das die willkürliche Selbstgewalt der einzelnen Staaten ausschließt. Damit wurde *konzeptuell* ein wichtiger, wenngleich aus hexagonaler Perspektive noch unzureichender Baustein einer *internationalen* Rechtsgemeinschaft erreicht –

ein wirklicher Fortschritt gegenüber dem klassischen Völkerrecht, demzufolge Krieg und Frieden zwei völkerrechtlich gleichwertige Tatbestände waren. Das Völkerrecht wurde dadurch zu einem *Friedens*völkerrecht, was, konzeptuell gedacht, im Hinblick auf die Bearbeitung internationaler Rechtsbrüche auch eine Verpolizeilichung von Militär impliziert.

Daß diese grundlegenden Sachverhalte heute in aller Regel nicht oder nicht angemessen wahrgenommen werden, ist bedauerlich, so wie es auch zu bedauern ist, daß Staaten sich so verhalten, als würde es das moderne Völkerrecht (und also in dieser Hinsicht vor allem die Charta der Vereinten Nationen) nicht geben. Immer noch handelt die vielzitierte »Völkergemeinschaft« wie eine im klassischen Sinne machtpolitisch definierte »Staatenwelt« und gerade im Hinblick auf elementare polizeiliche Ordnungsfunktionen nicht als ein internationaler Rechtsverbund. Dem modernen Völkerrecht per se kann ein solches Defizit nicht angelastet werden, auch nicht jenen Überlegungen, mit denen das zivilisatorische Hexagon auf internationale Ebene übertragen wird. Folgte man letztgenannten Überlegungen, so wären allerdings auf jener Ebene weitere *rechtsstaatsanaloge Rechtsinstitute* zu schaffen. Dann erst ließe sich legitimerweise auch auf dieser Ebene die Existenz eines (rechtsstaatsanalog eingehegten) Gewalt*monopols* behaupten: Es bestünde dann nicht nur ein Gewalt*verbot*. Auch der Sicherheitsrat der Vereinten Nationen wäre dann hinsichtlich seiner substantiellen Entscheidung an bestehendes und weiterzuentwickelndes Recht gebunden. An partikularen Interessen orientierte, machtopportunistische Entscheidungen *à la carte* wären dann nicht mehr möglich.

2. Bleiben Erfahrungen des zivilisatorischen Rückfalls dem Hexagon äußerlich oder lassen sie sich aus dem analytischen Konstrukt heraus immanent verstehen?

Die Rückfall-Problematik ist dem zivilisatorischen Hexagon immanent. Abgesehen von historischen Erfahrungen ergibt sie sich auch aus der Logik des analytischen Konstrukts. Das zivilisatorische Hexagon baut sich aus Komponenten auf, aber es fügt sich im realhistorischen Prozeß nicht wie selbstverständlich zu einem sich selbst stabilisierenden Gebilde zusammen. Dieses Zusammenfügen ist selbst Teil einer zivilisatorischen Errungenschaft; das Ergebnis bleibt immer ein fragiles Kunstprodukt.

Deshalb ist die Vorstellung von Ultrastabilität dem Denken über das zivilisatorische Hexagon fremd, so wie solche Ultrastabilität in der Realität nicht vorliegt. Sollte sie jemals zustande kommen, wäre dieser Sachverhalt aller Wahrscheinlichkeit nach nur als Ausnahmefall zu verstehen. Dennoch ist es sinnvoll, über eine Optimierung der Erschütterungsfestigkeit hexagonaler Gesellschaften nachzudenken, um deren Widerständigkeit gegen drohende Regression zu festigen.

Aus systematischen wie auch aus historischen Überlegungen ist es also geboten, die prinzipielle Brüchigkeit des Gebildes im Auge zu behalten. Allerdings anders als in gängigen Überlegungen – beispielhaft jenen zum *Unbehagen in der Kultur* (s. Sigmund Freud: »triebhafte Leidenschaften sind stärker als vernünftige Interessen. Die Kultur muß alles aufbieten, um den Aggressionstrieben der Menschen Schranken zu setzen...«) – werden in Betrachtungen zum zivilisatorischen Hexagon *alle* sechs Komponenten und ihre Rückkopplungen berücksichtigt. Im Lichte dieses Ansatzes erscheinen dann rein psychologisierende, auch sozialpsychologisierende Vermutungen und Annahmen, beispielsweise über »Zivilisiertheit als Firnis«, als analytisch zu kurz greifend, zumal in solchen Überlegungen der emanzipatorische Prozeß und die sich aus ihm ergebenden Chancen für zivilisatorische Rückversicherungen nicht zureichend berücksichtigt werden. Dabei rächt sich analytisch, daß nicht differenziert-konfigurativ, sondern letzten Endes monothematisch (oder im Kontext des zivilisatorischen Hexagons formuliert: »schrumpftheoretisch«) argumentiert wird, weil eine real existierende Komplexität im Grenzfall auf einen einzigen Faktor reduziert wird.

Ein in diesem Zusammenhang weiterreichendes kritisches Argument unterstellt, daß in modernen, funktional differenzierten, nach spezifischen Systemlogiken sich reproduzierenden Gesellschaften möglicherweise *Affektkontrolle* zustande kommt, aber nur auf Kosten von extremer pathologisierender Triebverdrängung und eines daraus resultierenden Gefühlsstaus, der einer selbstreflexiven Triebregulierung entgegenwirkt. Aus triebmäßiger Selbstunterdrückung resultierten dann eher die Anfälligkeit für Gewaltbereitschaft und entsprechende Verhaltensweisen und also eigentlich nicht eine unterstellte, zivilisatorisch zuträgliche Affektkontrolle. Rückfälle seien deshalb nicht »Sonderwege«, sondern prognostizierbare Produkte des zivilisatorischen Prozesses selbst: Barbarei und Zivilisation werden in dieser Perspektive mehr oder weniger als eine symbiotische Einheit, als Kehrseiten ein und desselben Sachverhalts begriffen.

Betrachtet man die in diesem Argument unterstellten Erscheinungen als Ausdruck *kollektiven* Verhaltens und also nicht als bei einzelnen Individuen immer wieder zu beobachtende abweichende Verhaltensweisen, dann allerdings bricht im Lichte der Empirie das Argument zusammen: Denn nach dem Zweiten Weltkrieg hatte in keiner der leidlich »reifen« hexagonalen Gesellschaften eine breite massenwirksame Regression in die angedeutete Richtung stattgefunden. Das heißt nicht, daß für alle Zukunft eine solche auszuschließen wäre. Auch ist in diesem Zusammenhang die historisch nicht zu übersehende Tatsache wichtig, daß nur in solchen Gesellschaften, die vor dem Zweiten Weltkrieg noch *nicht* hexagonal strukturiert waren, die Produktionsstätten für Barbarei lokalisiert waren: Geschichts- und Sozialwissenschaften haben seit Jahrzehnten die entsprechenden Sachverhalte im Hinblick auf die Geschichte Deutschlands nach 1871 und die Geschichte Japans nach der Mitte des 19. Jahrhunderts sowie hinsichtlich der verschiedenen Varianten des süd- und südosteuropäischen Faschismus der Zwischenkriegszeit im 20. Jahrhundert und des Stalinismus herausgearbeitet, von entsprechenden Erfahrungen in postkolonialen Staaten ganz zu schweigen. Alle diese Gesellschaften sind vom »zivilisatorischen Hexagon« her betrachtet und gemessen an den fortgeschrittenen hexagonalen Gesellschaften extrem defizient geblieben. Und auch die mit dem Stichwort »Hiroshima« apostrophierte Problematik (erster Einsatz von Atomwaffen) erwuchs aus einem Arkanbereich amerikanischer Entscheidungsfindung (der die amerikanische außenpolitische Szene noch bis hin zum Debakel des Vietnam-Krieges kennzeichnete).

Im übrigen: In Kategorien von Affektkontrolle zu denken impliziert nicht, wie oft unterstellt wird, einer emotions-, bedürfnis- und lustfeindlichen Anthropologie das Wort zu reden. Man könnte eher umgekehrt argumentieren, indem man feststellt: Gerade wenn Bedürfnisse, Triebansprüche, Lust, Emotionen, also wie in der entsprechenden Kritik der »sinnliche Mensch« anthropologisch unterstellt werden, ist Affektkontrolle geboten, denn eine solche durchaus als real anzunehmende emotionale Ausstattung von Menschen übersetzt sich auf kollektiver Ebene in eine höhere Konfliktträchtigkeit, als wenn ein gegenteiliges Menschenbild der Argumentation zugrunde gelegt würde. Dabei ist zu bedenken, daß in der Konfiguration des zivilisatorischen Hexagons Affektkontrolle und demokratische Teilhabe (Partizipation) in einer wechselseitigen Beziehung stehen: Affektkontrolle ist eine Instanz der Selbstmäßigung und auch bewußter Selbstkontrolle, während demokratische Partizipation geradewegs eine handlungsaktivierende Instanz ist, also einen Gegenpol darstellt.

3. Besteht das Problem des zivilisatorischen Hexagons nicht in einem expliziten oder impliziten kulturellen »Überlegenheitsanspruch«?

Überlegenheit, schon gar sich daran anschließendes missionarisches Denken oder Handeln sind dem Konstrukt völlig fremd. Zwar sind hexagonale Gesellschaften zivilisatorische Errungenschaften, weil in ihnen die Masse der Menschen die Chance hat, mündig zu werden und dieser Tatbestand nicht mehr reversibel ist – und weil diese Gesellschaften als Ergebnis vieler politischer Auseinandersetzungen und Entwicklungsprozesse leidlich gelernt haben, mit den in mündigen Gesellschaften unweigerlich resultierenden vielfältigen Interessen- und Identitätskonflikten einigermaßen zivilisiert umzugehen. Für nicht oder noch nicht hexagonale Gesellschaften impliziert dieser Sachverhalt nichts weiter als ein Angebot: Wie sie selbst heute und in Zukunft mit einer vergleichbaren Problematik umgehen, können sie nur selbst als Ergebnis *kollektiver* Lernprozesse in Erfahrung bringen, und nur sie selbst können geeignete institutionelle Vorkehrungen finden, die aus solchen lokalstämmigen Erfahrungen resultieren.

Die im Hinblick auf außerwestliche Kulturbereiche wichtige Beobachtung ist dabei, daß das zivilisatorische Hexagon auch in der westlichen Geschichte ein Spätprodukt einer keineswegs deterministisch vorgezeichneten historischen Entwicklung war. Dieser Sachverhalt kann nicht genug betont werden, denn er läßt Debatten über kulturelle Differenzen zwischen einem westlich orientierten Zivilisationsmodell und anderen Modellen in doppelter Hinsicht fragwürdig werden: einmal im Hinblick auf die westliche Entwicklung selbst und zweitens im Hinblick auf geradezu statisch-ontologische oder kulturessentialistische Annahmen über die »Kulturgene« von Kulturen und Zivilisationen.

Das »zivilisatorische Hexagon« ist eurozentrisch – natürlich!

Wie anders könnte es formuliert werden, nachdem mit ihm eine Problematik artikuliert wird, die in der Weltgeschichte zum ersten Mal im nordwestlichen Teil Europas breitenwirksam virulent wurde? Aber mit okzidentaler »Selbsthypostasierung« oder »Eurozentrismus« hat dieser Sachverhalt nichts zu tun. Wie dargelegt, liegt eher eine gegenteilige Perspektive vor: nämlich eine prinzipielle Offenheit für andere, also innovative Antworten auf eine tendenziell vergleichbare säkulare Problemlage in anderen Teilen der Welt.

Die Maßstäbe für »Zivilisierung« sind also keine kulturgenetisch vorgezeichneten. Sie sind vielmehr überall das Produkt vielfältiger konfliktreicher historischer Erfahrungen, also von Konfliktgeschichten. Das Hexagon ist deshalb auch andernorts nicht einfach implantierbar. Wollte man solches versuchen, so wäre in der Regel das Scheitern in etwa so prognostizierbar wie beim Transfer von fortgeschrittener Technologie in Entwicklungsländer: Übrig blieben, wie oft genug im letzteren Fall, Investitionsruinen, nur daß es sich in diesem Zusammenhang um »soft technology«-Ruinen, also nicht arbeitsfähige Regelwerke und Institutionen der öffentlichen Ordnung handelte.

4. Muß das zivilisatorische Hexagon nicht angesichts vor allem der Ökologie-Problematik (aber auch anderer Problematiken) in ein »Septagon« erweitert werden?

Die Frage deutet auf ein grundlegendes Mißverständnis des Hexagon hin. Das Hexagon ist ein historisch gewachsener Rahmen für die zivilisierte Bearbeitung von politisch relevanten Identitäts- und Interessenkonflikten in sozial mobilen, politisierten Gesellschaften. Ihm liegt die Annahme zugrunde, daß die in ihm formulierten sechs Komponenten (und ihre Rückkopplungen) erforderlich sind, um *dieser* Plattform, *dem zivilisierten Umgang mit öffentlich relevanten Konflikten*, Bestand zu geben. Die sechs Komponenten sind also in modernen Gesellschaften *konstitutiv für die genannte Konfliktbearbeitung*, nicht weil es sich bei ihnen um einen jeweils wichtigen Sachverhalt handelt, sondern weil ohne sie in solchen Gesellschaften zivilisierte Konfliktbearbeitung *in beliebigen Feldern* nicht zustande käme. An einem Beispiel illustriert heißt dies: Die Komponente »soziale Gerechtigkeit« figuriert im Hexagon nicht, weil die soziale Frage per se wichtig wäre (beispielsweise im Sinne von Armutsbekämpfung);

sie figuriert darin, weil der Bearbeitung dieser Frage für die geschichtsmächtige positive Bewertung des demokratischen Verfassungsstaates als eines politisch legitimen institutionellen Arrangements für die Bearbeitung öffentlicher Konflikte eine zentrale Bedeutung zugewachsen ist. Das Gewicht dieser Komponente ist das Ergebnis eines historischen Prozesses, der in den Gesellschaften, die zu hexagonalen wurden, in der zweiten Hälfte des 19. Jahrhunderts einsetzte; eine solche Rollenzuweisung ist nicht Ergebnis einer willkürlichen Setzung.

Falls nun die Ökologie-Problematik einen der sozialen Frage vergleichbaren Stellenwert *im Hinblick auf den allgemeinen politisch-institutionellen Rahmen für zivilisierte Konfliktbearbeitung* gewinnen sollte, »nachhaltige Entwicklung« also für die Legitimierung des demokratischen Verfassungsstaates eine der »sozialen Gerechtigkeit« vergleichbar emergente Bedeutung annehmen würde, dann müßte – sachlogisch betrachtet – das Hexagon in der Tat zu einem Septagon erweitert werden: An die Stelle der jetzigen sechsten Komponente würde »nachhaltige Entwicklung« treten, und »Konfliktkultur« würde zur siebten Komponente weiterrücken, weil bei solcher Annahme die Legitimität des demokratischen Verfassungsstaates und das Hexagon insgesamt (und darin vor allem auch die Konfliktkultur) nur angesichts ernsthafter Bemühungen um nachhaltige Entwicklung stabilisiert werden könnten.

Es geht also bei der Frage Hexagon oder Septagon *nicht* darum, ob die Ökologie-Problematik heute objektiv bedeutsam ist oder sich zuspitzt, auch nicht, ob sie korrekt wahrgenommen wird. Vielmehr geht es im Hinblick auf das zivilisatorische Hexagon allein um die Frage, ob die Ökologie-Problematik im gegebenen hexagonalen Rahmen politisch handhabbar ist oder ob sie aufgrund unangemessener Bearbeitung einen Problemdruck schafft, der geeignet ist, das hexagonale Arrangement einer zivilisierten Konfliktbearbeitung insgesamt zu entlegitimieren und in die Brüche gehen zu lassen. Falls letzteres der Fall wäre, müßte *aus systematischen Gründen* das Hexagon in ein Septagon erweitert werden. Wenn letzteres *nicht* der Fall ist, würde es ebensoviel Sinn machen, anstelle der Ökologie-Problematik beispielsweise die absehbare Verkehrsinfarktproblematik zu berücksichtigen. Mit anderen Worten: Es wäre analytisch unbegründet, so zu verfahren, weil damit an der Fragestellung der *Konstitutionsbedingun-*

gen für einen zivilisierten Umgang mit *jedweden* öffentlich relevanten Konflikten vorbeiargumentiert würde.

Die objektive oder subjektiv empfundene Bedeutung eines konkreten Problembereichs für die Politik ist eine Sache; die Bedeutung des nämlichen Problems für die Konstitutionsbedingungen eines zivilisierten Umgangs mit diesem wie auch mit allen anderen politisch relevanten Problemen ist eine ganz andere. Diese grundlegende Unterscheidung resultiert gleichermaßen aus historischen Erfahrungen wie aus der Logik des Hexagons. Nun deutet eine »Politikrahmenabschätzung« heute darauf hin, daß die Ökologie-Problematik im Hinblick auf die grundlegenden Bedingungen für einen zivilisierten Umgang mit Konflikten keinen (oder noch keinen) der sozialen Frage vergleichbaren Stellenwert einnimmt, weshalb es zwar ökologiepolitisch wohlmeinend, aber analytisch abwegig wäre, in dieser Hinsicht das Hexagon zu einem Septagon erweitern zu wollen.

Die systematische Problematik wurde hier illustrativ mit Verweis auf das Ökologie-Problem thematisiert, weil das Hexagon in aller Regel in dieser spezifischen Hinsicht als ergänzungsbedürftig kritisiert wird. Aber jeder andere politische Problembereich wäre ähnlich zu betrachten: die Verkehrspolitik nicht anders als der Generationenkonflikt, die »alternde Gesellschaft« und deren Folgen nicht anders als das Problem von Multikulturalismus usf.

Fazit: Das Hexagon ist zwingend erweiterungsbedürftig, wenn es aus systematischen Gründen erweitert werden muß, um zivilisierte Konfliktbearbeitung in *allen* konkreten Politikfeldern zu garantieren. Es steht aus analytisch und praktisch gebotenen Gründen nicht beliebigen Problemzuweisungen und entsprechenden Komponentenerweiterungen offen.

5. Läßt sich das »zivilisatorische Hexagon« wissenslogisch eindeutig charakterisieren?

Die Frage ist naheliegend, wenn man die Komplexität des »zivilisatorischen Hexagons« berücksichtigt. *Historisch* betrachtet, rekonstruiert das Hexagon einen Aufbau-Prozeß. Im westeuropäischen Kontext (später in der Welt der OECD) folgte tatsächlich, bildlich gesprochen, ein Baustein auf den anderen. Jedoch, die dabei sich entfaltenden Rückkoppelungsmechanismen vermitteln vom vorläufigen Endergebnis her gesehen auch eine *Reproduktionsperspektive*. Gefragt wird dann: Wie stützen sich die emergenten Bausteine wechselseitig im Sinne positiver Rückkoppelung? Gefragt wird aber auch: Welche kritischen Signale sind in diese Rückkoppelungen eingebaut, worüber rechtzeitig Lern-, Korrektur- und Adjustierungsprozesse ausgelöst werden (negative Rückkoppelung)? Nur konsequent ist in diesem Zusammenhang auch die *Zusammenbruchsperspektive*, welche das Hexagon, negativ durchbuchstabiert, vermittelt. Es liegt also, wissenslogisch betrachtet, ein historisch-genetisches Paradigma vor, das, je mehr es ausgeprägt ist, desto mehr nicht nur durch die jeweils einzelnen Faktoren und Bausteine, sondern durch seine *Konfiguration* gekennzeichnet wird, im strikten Sinne durch *strukturale Kausalität*, weil das Gesamtgebilde über Zeit betrachtet immer mehr über vielfache Rückkoppelungsprozesse *redundant* verursacht wird.

Nichts also steht deshalb im Wege, das »zivilisatorische Hexagon« in völlig unterschiedlicher Weise zu nutzen: heuristisch oder erfahrungswissenschaftlich (historisch-genetisch-strukturell-komparativ) oder auch praxeologisch (normativ). Sein methodischer Reiz liegt gerade in dieser Vielfalt, die nicht auf eine Dimension (beispielsweise: »normativ«) reduziert werden kann. Mit dem zivilisatorischen Hexagon lassen sich realhistorische Prozesse durchleuchten – und der Königsweg der Analyse ist dabei der vergleichende Ansatz: Warum hat sich im Hinblick auf das zivilisatorische Hexagon Skandinavien anders entwickelt als die Iberische Halbinsel? Warum sind, im übrigen prognostizierbar und prognostiziert, realsozialistische Länder zusammengebrochen? Was geht in einem Land wie China vor, das in politischer Hinsicht wie ein realsozialistisches Land verfaßt ist, während es gleichzeitig, wenn auch nicht flächendeckend, einen fulminanten sozio-ökonomischen Modernisierungsprozeß durchläuft? Warum entwickeln sich in Ostasien erfolgreich hexagonale Gesellschaften (»emergentes Hexagon«), während in Südamerika erfolgversprechende »Schwellenländer« seit den 20er Jahren des 20. Jahrhunderts (z. B. Argentinien) die Schwelle zur dauerhaften Hexagonalität nicht überschritten haben? Was geschieht in Gesellschaften wie den schwarzafrikanischen, in denen wichtige Merkmale des Hexagons noch nicht ausgeprägt waren und inzwischen vielerorts das (bisher niemals verläßlich rechtsstaatlich eingehegte) Gewaltmonopol zusammenbricht? Welche Aufbauarbeiten müßten in *failed states* getätigt werden, um anfänglich zivilisierte Konfliktaustragung im öffentlichen Raum leidlich wieder zu ermöglichen? Aber auch ist zu fragen: Wie prägt sich Hexagonalität in einem politischen Mehrebenensystem wie der EU aus, und ist eine solche für die Weltebene relevant?

Das soll nicht heißen, das zivilisatorische Hexagon sei ein Schlüssel für jedes und alles. Aber es eröffnet, wie die anhaltende Diskussion und die analytische Anwendung auf konkrete Fälle dokumentieren, Perspektiven, die sich als fruchtbar erwiesen haben.

6. Ist das »zivilisatorische Hexagon« ein Beitrag zur Zivilisationstheorie oder zur Zivilisierungstheorie?

Die Antwort läßt sich wie folgt umreißen: Von Anfang an war das »zivilisatorische Hexagon« als ein Beitrag zur Friedenstheorie gedacht. Ganz anders als in deren breit gefächertem mittelalterlichem Anspruch (»ordo«) steht im Zentrum der hexagonalen Theorie jedoch nicht die Reflexion über die »gute Gesellschaft« per se, auch nicht über die »gute internationale Gesellschaft«, sondern die Frage: Wie und wodurch konstituiert sich Frieden – dieser verstanden als die konstruktive gewaltfreie Bearbeitung von unvermeidbaren kollektiven Konflikten im jeweils relevanten öffentlichen Raum, der heute allenthalben durch eine breitenwirksame Politisierung charakterisiert wird. Die Reflexion über *Zivilisierung* ist also ein weit bescheideneres Vorhaben als jene über die »gute Zivilisation«. Daß es zwischen dem einen und dem anderen Vorhaben Übergänge geben kann und muß, versteht sich von selbst, weil heute eine letztendlich »gute Zivilisation« ohne eine geglückte Zivilisierung des modernen Konfliktes nicht vorstellbar ist. Aber die Frage, ob jede Dimension einer solchen Zivilisation auch zum Erfordernis, gar zur unabdingbaren Voraussetzung der Zivilisierung des modernen sozialen Konfliktes wird, sollte im Detail sachlich geklärt werden, ehe solches einfach postuliert wird.

2. Fazit

In Kategorien des zivilisatorischen Hexagons zu denken, hat angesichts von Fundamentalpolitisierung bei Erörterungen der Voraussetzungen und Bedingungen zivilisierter Konfliktbearbeitung eine Reihe von analytischen Vorzügen: Der Rahmen für eine gelungene oder eine mißlungene zivilisierte Konfliktbearbeitung wird auf erfahrungswissenschaftlicher Grundlage sachlogisch als ein mehrdimensionales Gebilde analytisch aufgeschlüsselt. Die dabei thematisierten Differenzierungen – sechs Komponenten und ihre Rückkoppelungen – erlauben, variable Entwicklungswege und Ausprägungen auf der Grundlage historisch-komparativer Befunde zu identifizieren. Gerade eine vergleichende Analyse unterstreicht dabei das Erfordernis einer konfigurativen Betrachtung.

Auch unter praktischen Gesichtspunkten ist ein Denken in Kategorien des zivilisatorischen Hexagons und im Hinblick auf Hexagon-Variationen lehrreich: Optimierungen werden genauso vorstellbar wie drohende bzw. abzuwehrende Regressionen. Das aufgeschlüsselte Gebilde inspiriert Maßnahmen im Hinblick auf die »Gesamtarchitektur« wie auch punktuelle Eingriffe. Im übrigen werden die mittel- und langfristigen Erfolgsaussichten kurzfristiger Maßnahmen der Konfliktbearbeitung nur dann abzuschätzen sein, wenn sie im konkreten Fall mit Lagebeurteilungen im Lichte der Erkenntnisse über das zivilisatorische Hexagon zurückgekoppelt sind.

Da die Fundamentalpolitisierung der Welt voranschreitet, tut man gut daran, zivilisierte Konfliktbearbeitung konzeptuell auf der Höhe der aus solcher Politisierung resultierenden politischen Brisanz – der erwartbaren Konflikt- und Gewaltträchtigkeit – zu thematisieren: Zivilisierte Konfliktbearbeitung muß dem zu bewältigenden komplexen Problemknäuel gewachsen sein. Dies ist der reale Handlungszusammenhang, innerhalb dessen das zivilisatorische Hexagon seinen Stellenwert findet.

3. Fundstellen zur Rezeption des »Zivilisatorischen Hexagons«

Nachfolgend werden die seit Ende der 1980er Jahre bekannt gewordenen Veröffentlichungen, die sich in aller Regel relativ ausführlich auf das »zivilisatorische Hexagon« beziehen, aufgelistet:

Eine ausführliche und kompakte Diskussion des zivilisatorischen Hexagons fand 1996 auf einer Tagung der Evangelischen Akademie Loccum statt. Sie ist dokumentiert in Jörg Calließ (Hg.): *Wodurch und wie konstituiert sich Frieden? Das zivilisatorische Hexagon auf dem Prüfstand*, Loccum 1996 (*Loccumer Protokolle*, Nr. 74/1996; mit Beiträgen von Heinz Wismann, Gerhard Dilcher, Wolfram Siemann, Wolfgang Höpken, Lothar Brock, Rainer Tetzlaff, Günther Bächler, Karl E. Birnbaum u. a.). In diesem Buch findet sich auch eine vom Autor des vorliegenden Buches verfaßte Entstehungsgeschichte dieses Paradigmas *Biobibliographische Notizen zum ›zivilisatorischen Hexagon‹* (ebd., S. 21-32). Die seinerzeitige Diskussion konzentrierte sich im wesentlichen auf zwei Textvorlagen über das zivilisatorische Hexagon, zum einen auf Dieter Senghaas: *Wohin driftet die Welt? Über die Zukunft friedlicher Koexistenz*, Frankfurt/M. 1994, S. 17-49, und auf Dieter Senghaas (Hg.): *Den Frieden denken. Si vis pacem, para pacem*, Frankfurt/M. 1995, S. 196-223. Eine konkrete friedenspraxeologische Anwendung fand sich davor schon in Dieter Senghaas: *Friedensprojekt Europa*, Frankfurt/M. 1992. Eine maßgebliche Erweiterung in Richtung auf die Thematisierung von Kulturkonflikten findet sich später in Dieter Senghaas: *Zivilisierung wider Willen. Der Konflikt der Kulturen mit sich selbst*, Frankfurt/M. 1998. Eine weitere Fundstelle für Rezeption und kritische Auseinandersetzungen ist Ulrich Menzel (Hg.): *Vom Ewigen Frieden und vom Wohlstand der Nationen. Dieter Senghaas zum 60. Geburtstag*, Frankfurt/M. 2000.

Kompakte Darstellungen aus fremder Feder sind folgende Beiträge: Wolfgang Hein: *Dieter Senghaas. Von Europa lernen. Autozentrierte Entwicklung und Zivilisierung*, in: *Entwicklung und Zusammenarbeit*, Bd. 40, Nr. 6, 1999, S. 172-175; Peter Imbusch: *Die Konflikttheorie der Zivilisierungstheorie*, in: Thorsten Bonacker (Hg.), *Sozialwissenschaftliche Konflikttheorien*, Opladen 2002, S. 165-185; Alfons Siegel: *Ideen zur Friedensgestaltung am Ende des Ersten Weltkrieges und des Ost-West-Konflikts. Entwicklungen und Konzepte von Matthias Erzberger und Dieter Senghaas*, Münster 2003.

Die dem zivilisatorischen Hexagon zugrundeliegenden vorgängigen entwicklungsgeschichtlichen Befunde finden sich ausführlich und vorzüglich zusammengefaßt und kommentiert in Lars Mjøset: *Comparative Typologies of Development Patterns. The Menzel-Senghaas Framework*, in: ders. (Hg.), *Contributions to the Comparative Study of Development. Proceedings from Vilhelm Aubert Symposium 1990*, Oslo 1990, Bd. 2, S. 96-161.

Einzelne Auseinandersetzungen finden sich in Hanne-Margret Birckenbach: *Weder Fluch noch Segen. Thesen zur Ambivalenz des Zivilisationsprozesses*, in: Bernhard Moltmann und Eva Senghaas-Knobloch (Hg.), *Konflikte in der Weltgesellschaft und Friedensstrategien*, Baden-Baden 1989, S. 271-282; Helmut König: *Zivilisationsprozeß und*

Frieden, in: Mathias Jopp (Hg.), *Dimensionen des Friedens. Theorie, Praxis und Selbstverständnis der Friedensforschung*, Baden-Baden 1992, S. 107-123; Helmut König: *Dieter Senghaas und die Zivilisationstheorie*, in: *Leviathan*, Bd. 21, Nr. 4, 1993, S. 453-460; Hajo Schmidt: *Pazifizierung – Zivilisierung – Demokratisierung. Philosophische Reflexion über die Grundlagen europäischer Friedenspolitik*, in: Margit Pieber (Hg.), *Europa. Zukunft eines Kontinents. Friedenspolitik oder Rückfall in die Barbarei*, Münster 1994, S. 61-77; Wolfgang R. Vogt (Hg.): *Frieden als Zivilisierungsprojekt. Neue Herausforderungen an die Friedens- und Konfliktforschung*, Baden-Baden 1995 (darin vor allem der Beitrag von Gerda Zellentin: *Mit Gewalt zum Frieden? Zur Rezeption des ›Zivilisationsprozesses‹ (Elias) in der Friedensforschung*, S. 56-69); Arend Wellmann: *Das »zivilisatorische Hexagon«. (K)ein universelles Friedensmodell*, in: *antimilitarismus information*, Nr. 11, 1996; Wolfgang R. Vogt (Hg.): *Frieden durch Zivilisierung? Probleme – Ansätze – Perspektiven*, Münster 1996 (darin vor allem die Beiträge von Wolfgang R. Vogt, Jan Philipp Reemtsma, Helmut König, Erich Kitzmüller, Gertrud Brücher, Jobst Conrad, Ekkehard Lippert, Gerald Wagner und Wilfried Graf); Volker Matthies (Hg.): *Der gelungene Frieden*, Bonn 1997 (darin vor allem der Beitrag von Rolf Hofmeier); Joachim Garstecki: *Gegenseitige Fehlanzeige? Das zivilisatorische Hexagon und die Friedensbewegung*, in: *Neue soziale Bewegungen*, Nr. 4, 1997, S. 87-90; Berthold Meyer: *Formen der Konfliktregelung*, Opladen 1997, S. 516-522; Michael Henkel: *Frieden und Politik. Eine interaktionistische Theorie*, Berlin 1999, S. 253-256; Johannes Müller und Johannes Wallacher (Hg.): *Weltordnungspolitik für das 21. Jahrhundert*, Stuttgart 2000, S. 107-117; Richard Friedli: *Zivilisierung von Gewalt? Fanatische Strukturen und buddhistische Affektkontrolle*, in: Johannes Lähnemann (Hg.), *Interreligiöse Erziehung 2000. Die Zukunft der Religions- und Kulturbegegnung* (Pädagogische Beiträge zur Kulturbegegnung, Bd. 16), Hamburg 1998, S. 149-157; ders.: *The New Millennium and Peace in Europe – The Role of Religion* (englisch, deutsch und koreanisch) in: *Kongressdokument der Weltfriedenskonferenz der Religionen*, Seoul 2000, S. 43-68; ders.: *Tiefenkultur im zivilisatorischen Hexagon. Religionsvergleichende Analysen zu aktuellen Konflikten*, in: Thomas Roithner u. a. (Hg.), *Nach der Jahrtausendwende. Zur Neuorientierung der Friedensforschung* (Dialog. Beiträge zur Friedensforschung, Nr. 39), Münster 2001, S. 299-324; Gertrud Brücher: *Frieden als Form. Zwischen Säkularisierung und Fundamentalismus*, Opladen 2002, insbes. S. 239ff.; Andreas Mehler: *Structural Stability. Meaning, Scope and Use in an African Context*, in: *Afrika Spectrum*, Bd. 37, 2002, S. 5-25; Harald Müller: *Theorien des Friedens*, in: Gunther Hellmann, Klaus Dieter Wolf und Michael Zürn (Hg.), *Die neuen Internationalen Beziehungen. Forschungsstand und Perspektiven in Deutschland*, Baden-Baden 2003, S. 209-250 (insbes.

231 ff.); Jörg Calließ und Christoph Weller (Hg.): *Friedenstheorie. Fragen – Ansätze – Möglichkeiten*, Loccum 2003 (insbes. die Beiträge von Christoph Weller, Sabine Jaberg und Michael Henkel); Rainer Tetzlaff: *Staats- und Zivilisationsverfall. Wird Afrika anschlußfähig an die globalisierte Welt?*, in: Hans Küng und Dieter Senghaas (Hg.), *Friedenspolitik. Ethische Grundlagen internationaler Beziehungen*, München 2003, S. 321-383; Christoph Weller: *Friedenstheorie. Aufgabenstellungen, Ansätze, Perspektiven*, in: Ulrich Eckern u. a. (Hg.), *Friedens- und Konfliktforschung in Deutschland*, Wiesbaden 2004, S. 59-80; Astrid Sahm, Egbert Jahn und Sabine Fischer (Hg.): *Die Zukunft des Friedens II. Perspektiven der Friedens- und Konfliktforschung*, Opladen 2004 (insbes. den Beitrag von Heidrun Zinecker).

II

Zusätze

Erster Zusatz: Frieden – ein mehrfaches Komplexprogramm für dauerhaft gelingende Vergemeinschaftung

Politische Gemeinschaften zu bilden ist ein äußerst voraussetzungsvoller Vorgang, zumal in modernen, d. h. sozial mobilen und durchpolitisierten Gesellschaften, in denen sich nicht nur in der politischen Klasse, sondern auf Massenbasis alle wesentlichen gesellschaftlichen Auseinandersetzungen als politische und alle politischen Konflikte als gesellschaftliche kundtun. Solche nach Interessen und Identitäten zerklüfteten Gesellschaften, die das Ergebnis säkularer Entwicklungsprozesse sind, sind nicht nur konflikt-, sondern potentiell auch gewaltträchtig. Unter modernen Vorzeichen ist deshalb die Herausbildung von dauerhaften, selbstregulativen politischen Gemeinschaften eine bemerkenswerte zivilisatorische Errungenschaft. Man könnte diese Errungenschaft als *friedliche Koexistenz trotz Fundamentalpolitisierung* definieren.[1]

Der gekennzeichnete Sachverhalt verweist auf historische, aktuelle und zukünftige Problemlagen; er ist gleichermaßen auf niedriger (Region), mittlerer (Staat/Nation) und höherer Ebene (Europa/andere Großregionen/Welt) von Relevanz. Auf allen Ebenen stellt sich dieselbe Frage: *Was sind die Voraussetzungen gelungener politischer Vergemeinschaftung* (oder wie man im angelsächsischen Sprachraum sagen würde: von *»political community«*)? Die Friedensleistung gelungener politischer Vergemeinschaftung unterstellt, läßt sich diese Frage auch wie folgt formulieren: *Was sind die Konstitutionsbedingungen dauerhaften Friedens*?

Diese Fragen sind von unmittelbar aktueller Relevanz, auch von politischer Brisanz: Sie lassen sich auf zerfallende Gesellschaften ebenso beziehen wie auf Gesellschaften, die sich mit anderen vergemeinschaften, d. h. integrieren wollen: also auf Desintegrationsprozesse gleichermaßen wie auf Integrationsprozesse.

1 Markante erläuternde Versuche in dieser Richtung finden sich in Dieter Senghaas (Hg.): *Den Frieden denken. Si vis pacem, para pacem*, Frankfurt/M. 1995.

Denn *Desintegration* dokumentiert die Erosion einer offensichtlich nicht tragfähigen Vergemeinschaftung, oft auch, wie im Falle nationalistisch-sezessionistischer Bewegungen, die Suche nach neuer Vergemeinschaftung; *Integrationsprozesse* lassen erkennen, daß die räumliche Reichweite bisheriger Vergemeinschaftung überschritten wird. Diesen Vorgängen, die in der einen oder anderen Richtung heute an vielen Stellen in der Welt zu beobachten sind, liegen Sachverhalte zugrunde, die mit einem vielfach erprobten analytischen Instrumentarium erfaßbar sind.[2] Im folgenden soll es konstruktiv im Hinblick auf *Integration* erörtert werden; die Vorzeichen der Argumentation könnten aber ohne weiteres, wie am Ende noch dargelegt wird, umgedreht werden; dann wäre Desintegration der analytische Bezugspunkt.

Was also hat – so ist zu fragen – die Wissenschaft über *gelungene Vergemeinschaftungsprozesse* bzw. über die *Bedingungen dauerhaften Friedens* zu sagen?

Der Sachverhalt ist komplex, und darum verbieten sich einfache Antworten. Es lohnt sich deshalb, vor allem an jene Argumentationen zu erinnern, in denen sich die Komplexität des Sachverhaltes tendenziell in der Komplexität der Analyse widerspiegelt. Gefragt ist also nicht eine monokausale oder monothematische Argumentation, sondern eine differenzierte oder konfigurative Argumentationslinie: also komplexes Denken und komplexe Befunde über komplexe Sachverhalte. Praktisch-politisch formuliert: Gefragt sind Komplexprogramme über die Herausbildung friedensfähiger politischer Gemeinschaft gleichgültig auf welcher Ebene.

Im folgenden sollen vier solche Komplexprogramme, die sich gleichermaßen erfahrungswissenschaftlich begründeten wie friedenstheoretischen Überlegungen verdanken, vorgestellt werden. Im *ersten* Komplexprogramm werden die Merkmale einer Struktur bzw. Architektur dauerhaften Friedens umrissen, in der das Ausmaß an integrierender Vergemeinschaftung noch gering bleibt, aber Frieden vorliegt. Im *zweiten* Komplexprogramm werden die Voraussetzungen intensiver Vergemeinschaftung (und damit tatsächlicher *Integrations*prozesse) dargelegt. Beide Programme

2 S. Richard Merritt und Bruce Russett (Hg.): *From National Development to Global Community* (Festschrift für Karl W. Deutsch), London 1981.

beziehen sich in aller Regel auf grenzüberschreitende Prozesse der Vergemeinschaftung zwischen schon bestehenden Gemeinschaften (wie Staaten). Deren vorgängige Voraussetzungen diesseits der Grenzen, also bei den entscheidenden Akteuren auf niedriger oder mittlerer Ebene, werden im *dritten* Komplexprogramm reflektiert. Das *vierte* Komplexprogramm kann als eine Art von synthetisierender Leitperspektive verstanden werden.

Zur Illustration soll vor allem auf Europa – das westliche und das Gesamteuropa – verwiesen werden. Die nachfolgenden Betrachtungen sind jedoch hinsichtlich der Ebenen, auf die sie bezogen werden können, sowohl nach unten (Region) als auch nach oben (andere Kontinente/Welt) übertragbar. Sie sind an historischem Material erprobt, und sie sind überdies nicht ohne Reiz für prognostische Ausblicke.

1. Komplexprogramm I: Elemente einer Friedensstruktur

»Zonen stabilen Friedens«, wie Kenneth Boulding ein Gebilde verläßlich dauerhaften Friedens zwischen autonom operierenden Gruppierungen wie Staaten bezeichnete,[3] zeichnen sich gemäß des ersten Komplexprogrammes durch wenigstens fünf Strukturmerkmale aus:[4]

1. Positive Interdependenz: Die Beziehungen zwischen den kollektiven Akteuren (heute meist immer noch den Staaten) muß in den wesentlichen Dimensionen von Ökonomie, Kommunikation und Kontakten eine Größenordnung von hoher *wechselseitiger* Relevanz erreichen, so daß potentiell konfrontatives Verhalten eines Akteurs nicht nur, wie beabsichtigt, zur Schädigung der anderen Seite führen würde, sondern auch zu einer erheblichen Selbstschädigung.

3 Kenneth Boulding: *Stable Peace*, Austin 1978.

4 Die nachfolgenden Kategorien sind einer friedenstheoretischen Debatte über Europa Anfang der 1970er Jahre entnommen. S. Johan Galtung (Hg.): *Co-operation in Europe*, New York 1970, Kap. 2, in welchem die Kategorien entfaltet werden (*A Theory of Peaceful Co-operation*, S. 9-21). S. auch ders.: *Europa – bipolar, bizentrisch oder kooperativ?*, in: Johan Galtung und Dieter Senghaas (Hg.), *Kann Europa abrüsten?*, München 1973, S. 9-61, sowie ders.: *The True Worlds. A Transnational Perspective*, New York 1980.

Soll eine solche positiv-interdependente Struktur von Dauer sein, ist jedoch ein zweites Merkmal erforderlich:

2. *Annähernde Symmetrie*: Interdependenzen sind höchst unterschiedlich gelagert; sie können symmetrisch, asymmetrisch, konfrontativ und anders ausgestaltet sein. Für eine Struktur dauerhaften Friedens ist die *symmetrische Interdependenz* von entscheidender Bedeutung, insbesondere in ökonomischer Hinsicht. In diesem Bereich ist sie auch unschwer zu operationalisieren: Wenn jede Seite über vergleichbare Kompetenzen und Chancen der Wertschöpfung in der Produktion und der Vermarktung von Wissen und Waren verfügt und vor allem beiderseits Güter hoher Wertschöpfung ausgetauscht werden, also *substitutive* Arbeitsteilung vorliegt, besteht Symmetrie. Das pure Gegenteil hierzu wäre eine koloniale Austauschstruktur in der Folge von komplementärer Arbeitsteilung, wie sie in extremer Weise beim Austausch von kapital- und wissensintensiven Gütern gegen Rohstoffe und/oder Güter niedrigen Verarbeitungsgrades vorliegt.

Positive Interdependenz unter symmetrischen Vorzeichen legt ein weiteres Merkmal einer Friedensstruktur nahe:

3. *Homologie*: Der Sachverhalt wurde vor mehr als hundert Jahren zugespitzt von Lorenz von Stein wie folgt formuliert: »Erst dann, wenn wirklich neben der Anerkennung seiner selbst als einer selbständigen Macht die Anerkennung und Gültigkeit seiner eigenen Lebensgesetze auch *innerhalb* der anderen Teile des Staatensystems erfolgt ist, kann ein wahrer Friede eintreten. Erst alsdann ist die Bedingung des allgemeinen Friedens, die Gleichartigkeit der allgemeinen sozialen und politischen Zustände, wirklich vorhanden.«[5] So gesehen war beispielsweise die Lage in Europa vor 1989/90 die genau gegenteilige, nämlich eine solche der Unvereinbarkeit der allgemeinen politischen und sozialen Zustände. Homologie bedeutet also *vergleichbare politische, soziale und ökonomische Strukturen*, die vor allem in pragmatischer Hinsicht von Bedeutung sind: Denn unter den Vorzeichen vergleichbarer Strukturen findet jeder auf der jeweiligen Gegenseite – im anderen Staat, in der anderen Gesellschaft, in der anderen Volkswirtschaft – seinen vergleichbaren *counterpart*. Das erleichtert tendenziell freizügige Beziehungen ungemein.

5 Christian Graf von Krockow hat in seinem Buch *Soziologie des Friedens*, Gütersloh 1962, entsprechende Überlegungen im Anschluß an Lorenz von Stein formuliert (Teil II, Kap. 5).

Und warum solche vergleichbaren Strukturen wirklich von friedenspolitischer Bedeutung sind, kann man sich noch einmal – ex negativo – in Rückerinnerung an jene Zeit in Europa vor 1989/90 vergegenwärtigen, als nämlich die Unternehmer, Gewerkschaftler, Wissenschaftler, Sportler u. s. f. der einen Seite, des Westens, immer mit Partei- und Staatsfunktionären der anderen Seite, des Ostens, zu tun hatten und breit gefächerte, nicht manipulierte und gedeihliche Beziehungen vor allem auf zivilgesellschaftlicher Ebene nicht zustande kamen.

Das Merkmal Homologie legt eine weitere, in gewisser Hinsicht damit zusammenhängende Kategorie nahe:

4. *Entropie*: Was ist damit gemeint? Wiederum sei ein Rückgriff auf eine alte Beobachtung erlaubt: 1667 interpretiert Samuel Pufendorf in seiner Abhandlung *De statu imperii Germanici* das Heilige Römische Reich Deutscher Nation als »irregulare aliquod corpus et monstro simile«, also als ein Gebilde, das sich durch einen Mangel an Hierarchie und Zentralisierung, durch, wie man heute sagen würde, ausgeprägte Subsidiarität, weiterhin durch vielerlei Kompetenzüberlappungen, durch fehlende institutionelle Synchronisation, kurz: durch »Unordentlichkeit« und eine daraus erforderlich werdende politische Kunst des sich Arrangierens auszeichnete.[6] Wenn man so will, war das in politisch-institutioneller Wirklichkeit die Vorwegnahme des Entropie-Gedankens, der heute in den Überlegungen über eine lebensfähige Friedensstruktur von erheblicher Bedeutung ist. Entropie: hier verstanden als vielfältige Kreuz- und Querbezüge (das Gegenteil von Gleichschaltung) im grenzüberschreitenden Verkehr, als freie Wahl der Partner, als erhebliches Maß an Selbstregulierung ohne zentralistische, hierarchisch-abgestufte Vorgaben, als Netzwerkstruktur[7] – als das schiere Gegenteil einer rigiden bipolaren systemantagonistischen Abschreckungskonstellation, die, wie jene vor 1989/90, 40 Jahre lang, so unvergleichlich »ordentlich« war.

Natürlich droht in einer solchen lockeren Struktur immer auch ein Umkippen in Chaotisierung, weshalb manche Autoren seit

6 Samuel Pufendorf: *Die Verfassung des deutschen Reiches (1667)*, Stuttgart 1976. Angeknüpft an Pufendorf hat Tilman Evers: *Supranationale Staatlichkeit am Beispiel der Europäischen Union. Civitas civitatum oder Monstrum?*, in: *Leviathan*, Bd. 22, Nr. 1, 1994, S. 115-134.

7 S. Johan Galtung: *Entropy and the General Theory of Peace. Essays in Peace Research*, Bd. 1, Kopenhagen 1975, S. 47-75.

den neunziger Jahren des vergangenen Jahrhunderts von der Gefahr eines *»nouveau moyen âge«* (A. Minc) sprechen. Aber Friedenstheoretiker, haben auch diese denkbare Konsequenz durchdacht und ein fünftes Merkmal einer Struktur dauerhaften Friedens vorgesehen bzw. empirisch nachgewiesen:

5. Gemeinsame Institutionen, also ein institutionelles Dach, von dem her – wenngleich in der Vorstellung der Theoretiker eher zurückhaltend und samtpfötig – steuernd, regulierend und kontrollierend auf das Gesamtgeschehen eingewirkt wird, so daß die Gefahr der Chaotisierung ohne wirkliche Virulenz ist und es also, wie z. B. in den Theorien internationaler Regime vorgesehen,[8] eine institutionelle Rückversicherung für Erwartungsverläßlichkeit gibt und damit Erwartungsstabilität gesichert ist: Auf der Interaktionsebene hegen solche Institutionen eine potentiell drohende oder aktuell gegebene konterproduktive Gruppendynamik (»Sicherheitsdilemma«) ein.

Wie in jedem konfigurativen Denken und in jedem praktischen Komplexprogramm müssen natürlich die genannten Merkmale, obgleich nacheinander aufgezählt, konfigurativ zusammengedacht werden. Wo sie sich entwickeln und schließlich vorliegen, kommt es zu positiver Rückkoppelung: Sie verstärken sich wechselseitig. Beseitigt ist dann das Sicherheitsdilemma. Und auch das sogenannte Entwicklungsdilemma, das in einer sich verschränkenden Welt aus dem Entwicklungs- bzw. Kompetenzgefälle zwischen einzelnen Ökonomien resultiert, wäre eingeebnet bzw. leidlich überwunden.[9]

Was ist nun, beispielhaft und illustrativ betrachtet, die Wirklichkeit in Europa im Hinblick auf dieses Komplexprogramm? Das Europa der 15 (EU), auch das Europa des Europäischen Wirtschaftsraumes (EWR = EU plus Rest-EFTA) entspricht weitgehend den genannten Kriterien. Diese Teile von Europa zeichnen sich durch hohe Interdependenz, durch symmetrisch-substitu-

8 S. zusammenfassend Michael Zürn: *Vom Nutzen internationaler Regime für eine Friedensordnung*, in: Dieter Senghaas (Hg.), *Frieden machen*, Frankfurt/M. 1997, S. 465-481.

9 Zu diesem und anderen Dilemmata s. Dieter Senghaas: *Wohin driftet die Welt? Über die Zukunft friedlicher Koexistenz*, Frankfurt/M. 1994, S. 121 ff., sowie Kap. 7 und 9 im vorliegenden Buch.

tive Arbeitsteilung, homologe Binnenstrukturen, institutionell abgefederte entropisch strukturierte Beziehungen und durch die Existenz gemeinsamer Institutionen aus. Im Hinblick auf *Gesamteuropa* ist die Lage der Dinge hinsichtlich einzelner Kriterien und hinsichtlich ihrer Summe eher noch problematisch: Der Westen des Kontinents ist für den Osten weit lebenswichtiger als umgekehrt. Die Arbeitsteilung zwischen West und Ost ist weithin noch komplementär und nur in Ausnahmefällen (wie in den Beziehungen mit Tschechien) in allerersten Ansätzen und nur in Segmenten substitutiv; homologe Gesellschaftsgebilde sind im Osten erst im Entstehen (die anhaltende Debatte über die dort fehlende »Zivilgesellschaft« ist ein Indiz hierfür); Entropie im obengenannten Sinne kann damit noch nicht vorliegen; und die gemeinsamen Institutionen, die es gibt (z. B. die OSZE), leiden oft noch an Kompetenz- und insbesondere an Effizienzschwäche.

Während jedoch in den kommenden Jahrzehnten die Lage in Gesamteuropa im Hinblick auf die genannten fünf Merkmale im positiven Sinne als entwicklungsfähig erscheint (s. den derzeitigen Prozeß einer schrittweisen EU-Erweiterung), ist demgegenüber in vielen Teilen der übrigen Welt die Ausgangslage weit problematischer, weil dort keines der erforderlichen Merkmale schon profiliert vorliegt und deshalb ein entsprechender friedenszuträglicher Strukturbildungsprozeß ausbleibt. Möglicherweise wird jedoch Ost- und Südostasien zu einer Ausnahme, weil die Vernetzung der dortigen Ökonomien und die Symmetrisierung ihrer Handelsstrukturen, wofür die erforderlichen binnenwirtschaftlichen Kompetenzen vorliegen bzw. rasch aufgebaut werden, im Entstehen sind.

2. Komplexprogramm II: Frieden als kollektiver Lernprozeß der Gemeinschaftsbildung

Ein zweites komplexes theoretisches Angebot aus der Wissenschaft bemüht sich um die analytische Herausarbeitung der Voraussetzungen von weiterreichenden Vergemeinschaftungsprozessen. Dieses Angebot resultiert aus historisch-vergleichenden Studien über die Prozesse politischer Vergemeinschaftung, also aus Studien über Einigungsbestrebungen (Integration, Assoziation, *community-building*) – aber auch über Vorgänge, die, wenn förderliche Faktoren umkippen und zu Sprengsätzen werden, in Desintegration, Verfall/Zusammenbruch, Dissoziation und *community-decay* münden können.[10]

Die harten Erkenntnisse und die weicheren Einsichten weisen im Hinblick auf förderliche Voraussetzungen für grenzüberschreitende Vergemeinschaftungsprozesse auf zehn substantielle Punkte:

1. Vereinbarkeit von hauptsächlichen Werten. Beispielhaft stellt sich der Sachverhalt im Hinblick auf Gesamteuropa wie folgt dar: Der Slogan »Rückkehr nach Europa«, wie er vor und nach 1989/90 in Osteuropa von maßgeblichen Akteuren des Umbruchs (V. Havel u. a.) zu hören war, ließ den politischen Willen erkennen, die eigenen politischen und Gesellschaftsordnungen an den Errungenschaften des demokratischen Verfassungsstaates des Westens auszurichten. Gleichzeitig wiesen nationalchauvinistische und ethnoradikale Bestrebungen in eine gegenteilige Richtung. Wohin sich Europa insgesamt entwickeln wird, wird ganz wesentlich davon abhängen, auf welche Option sich die Gesellschaften in der östlichen Hälfte festlegen werden. Da Abstufungen innerhalb Europas zu erwarten sind (Ost-Mitteleuropa wird aller Wahrscheinlichkeit der Havel-Option folgen, beim wirklich östlichen und südöstlichen Europa kann man sich da nicht sicher sein), wird das künftige Europa in ordnungspolitischer Hinsicht ein von Westen nach Osten und Südosten hin abgestuftes sein. Im schrittweisen EU-Osterweiterungsprozeß dokumentiert sich diese Abstufung augenfällig.

2. Erweiterung von grenzüberschreitenden Kommunikations- und Transaktionsvorgängen, die für beide Seiten von Gewicht werden. Dieser Sachverhalt wurde im Komplexprogramm I schon als positiv-symmetrische Interdependenz umschrieben. Im Hinblick auf das östliche Europa bedeutet dies konkret: Wird

10 Die klassische Studie dieser Argumentationsrichtung ist Karl W. Deutsch u. a.: *Political Community and the North Atlantic Area. International Organization in the Light of Historical Experience*, Princeton 1957. Darauf aufbauend Michael Zielinski: *Friedensursachen. Genese und konstituierende Bedingungen von Friedensgemeinschaften am Beispiel der Bundesrepublik Deutschland und der Entwicklung ihrer Beziehungen zu den USA, Frankreich und den Niederlanden*, Baden-Baden 1995; Emanuel Adler und Michael Barnett (Hg.): *Security Communities*, Cambridge 1998.

Osteuropa den »ostasiatischen Weg« der letzten 40 Jahre wiederholen, d. h. einen Entwicklungsweg, der mit relativ einfachen Wirtschafts- und Güterstrukturen einsetzt und Schritt für Schritt ein *»upgrading«* bis hin zu kapital- und technologieintensiver Produktion durchläuft, oder wird das westliche Europa (die bisherige EU der 15) das Zentrum, das östliche Europa dessen quasikoloniale Peripherie sein? Könnte im östlichen Europa (in Ostmitteleuropa sicher eher als im östlichen Europa jenseits Ostmitteleuropas) eine »Peripherisierung« vermieden werden, bestünde die Chance seiner allmählichen Integration in den Club der hochindustrialisierten westeuropäischen Gesellschaften und Ökonomien, wobei nach aller Erfahrung aus der Tatsache, daß Osteuropa zu einem wirklichen, hoch qualifizierten Konkurrenten für Westeuropa würde, langfristig eher integrationsvertiefende als desintegrierende Folgen zu erwarten wären.

Nicht die Quantität des Austausches, sondern dessen qualitatives *»upgrading«* wäre dabei von Bedeutung. Da aber *»upgrading«* einem langwierigen Vorgang des Abbaus von Asymmetrie gleichkommt, ist in einer Zeit des Übergangs ein weiterer Punkt von Bedeutung:

3. »responsiveness«, d. h. die Aufgeschlossenheit stärkerer Partner für die Belange anderer, insbesondere die Bereitschaft, auf die Nöte von Schwächeren einzugehen. *»Responsiveness«* ist das Gegenteil von Macht-, Kompetenz-, Wirtschafts- und Kulturarroganz und der sie kennzeichnenden Insensibilitäten. Nach aller Erfahrung stellt sich jedoch *»responsiveness«* als politische Einstellung leichter ein, wenn, bei jenen, die sich sensibel zu verhalten haben, ökonomische Substanz verfügbar ist. Deshalb ist für einen Vergemeinschaftungsprozeß ein vierter Sachverhalt von großer Bedeutung:

4. Akzentuiertes Wachstum und die Erwartung von gemeinsamen Vorteilen. Der Sachverhalt ist banal: Wenn der Kuchen wächst, kann mehr verteilt werden, können auch mehr Transferleistungen getätigt werden. Dem Lastesel fällt es dann leichter, eine solche Rolle zu übernehmen, zumal, wenn die Nutznießer der Transferleistungen in absehbarer Zeit »nützlich« werden, d. h. die einseitigen Transferleistungen allmählich von Strukturen gemeinsamen Vorteils (*»joint rewards«*) abgelöst werden, also die Rolle des Lastesels einerseits und die des Nutznießers andererseits nicht auf Dauer rollenmäßig starr fixiert bleiben.

Mehr ökonomische Substanz bedeutet auch mehr Chancen für Problemlösungsfähigkeit. Und das ist der fünfte Punkt:

5. Steigerung von Problemlösungsfähigkeit. Solche Fähigkeiten sind natürlich nicht nur in ökonomischen Sachverhalten begründet, sondern auch in politisch-administrativen; und sie sind in allen relevanten Politikfeldern von Bedeutung. Die diesen Punkt begründende Perspektive ist unmittelbar einsichtig: Wenn zusammenwachsende politische Gemeinschaften sich als fähig erweisen, gemeinsam wahrgenommene Probleme auch gemeinsam zu lösen, entfalten sich neue Loyalitäten gegenüber denjenigen Institutionen der Problemlösung, die zu verläßlichen Agenturen der Koordination politischen Handelns werden. Wo sich Unfähigkeit zeigt, wie das auf der Ebene der OSZE immer noch hinsichtlich friedlicher Streitbeilegung und kollektiver Sicherheit der Fall ist, verlieren alte bzw. neue Institutionen an Respekt, und es stellt sich, wenn man ein historisches Beispiel bemühen soll, das »Abessinien-Syndrom« ein: erinnernd daran, daß in den 1930er Jahren das faschistische Italien den Völkerbund als ein kraftloses Gebilde so vorführte, wie es vergleichbar im letzten Jahrzehnt des 20. Jahrhunderts Ex-Jugoslawien, d.h. Serbien, gegenüber der KSZE/OSZE, der EU, der NATO und den Vereinten Nationen tat.

Die kritische Bedeutung dieses Punktes wird auch in der Europäischen Union offenkundig werden. Sollte es dieser beispielsweise nicht gelingen, mit einigem Erfolg der wachsenden strukturellen Arbeitslosigkeit entgegenzuwirken, die grenzüberschreitende Wirtschafts-Kriminalität zu bekämpfen, die Migration zu steuern, den Terrorismus einzudämmen und ähnliche gravierende Probleme in ihrem Einzugsbereich zu bearbeiten, wird der europäische Integrationsprozeß jenen Zuspruch verlieren, der heute noch besteht.

6. Kerngebiete mit Zugpferd-Funktion: Wo eine Vielzahl von kollektiven Akteuren sich in Wahrnehmung und Verhalten auf einen gemeinsamen Nenner zubewegen will (oder soll), bedarf es nach aller Erfahrung bestimmter Aktionspole mit Ausstrahlungskraft. Die theoretische Diskussion spricht in diesem Zusammenhang von den erforderlichen *»core areas«*, die politische Diskussion beispielsweise vom »Kerneuropa« als einer treibenden Kraft für den Vergemeinschaftungsprozeß.

Politische Führung ist also gefragt, weil ohne Führung Drift-

Prozesse obsiegen können. Natürlich trägt solche politische Führung, von einem einzelnen Akteur oder von wenigen auf Dauer übernommen, die Gefahr einer Widerstand provozierenden hegemonialen Zentrumsbildung bzw. der Herausbildung eines oligopolistischen Machtkonzerts in sich. Deshalb hat sich in historischer Erfahrung ein weiterer Faktor als wichtig herausgestellt:

7. *Rollenwechsel*: In einer größeren Gemeinschaft ist es wichtig, daß nicht immer der gleiche Akteur die gleiche Rolle übernimmt, daß es vielmehr einen Wechsel von Rollen gibt, die einzelne Akteure bzw. politische Einheiten gruppenweise spielen: einmal in der Mehrheitsposition, ein anderes Mal in der Minderheitsposition zu sein, ohne rigid-fixierten Rollenzuschreibungen zu unterliegen bzw. zu folgen. Also Rollenrotation. Solcher Rollenwechsel bringt Flexibilität in eine sich herausbildende politische Gemeinschaft; sie erzeugt politische Manövriermasse für die im politischen Bereich unerläßlichen *bargaining*-Prozesse. Ähnliche Erfahrungen sind auch im Hinblick auf den achten Punkt festzuhalten:

8. *Erweiterung der Eliten im Sinne der Chance für Aufwärtsmobilität*: Offensichtlich muß eine sich herausbildende politische Gemeinschaft neue Räume für Kooptation schaffen, in die neue und junge Eliten hineinwachsen können, so wie auch eine grenzüberschreitende Mobilität der Bürger für den Zusammenhalt eines solchen Gebildes von Bedeutung ist. Also an Stelle von Abkapselung und Abgrenzung: Öffnung und schließlich Aufwärtsmobilität im neuen größeren Sozialkörper. Das erhöht Lebenschancen und schafft auf neuer Ebene neue Loyalitäten. Zugleich wird damit auf einen neunten Punkt verwiesen:

9. *Chancen eines neuen/alternativen Lebensstils*: Mit ihm übersetzt sich eine neu sich herausbildende politische Gemeinschaft in Alltagserfahrung. Die neue Umwelt (z.B. »Europa«) wird zu einem selbstverständlichen Milieu für Sozialisationsprozesse. Und in der Folge macht es einen deutlichen Unterschied, ob man Teil einer solchen sich herausbildenden Gemeinschaft ist oder außerhalb von ihr steht. Die in der östlichen Hälfte Europas seit 1989/90 oft gehörte Forderung, von den Entwicklungen auf gesamteuropäischer Ebene nicht abgekoppelt zu werden, an ihnen teilzuhaben, in ihren Sog zu geraten und damit an wertgeschätzten Errungenschaften teilzuhaben, wies und weist darauf hin, daß inner- oder außerhalb des europäischen Integrationspro-

zesses zu leben einen erheblichen Unterschied für das Leben des einzelnen macht. Eine solche Wahrnehmung, die sich in ein Zugehörigkeitsgefühl übersetzt, ist auf affektiv-emotionaler Ebene wie ein Lackmus-Test der Gemeinschaftsbildung.

10. Voraussagbarkeit der Motive und des Verhaltens (Erwartungsstabilität). Zu den chronischen Problemen der Staatenanarchie gehört die Ungewißheit und Unsicherheit im Hinblick auf das Verhalten der jeweils anderen Seite, die ihrerseits dasselbe Problem hat. Das Sicherheitsdilemma gilt deshalb als ein Kernsyndrom der Staatenanarchie. Erwartungsstabilität oder Erwartungsverläßlichkeit ist das Ergebnis des Kontrastprogramms zur Staatenanarchie, nämlich der politischen Vergemeinschaftung. Das heißt nicht, daß in solchem Umfeld nicht Interessen- und andere Konflikte massiv vorhanden wären. Sie sind es; aber sie übersetzen sich nicht in eine potentiell autistisch-eskalatorische Konfliktdynamik. Das macht einen Unterschied ums Ganze, insbesondere im Hinblick auf die Gewaltanfälligkeit von Konfliktbezügen, die als Ergebnis von erfolgreicher Vergemeinschaftung praktisch eliminiert ist. Weshalb im eingangs genannten Sinne »stabiler bzw. dauerhafter Frieden«, eine Struktur eigener Art, vorläge.

Das Komplexprogramm II – ein friedenspolitisches Aufbauprogramm – gleicht also einem *breitgefächerten kollektiven Lernprozeß* mit normativen, institutionellen, materiellen und emotionalen Dimensionen solcher Gemeinschaftsbildung. Man sieht an den zehn formulierten Punkten, wie voraussetzungsvoll ein solcher Aufbauprozeß ist.[11]

Jedoch wurde in der vorangehenden Darlegung ein Kernproblem noch gar nicht angesprochen. Dieses 10-Punkte-Programm setzt *handlungsfähige* Akteure im Sinne von Staaten und Gesellschaften voraus. Und eine solche Voraussetzung ist auch dann erforderlich, wenn die Gemeinschaftsbildung nur eine begrenzte sein

11 Im Hinblick auf Europa hatte ich nach dem weltpolitischen Umbruch 1989/90 einen entsprechenden detaillierten Entwurf vorgelegt. S. Dieter Senghaas, *Friedensprojekt Europa*, Frankfurt/M. 1992. Das Buch begründet im Detail einen unmittelbar während der weltpolitischen Wende 1989/90 entstandenen Friedensplan für Gesamteuropa: *Europa 2000. Ein Friedensplan*, Frankfurt/M. 2000.

sollte: wenn also das Ergebnis der Vergemeinschaftungsprozesses nicht, wie es in der Diktion von Karl Deutsch heißt, eine amalgamiert-integrierte neue politische Einheit sein soll (so wie aus den englischen Kolonien in Nordamerika einst die USA erwachsen sind), sondern nur eine begrenzte konföderative oder »pluralistische Sicherheitsgemeinschaft«[12] oder aber ein dazwischen gelagertes Gebilde. Historisch-vergleichende Forschung hat gezeigt, daß man eine solche, in ihrer Reichweite begrenzte Gemeinschaft erreichen kann, wenn sich wenigstens drei der vorgenannten 10 Faktoren bündeln: die Vereinbarkeit in den Grundwerten, die Voraussagbarkeit der Motive und des Verhaltens sowie die Fähigkeit, auf die Belange der Partner (*»responsiveness«*) einzugehen. Aber selbst in diesem begrenzteren Fall, der für Gemeinschaftsbildungen auf internationaler Ebene weithin der übliche sein wird, sind vorgängig *leidlich konsolidierte politische Akteure* erforderlich. Unter den Vorzeichen von Führungsschwäche und Unregierbarkeit bleiben selbst begrenztere Vorhaben, wie dasjenige einer konföderativ ausgerichteten »pluralistischen Sicherheitsgemeinschaft«, unwahrscheinlich.

Handlungsfähigkeit der betroffenen kollektiven Akteure war also in der bisherigen Darlegung eine stillschweigende Voraussetzung für gelingende Prozesse grenzüberschreitender Vergemeinschaftung. Diese Prämisse ist jedoch problematisch angesichts eines nicht nur in Teilen Europas, sondern weltweit beobachtbaren Trends zu einer Fundamentalpolitisierung, die darin besteht, daß – wie eingangs dargelegt – alle wesentlichen gesellschaftlichen Auseinandersetzungen sich als politische und alle politischen sich als gesellschaftliche Auseinandersetzungen darstellen, sozial mobile Gesellschaften sich hinsichtlich von Interessen, Identitäten, aber auch von Leidenschaften politisieren *und damit die innere Koexistenzproblematik akzentuiert wird*, überdies sich oft das Problem von Unregierbarkeit einstellt.

Im westlichen Teil Europas sind die genannten Probleme, wenn man sie aus einer europaweiten oder schon gar aus einer weltweiten Perspektive betrachtet, nur milde akut. Im übrigen

12 Dieser Begriff wurde in den 1950er Jahren von Karl W. Deutsch eingeführt und ist seitdem gebräuchlich (s. Anm. 10). Eine zusammenfassende Darlegung findet sich in Karl W. Deutsch: *Frieden und die Problematik politischer Gemeinschaftsbildung auf internationaler Ebene*, in: Dieter Senghaas (Hg.), op. cit. (Anm. 1), S. 363-382.

Europa sind sie, wie in weiten Teilen der außereuropäischen Welt, oft von dramatischer Virulenz, weshalb auf ein drittes theoretisches Angebot aus der Wissenschaft zurückzugreifen ist:

3. Komplexprogramm III: Die Zivilisierung der Konfliktbearbeitung

Dieses dritte Komplexprogramm bezieht sich zuallererst auf die Konsolidierung von Gesellschaften hinsichtlich ihrer inneren politischen Ordnung, die heute – weltweit betrachtet – oft genug vor dem Zusammenbruch steht, vielleicht auch nur leidlich überlebt oder sich in einem (neuen) Aufbauprozeß befindet. Die Lage ähnelt vielfach der ordnungspolitischen Problematik im nordwestlichen Europa in der Frühphase der Neuzeit: Es geht darum, eine *innere Friedensformel* zu finden, mit deren Hilfe die »hobbesianische Situation«, also ein chronischer politischer Zustand, in dem Bürgerkriege drohen oder ausbrechen, sich überwinden läßt. Allerdings ist der Unterschied zum Beginn der Neuzeit der, daß die hobbesianische Lösung, nämlich der Leviathan pur und simpel, heute nicht mehr tragfähig ist. Die hobbesianische Formel, das kompakte, im »Leviathan« verkörperte Gewaltmonopol, ist zwar immer noch eine Teilantwort, allerdings nur *eine* von sechsen, die überdies innerhalb der sechs wechselseitig vernetzten Antworten qualitativ umfunktioniert wird. Und in diesen sechs Antworten, *dem »zivilisatorischen Hexagon«*, besteht das dritte, im Hauptkapitel dieses Buches (Kap. 2) ausführlich dargelegte, nachfolgend nur kurz zu umreißende Komplexprogramm:

1. Ohne *Gewaltmonopol* ist eine Zivilisierung öffentlicher Konflikte, d.h. ihre verläßliche gewaltfreie Bearbeitung, nicht möglich. Aber gleichermaßen gilt:

2. Ohne *rechtsstaatliche Kontrolle des Gewaltmonopols* ist das Gewaltmonopol selbst nicht erträglich. Erst aus der Kombination von Gewaltmonopol und rechtsstaatlicher Kontrolle erwächst der als legitim empfundene Verfassungsstaat, Inbegriff aller Spielregeln für die Bearbeitung öffentlich relevanter Konflikte.

3. Hilfreich für die Konsolidierung potentiell konflikt- und gewaltträchtiger Gesellschaften ist die Herausbildung eines *arbeitsteilig-differenzierten Sozialkörpers*, insbesondere einer entsprechend arbeitsteiligen Ökonomie, die den »homo sociologicus«

hervorbringen hilft, also einen in differenzierte Interdependenzstrukturen eingebundenen, nur mit erheblicher *Affektkontrolle* überlebensfähigen, mehrfachen Rollenspieler.

4. Die Transformation traditionaler Gesellschaften in sozial mobile bedeutet einen erheblichen Umbauprozeß mit der Folge der Herausbildung neuer Sozialschichten, Klassen und Lebensmilieus mit differenzierten, je spezifischen Interessen und Identitäten. Dieser Emanzipationsprozeß macht mittel- und langfristig Demokratisierungsschübe bzw. *Demokratisierung* unabweisbar, mit Zeitverzug auch

5. die Auseinandersetzung um *Verteilungsgerechtigkeit*, zumal in solchen, sich modernisierenden Gesellschaften eher Ungleichheit als Gleichheit das natürliche Ergebnis von Wettbewerbswirtschaft ist.

6. Wenn alles gutgeht, erwächst aus solchen vorgängigen Entwicklungen eine *politische Kultur konstruktiver Konfliktbearbeitung*, die sich in entsprechenden Tiefenbindungen – »Ligaturen« – niederschlägt.

Dieses sog. *»zivilisatorische Hexagon«* ist in sozial mobilen Gesellschaften, abgekürzt formuliert, ein Komplexprogramm für inneren Frieden: »rendre la paix *interne* perpétuelle« – ein Projekt, das in der Westhälfte Europas *spätestens* in etwa zu Beginn des 13. Jahrhunderts mit dem Kampf um die Magna Charta beginnt. In diesem Westeuropa hat dieses Komplexprogramm eine jahrhundertelange Aufbauphase durchlaufen, und immer gab es nur vorläufige Ergebnisse, also Zwischenschritte: Das Hexagon blieb auch in späteren Phasen erosionsanfällig und einbruchsgefährdet, und zwar von allen sechs Komponenten her. Man hat den Eindruck, daß selbst im westlichen Teil Europas dieses Gebilde erst nach 1950 Stabilität angenommen hat; zumindest scheint es derzeit weniger einbruchsgefährdet zu sein als noch in den Jahrzehnten davor. Doch dieser Eindruck mag trügen, sollten in Zukunft wichtige Komponenten wegbrechen, beispielsweise in der Folge von Globalisierung die Bemühungen um soziale Gerechtigkeit

Oft ist zu hören, daß dieses Komplexprogramm, westlich geprägt und durchtränkt, selbst auf die nahe liegende östliche Hälfte Europas nicht mit Erfolg übertragbar sei, und daß, falls es übertragbar wäre, die Zeit hierfür nicht vorhanden sei. Diese auf das östliche Europa bezogene Aussage wird allerdings durch jüngste ostasiatische Erfahrungen schlichtweg dementiert: Insbesondere in den ostasiatischen Schwellenländern Korea und Taiwan zeigt sich, daß ein diktatoriales Gewaltmonopol in Kombination mit einer sich aufbauenden effizienten Ökonomie unabweisbare Demokratisierungsprozesse provoziert, die ihrerseits über heftige politische Konflikte zur Herausbildung von Rechtsstaatlichkeit und damit zur Domestizierung des Gewaltmonopols führen. Überdies machen Knappheit auf den Arbeitsmärkten und Demokratisierung die Verteilungsgerechtigkeit zu einer politischen Streitfrage erster Ordnung. Und der erfolgreiche Entwicklungsweg drängt auch konfuzianisch-konfliktscheue Kulturen in Richtung auf die Herausbildung von moderner politischer Kultur, in der Konflikte für unvermeidlich gelten, offen ausgetragen und in einem verfassungsmäßig festgelegten institutionellen Rahmen bearbeitet werden.

Die ostasiatische Erfahrung muß sich natürlich nicht in der östlichen Hälfte Europas oder anderswo wiederholen, aber das prinzipielle Argument, die westeuropäische Erfahrung sei nicht wiederholbar, wird gerade auch hinsichtlich gesellschaftlicher, politischer und auch kultureller Veränderungsprozesse (und nicht nur, wie inzwischen offenkundig, im Hinblick auf wirtschaftlichen Wandel) widerlegt.

4. Komplexprogramm IV: Eine synthetisierende Leitperspektive mit praxeologischen Implikationen

Im 16. Kapitel des *Leviathan* (1651) schrieb Thomas Hobbes: »The nature of war consisteth not in actual fighting, but in the known disposition thereto, during all the time there is no assurance to the contrary. All other time is PEACE.« Friede bestand für Thomas Hobbes (wie Jahrhunderte später für Kenneth Boulding) also darin, daß die Institution des Krieges abgeschafft ist und an die Stelle einer Kriege ermöglichenden bzw. kriegsgeneigten Struktur eine Friedensstruktur tritt, in der selbst die »disposition to fight« verläßlich beseitigt ist. Friede herrscht demzufolge dann, wenn unabweisbare Konflikte, institutionalisiert abgesichert und damit dauerhaft, ohne Androhung, schon gar ohne Anwendung organisierter militärischer Gewalt, also verläßlich gewaltfrei bearbeitet werden. Im internationalen System ist demnach Friede ein ganz *anderer Systemzustand* als jenes System, das die Androhung von Gewalt und schon gar deren Anwendung kennt. Friede, dergestalt als im internationalen System institutionalisiertes Prozeßmuster des Nichtkrieges verstanden, hat im hier zu referierenden vierten Komplexprogramm, das Kernaspekte der zitierten drei Komplexprogramme in sich aufhebt, wenigstens sechs Voraussetzungen.[13]

1. Abbau der Anarchie des internationalen Systems durch die Kooperation der Staaten in systemweiten internationalen Organisationen;

2. Egalisierung der Machtfigur durch eine größere Verteilungsgerechtigkeit der gesellschaftlichen Entwicklungs- und Entfaltungschancen;

3. Demokratisierung der Herrschaftssysteme, damit die Anforderungen der Gesellschaft unverfälscht in die Entscheidungen des politischen Systems gelangen und dort umgesetzt werden können;

4. Erforderlich ist, daß Interessengruppen transparent gemacht und ihr Zugang zum außenpolitischen Entscheidungsprozeß kontrolliert werden.

5. Die Möglichkeit, komplexe Interaktionen regionaler oder globaler Reichweite zu steuern, muß verbessert werden (*global governance*, Bildung internationaler Regime). An den sich anbietenden modernen Regierungsformen müssen auch Repräsentanten der Gesellschaft beteiligt werden.

6. Die strategische Kompetenz der Akteure muß verbessert, ihre Ausbildung modernisiert und professionalisiert werden.

Diese komplexe Leitperspektive verbindet Erkenntnisse und daraus abgeleitete Imperative auf der internationalen (zwischenstaatlichen/zwischengesellschaftlichen) Ebene mit Erkenntnissen und Imperativen, die sich im Hinblick auf die innere Verfaßtheit (Ordnung) von Staaten und Gesellschaften ergeben.

13 S. Ernst-Otto Czempiel: *Friedensstrategien*, Opladen 1998, bes. Kap. 1. Die nachfolgend zitierte Auflistung findet sich in ders.: *Der Friedensbegriff der Friedensforschung*, in: Benjamin Ziemann (Hg.), *Perspektiven der Historischen Friedensforschung*, Essen 2002, S. 43-56.

5. Ausblick

Die genannten Komplexprogramme gleichen, theoretisch nicht anders denkbar, Vorstellungen über das Optimum. Nichts kann einen hindern, im Lichte des erfahrungswissenschaftlich begründeten und darauf aufbauend des theoretisch definierbaren Optimums auch über das praktisch realisierbare zureichende Minimum nachzudenken. Doch die Wissenschaft sollte sich unter praxeologischen Gesichtspunkten nicht zu frühzeitig mit dem Minimum begnügen: Das Optimum bei der Konzipierung eines Friedensprojektes, das zu *dauerhafter* politischer Vergemeinschaftung führt, kann als regulative Idee mit praxisrelevanter Perspektive begriffen werden. Oder wie Kant in der *Rechtslehre* formulierte: »Wir müssen so handeln, daß das Ding sei, was vielleicht nicht ist«.

Nichts kann einen auch hindern, die dargelegten konstruktiven Perspektiven in eine Desintegrations- und Verfallsprozesse reflektierende Betrachtung umzuwenden: Man muß nur Punkt für Punkt die zitierten Komplexprogramme negativ durchdeklinieren, um die entscheidenden Faktoren zu erfassen, die den Verfall und Verlust an politischer Gemeinschaft bewirken. Entwicklungen wie im ehemaligen Jugoslawien nach 1990 und andernorts werden dann einigermaßen einsichtig. Auch verliert die viel bemühte These von der Unübersichtlichkeit der Weltlage an Plausibilität.

Denn wie aus Dörfern »Landschaften«, aus Landschaften Regionen, aus Regionen Länder, aus Länder Staaten, aus Staaten grenzüberschreitende politische Gemeinschaften unterschiedlichen Integrationsgrades werden – das sind im Hinblick auf die Grundlegung inneren und zwischenstaatlichen Friedens durchaus transparente Vorgänge. Sie bestehen aus einer Mischung aus kognitiven, materiellen, institutionellen, emotionalen und nicht zuletzt verfassungspolitischen Dimensionen. Gelungene politische Vergemeinschaftung, die in einer *verläßlich gewaltfreien konstruktiven Konfliktbearbeitung* zum Ausdruck kommt, bleibt immer, weil Ergebnis eines *kollektiven Lernprozesses*, ein zivilisatorisches Kunstprodukt, also fragil und zusammenbruchsgefährdet: Diese zivilisatorische Errungenschaft muß gehegt und gepflegt werden. Daß so voraussetzungsvolle Gebilde wie politische Gemeinschaften tatsächlich oft zusammenbrechen, kann im

Lichte der Darlegung nicht überraschen. Doch die Gründe für die Gefährdungen sind bekannt, so auch die Ansatzpunkte für konstruktive Gegenmaßnahmen.

Zweiter Zusatz: Friedenszonen – keine Chimäre

Als Friedenszonen werden im derzeitigen internationalen System jene Räume bzw. Beziehungsmuster und Handlungszusammenhänge genannt, in denen »stabiler Frieden« herrscht. *Stabiler Frieden* bezeichnet nach Kenneth Boulding, von dem der Begriff stammt, eine Situation, in der die Wahrscheinlichkeit eines Krieges so gering ist, daß in den Überlegungen von politischen Entscheidungsträgern und von Völkern Krieg keine Rolle mehr spielt.[1] Stabiler Frieden liegt also überall dort vor, wo bestehende Interessenkonflikte auf gewaltfreiem Wege, d. h. ohne das klassische Instrumentarium herkömmlicher extremer Machtpolitik, folglich ohne Androhung und/oder Anwendung militärischer Gewalt, einer Regelung bzw. Lösung zugeführt werden. Der Sachverhalt wird auch als verläßlich konstruktive bzw. als dauerhaft zivilisierte Konfliktbearbeitung bezeichnet.[2]

Stabiler Frieden im Sinne der genannten Definition – verläßliche Abwesenheit sogar der Erwartungen von Krieg und natürlich des Krieges selbst – besteht heute vor allem *innerhalb* der sogenannten OECD-Welt. Gemeint sind damit die demokratisch-marktwirtschaftlich verfaßten westlichen Industrieländer mit hohem Einkommen, die das Gravitationszentrum der gegenwärtigen Weltwirtschaft ausmachen. Zwar läßt sich die OECD-Welt durchaus als *eine* Friedenszone bezeichnen, dennoch baut sie sich auf deutlich umreißbaren und nicht durchgängig gleichgelagerten Komponenten auf, weshalb der Begriff im Plural, *Friedenszonen*, Sinn macht. Zu diesen Zonen sind heute zu zählen: der nordamerikanische Kontinent (USA-Kanada); jener Teil Europas, der auch in den vergangenen Jahrzehnten schon aus westlich orientierten Industrieländern bestand, also der Raum der EU, nunmehr einschließlich der durch die »Osterweiterung« hinzukom-

1 Es handelt sich also bei *stabilem Frieden* um einen in der Tendenz sich selbst stabilisierenden Systemzustand. Siehe hierzu Kenneth Boulding: *Stable Peace*, Austin 1978; Ernst-Otto Czempiel: *Friedensstrategien*, Opladen 1998; Dieter Senghaas (Hg.): *Den Frieden denken*, Frankfurt/M. 1995.

2 S. hierzu Kap. 2 im vorliegenden Buch.

menden Staaten; die »transatlantische Gemeinschaft«, aufbauend auf ihren beiden Pfeilern, den Ländern Nordamerikas einerseits und den Mitgliedern der EU andererseits. Stabiler Frieden besteht auch in Komponenten des pazifischen Raums, so insbesondere in den Beziehungen zwischen Australien und Neuseeland, zwischen Japan und den beiden genannten Ländern Ozeaniens, und schließlich von besonderer Bedeutung: zwischen Nordamerika und Japan. Trotz geographischer Distanz müssen auch die Beziehungen zwischen der EU und Japan – eine weithin extrem lockere OECD-Komponente – erwähnt werden, denn in der Vergangenheit war bei hervorgehobenen Akteuren der internationalen Politik Entfernung kein Hinderungsgrund für Kriegserwartungen, Kriegsvorbereitungen und tatsächliche Kriege.

In dieser OECD-Welt leben in derzeit etwa dreißig Ländern mehr als 800 Millionen Menschen, d.h. etwa ein Achtel der Menschheit. Von der Welt insgesamt her betrachtet, handelt es sich hierbei ganz offensichtlich um eine privilegierte Minderheit, vor allem auch weil im Hinblick auf die wechselseitigen Beziehungen der beteiligten Völker eine uralte soziale Institution der Menschheit, der Krieg, abgeschafft ist. Welche Entwicklungen haben dazu beigetragen?

1. Die Entstehung der OECD-Welt

Die OECD-Welt und ihre Komponenten haben sich als Friedenszone bzw. Friedenszonen erst nach dem Zweiten Weltkrieg herausgebildet. Dabei waren, wie bei jedem historischen Prozeß, der sich zu einer neuen Struktur auskristallisiert, mehrere Faktoren hilfreich:

Als *erster* Faktor wäre der Ost-West-Konflikt (1947-1989/92) zu nennen. Dieser kennzeichnete die dominante weltpolitische Konfliktkonstellation der Nachkriegszeit,[3] die mit dem Zusammenbruch der kommunistischen Regime in Osteuropa und der Sowjetunion zu Ende ging. Während kommunistische Regime (bis 1959 unter Einschluß Chinas) die ursprünglich relativ monolithhafte

3 S. hierzu grundlegend Werner Link: *Der Ost-West-Konflikt*, Stuttgart 1980; Dieter Senghaas: *Konfliktformationen im internationalen System*, Frankfurt/M. 1988, Kap. II und III.

Ostkomponente dieses Konfliktes bildeten, trug die Aufschaukelung dieses Konfliktes auch zur daraus mitinduzierten Selbstorganisation des Westens bei: Dieser orientierte sich im Hinblick auf politische, ideologische und militärische Gefahrenabwehr am Prinzip kollektiver Verteidigung, die auf militärischer Ebene in der NATO ihren transatlantischen institutionellen Niederschlag fand.

Dieser Vorgang in der Frühphase des Ost-West-Konfliktes hat viele Parallelitäten im praktischen Leben und ist der allgemeinen Konflikttheorie nicht unvertraut: In einer sich aufschaukelnden Konfliktbeziehung verstärkt sich der Eingrenzungs-/Ausgrenzungsmechanismus. In Reaktion auf tatsächliches Konfliktverhalten und/oder eine übersteigerte Wahrnehmung des Konfliktes kommt es zu einer Formierung der Konfliktparteien, die als Ergebnis der Eskalation des Konfliktes schließlich einen höheren Zusammenhalt aufweisen als zu Beginn desselben.

Während sich zwischen Ost und West ein historisch beispiellos zugespitztes Sicherheitsdilemma aufbaute, das seinen Ausdruck in der bipolaren Abschreckungskonstellation und darin in der wechselseitigen Androhung von Vernichtung fand,[4] verflüchtigte sich praktisch das Sicherheitsdilemma *innerhalb* der westlichen Welt. Zwar gab es zwischen den westlichen Staaten anhaltende Auseinandersetzungen über die konkreten Modalitäten von Sicherheitspolitik, vor allem über die Möglichkeit glaubwürdiger nuklearer und/oder konventioneller Abschreckung und über die Lastenverteilung (*burden sharing*), doch diese innerwestlichen Konflikte fanden immer unter den restriktiven Bedingungen der übergeordneten Ost-West-Konfliktkonstellation statt.[5] Sie blieben ohne politische Virulenz.

Der Ost-West-Konflikt hat also ohne Zweifel auch innerhalb seiner West-Komponente strukturbildend gewirkt. Die Sicherheitspolitik der beteiligten Staaten wurde im Einzelfall mehr oder weniger auf eine gemeinsame Plattform hin ausgerichtet; entsprechende Institutionen der Konzertierung sicherheitspolitischen Handelns wurden aufgebaut, ebenfalls eine gemeinsame militärische Infrastruktur. Obgleich förmlich immer noch eine Domäne nationaler Politik, wurde Sicherheitspolitik in der politischen Praxis zu einer Gemeinschaftsaufgabe, ohne wirklich »verge-

4 S. Dieter Senghaas: *Abschreckung und Frieden. Studien zur Kritik organisierter Friedlosigkeit*, Frankfurt/M. 1981[3].

5 S. Dieter Senghaas: *Die Zukunft Europas*, Frankfurt/M. 1986, Kap. 4.

meinschaftet« zu sein. Vergemeinschaftung, die mehr als bloße intergouvernementale Kooperation bedeuten würde, ist erst im Kontext einer sich weiterentwickelnden Europäischen Union vorgesehen.

Der Rückblick auf diesen Sachverhalt ist deshalb von Bedeutung, weil nicht selten die These vertreten wurde, daß mit dem Ende des Ost-West-Konfliktes der Westen an sicherheitspolitischem Zusammenhalt verlieren würde, folglich die gemeinsamen sicherheitspolitischen Institutionen (insbesondere die NATO) Gefahr laufen würden, einfach zu verfallen, weshalb es im Endeffekt zu einer Renationalisierung der Sicherheitspolitik kommen werde. Im Klartext läuft eine solche Vermutung auf die These hinaus: Der Zusammenbruch des Ost-West-Konfliktes werde langfristig auch innerhalb des Westens zu einer schärferen Konturierung der Interessenkonflikte führen,[6] weshalb – so wird oft weiter gefolgert – es denkbar sei, daß auch in den *inner*westlichen Beziehungen militärisches Machtpotential wieder an Bedeutung gewinnen könnte. Bei dieser Argumentation handelt es sich um eine Prognose, die aus einem Umkehrschluß resultiert: Außendruck fördert innere Kohäsion, weniger Außendruck übersetzt sich in eine geringere innere Kohäsion; kein Außendruck führt zum Verfall von Kohäsion.[7] Die 40 Jahre langen transatlantischen Strukturbildungsprozesse haben dieser Logik – zumindest bisher – entgegengewirkt. Ob das deutliche politische Machtgefälle zwischen den USA und EU-Europa sowie die sich daraus ergebenden Unterschiede hinsichtlich weltpolitischer Interessen dazu beitragen werden, den über den Nordatlantik hinweg leidlich vorhandenen *politischen* Zusammenhalt aufzulösen, ist eine Frage ohne derzeit eindeutige Antwort (Irak-Krise 2002/03!). Aber unwahrscheinlich bleibt, daß ein politisches Zerwürfnis zu einer *militärisch* virulenten Lage führen könnte.

Ein *zweiter* Faktor, der für die Herausbildung der OECD-Welt hilfreich war, ist in der überragenden weltwirtschaftlichen Posi-

6 Vorsichtig formulierte Vermutungen in diese Richtung finden sich in Hans-Peter Schwarz: *Die Zentralmacht Europas. Deutschlands Rückkehr auf die Weltbühne*, Berlin 1994.

7 Eine inzwischen klassisch zu nennende frühe Prognose in dieser Hinsicht findet sich in John J. Mearsheimer: *Back to the Future. Instability in Europe after the Cold War*, in: *International Security*, Bd. 15, Nr. 1, 1990, S. 5-56.

tion der USA in den ersten zwei bis drei Jahrzehnten nach dem Ende des Zweiten Weltkriegs zu sehen.[8] Die USA verfügten damals über die weltweit größte, produktivste und international wettbewerbsfähigste Ökonomie der Welt. Nur eine derartige Ökonomie ist fähig, die Rolle einer Leitökonomie zu übernehmen und eine weltwirtschaftliche Ordnung im eigenen Interesse aufzubauen und zu stabilisieren. Dabei ist freihändlerische Orientierung die naheliegende Leitperspektive einer solchen *économie dominante* mit hegemonialem Gestaltungsprivileg.

Um als verläßlicher Motor und Stabilisator wirken zu können, muß eine dominante Ökonomie eine Politik betreiben, die, obgleich an eigenen Interessen ausgerichtet, dennoch anderen zugeordneten Ökonomien potentielle Vorteile verspricht. So wird sie zeitweilig die Rolle des Wachstumsmotors übernehmen müssen, zum Beispiel dadurch, daß ihre Importe das Exportwachstum anderer nachgeordneter Ökonomien stimulieren; und sie wird öffentliche Mittel transferieren und später Direktinvestitionen außerhalb ihrer Grenzen tätigen, um in anderen Ländern flankierend das für Infrastruktur und Wirtschaftswachstum erforderliche Kapital bereitzustellen. Dazu gehören auch der Transfer von Technologie und die Verbreitung von Expertise, beispielsweise von Kenntnissen über modernes Management von Ökonomien und Firmen. Erforderlich ist also eine benevolente Leitökonomie, die aus Eigeninteresse zur Herausbildung eines sich ausweitenden Wirtschaftsraumes beiträgt und die hierfür erforderlichen materiellen und institutionellen Rahmenbedingungen bereitstellt.

Letzteres geschah in der Nachkriegszeit vor allem durch ein auf Freihandel ausgerichtetes, stufenweise freihändlerisch werdendes Welthandelsregime (GATT) sowie durch das Weltwährungsregime von Bretton Woods. Das erste, das inzwischen eine Nachfolge in der Welthandelsorganisation (WTO) fand, trug zur Liberalisierung des Welthandels bei, das zweite zur währungsmäßigen Stabilisierung der internationalen Wirtschaftsbeziehungen.

Die USA als Leitökonomie, die genannten internationalen Regime als institutionelle Rahmenbedingung und ein historisch beispielloses Wirtschaftswachstum, das außerhalb der USA, vor allem in Westeuropa und Japan (also in vor dem Zweiten Weltkrieg schon leidlich durchindustrialisierten Ländern), einen weiteren

8 S. hierzu Dieter Senghaas, op. cit. (Anm. 3), Kap. V.

breitenwirksamen Modernisierungsschub auslöste, haben in ökonomischer Hinsicht nach 1950 wesentlich zur Herausbildung der OECD-Welt beigetragen. Wie hinsichtlich des erstgenannten Faktors, des Ost-West-Konfliktes, gab es allerdings auch im Hinblick auf diese ökonomische Entstehungsbedingung der OECD-Welt eine intensive Debatte darüber, ob das Ende der weltwirtschaftlichen Hegemonie der USA, das sich seit den frühen 1970er Jahren abzeichnete, auch zu einem Ende des liberalen weltwirtschaftlichen OECD-Gefüges führen müßte. Was ist die Beständigkeit der OECD-Welt *»after hegemony«*, also nach dem Ende der weltwirtschaftlich-hegemonialen Position der USA?[9] Diejenigen, die in der *»decline of hegemony«*-Debatte einst eine skeptische Antwort formulierten und also einen Zusammenbruch der von der Leitökonomie durchgesetzten und abgestützten liberalen internationalen Regime prognostizierten, wurden allerdings trotz aller krisenträchtigen Entwicklungen der Weltwirtschaft seit den 80er Jahren des vergangenen Jahrhunderts widerlegt.[10]

Ein *dritter* hilfreicher Faktor bei der Herausbildung der OECD-Welt in ihrer westeuropäischen Komponente war der in der unmittelbaren Nachkriegszeit in Westeuropa dokumentierte politische Wille, aus dieser historisch chronischen Zone des Krieges eine stabile Friedenszone zu machen. Wiederum war dabei der Ost-West-Konflikt hilfreich, aber die Europaidee und der Wille zur Friedensgestaltung waren älter: Aus den leidvollen Erfahrungen schon des Ersten und gar des Zweiten Weltkrieges sollten Lehren mit irreversiblen institutionellen Folgen gezogen werden: Gedacht war an ein Europa, das nicht mehr in desaströse kriegerische Auseinandersetzungen zurückfallen würde, also an ein »vereinigtes Europa« (was immer damit im einzelnen gemeint war). Aus dem ursprünglichen »Friedensprojekt Westeuropa«

9 S. Robert O. Keohane: *After Hegemony. Cooperation and Discord in the World Political Economy*, Princeton 1984. S. auch Dieter Senghaas: *Die ungleichen Partner der Triade. USA – Japan – Deutschland*, in: *Blätter für deutsche und internationale Politik*, Nr. 9, 1993, S. 1080-1085 sowie jetzt insbesondere Ralf Roloff: *Europa, Amerika und Asien zwischen Globalisierung und Regionalisierung*, Paderborn 2001.

10 Eine eingehende Analyse hierzu findet sich in Stefan Robel: *Hegemonie in den internationalen Beziehungen. Lehren aus dem Scheitern der ›Theorie hegemonialer Stabilität‹*, in: *Dresdner Arbeitspapiere Internationale Beziehungen*, Nr. 2, Dresden 2001.

entwickelte sich in Gestalt der EWG lange Zeit ein ökonomielastiges Unternehmen, dessen letzendliche politische Finalität unter dem jetzigen Etikett der EU weiterhin ungeklärt ist.[11] Und auch im Hinblick auf dieses »Projekt« wurde nach 1989/90 oft die besorgte Frage gestellt, ob denn die Kräfte der Kohäsion weiterhin stärker bleiben würden als die Tendenzen zur Desintegration. Auch in dieser Hinsicht haben sich die Befürchtungen einer akzentuierten Renationalisierung, d. h. einer Regression in nationalistisch bestimmte Politik, als übertrieben erwiesen.

2. Strukturbildende Folgen

Diese drei genannten Ausgangskonstellationen waren für die Herausbildung der OECD-Welt von Bedeutung. Sie prägten markante politische Prozesse wie die Integration Westeuropas, den transatlantischen Brückenschlag und die amerikanisch-japanische Sicherheitsgemeinschaft einschließlich ihrer jeweiligen, im Laufe der Zeit bedeutsam werdenden ökonomischen Dimension – Vorgänge, die ihrerseits langfristige neue *strukturelle* Konsequenzen hatten. Diese müssen bedacht werden, wenn man die Beständigkeit der OECD-Welt als Friedenszone(n) abschätzen will. Drei Beobachtungen, die ihrerseits für die Charakterisierung der OECD-Welt als nunmehr strukturell fundierte Friedenszone von Bedeutung sind, stehen dabei im Vordergrund:

Die *erste Beobachtung* läßt sich wie folgt zusammenfassen: Die OECD-Welt ist zu einer Welt von Demokratien geworden. Das unterscheidet sie nachdrücklich von der Welt der hochindustrialisierten, wenngleich noch nicht breitenwirksam voll durchmodernisierten Länder der zwanziger und dreißiger Jahre des vergangenen Jahrhunderts, die seinerzeit ordnungspolitisch völlig heterogen war. Heute wird die OECD durch eine (bei allen Unterschieden im Detail) gemeinsame politische Ordnung geprägt: den *demokratischen Verfassungsstaat* mit seinen wesentlichen Komponenten wie Rechtsstaatlichkeit, Gewaltenteilung, demokratischer Pluralismus und Parlamentarismus. Die historische

11 Immer noch grundlegend hierzu Heinrich Schneider: *Rückblick für die Zukunft. Konzeptionelle Weichenstellung für die Europäische Einigung*, Bonn 1986.

Erfahrung lehrt im allgemeinen und hinsichtlich der Nachkriegsentwicklung im besonderen, daß der demokratische Verfassungsstaat und eine leistungsfähige Ökonomie, die Verteilungsspielräume eröffnet, in einem engen Bezug stehen. Denn nur unter solcher Bedingung ist in sozial mobilen, politisierten Gesellschaften eine stabile politische Kultur konstruktiver Konfliktbearbeitung erwartbar. Gebündelt und sich wechselseitig verstärkend sind diese Komponenten einer modernen politischen Ordnung die Grundlage für *inneren* Frieden. An früherer Stelle wurde dieser Sachverhalt mit dem Konzept des *»zivilisatorischen Hexagons«* erläutert.[12]

Auf demokratische Verfassungsstaaten dieses Typs richtet sich die weitergehende friedenspolitische Vermutung, sie seien auch in ihren Außenbeziehungen, zumindest aber untereinander, friedliebende Gebilde. Während die allgemeine theoretische Kontroverse über diese These anhält,[13] ist eine *zweite Beobachtung* unstrittig: In der OECD-Welt hat die wechselseitige institutionelle Vernetzung zur Herausbildung dessen beigetragen, was Kant einen »Friedensbund« (*foedus pacificum*) und Karl Deutsch eine »pluralistische Sicherheitsgemeinschaft« genannt hatten. Zwischen diesen Staaten ist in der Folge einer anhaltenden Konzertierung und Koordination von Politik das sogenannte »Sicherheitsdilemma« weitgehend beseitigt. Damit verschwand in den wechselseitigen Beziehungen innerhalb der OECD-Welt militärische Macht als ein Faktor operativer Politik, obgleich sie von punktueller symbolischer Bedeutung bleiben kann (so insbesondere im Hinblick auf den Status einiger Länder qua Nuklearmacht – ein Sachverhalt, dessen Bedeutung jedoch nur noch von jeweils eingebildetem symbolischem Wert ist).

Solche Vernetzungen sind heute besonders dicht im Bereich der Europäischen Union. Über den Atlantik hinweg sind immer noch die über die NATO institutionalisierten Beziehungen von Relevanz, wenngleich von deutlich abnehmendem Gewicht.[14]

12 S. hierzu Kap. 2 im vorliegenden Buch.

13 S. hierzu zusammenfassend und grundlegend Harald Müller: *Antinomien des demokratischen Friedens*, in: *Politische Vierteljahresschrift*, Bd. 43, 2002, Nr. 1, S. 46-81.

14 S. hierzu Thomas Risse-Kappen: *Cooperation among Democracies*, Princeton 1995.

Und auf der Ebene der OECD-Welt insgesamt wurde mit Hilfe von Weltwirtschaftsgipfeln, vor allem ihren Vor- und Nachbereitungen, ein gewisses Maß an anhaltender außenwirtschaftspolitischer Koordination institutionalisiert. So ist in der Welt der OECD, wenngleich in einzelnen ihrer Komponenten abgestuft und unterschiedlich dicht, eine breitgefächerte *institutionelle Interdependenz* entstanden.[15] Sie kennzeichnet den organisatorischen Überbau, der jedoch – anders als in der übrigen Welt und auch in der Geschichte der Industrieländer vor dem Zweiten Weltkrieg – auf einem entsprechenden ökonomischen Unterbau aufruht.

Darauf bezieht sich die *dritte Beobachtung*: Die Vernetzung ist nicht nur eine institutionelle, sondern eine materiell-ökonomische *von erheblichem Ausmaß* und *spezifischer Qualität* (letzteres wird in aller Regel in theoretischer und praktischer Reflexion weithin übersehen). Bekanntlich werden in der OECD-Welt etwa 75 % des Weltbruttoinlandprodukts erwirtschaftet. Bei einem Anteil von 70 % am Welthandel finden zirka 50 % des Welthandels zwischen den Ländern der OECD selbst statt. Nimmt man nicht die Welt als Bezugsgröße, sondern die OECD-Welt (= 100 %), so beläuft sich der Intra-OECD-Handel auf ungefähr 75 % des OECD-Gesamthandels. Die Länder der OECD investieren vor allem in anderen Ländern der OECD, und folglich findet Technologietransfer vor allem zwischen ihnen selbst statt. Die OECD-Welt zeichnet sich also durch einen erheblich wirtschafts- bzw. raumgeographischen Selbstbezug aus.

Hinzu kommt – und darin liegt die in friedenstheoretischer Diskussion bisher nicht wahrgenommene besondere Qualität des Austausches, daß der Handel innerhalb der OECD-Welt vor allem ein intraindustrieller oder *substitutiver* Austausch ist: Ausgetauscht werden vor allem *vergleichbare hochwertige* Fertiggüter, so daß in weiten Teilen der OECD-Welt eine *symmetrische Interdependenz* der ökonomischen Austauschbeziehungen vorliegt. Sie setzt reife marktwirtschaftliche Ökonomien voraus, d.h. Ökonomien, die sich tendenziell in *allen* wichtigen Sparten durch

15 S. Reinhard Rode: *Weltregieren durch internationale Wirtschaftsorganisationen*, Halle 2001; sowie zur friedenstheoretischen Fundierung des Sachverhalts Wade L. Huntley: *Kant's Third Image. Systemic Sources of Liberal Peace*, in: *International Studies Quarterly*, Bd. 40, Nr. 1, 1996, S. 45-76.

eine hohe Wettbewerbsfähigkeit auszeichnen. Dieses spezifisch qualifizierte Profil ist mit volkswirtschaftlichen Aggregatdaten meßbar: 5:30:65. D. h. 5 Prozent der erwerbstätigen OECD-Bevölkerungen erwirtschaften im Agrarsektor 5 Prozent des Bruttoinlandprodukts (Tendenz weiterhin deutlich fallend); derselbe Vorgang findet sich im industriellen (30 Prozent; Tendenz deutlich fallend) und im Dienstleistungssektor (65 Prozent; Tendenz deutlich steigend) – die Variationen im einzelnen konkreten Fall betreffen nur wenige Prozentpunkte, wobei die säkulare Entwicklung (*longue durée*) in etwa auf ein durchschnittliches 2:23:75-Profil zusteuert. Es liegt also eine beachtliche Homogenität und Kohärenz der Ökonomien vor,[16] das sog. *OECD-Profil*. In der Folge dieses Profils kommt es dann zu der zunächst paradox anmutenden Erscheinung, daß Ökonomien, die auf dem Hintergrund einer solchen sich parallelisierenden, hochqualifizierten Wirtschaftsstruktur zu einem alle Sparten umfassenden Verdrängungswettbewerb fähig sind, sich wechselseitig tatsächlich auch in unvergleichlichem Ausmaß durchdringen und über diesen Typ von Verdrängungswettbewerb einen hohen Grad an ökonomischer Interdependenz auf *symmetrischer* Grundlage erreichen.

Nur dieser qualitativ hochstehende symmetrisch gelagerte (= substitutiv ausgerichtete) Verdrängungswettbewerb ist vom Ansatz her friedenszuträglich, weil er, anders als ein Wettbewerb auf der Grundlage asymmetrisch-komplementärer Arbeitsteilung, mit hoher Wahrscheinlichkeit keinen breitgefächerten Peripherisierungsdruck, sondern eher breitgefächerte anhaltende Innovationsanreize auslöst. Aus letzteren resultiert Wettbewerb »auf gleicher Augenhöhe«, was man als *symmetrischen Verdrängungswettbewerb* bezeichnen könnte. Die in diesem angelegte Regressionsgefahr, also die Gefahr, als Folge auch dieses Typs von Verdrängungswettbewerb in der Weltwirtschaft peripherisiert oder marginalisiert zu werden, ist äußerst gering. Denn, erstens, besteht sie nur branchenspezifisch bzw. nur in Unterbranchen einer Ökonomie und nicht auf breiter Front. Und, zweitens, wirken Kräfte der Selbstbehauptung via Innovation bei Produktionsverfahren und Produkten in aller Regel einer solchen punktu-

16 Zu den Kategorien Homogenität und Kohärenz s. Ulrich Menzel und Dieter Senghaas: *Europas Entwicklung und die Dritte Welt. Eine Bestandsaufnahme*, Frankfurt/M. 1986, Kap. 6.

ellen Gefahr (auch wenn sie in mehreren Subbranchen vorliegt) entgegen, so daß eine breitgefächerte tiefgreifende und umfassende Regression nicht droht: Ökonomien mit OECD-Profil rotieren ständig um die profitorientierte Inszenierung von Innovation, und genau dieser auf breiter Basis beobachtbare Sachverhalt macht sie nicht immer kurzfristig (2-5 Jahre), so doch mittel- und langfristig gegen einen desaströsen Verdrängungswettbewerb mit der Folge von Regression (Verlust an Branchen ohne nachfolgende Kompensation innerhalb herausgeforderter oder auch in ganz neuen Branchen) immun. Der dargelegte Sachverhalt (*und nur dieser*) erlaubt es leistungsfähigen OECD-Ökonomien, *freihändlerisch-offen* zu sein. Nicht also jedwede Art von Austausch, sondern nur dieser spezifische, in dem sich angesichts eines *symmetrisch* gelagerten Verdrängungswettbewerbs alte bzw. neue maßgebliche ökonomische Akteure anhaltend zu bewähren haben *und dies auch erfolgreich tun*, ist friedenszuträglich.[17]

Der dargelegte Sachverhalt – substitutive Arbeitsteilung – ist innerhalb des Europäischen Wirtschaftsraums (EU/Rest-EFTA) seit drei Jahrzehnten weit fortgeschritten, auch in den transatlantischen Beziehungen. Chronische Defizite zeigen sich allerdings in Quantität und Qualität im amerikanisch-japanischen Austausch und in den europäisch-japanischen Beziehungen, was zu erheblichen Handelsbilanzdefiziten der USA und Europas, insbesondere aber zu gravierenden branchenspezifischen Folgen (Auto- und Elektronikindustrie) eines zeitweilig extrem erfolg-

17 Der dargestellte Sachverhalt kann nicht eindringlich genug betont werden, weil er in der weitläufigen Debatte über den sogenannten »demokratischen Frieden« völlig unbeachtet blieb. Das gilt selbst für eine komplex bzw. konfigurativ argumentierende Studie wie diejenige von Bruce Russett und John Oneal: *Triangulating Peace. Democracy, Interdependence, and International Organization*, New York 2001. Auch in dieser vorzüglichen Studie erfolgt keine Qualifizierung des ökonomischen Austauschs (Interdependenz), also auch keine Qualifizierung hinsichtlich friedenszuträglicher bzw. friedensunzuträglicher Interdependenz. Der Grund für die Nichtbeachtung des dargelegten Sachverhalts findet sich in der völligen Abwesenheit der Expertise systematisch-historischer Entwicklungsforschung in der Debatte über den »demokratischen Frieden«. Als neuesten Beleg s. Andreas Hasenclever: *Liberale Ansätze zum »demokratischen Frieden«*, in: Siegfried Schieder und Manuela Spindler (Hg.), *Theorien der internationalen Beziehungen*, Opladen 2003, S. 199-225, wo dieser eigentlich wißbare Sachverhalt weiterhin unberücksichtigt bleibt – ganz repräsentativ für die gesamte Debatte um den »demokratischen Frieden«.

reichen Verdrängungswettbewerbs Japans gegen die Altindustrieländer führte.[18]

Ungeachtet dieser zeitweiligen Defizite und Folgen läßt sich demnach ein spezifisches Profil der politischen Ökonomie der OECD-Welt feststellen: Produziert und gehandelt wird in einem grenzüberschreitenden Raum, der sich – im weltweiten Vergleich betrachtet – durch Rechtssicherheit, durch gute Infrastruktur und Ausbildung (Humankapital), durch hohe Produktivität und Innovationsneigung in *allen* Sparten und durch nachfragestarke Binnenmärkte, ihrerseits das Ergebnis der genannten Sachverhalte und einer daraus resultierenden relativ hohen Entlohnung, auszeichnet.

In der OECD-Welt insgesamt, insbesondere jedoch in ihrer europäischen Komponente, sind somit aus den ursprünglichen Strukturimpulsen, die alle nachdrücklich unter den Rahmenbedingungen des Ost-West-Konfliktes und der weltwirtschaftlichen Hegemonie der USA sich entfalteten, eigenständige Strukturen mit eigenem Gewicht entstanden: ordnungspolitische Profile des demokratischen Verfassungsstaates in Kombination mit leistungsfähigen Ökonomien, die nicht quasi-nomadenhaft nebeneinander existieren, sondern politisch, institutionell, ökonomisch und in wachsendem Maße auch auf gesellschaftlicher Ebene (»Transnationalisierung«) dicht miteinander vernetzt sind. Der Sachverhalt wurde einst von Ernst-Otto Czempiel mit zwei neuen, inzwischen gängig gewordenen Begriffen gekennzeichnet: Ergänzend zu den weiterhin bedeutsamen, aber keineswegs exklusiven Staatenbeziehungen, der »Staatenwelt«, seien in diesem Segment des internationalen Systems eine von Parteien, Verbänden, sozialen Bewegungen und anderen Gruppierungen getragene »Gesellschaftswelt« und eine von multinationalen Firmen geprägte »Wirtschaftswelt« entstanden.[19] Man könnte ergänzen: Die nordamerikanische, die europäische und die transatlantische Friedenszone sind überdies durch einen gemeinsamen Kulturhorizont miteinander verbunden (»Kulturwelt«). Ob dieser sich in

18 S. hierzu Dieter Senghaas, op. cit. (Anm. 9).

19 Ernst-Otto Czempiel: *Weltpoltik im Umbruch*, München 1993². Die heuristischen Konsequenzen für die Analyse politischer Prozesse einer sich internationalisierenden Politik erläutert Czempiel in *Internationale Politik*, Paderborn 1981.

der Folge weiterer Modernisierungsschübe auch in die ost- und südostasiatische Komponente hinein erweitern wird, war und ist eine umstritten bleibende Frage.

3. Allgemeine Strukturmerkmale

Interessanterweise entspricht die Entwicklung der OECD-Welt vor allem in ihren nordamerikanischen, europäischen und atlantischen Komponenten weitgehend zentralen friedenstheoretischen Kriterien, die in der neueren Diskussion im Hinblick auf die Existenz einer *Struktur dauerhaften Friedens* formuliert wurden. Nach diesen Überlegungen, die hier noch einmal kurz aufgelistet werden sollen,[20] zeichnet sich eine solche Struktur bzw. Architektur durch fünf konkrete Merkmale aus:

1. *Positive Interdependenz*: Die Beziehungen zwischen den kollektiven Akteuren müssen in den wesentlichen Dimensionen von Ökonomie, Kommunikation und Kontakten eine Größenordnung von hoher wechselseitiger Relevanz erreichen, so daß potentiell konfrontatives Verhalten der einen Seite nicht nur zur Schädigung der anderen Seite führt, sondern auch zu einer erheblichen Selbstschädigung. Es müssen also symbiotische Beziehungen vorliegen. Genau dieser Sachverhalt ist in weiten Teilen der OECD-Welt unschwer nachweisbar.

2. *Annähernde Symmetrie*: Interdependenzen sind im allgemeinen höchst unterschiedlich gelagert; sie können symmetrisch, asymmetrisch, konfrontativ und anders ausgestaltet sein. Für eine Struktur dauerhaften Friedens ist die symmetrische Interdependenz von entscheidender Bedeutung, insbesondere in ökonomischer Hinsicht. Hier ist sie auch einfach zu operationalisieren: Wenn jede Seite über gleich hohe und innovationszuträgliche Kompetenzen in der Produktion und Vermarktung von Waren und Wissen verfügt und qualitativ vergleichbare Güter ausgetauscht werden, also eine *substitutive* Arbeitsteilung vorliegt, besteht Symmetrie. Das pure Gegenteil hierzu wäre eine koloniale Austauschstruktur in der Folge von komplementärer Arbeitsteilung, wie sie zum Beispiel beim Austausch von kapital- und wissensintensiven Gütern gegen Rohstoffe vorliegt. Substitutive

20 S. hierzu Kap. 5 im vorliegenden Buch.

oder intraindustrielle Arbeitsteilung ist inzwischen ein allgemeines Kennzeichen der Austauschprozesse in der EU und über den Atlantik hinweg. In den amerikanisch-japanischen und in den europäisch-japanischen Beziehungen bestehen in dieser Hinsicht jedoch qualitative Asymmetrien, die bekanntlich Anlaß für außenwirtschaftspolitisch-diplomatische Dauerkonflikte (allerdings geringer Dramatik) sind, die bilateral oder im Rahmen der Welthandelsorganisation ausgetragen werden.

3. *Homologie*: Vergleichbare Strukturen bei allen Austauschpartnern erleichtern die Beziehungen. Denn unter den Vorzeichen solcher Strukturen findet jeder auf der jeweiligen Gegenseite seinen jeweiligen Partner: der Unternehmer den Unternehmer, der Gewerkschaftler den Gewerkschaftler, der freischaffende Künstler andere freischaffende Künstler, der Parteigänger gleichgesinnte Partner usf. Die Herausbildung offener pluralistischer Gesellschaften – Ergebnis diverser Modernisierungsschübe in der OECD-Welt der letzten fünfzig Jahre – hat wesentlich dazu beigetragen, daß sich solche freizügigen Beziehungen zwischen Akteuren, die in vergleichbaren Strukturen handeln, über die Grenzen hinweg entfalten konnten (»Transnationalisierung«, »Gesellschaftswelt«, »Wirtschaftswelt«).

4. *Entropie:* Eine Friedensstruktur sollte sich durch vielfältige Kreuz- und Querbeziehungen, also durch das Gegenteil von Gleichschaltung auszeichnen; weiterhin durch die freie Wahl der Partner im grenzüberschreitenden Verkehr sowie auch durch ein erhebliches Maß an Selbstregulierung dezentral bzw. privat agierender Akteure. Wenn man so will, handelt es sich bei einem solchen Gebilde um das schiere Gegenteil der aus der Nachkriegsordnung vertrauten bipolaren, systemantagonistischen Abschreckungskonstellation, die durch »Ordentlichkeit«, d.h. Hierarchisierung, Zentralisierung und eine Gleichschaltung von oben nach unten usf. gekennzeichnet war. Entropie bedeutet also in diesem Zusammenhang: Es muß in einer Friedensstruktur ein gewisses Maß an »Unordentlichkeit« vorliegen: Subsidiarität, nicht von vornherein festgelegte Spielräume des Handelns, gewisse Kompetenzüberlappungen, ein Mangel an institutioneller Synchronisation und vergleichbare Erscheinungen, die Flexibilität ermöglichen, können dabei eine nützliche Rolle spielen. Unter solchen Bedingungen gibt es ein hohes Maß an Selbststeuerung; Problemlagen lassen sich dann leichter abfedern als unter

den Vorzeichen starrer hierarchisierter Beziehungen. Vielleicht kommt beispielsweise in der Skepsis gegenüber einem überzentralisierten »Brüssel« ein instinktives Verständnis darüber zum Ausdruck, daß unter modernen Bedingungen auch auf überstaatlicher Ebene nicht-hierarchisierte politische Systeme mit bleibender Bodenhaftung, also Netzwerksysteme und Systeme, die unter dem Etikett *private-public partnership* gehandelt werden, lebensfähiger und effizienter sind als lebensfern-überzentralisierte.

5. *Gemeinsame Institutionen*: Sie werden als institutionelles Dach begriffen, von dem her gemäß der Theorie eher zurückhaltend als forsch auf das Gesamtgeschehen regulierend und steuernd eingewirkt wird, wodurch Problemlösungen aufbereitet werden und der Gefahr einer Chaotisierung entgegengewirkt wird.

Wenn man von diesen fünf Merkmalen einer Friedensstruktur ausgeht, so stellt sich – abgesehen von der amerikanisch-japanischen und der europäisch-japanischen Komponente – die OECD-Welt qua Strukturgebilde oder Architektur weiterhin in durchaus passablem Lichte dar. Zeitweilige politische Turbulenzen sollten darüber nicht hinwegtäuschen. Auch unter der Perspektive der Theorie pluralistischer Sicherheitsgemeinschaft, die schon vor Jahrzehnten von Karl W. Deutsch vorgelegt wurde, ist der erreichte Entwicklungsstand der OECD-Welt eher ermutigend.[21] In dieser Theorie wurden als Ergebnis historisch-vergleichender Forschung drei Faktoren als Grundsatz für die Herausbildung dauerhaft friedlicher Beziehungen genannt: die Vereinbarkeit in den Grundwerten, die Voraussagbarkeit der Motive und des Verhaltens (Berechenbarkeit) und die Fähigkeit, auf die Belange der Partner einzugehen (»responsiveness«). Wiederum scheinen im europäischen und transatlantischen Zusammenhang diese Kriterien eher erfüllt zu sein,[22] weniger demgegenüber im amerikanisch-japanischen und auch nicht im europäisch-japanischen Verhältnis. In beider Verhältnis sind Defizite zu verzeichnen, die zu chronischen Belastungen führen

21 Ebd.

22 Für den westeuropäischen Raum s. die eingehende Untersuchung von Michael Zielinski: *Friedensursachen. Genese und konstituierende Bedingungen von Friedensgemeinschaften am Beispiel der Bundesrepublik Deutschland und der Entwicklung ihrer Beziehungen zu den USA, Frankreich und den Niederlanden*, Baden-Baden 1995. S. auch ders.: *Gesamteuropa als Friedensgemeinschaft*, in: *Die Friedenswarte*, Bd. 75, 2000, S. 309-330.

können. Ohnehin sind im Hinblick auf die Zukunft der OECD-Welt Erweiterungschancen und Einbruchsgefahren gegeneinander abzuwägen.

4. Erweiterungschancen und Einbruchsgefahren

Erweiterungschancen gibt es im Hinblick auf die OECD-Welt derzeit in Teilen der östlichen Hälfte Europas sowie in Ostasien.

Der Umbruch in *Ostmitteleuropa* nach 1989/90 stand unter dem ordnungspolitischen Vorzeichen: »Rückkehr nach Europa«. Das heißt, die politische Revolution sollte in eine Eingliederung in das Europa des demokratischen Verfassungsstaates und der marktwirtschaftlichen Ordnung münden. Damit war von der Absichtserklärung her ein wichtiges Kriterium für die Zuordnung zur OECD-Welt erfüllt (Übereinstimmung in den Grundwerten). Eine Übersetzung dieser Absicht in verläßliche politische und ökonomische Strukturen vor Ort war jedoch damit noch nicht garantiert. Der hierfür erforderliche Entwicklungsweg ist mit erheblichen Problemen belastet, vor allem mit dem »Dilemma der Gleichzeitigkeit«: also der doppelten Aufgabe, einmal den demokratischen Verfassungsstaat neu bzw. erstmals zu institutionalisieren *und* gleichzeitig einen Wirtschaftsumbau in Richtung Marktwirtschaft bewerkstelligen zu müssen[23] – beides unter den Vorzeichen politisierter Gesellschaften sowie einem erheblichen Produktivitäts- und Kompetenzgefälle zwischen der OECD-Welt und den integrationswilligen Umbruchgesellschaften.

Ostasien hat gegenüber Ostmitteleuropa den Vorzug, daß die Herausbildung von Rechtsstaatlichkeit und Demokratie zur mehr oder weniger zwingenden Konsequenz eines vorgängigen, äußerst erfolgreichen ökonomischen Modernisierungsprozesses, der jedoch unter diktatorischen Bedingungen stattfand, wird. Deshalb stellt sich hier das Dilemma der Gleichzeitigkeit nicht: Die effiziente, d. h. die weltwirtschaftlich wettbewerbsfähige und den jeweiligen Binnenmarkt breitenwirksam erschließende Ökonomie liegt vor; die Demokratisierung ist überfällig und folgt nach.

23 S. Claus Offe: *Der Tunnel am Ende des Lichts. Erkundungen der politischen Transformation im Neuen Osten*, Frankfurt/M. 1994.

In beiden Fällen, Ostmitteleuropa und Ostasien, hat Demokratisierung eine Chance (interessanterweise in Ostasien vielleicht schneller und verläßlicher als in der östlichen Hälfte Europas). Durch diesen Vorgang würde, wie auch bei einem entsprechenden ökonomischen Erfolg Osteuropas, die Zahl derjenigen Staaten und Ökonomien zunehmen, die zumindest in ihrem wechselseitigen Verhältnis sich wie »Handelsstaaten« verhalten: Diese sind bekanntlich auf kommerziell motivierte Kompromisse ausgerichtet; sie pflegen ein politisches Management ökonomischer Interdependenz mit dem Ziel, über multilateralistische Arrangements Gewinnchancen zu nutzen; konsequent eigensinniges und nationalistisches Verhalten ist eher die Ausnahme. Natürlich ist auch unter Handelsstaaten Machtpolitik zu beobachten. Aber diese bleibt dadurch eingehegt, daß die Interessen von Handelsstaaten immer schon weitgehend *symbiotisch verflochtene Interessen* sind.[24]

Die offene, langfristig wichtige Frage im Hinblick auf eine solche Perspektive der Selbsterweiterung der OECD-Welt ist, ob Machtstaaten alter Prägung wie Rußland in der östlichen Hälfte Europas und China in Ostasien sich einer solchen, in ihrem unmittelbaren Umkreis sich abzeichnenden Entwicklung anschließen werden oder nicht.

Aber dieser Perspektive stehen auch *Einbruchsgefahren* gegenüber. Sie ergeben sich im wesentlichen aus den bekannten Schwachstellen und aus den Konstitutionsbedingungen der OECD-Welt:

Was die Schwachstellen der OECD-Welt, die amerikanisch-japanischen bzw. europäisch-japanischen Wirtschaftsbeziehungen betrifft, so könnten eine erneute Verschärfung der Konkurrenzlage[25] und die daraus resultierenden größeren Handelsdefizite (ergänzt um weiterhin ungleiche Investitionschancen) die politische Konfliktträchtigkeit der entsprechenden Beziehungen erhöhen und zu der einen oder anderen Art von – übertrieben formuliert – »Wirtschaftskrieg« führen. In den USA und Japan wurde ein solcher unter dem Stichwort »geoökonomischer Konflikt«

24 S. Richard Rosecrance: *Der Handelsstaat*, Frankfurt/M. 1987.

25 D. h. präzise: wenn asymmetrischer Verdrängungswettbewerb sich vertieft und Gegenkräfte nicht stark genug sind, um eine Symmetrisierung des Verdrängungswettbewerbs zu erreichen.

thematisiert, allerdings ohne daß bisher eine militärische Komponente prognostiziert wurde.[26] Diese Gefahr wurde jedoch mit großer Wahrscheinlichkeit immer schon dramatisch überzeichnet, da die japanische Ökonomie im letzten Jahrzehnt des vergangenen Jahrhunderts ihre früher Erstaunen erregende Vitalität eingebüßt hat und in eine Dauerkrise geriet.

Unterschiedliche Entwicklungen in der Konkurrenzfähigkeit können auch bisher symmetrisch gelagerte Beziehungen, wie sie vor allem im EU- und im transatlantischen Raum bestehen, problematisch werden lassen, falls asymmetrischer Verdrängungswettbewerb sich auf breiter Basis erfolgreich einstellen würde: Aufwärtsmobile Ökonomien würden dann, wie es die Stärke ihrer ökonomischen Position nahelegt, freihändlerisch-multilateralistisch orientiert bleiben; abwärtsmobile Ökonomien würden eher protektionistisch werden. Zumindest würde ökonomisches Interdependenzmanagement unter solchen Bedingungen schwieriger. Das wäre natürlich auch der Fall, wenn es erneut zu einem (vielleicht durch Finanzspekulationen verursachten) Kollaps der Weltwirtschaft käme: Obgleich dann konzertiertes Handeln besonders gefordert wäre, käme es möglicherweise aus solchem Anlaß zu einem Zusammenbruch von gemeinsamen Regelwerken (Regimen) und eines gerade in solcher Lage dringend erforderlichen Interdependenzmanagements.

Wachsender ökonomischer Kuchen erleichtert bekanntlich die Herausbildung und die Selbststabilisierung von demokratischen Verfassungsstaaten. Schrumpft der Verteilungsspielraum in der Folge ökonomischer Krisen und des Verlustes von Konkurrenzpositionen, kann es leicht zu einer Legitimationskrise des demokratischen Systems kommen, insbesondere weil die soziale Frage erneut akzentuiert virulent würde. Ist im Einzelfall die demokratische Kultur nicht tief verwurzelt, kann durch einen solchen Vorgang auch der Verfassungsstaat gefährdet werden.

Gefährdungen gibt es also auch in der OECD-Welt sowohl von der Außen- wie von der Binnenseite her. Solchen Einbruchsgefahren muß vor allem durch ein solides weltwirtschaftliches *In-*

26 Zu dieser Debatte beispielhaft Edward N. Luttwak: *Weltwirtschaftskrieg. Export als Waffe – aus Partnern werden Gegner*, Reinbek b. Hamburg 1994. Zur spezifischen amerikanisch-japanischen Problematik s. Hartmut Hummel: *Der neue Westen. Der Handelskonflikt zwischen den USA und Japan und die Integration der westlichen Gemeinschaft*, Münster 1999.

terdependenzmanagement entgegengewirkt werden. Hinsichtlich auftretender Problemfälle im Klub der OECD-Welt wäre ein konzertiertes gemeinsames Handeln die Voraussetzung für erfolgreiche Hilfestellungen. Denn ohne solches Interdependenzmanagement drohen ökonomisch in Bedrängnis kommende Staaten außenwirtschaftspolitisch und gegebenenfalls ordnungspolitisch wegzudriften. Geschähe dies an mehreren Stellen, ließe sich der bisher für alle Beteiligten nützliche Zusammenhalt nicht mehr sichern.[27]

Mit anderen Worten: Die OECD-Welt ist heute eine Friedenszone bzw. ein Kompositum von Friedenszonen. Sie ist aber nicht ultra-stabil, d. h. sie ist nicht unter allen externen und internen Bedingungen erschütterungsfest und vor Regression geschützt. Aber sie hat auch die Chance einer Selbsterweiterung.[28] Diese Chance kann jedoch nur genutzt werden, wenn anderen Teilen der Welt, heute vor allem der östlichen Hälfte Europas, Handelschancen eingeräumt werden, die erforderlich sind, um jenseits der eigenen Grenzen zu einer Leistungssteigerung der betroffenen Ökonomien (*»upgrading«*) flankierend beizutragen. Ist man hierzu bereit, dann muß auch der Strukturwandel innerhalb der OECD vorangetrieben werden. Ansonsten dominiert die Nullsummenlogik, derzufolge der eine gewinnt, was der andere verliert. Mit dieser Problematik umsichtig umzugehen, berührt nicht nur die wirtschaftliche Zukunft der OECD-Welt, sondern auch die Zukunft der Demokratie.[29] Im 21. Jahrhundert wird es jedoch nicht nur um den »OECD-Frieden«, also um Frieden im eigenen Umkreis gehen, sondern um eine *Welt*friedensordnung auf der Höhe dieses Begriffes, nämlich wirklich um einen Frieden *der Welt*.[30]

Auf die Errichtung von regionalen Zonen stabilen Friedens waren seit der frühen Neuzeit die Friedenspläne europäischer Denker und Politikberater – beispielhaft sei der Abbé de St. Pierre er-

27 S. hierzu Reinhard Rode, op. cit. (Anm. 15).

28 S. Max Singer und Aaron Wildavsky: *The Real World Order. Zones of Peace/ Zones of Turmoil*, Chatham 1993.

29 Hierzu grundlegend jetzt Ernst-Otto Czempiel: *Kluge Macht. Außenpolitik für das 21. Jahrhundert*, München 1999.

30 Hierzu grundlegend Volker Bornschier: *Zivilisierung der Weltgesellschaft trotz Hegemonie der Marktgesellschaft?*, in: Dieter Senghaas (Hg.), *Frieden machen*, Frankfurt/M. 1997, S. 421-443.

wähnt – gerichtet. Jeder dieser Entwürfe provozierte seinerzeit den Vorwurf, Inbegriff einer utopisch-chimärischen Phantasie zu sein. Eine solche Reaktion findet sich in der Wissenschaft und in der politischen Öffentlichkeit bis heute noch.[31] Was die Geschichte inzwischen jedoch belegt, ist, daß ebensolche regionalen Friedenszonen keine Chimären sind: Sie sind unter spezifischen Voraussetzungen realisierbar, und sie finden sich in der Wirklichkeit: Frieden ist demnach machbar.[32]

Natürlich läßt sich der Verdacht, daß schlicht Unmögliche realisieren zu wollen, immer noch auf Pläne *globalen* Friedens beziehen. Und tatsächlich steht in der Realität der Verwirklichung solcher Pläne weltweit Vieles entgegen. Aber nachdem es real existierende regionale Friedenszonen gibt und da deren Konstitutionsbedingungen erfahrungswissenschaftlich identifiziert und damit transparent sind, ist der zitierte Vorwurf althergebrachter Art, insofern er sich auf die Welt insgesamt bezieht, keineswegs mehr so überzeugend wie in den Jahrhunderten, als manche Pläne für regionalen Frieden zwar anregend, aber realpolitisch folgenlos blieben. Angesichts der in diesem Buch diagnostizierten weltweiten Problemlagen ist dies zwar ein nur geringer Trost, aber völlig trostlos ist die Lage auch nicht.

31 Erhellend in diesem Zusammenhang ist Wolfgang Burgdorf: »*Chimäre Europa*«. *Antieuropäische Diskurse in Deutschland (1648-1999)*, Bochum 1999, bes. Kap. 4.

32 S. Dieter Senghaas (Hg.): *Frieden machen*, Frankfurt/M. 1997.

III

Anhang

Strukturbedingte Dilemmata der Welt und Folgerungen für Friedenspolitik

Wenn man die heutige Welt unter friedenspolitischen Gesichtspunkten betrachtet, welche zentralen *strukturellen* Gegebenheiten müssen dann in einer Analyse berücksichtigt werden, und welche praktischen Implikationen ergeben sich aus einer solchen Lagebeurteilung? Antworten auf diese Fragen sollen nachfolgend umrißhaft erläutert werden.

1. Strukturelle Gegebenheiten

1.1 Sicherheitsdilemma

Das Sicherheitsdilemma ist für den Analytiker der internationalen Politik seit langem ein wohlvertrauter Sachverhalt: Wo immer territorial organisierte Einheiten wie Imperien, Staaten oder anders strukturierte politische Gemeinschaften zusammenleben und es keine ihnen übergeordnete politische Autorität gibt, besteht eine »anarchische« Grundkonstellation, die durch ein erhebliches Ausmaß an Ungewißheit über die Absicht und das Verhalten aller gekennzeichnet ist. Sind überdies in einer solchen Situation mangelnder wechselseitiger Erwartungsverläßlichkeit die Interessen der Beteiligten unvereinbar, aktualisiert sich Unsicherheit: Jede Einheit fühlt sich, vor allem im Falle von sich zuspitzenden Interessenauseinandersetzungen, in ihren eigenen Handlungsmöglichkeiten von der Gegenseite begrenzt bzw. im Extremfall in ihrer Existenz bedroht, und jede glaubt, sich in Abwesenheit einer übergeordneten, konfliktschlichtenden Autorität nur auf die eigenen Kräfte, letztlich auf das eigene Militärpotential verlassen zu können. Das aus einer solchen Situation entstehende Bemühen um existentielle Selbstbehauptung übersetzt sich dann konsequent in entsprechende Abwehrstrategien, nicht selten aber auch im Sinne von Vorwärtsverteidigung in offensiv ausgelegte Durchsetzungsstrategien, und oft genug in eine Mischung von beidem, wobei dann die jeweils defensiven bzw. offensiven

Anteile solcher Selbstbehauptungsstrategien häufig nur schwer zu unterscheiden sind.

Da normalerweise nicht nur eine Seite dieses *strukturbedingte* Sicherheitsdilemma auf diese Weise zum eigenen Vorteil zu lösen versucht, sondern alle Beteiligten von der gleichen Logik, nämlich einem Handeln auf der Grundlage von Selbsthilfe, ausgehen, ist eine Akzentuierung des Dilemmas die Folge: Entsprechende Vorkehrungen, insbesondere Rüstungsschübe, schaukeln sich wechselseitig hoch und übersetzen sich in Rüstungskonkurrenz, die im Grenzfall von einer sich jeweils verselbständigenden Rüstungsdynamik vorangetrieben wird. Dann ist, wenngleich die Lage nicht immer korrekt beschreibend, von »Rüstungswettläufen« die Rede, denn nicht selten überwiegt die jeweilige Eigendynamik gegenüber einem Wettlauf im eigentlichen Sinne des Begriffes.[1]

Die meisten Analytiker internationaler Politik würden ein geschicktes militärisches Machtmanagement als die gängige Verarbeitung des Sicherheitsdilemmas erwarten. Da aber das raffinierteste Machtmanagement zusammenbrechen kann, sind in internationaler Politik kriegerische Auseinandersetzungen nicht auszuschließen. Korrekt wird deshalb dem Sicherheitsdilemma ein potentiell gewaltträchtiger Charakter unterstellt.

Neben der Mobilisierung der eigenen Militärmacht gibt es auch andere Versuche einer Bewältigung des Sicherheitsdilemmas, beispielsweise durch Allianzen und Gleichgewichtssysteme, aber auch durch imperiale Machtentfaltung oder ordnungsstiftende Hegemonialstrukturen. Die Kollektive Sicherheit und die ihr vorgängigen Modalitäten friedlicher Streitbeilegung sind weitere Möglichkeiten, mit dem Sicherheitsdilemma umzugehen. Konföderative bzw. integrative Sicherheitsgemeinschaften dienen sogar dem Versuch, das Sicherheitsdilemma verläßlich abzufedern bzw. zu überwinden. Regionale und internationale Organisationen sowie einschlägige internationale Regime werden oft als Zwischenschritt auf dem Wege zur »Aufhebung« zumindest der Virulenz dieses Dilemmas gesehen. Neutralität, non-alignment oder Pakt- bzw. Allianzungebundenheit waren (und sind

1 Zur Gesamtproblematik s. Dieter Senghaas: *Rüstung und Militarismus*, Frankfurt/M. 1982², Kap. II; Barry Buzan: *People, States and Fear. An Agenda for International Security Studies in the Post-Cold War Era*, New York 1991²; Barry Buzan u. a.: *The Logic of Anarchy*, New York 1993.

wahrscheinlich auch noch in Zukunft) Handlungsoptionen, sich dem Dilemma zu entziehen.[2]

Das Sicherheitsdilemma ist als struktureller Sachverhalt alt, sogar älter als der neuzeitliche moderne Territorialstaat, mit dem normalerweise dieses Dilemma gedanklich in Verbindung gebracht wird. Und trotz vieler Entwicklungen, die in der Welt – wie nachfolgend noch darzulegen sein wird – zu neuen und zusätzlichen strukturellen Gegebenheiten geführt haben, ist das Sicherheitsdilemma in der internationalen Szenerie bis heute ein grundlegender Tatbestand geblieben: Nur in wenigen Teilen der Welt ist es relativ verläßlich überwunden (»Friedenszonen«),[3] in anderen Teilen ist es hingegen weiterhin von großer Virulenz. Man vergleiche in diesem Zusammenhang beispielhaft die Lage in Westeuropa mit der Situation in Südasien (dort insbesondere im Hinblick auf eine klassisch zu nennende Sicherheitsdilemma-Situation, wie sie zwischen Indien und Pakistan, einschließlich einer nuklearen Komponente im wechselseitigen Rüstungswettlauf, besteht). Während in bestimmten Gebieten ein einmal virulentes Sicherheitsdilemma einigermaßen abgebaut zu sein scheint (beispielsweise zwischen Brasilien und Argentinien, wo es ebenfalls Ansätze für einen nuklearen Rüstungswettlauf gegeben hat) und es an anderer Stelle tastende, aber bisher fehlgeschlagene Versuche in diese Richtung gab (vor allem im Nahen Osten), drohen potentielle Dilemmata-Situationen (so im Umfeld von Nordkorea und von China/Taiwan, auch im Umfeld der transkaukasischen und asiatischen Republiken), die jederzeit virulent werden können. Manche entsprechende Situationen scheinen chronisch-unüberwindbar zu sein, ohne wirklich virulent zu werden (beispielsweise die Beziehungen zwischen Griechenland und der Türkei (Zypern-Frage!), wobei in diesem Fall sinnigerweise beide Länder Mitglieder einer gemeinsamen militärischen Verteidigungsallianz, der NATO, sind).[4]

Neben der klassischen *zwischenstaatlichen* Ausgangslage hat

2 S. auch Harald Müller: *Security Cooperation*, in: *Handbook of International Relations*, hg. von Walter Carlsnaes u. a., London 2001, Kap. 19.

3 S. hierzu Kap. 6 im vorliegenden Buch.

4 Zu diesen Problemlagen s. u. a. Mir A. Ferdowsi (Hg.): *Internationale Politik im 21. Jahrhundert*, München 2002. Zu den genannten Regionalkonflikten, die schon vor Ende des Ost-West-Konfliktes virulent waren, s. Dieter Senghaas (Hg.): *Regionalkonflikte in der Dritten Welt. Autonomie und Fremdbestimmung*, Baden-Baden 1989.

das Sicherheitsdilemma eine Art von Renaissance im *innerstaatlichen* Bereich erfahren, nämlich überall dort, wo Staaten zusammenbrechen und Bürgerkriegsparteien mit mehr oder weniger aufgebauten militärischen Formationen aufeinanderstoßen und gegeneinander kämpfen. In solchen Lagen tauchen alle Probleme des klassischen Sicherheitsdilemmas auf: die mangelnde Erwartungsverläßlichkeit in der Folge von Unsicherheit und Ungewißheit; die Überlebensangst, die in derzeitigen Bürgerkriegssituationen in der Regel zugespitzter ist als in zwischenstaatlichen Kriegskonstellationen; die Angst, die eigene Identität zu verlieren, sei es als Ergebnis von kultureller Überfremdung oder Zwangsassimilation bzw. in der Folge einer exterministischen Politik ethnischer Säuberung.[5]

»Hobbesianische Situationen« gibt es also nicht nur, wie in der Theorie internationaler Politik diskutiert, im zwischenstaatlichen Bereich, sondern, wie originär von Thomas Hobbes in der Mitte des 17. Jahrhunderts thematisiert, erneut und vermehrt auch in Bürgerkriegssituationen, die den inneren Frieden von politischen Einheiten grundlegend in Frage stellen. Zur ersten *strukturellen* Gegebenheit der Welt, wie sie sich heute darstellt, ist also dieses doppelseitige Sicherheitsdilemma zu zählen. Seine herkömmliche *internationale* Dimension könnte man auch mit einem ideologisch oder programmatisch entschlackten Begriff von Geopolitik umschreiben. Er fände vor allem in Hinblick auf jene weltpolitischen Makrokonstellationen Anwendung, in denen in Ermangelung an Alternativen noch keine anderen Medien als gängige (militärische) Machtpotentiale zur Abfederung des Sicherheitsdilemmas zur Verfügung stehen oder sich entwickelt haben (zu denken wäre in solchem Zusammenhang beispielhaft an die Beziehung zwischen China und Indien, zwischen China und Japan, aber auch zwischen China und den USA).

1.2 Entwicklungsdilemma

Das Entwicklungsdilemma entsteht in einer relativ offenen Weltwirtschaft zwischen Gesellschaften und Ökonomien, die mit ein-

5 S. hierzu Dieter Senghaas: *Friedensprojekt Europa*, Frankfurt/M. 1992, Kap. 4.

ander Austausch pflegen und zwischen denen eine Kluft hinsichtlich Know-how und organisatorischen Fähigkeiten sowie technologischen und organisatorischen Innovationen besteht. Einer weniger produktiven Ökonomie steht dann eine produktivere gegenüber. Zwischen ihnen entwickelt sich ein Gefälle an Kompetenzen. Folge eines solchen Kompetenzgefälles ist ein anhaltender, strukturell verursachter Verdrängungswettbewerb zwischen Leitökonomie und Nachzügler.

Gesellschaften, die solchem Kompetenzgefälle ausgesetzt sind, werden leicht an den Rand gedrängt: Sie unterliegen einem Peripherisierungsdruck. D. h., es droht die Gefahr, daß sie in der Weltwirtschaft und damit hinsichtlich internationaler Arbeitsteilung peripherisiert und marginalisiert werden. Seit spätestens der Mitte des 18. Jahrhunderts ist diese *strukturelle* Problematik virulent; sie wird unter dem Stichwort »nachholende Entwicklung« diskutiert. Die Kernfrage lautet, ob trotz bestehenden Kompetenzgefälles zwischen Spitzenökonomien und nachgelagerten Wirtschaftsräumen eine nachholende Entwicklung zustande kommen kann.[6]

Wenn nachholende Entwicklung in umfassendem Sinne tatsächlich stattfindet, kommt es zu einer Aufwärtsmobilität; das Entwicklungsdilemma entdramatisiert sich: Die Vorreiterökonomie wird eingeholt oder gar überholt. Im letzteren Fall richtet sich dann der Verdrängungswettbewerb von seiten des erfolgreichen Nachrückers gegen den ehemaligen Vorreiter. Dieser wird dann von Abwärtsmobilität bedroht, damit auch von Statusverlust innerhalb der Hierarchie des internationalen Systems, in dem den Staaten ihr Status vor allem durch deren Stellung im Rahmen der internationalen Arbeitsteilung zugeschrieben wird.

Das Entwicklungsdilemma ist als *strukturelle* Gegebenheit der Welt jüngeren Datums als das Sicherheitsdilemma. Die heute beobachtbaren Aufwärts- und drohenden Abwärtsmobilitäten haben als struktureller Tatbestand eine Vorgeschichte von nicht mehr als 250 Jahren. Anders als es die entwicklungspolitische Diskussion suggeriert, ist das moderne Entwicklungsdilemma auf *allen* Ebenen der Welt virulent, nicht nur also zwischen den soge-

6 S. hierzu Dieter Senghaas: *Von Europa lernen. Entwicklungsgeschichtliche Betrachtungen*, Frankfurt/M. 1982, Kap. 1; s. jetzt auch Ha-Joon Chang: *Kicking away the Ladder. Development Strategy in Historical Perspective*, London 2002. Ausführlich hierzu Kap. 9 im vorliegenden Buch.

nannten entwickelten Industrieländern (OECD) einerseits und den Entwicklungsländern (der ehemals Zweiten und der Dritten bzw. Vierten Welt) andererseits, sondern auch innerhalb dieser Kategorien von Ländern, so vor allem auch innerhalb der OECD-Welt. Das Entwicklungsdilemma weltweit durchzudeklinieren heißt also, den Sachverhalt zunächst innerhalb der OECD-Welt zu registrieren, danach zwischen der OECD-Welt als dem Kern der Weltwirtschaft einerseits und den Entwicklungsländern andererseits, schließlich aber auch innerhalb der Welt der Entwicklungsländer, wo es ebenfalls aufwärtsmobile (heute: Ost- und Südostasien) und abwärtsmobile Entwicklungslagen (z. B. weite Teile Afrikas) gibt.

Die aus Aufwärts- und Abwärtsmobilität resultierenden Konfliktpotentiale werden neuerdings oft, sofern es Vorgänge *innerhalb* des OECD-Clubs betrifft, als Geoökonomie-Problematik bezeichnet. In diesem Begriff kommt zum Ausdruck, daß Aufwärts- bzw. Abwärtsmobilität zu spezifischen Raumstrukturierungen führt, die durch internationale Arbeitsteilung und die aus ihr sich ergebenden Wettbewerbslagen definiert werden. Was an der Spitze der Hierarchie internationaler Arbeitsteilung (z. B. in der Triade von USA-Japan-EU) stattfindet, wiederholt sich abgeschichtet vor allem auf nachfolgenden Stufen. Letztlich bleibt kein Bereich innerhalb der Welt von drohendem und virulentem Verdrängungswettbewerb unberührt, insbesondere dann, wenn in der Folge einer freigesetzten Mobilität ökonomischer Faktoren (Waren, Kapital, Technologie, Arbeit) die weltweiten Interdependenzen, die allermeist asymmetrisch gelagert sind, zunehmen.

Die Konflikthaftigkeit des Entwicklungsdilemmas ist allerdings deutlich unterschiedlich geartet, je nachdem, ob sich die Weltwirtschaft in Aufschwung- oder in Abschwungphasen bewegt. In Aufschwungphasen erschließen sich Nachrückern neue Entwicklungschancen, vor allem dann, wenn sie sich an Spitzenökonomien qua weltwirtschaftlicher Lokomotive anhängen. Nachholende Entwicklung wird jedoch auch dann nur unter spezifischen Bedingungen zum Erfolg. In weltwirtschaftlichen Abschwungphasen obsiegt in aller Regel ein Protektionismus, der auf den Erhalt überkommener, langfristig allermeist nicht kompetitiver Produktionspotentiale ausgerichtet ist.

Die derzeitige Welt ist ohne das sie durchgängig konstituierende Entwicklungsdilemma nicht begreifbar, da all ihre (weithin asymmetrisch interdependenten) Teile einem ständigen sozialen Wandel unterliegen und auch in Zukunft weltweite Homogenität weit weniger wahrscheinlich ist als akzentuierte Heterogenität. Die für die Analyse der Welt weiterreichende Frage ist jedoch, ob das Entwicklungsdilemma auch zum Hintergrund von virulent werdenden sicherheitspolitischen Dilemmata wird. Anders formuliert: Können oder werden sich konfliktive wirtschaftliche Wettbewerbslagen sicherheitspolitisch aufladen, so daß (zumindest an der Spitze der Welthierarchie) aus geoökonomischen zugleich auch geopolitische Problemlagen werden.[7] Oder ist, anders als noch vor hundert Jahren während der sogenannten »interimperialistischen Konflikte und Rivalitäten«, das Entwicklungsdilemma inzwischen immun geworden gegenüber solcher sicherheitspolitischer Überformung, so daß nicht nur von einer terminologischen, sondern auch von einer dauerhaft sachhaltigen Differenzierung zwischen Geoökonomie und Geopolitik ausgegangen werden kann?

1.3 Soziale Mobilisierung in der Folge von Politisierung

Das Entwicklungsdilemma hat zeitgleiche ungleichmäßige Entwicklungsprozesse zur Voraussetzung, die ihrerseits die Folge eines jeweils unterschiedlichen Ausmaßes der Transformation von traditionalen zu sich modernisierenden bzw. modernen Gesellschaften sind. Diese Transformation besteht in der Herausbildung überdörflicher Verkehrswirtschaften, die eine enorme Horizont- und Handlungserweiterung von Menschen bewirken; sie besteht weiterhin in einem Verstädterungsschub mit der Folge, daß die meisten Menschen in kommunikationsmäßig verdichteten Räumen organisationsfähig und interessenbewußt werden; und sie besteht in dritter Hinsicht in der Alphabetisierung, die die geistige Emanzipation großer Bevölkerungsteile fördert. Aus den genannten Umbauprozessen resultieren Erweiterungen politischer Mitbestimmung als Folge langwieriger, wechselvoller politischer Konflikte, die sich aus den genannten sozio-ökonomischen und kulturellen Umbauprozessen ergeben.[8]

7 Für die Analyse grundlegend hierzu Robert Gilpin: *War and Change in World Politics*, London 1981.

8 S. Karl W. Deutsch: *Tides Among Nations*, New York 1979.

Der Vorgang ist – in Nordwesteuropa, d. h. seinerzeit an der geographischen »Peripherie der Weltgeschichte« beginnend – inzwischen ein weltweiter geworden: Er ist immer noch abgeschichtet, d. h., in der OECD-Welt und inzwischen auch in Ostasien am weitesten fortgeschritten; er schreitet in der übrigen Welt mit dramatischen Transformationsraten (insbesondere was die Verstädterung angeht) voran. Die Anforderungen einer wachsenden Zahl von Menschen an die politische, soziale, ökonomische und kulturelle Ordnung, die sie jeweils für lebenswert halten, nehmen konsequenterweise zu: Der genannte Umbauprozeß ist die objektive Grundlage für die weltweit allenthalben zu beobachtende Politisierung von Gesellschaften.

Aller Wahrscheinlichkeit nach werden diese Anforderungen in der Zukunft eher noch vielgestaltiger werden, als sie es heute schon sind oder in der Vergangenheit waren. Die Konfliktträchtigkeit in der Welt wird deshalb in der Tendenz weiter zunehmen und mit ihr die Gefahr des Übergleitens von Konflikt- in Gewaltträchtigkeit und in tatsächliche Gewaltanwendung. Deshalb ist festzuhalten: Soziale Mobilisierung, die unausweichlich zu Politisierung führt, akzentuiert die Koexistenzproblematik, die zunächst die innere Ordnung von Gesellschaften berührt. Als Grundfrage stellt sich: Wie entgeht man dem Bürgerkrieg angesichts der Fundamentalpolitisierung von Gesellschaften, der zufolge alle gesellschaftlichen Probleme politische sind und alle politischen Probleme zugleich zu gesellschaftlichen werden?

Die Antworten auf die Koexistenzerfordernisse, die in jenem Teil der Welt gefunden wurden, von dem soziale Mobilisierung ihren Ausgang nahm, sind höchst komplexer Natur. Sie wurden an früherer Stelle, zumindest mit Blick auf die Geschichte Westeuropas, als *»zivilisatorisches Hexagon«* beschrieben, d. h. als das Zusammenwirken von Gewaltmonopol, Rechtsstaatlichkeit, von Interdependenzen mit der Folge von Affektkontrolle, von demokratischer Teilhabe, von Verteilungsgerechtigkeit und einer politischen Kultur konstruktiver Konfliktbearbeitung als Ergebnis eines kollektiven Lernprozesses.[9] In Teilen Ostasiens kann man heute von vergleichbaren nachholenden Prozessen sprechen (»emergentes Hexagon«), während in anderen Teilen der Welt die Umbauprozesse voranschreiten, aber die verfassungspolitischen,

9 S. Kap. 2 im vorliegenden Buch.

institutionellen, materiellen und emotionalen Auffangnetze, vermittels deren Koexistenz ermöglicht würde, eher, wo sie in Ansätzen schon bestanden, zusammenbrechen oder sich nur mühsam, wenn überhaupt, erst aufbauen.

Das Innen- und Außenverhalten von Gesellschaften wird heute in der Welt nachdrücklich durch politisierbare und politisierte Gesellschaften geprägt. Abgehobene, oligarchisch-elitistische Politik abseits gesellschaftlicher Kräfte und Gruppierungen wird immer dysfunktionaler: In den OECD-Gesellschaften ist sie nicht mehr festzustellen; in der ehemals Zweiten Welt (Realsozialismus) ist sie in der Folge revolutionärer Umbrüche weggeschwemmt worden; in weiten Teilen der übrigen Welt wird sie, wo noch vorhanden (z. B. Saudi-Arabien), trotz starker politischer Repressionen mittel- bis langfristig unhaltbar. Dieser Sachverhalt wirkt unausweichlich auch auf das Sicherheitsdilemma und auf das Entwicklungsdilemma zurück, die unter solchen Vorzeichen nicht nur strukturelle Gegebenheiten zwischen Gesellschaften darstellen, sondern als politisierte Konfliktlagen innerhalb von Gesellschaften virulent sind und entsprechend instrumentalisiert werden. Das hat weitreichende abträgliche Konsequenzen für die Ermöglichung von zielgerichteter oder planvoller Politik nach innen wie nach außen: Ausgehend von dieser Ausgangslage wird solcher Politik vielfach der Boden entzogen.

1.4 Globalisierung

Die Transformation traditionaler Gesellschaften in sich modernisierende bzw. moderne Gesellschaften ist keine Erscheinung, die nur innerhalb je einzelner Gesellschaften lokalisierbar ist. Wäre letzteres der Fall, gäbe es kein Entwicklungsdilemma. Die Einwirkung vorpreschender Gesellschaften, die sich durch eine höhere Produktivität im Agrar-, Industrie- und Dienstleistungssektor auszeichnen, auf nachgelagerte Gesellschaften ist eine Erscheinung, die spätestens seit der agro-industriellen Revolution in England im 18. Jahrhundert zu beobachten ist: Sie erfolgte zunächst von England auf den europäischen Kontinent und Nordamerika, danach von diesen drei Bereichen auf die übrige Welt, sei es vermittels des sog. *»informal empire«*, bzw. von Kolonialismus, Imperialismus und Neo-Kolonialismus. Darüber internationalisierten, transnationalisierten und globalisierten sich die Beziehungsgefüge der Welt. Der Vorgang ist spätestens in den vergangenen drei Jahrzehnten zu einem wirklich weltweit grundlegenden Sachverhalt geworden, der unter dem Stichwort »globale Transformation« diskutiert wird.[10]

Mit den Begriffen Internationalisierung, Transnationalisierung und Globalisierung werden Vorgänge auf der internationalen Ebene unterschiedlichen Ausmaßes und unterschiedlicher Reichweite assoziiert. Die dabei unterstellten Sachverhalte sind heute unübersehbar: wachsende Interdependenzen nicht nur auf zwischenstaatlicher Ebene (»Staatenwelt«), sondern vor allem auch sich vervielfältigende Vernetzungen zwischen gesellschaftlichen Akteuren (»Gesellschaftswelt«), zwischen trans- und multinational operierenden Firmen (»Wirtschaftswelt«) und zwischen den Kulturräumen der Welt (»Kulturwelt«).[11]

Globalisierung bzw. Internationalisierung findet vor allem in der Weltwirtschaft statt, neuerdings insbesondere mit erheblichen Wachstumsraten im Dienstleistungsgewerbe (Versicherung, Werbung, Tourismus), weiterhin im Bereich von Information, Kommunikation und Verkehr. Aber es gibt auch sich internationalisierende Problemlagen wie beispielsweise im Bereich einer nicht mehr nationalstaatlich, auch nicht mehr im Rahmen von Militärallianzen definierbaren Sicherheitspolitik (Proliferation von ABC-Waffen und entsprechender Trägertechnologien). Insgesamt kann in vielen Bereichen eine höhere und schnellere Mobilität grenzüberschreitender internationaler Transaktionen unterstellt werden. In ihrer Folge nimmt Interdependenz im Sinne einer alt-ehrwürdigen Kantschen Formulierung zu: »untereinander in wirksame Verhältnisse kommen«.

Globalisierung bzw. Internationalisierung ist jedoch keine flächendeckende Erscheinung, da sich das internationale System nicht durch Homogenität, sondern durch Abschichtung und Zerklüftungen (Heterogenität) auszeichnet. Es gibt in ihm sehr unterschiedliche Strukturzusammenhänge, beispielsweise: relativ *symmetrische* Interdependenzen in den Beziehungen zwischen den hochindustrialisierten westlichen Gesellschaften (OECD); *asymmetrische* Interdependenz zwischen diesem Gravitations-

10 Grundlegend hierüber David Held u. a.: *Global Transformations. Politics, Economics and Culture*, Oxford 1999.

11 S. hierzu Ernst-Otto Czempiel: *Weltpolitik im Umbruch*, München 1993².

zentrum von Weltwirtschaft bzw. des internationalen Systems und den »Entwicklungsregionen« der Welt (West-Ost-Beziehungen; West-Süd-Beziehungen); *konfrontative* Interdependenzen (derzeit nicht im Sinne eines großen, weltumspannenden Konfliktes, sondern vieler Konflikte kleinerer Größenordnung und Reichweite).[12]

Globalisierung läßt sich vor allem im OECD-Kontext, der sogenannten Triade, beobachten. Man müßte sie deshalb heute eigentlich als »Triadisierung« bezeichnen. Da aber auch die Lage in den Entwicklungsregionen der Welt ohne Berücksichtigung dieser triadischen Rahmenbedingung kaum verständlich ist, macht ein konzeptuell differenzierter, abgeschichteter Begriff von Globalisierung (und nur ein solcher) durchaus Sinn.

Ein anderer Bezug zum Begriff der Globalisierung sollte nicht aus dem Auge verloren werden, nämlich Globalisierung im Sinne der Herausbildung einer weltweiten »Schicksalsgemeinschaft«. Hier wären zu zitieren: die (inzwischen verringerte) Nuklearkriegsgefahr sowie die sich akzentuierende weltumspannende Ökologieproblematik.

Unter den Vorzeichen von weltwirtschaftlichen Aufschwungphasen verdichtet Globalisierung die Beziehung zwischen den Kernregionen der Welt (den Zentren), während Abschwungphasen die Wettbewerbslage zuspitzen. Aber auch unter günstigen Bedingungen kann es zu Segmentierungen in den betroffenen Gesellschaften kommen, d.h. zu Zerklüftungen zwischen den erfolgreichen bzw. neuen Kernregionen einerseits und solchen Bereichen andererseits, die nur noch den Status von Unterauftragsnehmern und Zulieferanten haben bzw. solchen, die vom generellen Entwicklungstrend einfach abgekoppelt werden.

Bereiche, die sich an die Aufwärtsmobilität der Kernregionen ankoppeln, werden keine Probleme haben, insofern sie die sich eröffnenden Chancen zur Diversifizierung ihrer eigenen Produktionsprofile und Kompetenzen nutzen. Jedoch die Erfahrung zeigt, daß Verdrängungswettbewerb zwischen solchen alten und neuen Kernregionen und den jeweiligen nachgeordneten Peripherien so virulent werden kann, daß letztere den Herausforderungen nicht gewachsen sind. Wenn dann nicht einfach Regression eintritt, werden politisierte Gegentrends zum geschichtsmächtigen Sach-

12 S. hierzu Kap. 8 im vorliegenden Buch.

verhalt. Heute dokumentiert sich dieser vor allem in einer Kulturalisierung von Politik, die mit dem Ziel einer nicht nur kulturellen, sondern auch sozio-ökonomischen und politischen Selbstbehauptung inszeniert wird. Wenngleich große kulturbestimmte Konfliktfronten unwahrscheinlich sind und insbesondere die These des »Zusammenpralls der Kulturen« kein Fundament in der Realität hat, sind doch vielerorts im Mikro- und Mesobereich vielfältige, sich kulturell aufladende Defensivreaktionen gegen die abträglichen Folgewirkungen von Globalisierung zu beobachten.[13]

Der Sachverhalt ist eine Zuspitzung von Vorgängen, die immer schon im Kontext des oben dargelegten Entwicklungsdilemmas zu beobachten waren, nur daß er heute angesichts realer Globalisierung an allen Ecken und Enden der Welt zu beobachten ist.

1.5 Fragmentierung

Während Globalisierung bzw. Internationalisierung unübersehbar sind, ist gleichzeitig und damit zusammenhängend ein markanter Trend zur Fragmentierung zu beobachten.[14] Stichwortartig lassen sich folgende Tatbestände benennen:

- der Staatsverfall (ehemalige Sowjetunion, ehemaliges Jugoslawien, vielerorts in Afrika usf.) bzw. drohender Staatsverfall (z. B. Indonesien);
- Fragmentierung von bestehenden Gesellschaften: Ausbreitung von Ethnonationalismen und Ethnoradikalismus (und in ihrer Folge Sezessionen und Separatismusbewegungen);
- neuer »Regionalismus«; »Provinzialisierung«; »neuer Tribalismus« – neue Staatsgründungen einschließlich einer Vielzahl von Ministaaten.

Dieser Trend zur Fragmentierung ist in einer Welt ungleicher Chancen zur Aufwärtsmobilität und der ständig drohenden Gefahr von Abwärtsmobilität unausweichlich. Die aus solchen Mobilitäten resultierenden Zentrum-Peripherie-Beziehungen werden angesichts einer durchgängig beobachtbaren Politisierung

13 S. hierzu Dieter Senghaas: *Zivilisierung wider Willen. Der Konflikt der Kulturen mit sich selbst*, Frankfurt/M. 1998.

14 S. hierzu Ulrich Menzel: *Globalisierung versus Fragmentierung*, Frankfurt/M. 1998.

weithin als nicht mehr tolerierbar empfunden. Daraus resultiert die Bemühung um eingegrenzte Handlungszusammenhänge als angestrebter neuer politischer Grundlage für die Maximierung eigener Lebenschancen. Dabei sollte die in solchem Zusammenhang beobachtbare Suche nach eigener und neuer Identität von bisher eher peripherisierten und marginalisierten, vor allem aktiv diskriminierten Gruppen und Völkerschaften durchaus auch hinsichtlich ihres potentiell innovativen Kerns erkannt werden.

Im Hinblick auf die Verursachung von Fragmentierung ist in aller Regel von nicht bewältigten Modernisierungsaufgaben auszugehen: Eine nicht flächendeckende Modernisierung muß unter den Vorzeichen von Fundamentalpolitisierung Gegenbewegungen auslösen, um einer drohenden oder schon existierenden Kumulation von Benachteiligungen entgegenzuwirken. Darin ist der rational-innovative Kern solcher Bewegungen zu sehen.[15] Dessenungeachtet ist in ihnen jedoch eine erhebliche Anfälligkeit für soziale Lernpathologien zu beobachten. Bemühungen um eine Selbstvergewisserung im Sinne der Emanzipation aus Zentrum-Peripherie-Beziehungen können leicht in folgende autistisch werdende Wahrnehmungs- und Verhaltensmuster umschlagen:

- in Ethnozentrismus (im Sinne von Abgrenzung und Ausschließung), sich zugespitzt dokumentierend in Chauvinismen und Fundamentalismen;
- in aggressionsgeneigte Fluchtbewegungen;
- in eine Orientierung an erkennbar irrationalen politischen und anderen Heilslehren, etc.

Vor solchem Hintergrund läßt Fragmentierung natürlich vor allem Situationen konfrontativer Interdependenz entstehen, die sich aller Erfahrung nach leicht militarisieren und oft abrupt in eine militärische Konfrontation (Bürgerkrieg, zwischenstaatlicher Krieg) übersetzen.

1.6 Heterotropie

Internationalisierung, Transnationalisierung, Globalisierung: diese Begriffe sollten nicht darüber hinwegtäuschen, daß sich

15 S. Dieter Senghaas: *Wohin driftet die Welt?*, Frankfurt/M. 1994, Kap. 2 und 3.

gleichzeitig die jeweils einzelstaatlichen bzw. nationalen Zusammenhänge, in denen Menschen leben, verdichtet und vertieft haben – dies vor allem im OECD-Kontext: Hier sind immer mehr Menschen immer mehr von »ihrem« Staat abhängig; sie artikulieren ihre politischen Anforderungen mit Blick auf den eigenen Staat und erwarten von ihm spezifische Leistungen. Das Gewicht des jeweiligen Staates ist, säkular betrachtet, nicht geringer geworden; im Gegenteil: es hat an Größe und Bedeutung zugenommen, auch weil erforderliche Vereinbarungen auf der Ebene internationaler Politik sich nur über den Einzelstaat durchsetzen lassen.

Damit entsteht eine paradoxe Lage: Die Welt ist internationaler strukturiert als früher (»Globalisierung«) und doch gleichzeitig nationaler. Hinsichtlich des *relativen* Gewichtes von Internationalität und nationaler Orientierung hat zumindest im OECD-Bereich im 20. Jahrhundert, bedingt durch den Ausbau des Infrastruktur- und des Wohlfahrtsstaates, aber auch während und in der Folge von zwei Weltkriegen und Weltwirtschaftskrisen und während der Wiederaufbauphase nach 1950, der Einzelstaat in allen wesentlichen Bereichen einen vergleichsweise höheren Bedeutungszuwachs erfahren als internationale Verflechtung. Erst seit den 1980er Jahren ist in der OECD-Welt eine gegenteilige Entwicklung zu beobachten, die von Michael Zürn als »Denationalisierung« bezeichnet wurde: Im Verhältnis zu den Gesamtaktivitäten der einzelnen OECD-Staaten haben deren Außenaktivitäten seitdem in fast allen Bereichen keineswegs dramatisch, aber doch relativ zugenommen.[16] D. h., die internationale Verflechtung hat inzwischen sowohl eine bemerkenswerte absolute als auch relative Größenordnung erreicht; das ist der entscheidende objektive Grund für einen allenthalben spürbaren und letztlich unabweisbaren *internationalen* Handlungsbedarf. Dennoch: die Bedeutung bzw. das Gewicht der innerstaatlichen Vorgänge ist nicht dabei, sich einfach zu verflüchtigen.

Stellte sich die Welt im Vergleich zu früheren Zeiten nur als interdependenter oder »globalisierter« dar, dann gäbe es auch

16 Michael Zürn: *Regieren jenseits des Nationalstaates. Globalisierung und Denationalisierung als Chance*, Frankfurt/M. 1998, sowie Marianne Beisheim, Sabine Dreher, Gregor Walter, Bernhard Zangl und Michael Zürn: *Im Zeitalter der Globalisierung? Thesen und Daten zur gesellschaftlichen und politischen Denationalisierung*, Baden-Baden 1999.

Hoffnung auf einen sich allmählich durchsetzenden Kosmopolitismus. Da aber die Welt zugleich auch nationaler, vor allem politisierter geworden ist, hat vor allem in chronischen Problemzonen der internationalen Politik außerhalb der OECD-Welt der Nationalismus weiterhin (und wahrscheinlich in zunehmendem Maße) eine Zukunft. Diese paradoxe Situation – zwei unterschiedliche Entwicklungsrichtungen aus ein und demselben Zusammenhang heraus (*Heterotropie*) – ist nicht einfach zu verarbeiten. Auch deshalb wird koordiniertes Handeln in der Welt immer schwieriger. Die Gründe für eine solche Verkomplizierung sind sowohl im Innenbereich der Gesellschaften als auch auf internationaler Ebene zu lokalisieren.

2. Praktische Implikationen

2.1 Abnehmende Kontrollchancen

Der in der Welt seit der Mitte des 18. Jahrhunderts stattfindende, im 20. Jahrhundert weltweit gewordene Umbau von traditionalen zu sich modernisierenden bzw. modernen Gesellschaften hat Politisierung zur Folge. Wo sie verfassungsmäßig, institutionell materiell und emotional eingehegt wurde, entstanden letztendlich in der Folge höchst konflikthafter, oft auch gewalttätiger politischer Auseinandersetzungen leidlich stabile politische Gemeinschaften (»Hexagon-Gesellschaften«). Wo die Kluft zwischen voranschreitender sozio-ökonomischer und kultureller Transformation einerseits und der institutionellen Abfederung des Transformationsprozesses erheblich geblieben ist, werden die betreffenden Gesellschaften durch virulente, oft chronische politische Zerklüftungen und Instabilitäten gekennzeichnet. Im einen wie im anderen Fall (wenngleich aus unterschiedlichen Gründen) schwindet die Chance einer erfolgreichen Kontrolle fremder Gesellschaften von außen. Insbesondere steht Umbruchsgesellschaften eine Art von »Chaosmacht« zur Verfügung, gegen die, wie die neueste Geschichte zeigt, kaum mit Aussicht auf Erfolg von außen anzugehen ist. Das schafft Schutz vor imperialer oder hegemonialer Fremdsteuerung – der einzige positive Aspekt dieser Ausgangslage.

Die Transformation der Welt trägt also dazu bei, daß imperialer bzw. hegemonialer Politik verläßlich der Boden entzogen wird. Die potentiellen Räume für solche Politik, wie sie noch im 19. und in der ersten Hälfte des 20. Jahrhunderts bestanden hatten (wenngleich mit erheblich wachsendem Widerstandspotential), sind dramatisch im Schwinden. Wird solche Politik dennoch versucht, kann sie in aller Regel nur mit kontraproduktiven Ergebnissen rechnen. Heute stellen in dieser Hinsicht Teile von Schwarzafrika vielleicht die einzig verbliebene Ausnahme auf der Welt dar; aber auch hier ist Hegemonialpolitik, obgleich punktuell noch praktizierbar, ohne jeglichen Nutzen.

Imperiale bzw. hegemoniale Politik setzt also offensichtlich als Bezugspunkt den Typ traditionaler Gesellschaft, seit langem ein Auslaufmodell in der Welt, voraus. Sie hat überdies Führungsmächte zur Voraussetzung, die fähig und willens sind, solche Politik zu inszenieren. Wäre der Wille noch vorhanden, sind doch die Fähigkeiten im Schwinden. Denn solche Politik ist angesichts der Kosten, die in ihrem praktischen Vollzug zu gewärtigen sind, prohibitiv teuer. Spätestens seit dem Zweiten Weltkrieg belegen die von Führungsmächten begonnenen, in aller Regel verlorenen Kriege gegenüber peripheren Staaten und Gesellschaften den Sachverhalt sowohl in personeller als auch in finanzieller Hinsicht, von den kontraproduktiven Folgen in der jeweiligen Innenpolitik der betroffenen Führungsmächte (England, Frankreich, USA, ehemalige Sowjetunion, Rußland) ganz zu schweigen. So wird auch von dieser Seite her – der »Heimatfront« herkömmlicher Hegemonialpolitik – solcher Politik der Boden entzogen. Die USA werden hierbei, wenngleich erst als Konsequenz erheblicher Lernkosten, langfristig keine Ausnahme sein.

Was bleibt, sind ökonomische Kontrollmechanismen, deren Bedeutung ebenfalls im Schwinden ist, da sich allmählich die Erkenntnis verbreitet, daß nicht in den weltwirtschaftlich peripheren Räumen der Welt, sondern nur in deren Kernregionen verläßlich volkswirtschaftlich relevante Gewinne von erheblichem Ausmaß gemacht werden können. Daß dem faktisch so ist, wird durch die heute beobachtbare Raumstruktur der Weltwirtschaft deutlich unterstrichen.[17]

Auch wenn der Hegemonialpolitik tendenziell in der Folge des sozio-ökonomischen, sozio-kulturellen und politischen Umbaus

17 S. hierzu Kap. 8 im vorliegenden Buch.

der Welt die Spitze *und* der Boden entzogen werden, ist nicht gesagt, daß sie nicht dennoch immer wieder versucht wird: Aber Scheitern ist dann in aller Regel vorprogrammiert, ein bleibender Erfolg unwahrscheinlich. Im übrigen entzieht dieser Sachverhalt auch geopolitischen Blaupausen den Boden, sollten solche hinsichtlich operativer Politik tatsächlich noch einmal formuliert werden.

2.2 *Primat der Innenpolitik*

Die Politisierung von sich modernisierenden bzw. modernen Gesellschaften hat zwangsläufig zur Folge, daß die von den betroffenen Gesellschaften verfolgte Außen- und internationale Politik eher innergesellschaftliche Macht- und Problemlagen reflektiert als die Imperative einer überfälligen internationalen Ordnung. Nicht Menschheitsinteressen, sondern die engstirnigen lobbyistischen Interessen von organisations- und argumentationsfähigen Gruppen gehen in entsprechende Willensbildungs- und Entscheidungsprozesse ein. Gewollt oder nicht, wird *Innen*politik handlungsbestimmend: Ob man einen Primat der Innenpolitik konzeptuell eingesteht oder nicht, ändert am empirischen Sachverhalt nichts. Von einem gesellschaftsabgehobenen, von etatistischen Prämissen geprägten Primat der Außenpolitik ist gerade in komplexen Gesellschaften vom Typ der OECD-Welt in aller Regel nichts mehr zu erkennen. Nur in zugespitzten Konfliktsituationen aufersteht kurzfristig ein solcher Primat erneut.

Der Sachverhalt ist unschwer einsehbar: Warum sollten gesellschaftliche Gruppierungen, die durch unterschiedliche Identitäts- und Interessenlagen gekennzeichnet sind, gleichläufige Handlungsmaximen hinsichtlich ihres Außenverhaltens haben? Man wird sich an eine Lage gewöhnen müssen, in der die in modernen Gesellschaften vertraute innenpolitische Szenerie auch außenpolitische Meinungs-, Willensbildungs- und Entscheidungsprozesse kennzeichnen wird. Ihr Merkmal: allenthalben ein durch innenpolitische Konfliktlagen vorgezeichneter Schlingerkurs.

Dieser Sachverhalt ist seit langem im klassischen Land mit nur schwacher etatistischer Prägung, den USA, beobachtbar: Außenpolitik war hier immer schon verlängerte Innenpolitik. Er ist in der Außenwirtschaftspolitik (Handel, Direktinvestitionen,

Rohstoffe, Energiepolitik, Umweltpolitik), aber auch in der Sicherheitspolitik gut dokumentiert. Hinzu kommt, daß in allen bevölkerungsstarken Gesellschaften der Anteil der Außenverflechtungen an den Gesamtaktivitäten ohnehin relativ klein ist, was dann in modernen Gesellschaften vom Typ der USA besonders stark zu Buche schlägt. Bevölkerungsmäßig kleine Gesellschaften (wie beispielsweise die skandinavischen Staaten) haben demgegenüber einen hohen Anteil an Außenverflechtungen; aber auch hier ist zu beobachten, daß Innenpolitik auf das Außenverhalten durchschlägt, obgleich solche Gesellschaften es sich nicht leisten können, sich vor allem den von der Weltwirtschaft gesetzten Imperativen zu entziehen. Die praktische Problematik, die sich also modernen, aber auch schon den sich modernisierenden Gesellschaften stellt, ist die der Selbstkoordination.[18] Sie ist im Innern von Gesellschaften schwierig, weil es selten die Lage gleichläufiger Interessen gibt, sondern in aller Regel widerstrebende Interessen auf einen gemeinsamen Nenner zu bringen sind. Sie wird überdies erschwert, weil in der Folge von Internationalisierung, Transnationalisierung und Globalisierung gesellschaftliche Akteure nicht nur in den abgegrenzten Räumen der jeweiligen politischen Gemeinschaft aktiv sind, sondern über Grenzen hinweg, also in der früher zitierten Gesellschafts-, Wirtschafts- und Kulturwelt. Dann wirken die sich in entgrenzten Räumen transnational artikulierenden und organisierenden Kräftegruppierungen auf die Innenräume der jeweiligen politischen Gemeinschaft zurück. Der Sachverhalt ist in den klassischen Bereichen moderner Ökonomie überdeutlich: in Landwirtschaft, Industrie und Dienstleistung; aber er ist auch von zunehmender Relevanz in grenzübergreifenden Sachbereichen wie der internationalen Umweltpolitik.

2.3 Wachsender internationaler Koordinationsbedarf

Angesichts von politisierbaren bzw. politisierten Gesellschaften ist nicht nur der Bedarf an Selbstkoordination bemerkenswert groß (nichts läßt sich herrschaftlich einfach durchsetzen oder

18 Grundlegend hierzu Karl W. Deutsch: *The Nerves of Government*, New York 1963.

läuft wie von selbst); auch der internationale Koordinationsbedarf nimmt zu, zumal der Trend zur Internationalisierung, Transnationalisierung und Globalisierung zusätzliche Problemlagen schafft, da solche Prozesse oft die Steuerungsfähigkeit einzelner Gesellschaften schwächen oder gar untergraben. Wenn wie in der OECD-Welt hierarchische Strukturen nicht mehr durchgängig handlungsbestimmend sind, faktisch aber ein hohes Maß an Verflechtungen vor allem im Bereich von Ökonomie, Information und Kommunikation vorliegt, ist anhaltendes, sich oft in Netzwerken vollziehendes Interdependenzmanagement gefragt. Dieses wird angesichts der Verkomplizierung der Welt immer hinter den tatsächlichen Problemlagen zurückbleiben, denn auch internationales Interdependenzmanagement steht unter den restriktiven Bedingungen des Primats von Innenpolitik. Es bewirkt selten das, was von der Sache her eigentlich geboten und gefordert wäre. Der Sachverhalt ist in fast jedem der relevanten Politikbereiche – Landwirtschaft, Energie, Rohstoffe, Handel, Finanzsystem, Entwicklung, Bevölkerungswachstum, Umwelt, Klima, Migration, Rüstung/Abrüstung, Menschenrechte, Drogenkriminalität, Wirtschaftskriminalität, Seuchenbekämpfung usf. – offenkundig.[19]

In all diesen Bereichen gibt es die begreifbare Bemühung um eine einseitige Maximierung eigener partikularer Positionsgewinne bzw. die Bemühung um die Abwehr von Positionsverlusten. Politik gerät dadurch nicht selten in eine Falle, weil derartige gleichläufige Bemühungen die eigentlich gebotene Politik kollektiver Positionsoptimierung verhindert. Die zentrale Frage muß also lauten: Werden die entscheidenden Akteure in der internationale Szene ihr Selbstinteresse durch unkoordinierte, einseitige, in aller Regel lobbyistisch bzw. nationalistisch motivierte Maßnahmen zu verwirklichen versuchen, oder wird es ein koordiniertmultilaterales Verhalten im Sinne eines an langfristigen Zielen orientierten aufgeklärten Selbstinteresses geben? Wird Multilateralismus obsiegen, oder wird engstirnigen Interessendefinitionen folgend unilateralistische Politik wider besseres Wissen praktiziert werden? Wird es eine politische Evolution in den Dimensionen intergouvernementaler Koordination, internationaler Regimebildung, internationaler Organisation oder sogar eines in-

19 S. hierzu Peter J. Opitz (Hg.): *Weltprobleme*, München 2001.

stitutionell abgesicherten Schubs in Richtung auf planetarische Politik geben?[20]

Verflechtungen, Überlappungen und Verschränkungen schaffen selbst unter den günstigen Bedingungen von symmetrischer Ausgangslage Reibungsflächen, Ansatzpunkte für Kollision und Ausgangspunkte für unvereinbare Verhaltensweisen. Doch in solchen Situationen gibt es auch einen Zwang zur Koordination und Konzertierung. Die meisten Ausgangslagen in der Welt sind jedoch asymmetrischer Natur – und damit weit problemgeladener.[21]

2.4 *Zivilisierungsschub*

In sozial mobilen Gesellschaften mit selbstbewußten und kompetenten Menschen angesichts widerstrebender Identitäten und Interessen Formeln und Formen der Koexistenz zu finden, gleicht den Bemühungen um die Zivilisierung von Konflikten. Eine solche Aufgabe stellt sich in einer Welt wachsender Globalisierung auch zwischen Staaten, Gesellschaften und Kulturen. Hinsichtlich der Bemühungen um Zivilisierung gleicht die moderne Welt einem Laboratorium mit vielen erprobten, vielen gescheiterten, aber auch mit vielen noch nicht ersonnenen Experimenten.

Daß angesichts wachsender Komplexität und Politisierung nicht nur einzelne Gesellschaften, sondern auch die Welt insgesamt eines Zivilisierungsschubes bedarf, ist angesichts vielfältiger abträglicher Entwicklungen offenkundig. Ob es hierzu kommen wird, wird auch, wenn auch nicht ausschließlich, von entsprechenden gedanklichen Anstrengungen abhängen. Es geht also im Hinblick auf die Zukunft der Menschheit um nichts weniger als die Selbstzivilisierung der Welt, gewiß eine keineswegs belanglose Aufgabe in Theorie und Praxis.

20 S. hierzu die Beiträge in Dieter Senghaas (Hg.): *Frieden machen*, Frankfurt/M. 1997.

21 S. hierzu Kap. 8 im vorliegenden Buch.

Interdependenzen im internationalen System

Wie in allen auf Politik, Gesellschaft, Ökonomie und Kultur bezogenen Analysen gibt es auch in den Darlegungen über internationale Politik und internationale Beziehungen keine inhaltlich eindeutigen Begriffe. Versuche, über möglichst enge und scharfe, sich exklusiv gebende Definitionen eine solche Eindeutigkeit zu erreichen, finden in der Regel keinen Konsens und bleiben deshalb folgenlos.[1] Demgegenüber ist der Versuch aussichtsreicher, die unterschiedlichen Dimensionen mehrdeutiger Begriffe zu umreißen. Das sollte aber nur dann geschehen, wenn solche Differenzierungen von der Sache her gerechtfertigt, also nicht in erster Linie Ausdruck scholastischer Setzungen oder terminologischer Spielereien sind. Die von Sachverhalten her, nicht also von metatheoretischen Kontroversen über alternative Paradigmen motivierte Differenzierung eines Begriffes könnte man auch als seine Kontextuierung bezeichnen: Die spezifische Profilierung eines Begriffes erfolgt dann nicht aus abstrakt-terminologischen Gründen, sondern im Hinblick auf spezifische, erfahrungswissenschaftlich erschließbare Handlungszusammenhänge (Kontexte).

Im folgenden geht es um eine solche *sachbezogene* Differenzierung im Begriff *Interdependenz*. Von Interdependenzen in der internationalen Politik und in den internationalen Beziehungen ist allenthalben, im tagespolitischen Diskurs nicht weniger als in der Wissenschaft, die Rede. Die erste Absicht der nachfolgenden Überlegungen besteht darin, internationale Politik und internationale Beziehungen auf ihren jeweiligen spezifischen »Interdependenzgehalt« zu überprüfen. Dafür wird, wie nicht anders sinnvoll, ein empirisch-induktives Verfahren gewählt. Gefragt

1 Beiträge hierzu sind u. a. Beate Kohler-Koch: *Interdependenz*, in: Volker Rittberger (Hg.), *Theorien der Internationalen Beziehungen*, Sonderheft 21/1990 der *Politischen Vierteljahresschrift*, Opladen 1990, S. 110-130; James N. Rosenau und Hylke Tromp (Hg.): *Interdependence and Conflict in World Politics*, Aldershot 1989; Jaap de Wilde: *Saved From Oblivion. Interdependence Theory in the First Half of the Century*, Aldershot 1991. Einen Rückblick auf die Interdependenzdebatte gibt Manuela Spindler: *Interdependenz*, in: Siegfried Schieder und Manuela Spindler (Hg.), *Theorien der internationalen Beziehungen*, Opladen 2003, S. 89-116.

wird: *Wo liegt im internationalen System der Gegenwart welche Interdependenz vor?* Und wie läßt sie sich aus sachhaltigen Gründen jeweils distinkt charakterisieren?

Mit dem Interdependenzbegriff werden häufig implizit oder explizit Trendaussagen assoziiert. Oft wird der Übergang von der »ehemaligen Staatenwelt« zur »Weltgesellschaft« und der sie kennzeichnenden »Weltinnenpolitik« prognostiziert. Interdependenz wird also gleichgesetzt mit wachsender und sich vertiefender Verflechtung auf regionaler, kontinentaler und insbesondere globaler Ebene. Dabei werden häufig bildlich einprägsame Begriffe, mit denen beispielsweise die Erde als »Raumschiff« oder als »globales Dorf« charakterisiert wird, in die Diskussion eingeführt. »Globalisierung« – das Schlagwort dieser Jahre – ließe sich dann als Summe aller sich vertiefenden relevanten »Interdependenzen« auf Weltebene begreifen.[2] Sind solche Vorstellungen zukunftsträchtig oder verführen sie nur zu verfänglicher Rhetorik? Gerade auch um diese Frage sinnvoll beantworten zu können, muß der unterschiedliche Interdependenzgehalt internationaler Politik und internationaler Beziehungen konkret durchleuchtet werden.

Das Ergebnis der nachfolgenden Darlegungen wird die empirische Beobachtung sein, daß für eine differenzierte Analyse internationaler Interdependenzen wenigstens acht Handlungszusammenhänge berücksichtigt werden müssen:

1. die *symmetrische* Interdependenz in den West-West-Beziehungen
2. die *asymmetrische* Interdependenz zwischen dem OECD-Gravitationszentrum und den Entwicklungsregionen der Welt
3. die *konfrontative* Interdependenz in den ehemaligen Ost-West-Beziehungen und die heute ansatzweise strukturell vergleichbaren Interdependenzen in konfrontativen Lagen andernorts
4. die internationale *ökonomische* Interdependenz
5. die internationale *ökologische* Interdependenz
6. die *institutionelle* Interdependenz auf weltweiter Ebene
7. die weltweite *kooperativ-funktionale* Interdependenz

2 Eine analytische Brücke zwischen Interdependenz- und Globalisierungsanalyse findet sich in Michael Zürn: *From Interdependence to Globalization*, in: *Handbook of International Relations*, hg. von Walter Carlsnaes u. a., London 2002, Kap. 12.

8. die sich internationalisierende *normativ-moralische* Interdependenz.

Der Interdependenzgehalt dieser acht taxonomisch differenzierbaren Konstellationen internationaler Beziehungen soll im folgenden ausgeleuchtet werden. Auch sollen die Wechselbezüge zwischen den acht Kontexten aufgezeigt werden: Beides ist ohne eine Verständigung über grundlegende Sachverhalte auf beschreibender Ebene nicht möglich.[3] Für eine solche Verständigung soll dieses Kapitel einen Anstoß geben, in der Hoffnung, daß damit eben auch die Analyse der »Interdependenz von Interdependenzen« (Willy Brandt) erleichtert wird. Dann in der Tat wäre erst geklärt, was das internationale System strukturiert und in seinem Innersten zusammenhält.

1. Symmetrische Interdependenz in den West-West-Beziehungen

Im gegenwärtigen internationalen System besteht die dichteste wechselseitige Vernetzung zwischen den westlichen Industriegesellschaften (OECD-Bereich). Diese Gesellschaften sind der dynamische Pol bzw. das Gravitationszentrum des Weltwirtschaftssystems: Vom Gesamtwert der *Welt*exporte entfallen ca. 70% auf die OECD-Länder; allein der Anteil des Handels zwischen den OECD-Ländern selbst macht schon ca. 50% des Welthandels aus. Noch gewichtiger ist, daß ca. 75% ihrer gesamten Exporte (OECD-Exporte = 100%) ein OECD-interner Handel ist; die OECD-Länder tauschen also unter sich bis zu drei Viertel ihrer Exporte. Diese anteilige Größenordnung wird bei Direktinvestitionen und beim Technologietransfer sogar noch überboten. Eine vergleichbare ökonomische Verflechtung liegt in anderen Segmenten des internationalen Systems nicht vor; sie ist also *quantitativ* exzeptionell hoch.

Zu der absoluten und relativen Größenordnung kommt ein *qualitativer* Aspekt hinzu: Der Handel zwischen den OECD-Ländern ist *substitutiv*. Das heißt, sie tauschen im wesentlichen

3 Die Daten in den nachfolgenden empirischen Teilbereichen sind leicht zugänglichen Datenhandbüchern wie *Der Fischer Weltalmanach* (jährlich), *Globale Trends* (zweijährlich) sowie dem jährlich von der Weltbank herausgegebenen *Weltentwicklungsbericht* entnommen.

weitgehend vergleichbare Produkte hoher Wertschöpfung: kapital- und technologieintensiv produzierte landwirtschaftliche Erzeugnisse, hochwertige Fertiggüter, insbesondere dauerhafte Konsumgüter, Güter des Maschinenbaus und der Elektrotechnik, Fahrzeuge usf. Die Masse der Exportgüter, etwa 80%, stammt aus dem verarbeitenden Gewerbe; fast die gleiche Größenordnung liegt auch auf der Importseite vor.

Diese Beziehungsstruktur ist in den spezifischen ökonomischen Profilen der einzelnen OECD-Länder begründet, die sich durch eine hohe Produktivität in *allen* ökonomischen Sparten (einschließlich der Landwirtschaft) auszeichnen. Dokumentiert wird dieser Sachverhalt durch eine parallele, nur geringfügig variierende Aufgliederung der erwerbstätigen Bevölkerung und der Produktionsstruktur hinsichtlich des primären, sekundären und tertiären Sektors (<5:<30:>65).

Die ökonomischen Beziehungen zwischen den OECD-Ländern sind damit nicht nur als unvergleichlich dicht zu bezeichnen, sondern auch als relativ symmetrisch, und insbesondere haben sie vergleichbare sozio-ökonomische Profile zur Grundlage. *Der Begriff »symmetrische Interdependenz« hat deshalb eine substantielle Grundlage.* Jedoch liegt die Stärke der westlichen Industrieländer als Kollektiv nicht nur in ökonomischer Kraft, sondern auch darin, daß sie auf einer vergleichbaren politischen Struktur, die durch Gewaltenteilung, Rechtsstaatlichkeit und parlamentarische Demokratie gekennzeichnet ist, aufbauen.

Überdies spielen sich die Wirtschaftsbeziehungen zwischen den westlichen Industrieländern in einem dichten institutionellen Netzwerk ab.[4] Ein Austausch in der genannten Größenordnung bedarf tendenziell freihändlerischer Regelungen: In der Nachkriegszeit nach 1945/47 wurden sie durch das internationale Handelsregime des Allgemeinen Zoll- und Handelsabkommens (GATT) und durch das internationale Währungssystem von Bretton Woods angestrebt. Das im GATT niedergelegte Handelsregime verpflichtete alle Beteiligten zu einem gegenseitigen Abbau von Zöllen und anderen Handelsschranken, wobei Multilateralismus und Meistbegünstigung den Austausch regeln sollten; das Weltwährungssystem sah feste Wechselkurse und die freie

4 S. hierzu Ralf Roloff: *Europa, Amerika und Asien zwischen Globalisierung und Regionalisierung*, Paderborn 2001; Reinhard Rode: *Weltregieren durch internationale Wirtschaftsorganisationen*, Halle 2001.

Umtauschbarkeit der Währungen, also Konvertibilität, vor. Zwar wurden weder die GATT-Prinzipien umfassend realisiert, noch überlebte das Bretton-Woods-System. Aber der erwartete Zusammenbruch des Weltwirtschaftssystems infolge der Krisen der 1970er und 1980er Jahre fand nicht statt. Im Gegenteil: 1995 wurde als Nachfolgerin des GATT-Abkommens die Welthandelsorganisation (WTO) institutionalisiert. Als substantiell erweitertes Regelwerk für den Welthandel setzt sie die Arbeit von GATT fort; als Verhandlungsforum hat sich die Basis der WTO verbreitert. Im Hinblick auf die Durchsetzungsmechanismen der Organisation (Streitschlichtungsverfahren) kann sogar von einem institutionellen Qualitätssprung gesprochen werden.

Zur Überwindung der zitierten Krisen der 1970er und 1980er Jahre hat seit vielen Jahren eine Reihe von Organisationen beigetragen, deren Aufgabe darin besteht, die Beziehungen zwischen den westlichen Industrieländern aufeinander abzustimmen (»Konzertierung«). Zu erwähnen sind die seit den 1970er Jahren regelmäßig stattfindenden Weltwirtschaftsgipfel (G-7), wobei Vorbereitung und Nacharbeit durch die zuständigen Regierungsbehörden wichtiger sind als das spektakuläre Ereignis selbst. Lautloser arbeitet die Organisation für wirtschaftliche Zusammenarbeit und Entwicklung (OECD), die in regelmäßigen Berichten die wirtschaftliche Entwicklung ihrer Mitgliedstaaten aufarbeitet und Richtlinien formuliert.

Von besonderem politischem Gewicht sind die europäischen Institutionen im Rahmen der Europäischen Union. Einer ihrer Pfeiler, die Europäische Gemeinschaft (EG), ist die mit Abstand größte am Welthandel beteiligte Wirtschaftseinheit, auf die rund 40% des Welthandelsumsatzes entfallen. Seit 1. 1. 1993 besteht ein einheitlicher EG-Binnenmarkt, was zu einer Integration der beteiligten Volkswirtschaften führte. Am 1. 1. 2002 wurde in fast allen EU-Ländern eine gemeinsame Währung (EURO) eingeführt. Überdies ist ein weiterer steter Ausbau der Kompetenzen der gemeinsamen politischen Institutionen vorgesehen: Mit ihm findet im EU-Raum ein Übergang von relativ dichter Kooperation zu einer sachbereichsorientierten abgestuften *Integration* statt, womit ein in internationalen Beziehungen denkbar höchster institutioneller Interdependenzgrad mit der Folge hoher Erwartungsstabilität erreicht wurde. Der Gipfel von Maastricht im Dezember 1991 und weitere EU-Gipfelkonferenzen (z. B. in

Amsterdam, Juni 1997) haben hierfür weichenstellende Entscheidungen getroffen. Die Debatte über eine überfällige »Verfassung der Europäischen Union«, die seit 2002 im sogenannten Verfassungskonvent stattfand, weist, trotz aller divergierender sachlicher Prämissen in zugespitzten Kontroversen, auf die Dynamik dieses Integrationsprozesses hin, die auch von wohlmeinenden Kritikern – sie fordern mehr und noch schnellere Fortschritte – meist unterschätzt wird.

Seit 1993 entfaltet der EG-Binnenmarkt neue beachtliche ökonomische und politische Sogwirkungen auf das übrige Europa und auf außereuropäische Länder. Eine solche Sogwirkung zeigte sich schon in den während der 1980er Jahre erfolgreich abgeschlossenen Verhandlungen zwischen den seit 1960 in der EFTA (Europäische Freihandelszone) organisierten europäischen Industrieländern westlichen Zuschnitts mit der EG, die zur Vereinbarung über den Aufbau eines Europäischen Wirtschaftsraumes (EWR=EG+EFTA) führten. Nachdem jedoch die meisten EFTA-Länder (wie Dänemark und Großbritannien schon 1972, Portugal 1986 sowie Österreich, Schweden und Finnland 1994) Mitglied der EU wurden, blieben in der Rest-EFTA die Schweiz, Liechtenstein, Norwegen und Island übrig. Damit hatte die EFTA als operativ relevante Organisation an Gewicht verloren, so auch in der Folge davon der EWR, der Anfang der 1990er Jahre jedoch von manchen noch als Auffangorganisation für die Gesellschaften Osteuropas gedacht war – eine Perspektive, die mit dem dramatischen Bedeutungsschwund des EWR hinfällig wurde.

Gegenüber dieser einst wohlmeinenden Absicht, die jedoch vor allem in Osteuropa auf keine Resonanz stieß, kam eine zweite Sogwirkung des EG-Binnenmarktprojektes zum Tragen: Sie dokumentiert sich in den Assoziations- bzw. Kooperationsabkommen der EU mit den Ländern Osteuropas, den entsprechenden späteren Beitrittsgesuchen und dem nicht auf Osteuropa beschränkten Prozeß einer schrittweisen EU-Erweiterung während des ersten Jahrzehnts dieses Jahrhunderts.

Im westlichen Segment des internationalen Systems sind die Ökonomie auf grenzüberschreitenden Wettbewerb und internationale Politik auf Koordination ausgerichtet. Beide – Wettbewerb und Koordination – können jedoch nicht als problemlos unterstellt werden. Sie bedürfen eines anhaltenden Interdependenz-Managements: Auf wirtschaftlicher Ebene besteht es beispielsweise in dem anhaltenden Versuch, das Welthandelsregime immer weiter auszubauen (jetzt im Rahmen der Welthandelsorganisation WTO) und Ersatzlösungen für das System von Bretton Woods, also ein neues internationales Finanzregime zu finden. Vor allem gilt die politische Aufmerksamkeit der Abwehr eines in den letzten 25 Jahren befürchteten, jedoch nicht zum Tragen gekommenen Trends zur regelrechten Abkapselung regionaler Wirtschaftsblöcke (EU/NAFTA/Ostasien) zu Lasten weltwirtschaftlicher Bezüge.[5]

Ein Interdependenz-Management ist auch hinsichtlich der neuen Stellung Ostasiens im Weltwirtschaftssystem erforderlich: Die Entwicklung Japans und der ostasiatischen Schwellenländer zu einem neuen dynamischen Pol der Weltwirtschaft hat zu erheblichen weltwirtschaftlichen Gewichtsverlagerungen und Ungleichgewichten geführt. In vergangenen Jahrhunderten waren solche Verschiebungen der Hintergrund für Machtrivalitäten und Ausscheidungskämpfe zwischen aufsteigenden Mächten und solchen, die sich dadurch in ihrer bisher führenden Weltmachtstellung herausgefordert fühlten.[6] Die Frage, ob Japan in der ersten Hälfte des 21. Jahrhunderts eine wirklich hegemoniale Position erringen wird, die derjenigen Englands im 19. Jahrhundert und derjenigen der USA Mitte des 20. Jahrhunderts vergleichbar wäre, hat sich als voreilig erwiesen. Wahrscheinlich ist, daß im Konzert der OECD-Länder drei einigermaßen ebenbürtige dynamische Pole – USA, Japan und EU – zwar in scharfer wirtschaftlicher Konkurrenz miteinander stehen, im übrigen aber bei anhaltender trilateraler Koordination friedlich koexistieren werden. Die eigentliche Frage, die sich in der ersten Hälfte des 21. Jahrhunderts stellen wird, ist vielmehr, wie China und damit ein Fünftel der Weltbevölkerung sukzessive auf diese Triade zugeordnet bzw. in sie integriert werden kann.

Nur eines scheint sicher zu sein: Eine Politik, die die historisch beispiellose Interdependenz im OECD-Bereich gefährdete, wäre für alle Beteiligten, auch für die Verursacher, kontraproduktiv.

5 S. hierzu das in Anm. 4 zitierte Buch von Ralf Roloff.

6 Zur differenzierten Konzeptualisierung dieser Problematik s. Robert Gilpin: *War and Change in World Politics*, Princeton 1981, sowie als großangelegte historische Monographie Paul Kennedy: *Aufstieg und Fall der großen Mächte. Ökonomischer Wandel und militärischer Konflikt von 1500 bis 2000*, Frankfurt/M. 1989.

Diese heute in den westlichen Industrieländern weitverbreitete Einsicht müßte eine solche Politik eigentlich verhindern helfen. Unwahrscheinlich sind in diesem Segment des internationalen Systems kriegerische Auseinandersetzungen von der Art der interimperialistischen Rivalitäten um die Wende des 19. zum 20. Jahrhundert. Aber natürlich kann man sich der Sache nicht ganz sicher sein. Der Bereich der OECD-Länder ist zwar zu einer »Zone stabilen Friedens« geworden: Offene Gewaltanwendung spielt darin keine Rolle mehr, nicht einmal die Androhung von Gewalt.[7] Doch ist dieser Teil der Welt, vor allem in ökonomischer Hinsicht, verläßlich erschütterungsfest? Ist das erreichte Niveau von »Zivilisierung« in allen relevanten Politikfeldern außerhalb jeglicher Regressionsgefahr? Die Fragen müssen allein schon deshalb gestellt werden, um die Sensibilität für die frühzeitige Wahrnehmung potentieller Gefährdungen hoch zu halten.

2. Asymmetrische Interdependenz zwischen Zentren und Entwicklungsregionen

Seit vierzig Jahren gehört die Entwicklungsproblematik zu den großen Themenstellungen internationaler Politik. Ihre Bedeutung wird sich auch in den kommenden Jahrzehnten nicht verringern, da die Fehlschläge der Entwicklungspolitik in den vergangenen Entwicklungsdekaden unübersehbar sind. Entwicklung resultiert im wesentlichen aus innergesellschaftlichen Anstrengungen, deren Erfolg oder Mißerfolg jedoch in einem engen Zusammenhang mit weltwirtschaftlichen Rahmenbedingungen steht.[8] Dabei ist zu bedenken, daß die Entwicklungsländer ihre Position im Weltwirtschaftssystem, insgesamt und quantitativ betrachtet, nur leidlich aufrechterhalten konnten und daß es nur in Ausnahmefällen (wie in Ostasien und einigen Schwellenländern) zu einer quantitativen und qualitativen Verbesserung der Lage gekommen ist. Immer noch liegt der Anteil aller Entwicklungsländer am Welthandel bei etwa 30%, wobei 60-65% der

7 S. hierzu das Kap. 6 im vorliegenden Buch.
8 S. hierzu Dieter Senghaas: *Von Europa lernen. Entwicklungsgeschichtliche Betrachtungen*, Frankfurt/M. 1982; David S. Landes: *Wohlstand und Armut der Nationen*, Berlin 1999 (hierzu auch meine ausführliche Rezension in: *Leviathan*, Bd. 28, Nr. 1, 2000, S. 142-153).

Gesamtexporte der Dritten Welt (=100%) in die Industrieländer fließen, der Rest in andere Entwicklungsländer einschließlich der ehemaligen Staatshandelsländer. Die Entwicklungsländer der Welt sind damit fürderhin weit mehr auf die westlichen Industrieländer ausgerichtet als diese auf sie: Nur ca. 25 % des Industrieländer-Exportes sind entwicklungsländerorientiert.

Gravierender jedoch ist die *Asymmetrie* in den Exportwarenkörben: Drei Viertel der Exporte aller Entwicklungsländer sind landwirtschaftliche Güter, Genußmittel, Rohstoffe und Energie, wobei die Entwicklungsländer nur beim Export von Energie (Erdöl, Erdgas) über einen erheblichen eigenen Weltmarktanteil (etwa 60%) verfügen. Dem stehen die Importe von Fertiggütern, Maschinen und Fahrzeugen aus Industrieländern gegenüber. Die Außenhandelsbeziehungen sind also auch qualitativ *asymmetrisch*. Sie sind deshalb als komplementär oder vertikal zu bezeichnen – im Gegensatz zur substitutiven und horizontal gelagerten Arbeitsteilung, wie sie zwischen den westlichen Industrieländern besteht.

Was sich hinsichtlich der Exportstruktur dokumentieren läßt, zeigt sich auch in anderen Dimensionen: Entwicklungsländer sind im wesentlichen Empfänger von Direktinvestitionen und Technologietransfer, und nur wenige Schwellenländer haben begonnen, jenseits eigener Grenzen selbst zu investieren und Technologie zu transferieren. Auch im internationalen Informations- und Kommunikationssystem haben die meisten Entwicklungsländer nur eine randständige Position. Und politische Organisationen mit zeitweilig eigenem Gewicht (z.B. die Gruppe der 77) blieben langfristig ohne Durchschlagskraft, so auch entwicklungsländerorientierte internationale Organisationen wie die UNCTAD.

Es ist also durchaus angemessen, die Beziehungen zwischen Industrie- und Entwicklungsländern weiterhin als *asymmetrische Interdependenz* zu kennzeichnen: Interdependenz liegt vor, weil Vorgänge in der OECD-Welt unmittelbare Rückwirkungen hervorrufen. Asymmetrie ist aus den vorgenannten Gründen zu konstatieren. Nur wenigen Entwicklungsländern ist es gelungen, die überkommenen Strukturen abzubauen, ihre außenwirtschaftlichen Beziehungen qualitativ zu »horizontalisieren« und damit entscheidende Schritte in Richtung auf eine substitutive internationale Arbeitsteilung zu machen. Seit den 1980er Jahren ist dieser

Sachverhalt insbesondere bei den ostasiatischen Schwellenländern, deren ökonomisches Profil sich demjenigen der klassischen OECD-Länder annähert, zu beobachten.[9]

In den Nord-Süd-Beziehungen bemühten sich die Entwicklungsländer seit Mitte der 1960er Jahre und verstärkt in der Folge des OPEC-Schocks, zu einem neuen Interdependenz-Management zu gelangen. Angestrebt wurden neue internationale Regime, mit denen die randständige Position der Entwicklungsländer im Weltwirtschaftssystem überwunden und die Beziehungen auf eine neue qualitative Ebene gebracht werden sollten.[10] Mit Ausnahme der Seerechtskonvention, in der es einen Kompromiß gab, sind diese Bemühungen im großen und ganzen gescheitert: Ein umfassendes internationales System von Lagerstätten für agrarische, mineralische und industrielle Rohstoffe mit dem Ziel einer Stabilisierung von Rohstoffpreisen kam ebensowenig zustande wie der Gemeinsame Fonds für die Finanzierung solcher Lager; größere Anteile an der Weltindustrieproduktion für die Entwicklungsländer, wie sie die UNIDO durch Verhandlungen anstrebte, ließen sich ganz offensichtlich nicht auf dem Wege internationaler Diplomatie dekretieren; der Technologietransfer bleibt weiterhin ein Geschäft privater Unternehmen; ein Ressourcentransfer von 0,7% des Bruttosozialproduktes von den OECD-Ländern in Entwicklungsländer findet immer noch nicht statt, usf. Auch im Bereich der »Neuen Internationalen Informations- und Kommunikationsordnung« sind neue internationale Regime nicht entstanden: Ohne eigene Nachrichtenagenturen, Medienfirmen, ausgebildete Journalisten sowie Kommunikationskapazitäten im Innern der eigenen Gesellschaften und in der Verbindung zum Ausland werden die Länder der Dritten Welt von den effizienten Informations- und Kommunikationsträgern der Industrieländer einfach überwältigt. Die wenigen Ausnahmen, wie beispielsweise Indien und Brasilien, neuerdings der Sender Al Jazeera im arabischen Raum, bestätigen die Regel. Im übrigen war die Seerechtskonvention (1982) nur zustande gekommen, weil sich die Meeresanlieger sowohl in den Industrie-

9 Eine frühe, wegweisende Analyse dieses Sachverhalts findet sich in Ulrich Menzel: *In der Nachfolge Europas. Autozentrierte Entwicklung in den ostasiatischen Schwellenländern Südkorea und Taiwan*, München 1985.

10 S. hierzu Ulrich Menzel und Dieter Senghaas: *Europas Entwicklung und die Dritte Welt. Eine Bestandsaufnahme*, Frankfurt/M. 1986, Kap. 7.

ländern als auch in den Entwicklungsländern durch eine Ausdehnung nationaler Souveränität auf das Meer (»Terranisierung« des Meeres) bereicherten. Wo eine solche Ausdehnung nationaler Nutzungsrechte nicht vorgesehen war, wie beispielsweise beim Tiefseebergbau, kam ein entsprechendes Regime nur unter erheblichen Schwierigkeiten und aller Wahrscheinlichkeit nach ohne eine langfristig operative Realisierungschance zustande.

Gegenüber den umfassenden Bemühungen um ein neues Interdependenz-Management in den Nord-Süd-Beziehungen erfolgten die bilaterale und die multilaterale Entwicklungsarbeit in aller Regel in überkommenen Bahnen. Daß durch sie die weltweite Entwicklungsproblematik erfolgreich »gelöst« werden könnte, wird heute jedoch kaum noch unterstellt. Die zu beobachtende Desillusionierung läßt möglicherweise die Erkenntnis wachsen, daß eine asymmetrische Interdependenz nicht notwendigerweise durch die Vertiefung von Interdependenz »entproblematisiert« werden kann, sondern daß es auch möglich ist, ihr durch Formen zeitweiliger selektiver Entkopplung entgegenzuwirken.[11] Diese entwicklungsgeschichtlich inspirierte plausible Annahme wird aber vom derzeit vorherrschenden Zeitgeist des abstrakt-allgemein und unkontextuiert auf »Globalisierung« fixierten Neoliberalismus konterkariert, so daß alternative Optionen erst dann wieder politischen Spielraum gewinnen werden, wenn die wirklichkeitsfremde neoliberale Dogmatik, die Asymmetrien nicht zur Kenntnis nimmt, sich in der entwicklungspolitischen Praxis ad absurdum, weil zu politisch virulenten Verwerfungen geführt haben wird.

3. Konfrontative Interdependenz

Als Interdependenz eigener Art läßt sich die jahrzehntelange Konfrontation zwischen Ost und West, also der inzwischen beendete Ost-West-Konflikt (1947-1989/92), charakterisieren. Die-

11 Diese Listianische Perspektive findet sich entwickelt in Dieter Senghaas: *Weltwirtschaftsordnung und Entwicklungspolitik. Plädoyer für Dissoziation*, Frankfurt/M. 1977, sowie in Samir Amin: *La déconnexion*, Paris 1985 (s. hierzu auch meinen Beitrag über S. Amin in *Entwicklung und Zusammenarbeit*, Nr. 6, 2001, S. 196-199), und neuerdings auch Ha-Joon Chang: *Kicking Away the Ladder. Development Strategy in Historical Perspective*, London 2002.

ser Konflikt war in einer Mischung von ideologischen Positionsdifferenzen und machtpolitischen Rivalitäten begründet. Er übersetzte sich in eine anhaltende Rüstungskonkurrenz, über die beide Seiten politisch instrumentierbare Rüstungspotentiale mit dem Ziel anstrebten, die eigenen militärischen Optionen zu optimieren und diejenigen der Gegenseite zu neutralisieren bzw. zu durchkreuzen.[12] Solches Unterfangen führte notwendigerweise zu Rüstungsdynamik, wobei angesichts der Größenordnung und Differenziertheit moderner Rüstungen Rüstungskonkurrenz und Rüstungsdynamik eine Eigendynamik gewannen, die selbst dann noch nur mit Schwierigkeiten zu steuern war, als internationale Politik (»Entspannungspolitik«) Spielräume für korrigierende Eingriffe ermöglichte. Die mit erheblichem Rüstungsaufwand untermauerte Fixierung der Konfrontation der Konfliktgegner ging jahrzehntelang einher mit einem nur begrenzten wirtschaftlichen Austausch und mit behinderter Information und Kommunikation. In zugespitzen Phasen des Kalten Krieges wurden auch menschliche Kontakte unterbunden. Eine institutionelle Vernetzung, die über den normalen diplomatischen Verkehr hinausgegangen wäre, gab es lange Zeit nur am Rande.

Die Ost-West-Beziehungen verliefen also in der Nachkriegszeit in einer Konfliktstruktur eigener Prägung, die in kommunikationstheoretischer Perspektive als »autistisch« gekennzeichnet werden kann. Ohne Zweifel lag Interdependenz vor, denn die Aktionen der Konfliktparteien wirkten unmittelbar aufeinander ein. Interdependenz war dabei weitgehend negativ begründet, allerdings flankiert durch ein Krisenmanagement, das – rückblikkend betrachtet – erstaunlich effektiv war. In solcher konfrontativer Interdependenz fürchteten beide Seiten, von der jeweiligen Gegenseite ausmanövriert zu werden. Erst ein Abbau der Konfrontation erlaubte es, Schritte in Richtung auf eine positive Interdependenz zu machen.

Obgleich die Ost-West-Beziehungen in der Nachkriegszeit durch einen mehrfachen Wechsel von Konfliktakzentuierung und angestrebter Entspannung gekennzeichnet waren, konnte von ei-

12 S. hierzu Dieter Senghaas: *Konfliktformationen im internationalen System*, Frankfurt/M. 1988, Kap. II und III. Ein Gesamtrückblick wird vorgelegt in ders.: *War der Kalte Krieg ein Krieg? Realitäten, Phantasien, Paradoxien*, in: *Leviathan*, Bd. 31, Nr. 3, 2003, S. 303-322.

ner Überwindung der Konfrontation erst seit Mitte der 1980er Jahre die Rede sein. Er war im wesentlichen die Folge sowjetischer Reformpolitik, die schließlich auch die osteuropäischen Länder erfaßte: Innerhalb weniger Jahre führte die politische Reorientierung in der Sowjetunion und Osteuropa zu einem deutlichen Abbau der ideologischen Konfrontation. Während man sich im damaligen KSZE-Prozeß zehn Jahre lang schleppend bemühte, zustimmungsfähige gemeinsame Verhaltensprinzipien zu finden, ermöglichte der Reformprozeß innerhalb weniger Jahre Übereinstimmung in grundsätzlichen Positionen. Die revolutionären Umbrüche in Osteuropa (1989/90) und ihre Folgewirkungen auch in der ehemaligen Sowjetunion haben letztendlich den nachhaltigen Durchbruch in dieser Hinsicht gebracht. Damit wurde die zentrale Ursache des Ost-West-Konfliktes, die politische Konfrontation zwischen demokratischem Rechtsstaat und der im Monopolanspruch einer einzigen Partei zum Ausdruck kommenden politischen Diktatur, beseitigt. Ordnungspolitische Prämissen wie Rechtsstaatlichkeit, Gewaltenteilung, politischer Pluralismus, demokratische Meinungsvielfalt usw. finden inzwischen in Europa weithin eine nicht mehr in Frage gestellte Anerkennung.

Mit dem Abbau ideologisch-ordnungspolitischer Konfrontation und dem schließlichen Zusammenbruch des realsozialistischen Systems wurde auch die Überwindung der herkömmlichen Rüstungskonkurrenz vorstellbar. Seit den frühen 1990er Jahren geht in Europa niemand mehr von der Möglichkeit eines großangelegten Überraschungsangriffs bzw. raumgreifender offensiver Militäraktionen aus. Die neue Frage, die sich stellt, ist die nach einer umfassenden europäischen Sicherheitsstruktur, in der die Militärapparate auf niedrigem Niveau am Prinzip der Angriffsunfähigkeit (NOD: non-offensive defense) ausgerichtet werden müßten.[13]

Wo in den internationalen Beziehungen positive Interdependenz vorliegt, ist sie immer auch in einem wirtschaftlichen Austausch zu wechselseitigem Nutzen begründet. Auch zu Zeiten der Entspannung standen einem solchen Austausch zwischen Ost und West erhebliche strukturelle Gründe entgegen, insbesondere

13 S. hierzu Dieter Senghaas: *Friedensprojekt Europa*, Frankfurt/M. 1992, Ernst-Otto Czempiel: *Neue Sicherheit in Europa. Eine Kritik an Neorealismus und Realpolitik*, Frankfurt/M. 2002.

die Leistungsschwäche der Ökonomien des real existierenden Sozialismus. Der seit dem weltpolitischen Umbruch überall angestrebte Umbau von Kommandowirtschaften in Marktwirtschaften macht weiterhin erhebliche Anstrengungen der Reformstaaten erforderlich. Die Wegstrecke zu substitutiver Arbeitsteilung von der Art, die die Wirtschaftsbeziehungen der westlichen Industrieländer untereinander kennzeichnet, wird lange und mühsam sein. Aber alle Anstrengungen müssen auf den Aufbau wettbewerbsstarker Volkswirtschaften in der östlichen Hälfte Europas ausgerichtet sein, also auf ein *upgrading*. Nur mit solchen kann letztlich Austausch zu beiderseitigem Nutzen getätigt werden; nur solche Ökonomien werden in den EG-Binnenmarkt voll integrationsfähig.

Der Abbau von Konfrontation muß mit einem Aufbau von Kontakten und Kommunikation einhergehen, soll positive Interdependenz auch auf der menschlichen Beziehungsebene zustande kommen. Solche Kontakte und Kommunikation sind natürlich seit dem Systemumbruch wesentlich leichter als jemals zuvor. Sie können den Realitätsgehalt der Vorstellungen voneinander erhöhen und vor allem die Fähigkeit, sich in die Lage der anderen Seite zu versetzen (Empathie), erweitern. Dabei entsteht das Gegenstück zu der für die frühere Abschreckungskonstellation typischen Feindbildprojektion: nämlich wirklichkeitsnahe Umweltbilder. Auch ein Jahrzehnt nach dem Ende der Konfrontation ist vieles noch auf der Ebene der Städtepartnerschaften und Jugendreisen, des Austausches von Sportlern, Schülern, Studenten, Lehrern und Wissenschaftlern sowie hinsichtlich gemeinsamer Forschungsvorhaben, der Durchführung von Ausstellungen, Festspielen und Filmwochen usf. zu tun. Aktivitäten in solchen Bereichen können die Kooperation auf politischer und ökonomischer Ebene unterfüttern und auch auf gesellschaftlicher Ebene einer kooperativen Interdependenz Substanz zuwachsen lassen.

Konfrontative Interdependenz ist also im Ost-West-Zusammenhang, wo sie von beispielhafter Zuspitzung war, zu Ende gegangen. Dennoch kann sie, nunmehr rückblickend, als historischer Tatbestand weiterhin geradewegs als idealtypisches Fallbeispiel analysiert werden. Aber konfrontative Interdependenz läßt sich nicht nur im historisch gewordenen Ost-West-Zusammenhang der Nachkriegszeit beobachten. In den 60er/70er und in der ersten Hälfte der 80er Jahre des vergangenen Jahrhunderts bestand sie auch zwischen der ehemaligen Sowjetunion und China.[14] Auch hier waren seit ca. 1985 eine politische Reorientierung und eine Umstrukturierung der Beziehungen zu beobachten. In den Beziehungen zwischen Rußland und China spielt ideologische Konfrontation kaum noch eine Rolle; eine Rüstungskonkurrenz findet nicht mehr statt; der wirtschaftliche Austausch wird durch beachtenswerte Wachstumsraten gekennzeichnet; und Kontakte und Kommunikation sind, wenn auch nicht unbegrenzt möglich, so doch leichter als in den Jahrzehnten davor.

Demgegenüber ist in vielen *Regionalkonflikten* immer noch das klassische Muster zugespitzter konfrontativer Interdependenz zu beobachten. Die ihm zugrundeliegenden Ursachen und Mechanismen sind keine anderen als die dargestellten, wenngleich die ideologische Komponente in aller Regel eher bedeutungslos ist und herrschaftsbedingte machtpolitische Rivalitäten im Vordergrund stehen.[15] Solche konfrontativen Interdependenzen lassen sich vielfältig im Nahen Osten und im Golfbereich beobachten, aber auch beispielsweise in den politisch virulenten Beziehungen zwischen Indien und Pakistan, in denen es überdies eine nukleare Rüstungskomponente gibt. Wo immer sich in den Zonen regional begrenzter politischer Turbulenzen Konfrontationen akzentuieren, also konfrontative Interdependenz sich aufbaut, werden die gleichen Ansatzpunkte zur Überwindung solcher Interdependenz erprobt werden müssen wie während des Ost-West-Konfliktes: Abbau ideologischer Konfrontation (wo vorhanden) und Suche nach gemeinsamen Verhaltensprinzipien, Vertrauensbildung, Reorientierung der Sicherheitspolitik in Richtung auf Angriffsunfähigkeit, Abbau von Wirtschaftsboykott und ernsthafte Bemühungen um ökonomischen Austausch, Beendigung einer Politik der Abgrenzung und Suche nach verstärkten Kontakten und intensivierter Kommunikation. Aber das Ende des Ost-West-Konfliktes hat auch gezeigt, daß konfrontative Interdependenz nur endgültig überwunden werden kann, wenn bei einer Konfliktpartei oder bei beiden Konfliktparteien

14 S. hierzu Kap. VI in dem in Anm. 12 zitierten Buch.

15 Zu Analysen über Regionalkonflikte s. Karl Kaiser und Hans-Peter Schwarz (Hg.): *Weltpolitik im neuen Jahrhundert*, Bonn 2000; Mir A. Ferdowsi (Hg.): *Internationale Politik im 21. Jahrhundert*, München 2002.

tiefgreifende innere Strukturänderungen in Politik, Gesellschaft, Ökonomie und Kultur eintreten, d.h. insbesondere: wenn autoritärer Herrschaft der Boden entzogen wird.

4. Internationale ökonomische Interdependenz

Im Jahre 2000 hatte der Welt*waren*export eine Größenordnung von 6 000 Mrd. Dollar erreicht. Von diesem Gesamtwert entfielen 70% auf die westlichen Industrieländer, etwa 30% auf die Entwicklungsländer einschließlich der ehemaligen Staatshandelsländer, wobei zu bedenken ist, daß die zahlreichen am wenigsten entwickelten Länder nur auf 0,5% der Weltexporte kamen. Die Daten sind ein Indiz für die Gewichtsverteilung im Weltwirtschaftssystem. Insbesondere lassen sie erkennen, daß das Schwergewicht der Weltwirtschaft immer noch unverrückt bei den OECD-Ländern liegt, woran sich trotz allen inzwischen in der internationalen Politik eingetretenen Wandels wenig ändern wird: So war der OECD-Anteil am Weltexport 1988 schon in etwa derselbe. Die Struktur der weltweit getätigten Direktinvestitionen (FDI) vermittelt ein ähnliches Bild: Etwa 75% der FDI sind in den Industrieländern (der Triade) lokalisiert (Bestandsgröße), der Rest in Entwicklungsländern, genauer gesagt: zwei Drittel davon in nur zehn von diesen.

Ungeachtet dieser grundlegenden Tatbestände – *der zählebigen Zentrum-Peripherie-Struktur der Weltwirtschaft* – sind jedoch durchgängige, *weltweit* wirksame ökonomische Interdependenzen nicht zu verkennen: So hatte beispielsweise in den 70er und frühen 80er Jahren des vergangenen Jahrhunderts die mehrfache drastische Anhebung des Ölpreises durch das OPEC-Kartell erhebliche Folgen bei den Netto-Importeuren von Energie sowohl unter den Industrie- als auch unter den Entwicklungsländern. Die dort erwirtschafteten Petrodollars flossen auf dem Wege des »recycling« in das Weltfinanzsystem (d.h. in die OECD-Länder) zurück und gelangten unter anderem als kommerzielle Kredite zu sehr günstigen Konditionen in die Entwicklungs- und ehemaligen Ostblockländer. Eine wenig effiziente Verwendung der Kredite und andere Faktoren haben dann zur internationalen Schuldenkrise beigetragen. Die Unfähigkeit, Kredite zeitgerecht zu bedienen und zurückzuzahlen, hat schließlich selbst große Gläubigerbanken in den führenden Industrieländern in erhebliche Schwierigkeiten gebracht. Um totale Insolvenzen und weltweite Dominoeffekte zu verhindern, wurden damals wie auch später (z. B. in der »Asienkrise«) internationale Rettungsaktionen erforderlich. Die westlichen Industrieländer waren seinerzeit von dieser Problematik ebenso betroffen wie die OPEC-Staaten, die RGW-Ökonomien des noch existierenden Realsozialismus ebenso wie die Schwellenländer der Dritten Welt, insbesondere diejenigen in Lateinamerika. Allein das sich aufbauende amerikanische Haushalts- und Handelsbilanzdefizit, das während der Reagan-Administration kreditfinanziert zu einem Hochzinsniveau in den USA führte, hatte seinerzeit die Verschuldung der Dritten Welt, die auf Krediten mit kurzer und mittlerer Laufzeit bei variablen Zinssätzen beruhte, um ca. ein Drittel erhöht und damit zu einer erheblichen Mehrbelastung der Schuldnerstaaten beigetragen.

Aber auch in anderen Segmenten der Weltwirtschaft sind vielfältige Formen von *weltweit* wirksamen ökonomischen Interdependenzen zu erkennen: So trieb beispielsweise eine Politik massiver Getreideimporte durch die ehemalige Sowjetunion zeitweilig das internationale Preisniveau für Getreide nach oben, was unmittelbare Konsequenzen bei den vielen Netto-Getreideimporteuren der Dritten Welt hatte. Nicht selten löst eine überdurchschnittliche Nachfrage nach spezifischen Gütern allenthalben Produktionsausweitungen aus, die dann in den Folgejahren zu Überkapazitäten und ggf. zum Zusammenbruch des weltweiten Preisniveaus im entsprechenden Güterbereich führen. Solche Zusammenhänge gehörten immer schon und gehören immer mehr zu den alltäglichen Vorgängen in einer weltweit vernetzten Weltwirtschaft. Man muß allerdings dabei berücksichtigen, daß das OECD-Gravitationszentrum der Weltwirtschaft ganz andere Kapazitäten und Ressourcen besitzt, Problemlagen dieser Art zu bewältigen, als die Peripherien.

Darüber hinaus sind auch Interdependenzen zu berücksichtigen, die sich auf Grund von Strukturwandlungen einstellen: Der sparsamere Umgang mit Rohstoffen in der industriellen Produktion und weniger materialintensive neue Produkte verringern die Rohstoffintensität von Produktionsverfahren und von Produkten. Rohstoffimporteure wie Japan stehen an der Spitze dieser Umstrukturierung, die über den internationalen Wettbewerb weltweite Folgewirkungen haben. Rohstoffexporteure in Industrie- und Entwicklungsländern werden weltweit die Leidtragenden einer solchen Entkopplung von industrieller Produktion und Rohstoffnachfrage sein: Für sie werden sich die *»terms of trade«* weiterhin ungünstig entwickeln.

Auch steht zu erwarten, daß die Automatisierung und Roboterisierung industrieller Produktion, vor allem in den Hochlohnländern der Welt, den Anteil der Lohnkosten an den gesamten Produktionskosten verringert, so daß entsprechende spezifische Industrien wieder gegenüber Niedriglohnländern wettbewerbsfähig werden. Im Endergebnis würde dies die Umkehr eines Prozesses bedeuten, der in den 1970er Jahren als »neue internationale Arbeitsteilung« beschrieben wurde. Käme er zum Tragen, würde die seinerzeit erfolgte Auslagerung von unterdurchschnittlich produktiven Industriezweigen aus Hochlohn- in Billiglohnländer durch entsprechende Rückverlagerungen ebensolcher Industrien konterkariert. Es gibt also ökonomische Interdependenzen, die sich verdichten, aber auch, wenngleich eher im begrenzten Ausmaß, gegenteilige Vorgänge.

Weltweite ökonomische Interdependenz wird heute in erster Linie durch *transnationale Unternehmen* vermittelt. Von ihnen gibt es derzeit schätzungsweise etwa 55 000 und diese besitzen rund 450 000 Tochterfirmen im Ausland. Die Bedeutung transnationaler Unternehmen zeigt sich einmal darin, daß der größte Teil des internationalen Kapitalverkehrs über transnationale Banken abläuft. Weiterhin: Etwa 80-90% des internationalen Handels der Marktwirtschaften werden von transnationalen Unternehmen abgewickelt, wobei 30-40% dieses Warenverkehrs auf rein firmeninternen Handel entfallen, also nicht zwischen unabhängigen Unternehmen stattfinden, sondern zwischen Tochtergesellschaften der gleichen Unternehmen. Ebenfalls erfolgt ein Großteil des internationalen Technologietransfers über solche Unternehmen, meist als firmeninterner Transfer. Wanderbewegungen von Arbeitskräften auf der Ebene der Fach- und Führungskräfte spielen sich zum guten Teil innerhalb dieser Unternehmen ab. Insofern sie im Konsumgüterbereich tätig sind, transferieren solche Unternehmen, vor allem bei dauerhaften Gütern als Folge von »Demonstrationseffekten«, weltweit wirksam werdende Konsummuster und Lebensstile.

Die durch transnationale Unternehmen zustande kommende internationale Vernetzung ist also vielfältiger Natur und betrifft nicht nur Güterströme. Traditionell waren solche Unternehmen im Rohstoffbereich tätig; nach 1950/60 erfolgte vor allem in der verarbeitenden Industrie eine Diversifizierung (zuerst: nicht dauerhafte Konsumgüter; später langlebige Güter und Maschinen); inzwischen sind sie weit mehr, als es der Öffentlichkeit bewußt ist, im Dienstleistungssektor (Banken, Werbung, Marktforschung, Fluglinien, Hotelketten, Schnellgaststätten, Datenverarbeitung usf.) tätig. Eine Wachstumsindustrie neuerer Art ist der grenzüberschreitende Datenverkehr, dem transnationale Computer-Kommunikationsnetze zugrunde liegen, gleichsam die Nerven transnationaler Unternehmen und einer Weltinformationswirtschaft, deren Entwicklung sich derzeit in den ersten dramatischen Aufschwungetappen einer logistischen Wachstumskurve bewegt.[16]

Eine weltweite Interdependenz eigener Art und Größenordnung findet auf der Ebene *internationaler Finanzmärkte* statt. Während der Handel mit Waren *und* Dienstleistungen derzeit pro Jahr etwa 7 000 Mrd. Dollar beträgt, werden in den Finanzzentren der Welt Transaktionen zwischen einzelnen Währungen in der Größenordnung von 2 000 Mrd. Dollar pro Börsentag getätigt – das sind etwa 500 000 Mrd. Dollar pro Jahr; was etwa dem 70fachen des jährlichen Welthandels mit Gütern und Dienstleistungen entspricht.

Ganz offensichtlich stehen solche Kapitalbewegungen nicht mehr im Zusammenhang mit einem größenmäßig korrespondierenden Güter- und Dienstleistungshandel. Auf internationalen Finanzmärkten ist, unterstützt durch die Entwicklung neuer Kommunikationstechnologien und eine sich ausweitende Liberalisierung und Deregulierung im Kapitalverkehr, ein einheitlicher globaler Finanzmarkt entstanden, auf dem rund um die Uhr Geschäfte getätigt werden. Angesichts der von realwirtschaftlichen Vorgängen weitgehend abgehobenen, gerade auch spekulativen

16 Zum Strukturwandel in der Weltwirtschaft s. Mathias Albert, Lothar Brock, Stephan Hessler, Ulrich Menzel und Jürgen Neyer: *Die Neue Weltwirtschaft. Entstofflichung und Entgrenzung der Ökonomie*, Frankfurt/M. 1999.

Geschäfte auf dem internationalen Geldmarkt wurde er als eine einzige große Spielhölle bzw. als »Kasinokapitalismus« beschrieben. Selbst Kenner halten die dort ablaufenden Vorgänge für »ziemlich obskur«. Dessenungeachtet besteht in keinem anderen weltwirtschaftlichen Bereich eine vergleichbare *zeitgleiche Interdependenz*, wie die mehr oder weniger synchronisierte Börsenentwicklung in Tokio, Hongkong, Frankfurt, London und New York tagtäglich belegt.

Der internationale Finanzmarkt ist nicht nur hochgradig interdependent und weltweit organisiert; er ist auch zu einem erheblichen Teil autonom und unkontrolliert. Zumindest fällt es den jeweiligen nationalen Notenbanken schwer, sich in kritischen Zeiten gegen die selbstreferentielle Eigendynamik dieses weltwirtschaftlichen Sektors zu behaupten. Versuche, in der Nachfolge des Bretton Woods-Systems ein neues internationales Finanzregime zu etablieren, sind bisher gescheitert.

5. Internationale ökologische Interdependenz

In den letzten 30 Jahren ist das Bewußtsein darüber, daß es eine weltweite ökologische Vernetzung gibt, deutlich gewachsen. Ökologische Interdependenz macht sich von negativen Befunden her bemerkbar: von den Folgewirkungen des Kernreaktorunfalls in Tschernobyl, von den vermuteten weltweiten Auswirkungen des Ozonlochs und des Treibhauseffekts und von anderen gravierenden Tatbeständen wie der fortschreitenden Wüstenbildung. Neu ist die Umweltproblematik an und für sich nicht, denn auch in früheren Jahrhunderten hat es akute Umweltkrisen gegeben. Im Einzelfall sind ihre Folgewirkungen bis heute sichtbar, so beispielsweise im Mittelmeerraum, wo eine extensive Abholzung zur Zeit des Römischen Reiches und später zur dauerhaften, gewissermaßen »nachhaltigen« Verkarstung der gesamten Küstenregionen geführt hat. Neben der derzeitigen globalen Problematik haben sich auch regionale Umweltkrisen erheblich akzentuiert.

Nach Lage der Dinge wird sich die Umweltproblematik in absehbarer Zeit eher zuspitzen als abmildern, und damit wird ökologische Interdependenz ein Tatbestand, mit dem in internationaler Politik noch mehr als in den vergangenen Jahrzehnten zu rechnen ist:[17] In den westlichen Industrieländern sind mehr als begrenzte Korrektive zunächst nicht in Sicht, obgleich die systemimmanenten Korrekturmöglichkeiten nicht gering sind: Indem Luft, Wasser und Erde, die bisher weithin als freie Güter galten, als Kosten in das Produktionskalkül eingehen, würde ein sparsamer und umsichtiger Umgang mit ihnen wahrscheinlicher. Ressourcen- und energiesparende Technologien würden unter solchen Bedingungen zu einer Selbstverständlichkeit. Ein Wandel in Richtung ökologieverträglicher Produktionsverfahren und Produkte erfordert jedoch erhebliche Umstrukturierungen, die kurzfristig nicht wahrscheinlich, aber mittel- und langfristig unschwer möglich sind. Aller Wahrscheinlichkeit nach werden die westlichen Industriegesellschaften die Schrittmacher für einen solchen ökologischen Umbau sein müssen, soll er überhaupt weltweit zustande kommen.

In den ehedem sozialistischen Industriegesellschaften war der ökologische Raubbau besonders ausgeprägt. Das hat damit zu tun, daß diese Länder forcierte Industrialisierungsprogramme unter der Prämisse verfolgten, die westlichen Industrieländer einzuholen bzw. zu überrunden. Heute kumulieren sich die Erfordernisse einer ökonomischen Umstrukturierung von Kommando- zu Marktwirtschaften mit den Imperativen eines ökologieverträglichen Wirtschaftens. Daß dabei der Umweltverträglichkeit allererste Priorität eingeräumt wird, ist unwahrscheinlich.

In den Entwicklungsländern fehlt außerhalb zahlenmäßig begrenzter wissenschaftlicher Kreise weithin noch ein sensibles Umweltbewußtsein. Beim derzeitigen Stand der Entwicklung bzw. Nichtentwicklung hält man Rücksicht auf die Umwelt für nicht vertretbar. Im übrigen wird, historisch korrekt, auf die ökologische Rücksichtslosigkeit in den Industrialisierungsprozessen westlicher und östlicher Industriegesellschaften verwiesen.

Bestenfalls werden also unter obwaltenden Bedingungen die abträglichen Ökologie-Effekte in den westlichen Industrieländern stagnieren bzw. relativ zurückgehen; in den ehemals sozialistischen Industrieländern werden sie zunehmen und evtl. später

17 S. Ernst Ulrich von Weizsäcker: *Erdpolitik. Ökologische Realpolitik als Antwort auf die Globalisierung*, Darmstadt 1997[5]. Eine fundierte komparative, überdies methodisch komplex angelegte Untersuchung findet sich in Günther Bächler: *Violence Through Environmental Discrimination*, Dordrecht 1999.

stagnieren; in den Entwicklungsländern, zu denen das riesige, derzeit immer noch umweltinsensible China gehört, werden sie aller Wahrscheinlichkeit nach erheblich zunehmen. Eine Entlastung der Umwelt wird also, *weltweit gesehen*, kaum im eigentlich erforderlichen Ausmaß eintreten. Deshalb wird sich der Trend zur weiteren ökologischen Zerrüttung und Verelendung der Welt akzentuieren und später entsprechend dramatische Handlungszwänge provozieren.

Da Wasser und insbesondere Luft keine Grenzen haben und über beide der grenzüberschreitende Schadstofftransport erfolgt, wird, nicht anders als im militärischen Bereich, auch hinsichtlich der ökologischen Dimension der alte nationale Souveränitätspanzer durchlöchert bzw. obsolet werden. Die meisten Staaten der Welt sind sowohl Schadstoffverursacher als auch die Betroffenen von Schadstoffen, die von anderen erzeugt werden. Sowenig wie gegen Raketen gibt es Verteidigungsmöglichkeiten gegen die »ökologischen Angriffe« anderer, so wie auch diese sich gegen entsprechende Einwirkungen kaum wehren können. Aus dieser Situation resultiert ein alternativloser Zwang zu politischer Koordination. Welche Reichweite diese jedoch haben wird und welchen Erfolg – das bleibt eine offene Frage.

Wenn die Chancen für eine »Umweltaußenpolitik«, mit deren Hilfe nationale Interessen andernorts durchgesetzt werden könnten, gering bzw. nicht existent sind, wird also nichts anderes übrigbleiben, als sich auf der Grundlage des Prinzips »guter Nachbarschaft« zu einer Politik der »Ökologiepartnerschaft« durchzuringen. In diese Richtung sind erste Schritte getan: Internationale und regionale Organisationen haben Prinzipien für eine angemessene Umweltpolitik formuliert sowie Richtlinien und Konventionen (Klima, Ozonschicht, Artenschutz, Wüstenbildung) verabschiedet. In Prinzipienerklärungen wird in der Regel das Recht der Menschen auf eine intakte Umwelt festgehalten. Die Staaten werden aufgerufen, entsprechende Maßnahmen durchzusetzen. Während früher Sperrklauseln wie diejenige, Umweltmaßnahmen müßten mit Wirtschaftswachstum und der Aufrechterhaltung des Lebensstandards verträglich sein, nicht selten waren, ist es in den vergangenen Jahren in manchen Ländern zu einer deutlichen direkten Aufwertung des Umweltschutzes gekommen.

Mögen die Richtlinien und Konventionen zum Schutze der

Umwelt auch weiterhin angesichts der Größenordnung der Umweltprobleme zu kurz greifen, so sind sie doch heute oft präziser und nicht mehr nur deklamatorischer Natur. Auf der Ebene der Vereinten Nationen, vor allem in ihrem Umweltprogramm (UNEP) sowie im regionalen Zusammenhang, insbesondere innerhalb der Europäischen Union, sind Fortschritte hinsichtlich einer operativ verstandenen, im einzelnen überprüfbaren Umweltpolitik zu verzeichnen. Demgegenüber überwiegt auf gesamteuropäischer Ebene (beispielsweise im Rahmen der VN-Wirtschaftskommission für Europa, ECE) immer noch deklamatorische Politik.

D. h., wesentliche Aspekte internationaler Umweltschutzpolitik sind erkannt: der Schutz von Klima und Ozonschicht, der Artenschutz, die Vorkehrungen gegen Wüstenbildung, die Eindämmung grenzüberschreitender Luftverschmutzung, Vorkehrungen gegen den sauren Regen und gegen die Versäuerung von Böden, die Entgiftung von Flüssen und Meeren, die Verhinderung der Meeresverschmutzung vom Land her, die Sicherung von Fischerei und lebenden Ressourcen im Meer, das Verbot der Giftmüllverbrennung auf hoher See und der Versenkung bzw. Verklappung von Industrieabfällen usf. Maßnahmen auf diesen und anderen Gebieten dokumentieren, daß man sich der Komplexität regionaler und weltweiter ökologischer Zusammenhänge und der Folgen katastrophaler Eingriffe in den ökologischen Kreislauf nicht mehr entziehen kann.

Aber die Umweltzerstörung hat eine Eigendynamik, angesichts deren manche der entgegenwirkenden Maßnahmen leicht verblassen. Die Problemlage ist derjenigen im Bereich der Rüstungsdynamik nicht unähnlich: Auch hier haben partikulare Schubkräfte z. B. der Rüstungstechnologie und ihrer ständigen Innovationen eine so durchschlagende Wirkung, daß Eingriffsversuche (wie beispielsweise die Rüstungskontrolle) immer schon zu kurz zu greifen scheinen. In beiden Bereichen bedarf es erheblicher politischer Korrekturen im jeweiligen nationalstaatlichen Rahmen und bei der grenzüberschreitenden Koordination regionaler und internationaler Umweltpolitik, um dem tatsächlichen Ausmaß der bestehenden ökologischen Interdependenz gerecht zu werden. Sollte es aufgrund des Drucks eines artikulations- und organisationsfähigen Teils der Bevölkerung in den Industriegesellschaften gelingen, solche überfälligen Korrekturen effektiv zustande zu bringen, bliebe immer noch die große Aufgabe, eine entsprechende Politik in den ehemals realsozialistischen Ländern und in den Entwicklungsländern durchzusetzen.

Ökologische Interdependenz ist also eine Realität von wachsender Bedeutung, sei es im Sinne anhaltender grenzüberschreitender Prozesse und sozio-ökologischer Verelendung, sei es im Sinne wachsender politischer Koordination hinsichtlich der Beseitigung der gravierendsten Fehlentwicklungen oder gar bei der gemeinsamen Bekämpfung der Ursachen einer ökologieabträglichen Entwicklung. Die Aufgabe erforderte eigentlich die Existenz einer Welt-Umweltorganisation nach dem Vorbild der mächtigen Welthandelsorganisation (WTO).

6. Institutionelle Interdependenz auf weltweiter Ebene

Während das internationale System inzwischen fast 200 souveräne Staaten zur Grundlage hat, ist auf globaler und regionaler Ebene ein bemerkenswertes Wachstum an institutionellen Vernetzungen zwischen ihnen zu beobachten. Solche Vernetzungen finden sowohl auf der Ebene von Internationalen Regierungsorganisationen (IGO) als auch von Internationalen Nicht-Regierungsorganisationen (INGO) statt. Im engeren Sinne des Begriffes gibt es heute ca. 250 IGOs, von denen viele erst nach 1960 gegründet wurden, während sich die Zahl der nichtstaatlichen Organisationen Mitte der 1990er Jahre auf ca. 5 500 belief. Im übrigen ist die Zahl der Verträge, die Regierungen untereinander abgeschlossen haben, inzwischen auf über 17 000 angewachsen.

An erster Stelle der staatlichen internationalen Organisationen sind zum einen die Vereinten Nationen und ihre Sonderorganisationen zu nennen, zum anderen regionale zwischenstaatliche Organisationen, die dort besonders häufig zu beobachten sind, wo schon relativ dichte ökonomische, gesellschaftliche und kulturelle Vernetzungen vorliegen.[18] Letztere Beobachtung gilt insbe-

18 Zu den Sachverhalten insgesamt s. Volker Rittberger und Bernhard Zangl: *Internationale Organisationen. Politik und Geschichte*, Opladen 2003; Eva Senghaas-Knobloch: *Beiträge internationaler Organisationen zum Frieden in der Welt*, in: Astrid Sahm u. a. (Hg.), *Die Zukunft des Friedens*, Opladen 2002, S. 213-230.

sondere für die OECD-Staaten und hier vor allem im Kontext der Europäischen Union und des Nordischen Rates. Auffallend ist, daß in den seit 1960 gegründeten IGOs die ökonomische Aufgabenstellung an erster und soziale Belange an zweiter Stelle stehen, während neue sicherheitsorientierte IGOs eher von zahlenmäßig geringer Bedeutung waren. Dieser Trend ist ein Indikator für die stärkere ökonomische Vernetzung in Teilbereichen des internationalen Systems, die sich in den vergangenen Jahrzehnten vollzogen hat. Allerdings wurde auch festgestellt, daß bei sich industrialisierenden Entwicklungsländern die IGO-Mitgliedschaft früher mit ökonomischer Leistungsfähigkeit korreliert als in den hochindustrialisierten Gesellschaften. Im Sicherheitsbereich ließ sich, anders als manche Theorie postuliert, keine Verbindung zwischen der zunehmenden Zahl von IGO-Mitgliedschaften und einer Abnahme kriegerischer Verwicklungen feststellen. In diesem Sachverhalt drückt sich eine erhebliche Schwäche zahlreicher internationaler staatlicher Organisationen auf regionaler Ebene aus (so insbesondere im Falle der Organisation Amerikanischer Staaten, früher der Organisation für Afrikanische Einheit, heute der Afrikanischen Union und vor allem der Arabischen Liga), während demgegenüber innerhalb der Europäischen Union, die eine besonders hohe Vernetzung aufweist, eine Zone stabilen Friedens entstanden ist.

Die zwischenstaatlichen Vernetzungen auf Regierungsebene sind also durch unterschiedliche Effektivität gekennzeichnet: Haben die Vereinten Nationen hinsichtlich Information, Konsultation und deklamatorischer Politik Bedeutung, so wird in ihren Sonderorganisationen internationale Politik in einzelnen Politikfeldern durchaus koordiniert und damit politische Interdependenz inszeniert. Letzteres gilt allemal für die Europäische Union, während Schicksal und Effektivität anderer zwischenstaatlicher Organisationen wie beispielsweise des Golfrates und der Vereinigung südostasiatischer Nationen (ASEAN) noch ungewiß und offen sind.[19] Allerdings hat sich zwischen 1973/75 und 1989/90 auf gesamteuropäischer Ebene gezeigt, daß ein ursprünglich wenig erfolgversprechendes blockübergreifendes Unternehmen wie der KSZE-Prozeß bei Beharrlichkeit und einigermaßen gutem

19 Vgl. hierzu die fünfbändige, von Björn Hettne, András Inotai und Osvaldo Sunkel herausgegebene Buchreihe *The New Regionalism*, New York 2000-2002.

Willen zu Fortschritten sogar in den Beziehungen zwischen ideologisch getrennten Staaten führen kann. Nach 1989/90 entwikkelte sich der KSZE-Prozeß zur OSZE, da nunmehr in Europa der ursprüngliche Systemantagonismus nicht mehr existierte. Demgegenüber konnten die Länder der Dritten Welt nach 1973, dem Jahr des ersten »Ölpreisschocks« (OPEC) durch die Koordination ihrer Politik auf Regierungsebene zwar zunächst ein bemerkenswertes Gegengewicht zu den Industriegesellschaften zustande bringen (Bewegung der Blockfreien, Gruppe der 77 usf.), das allerdings langfristig ohne nachhaltige Wirkung blieb.

Zwischen den meisten Staaten im internationalen System erfolgen Koordination und politische Zusammenarbeit in aller Regel lautlos, und die Mehrzahl der Staaten verhält sich durchaus regelkonform. Da die Aufmerksamkeit der Öffentlichkeit auf die spektakulären und vor allem auf die konflikthaften Ereignisse der internationalen Politik gerichtet ist, erfährt dieser elementare Sachverhalt eine zu geringe Aufmerksamkeit, obwohl auch er einen wesentlichen Ausschnitt einer sich routinemäßig gestaltenden internationalen Interdependenz begründet.

Im Unterschied zu den IGOs handelt es sich bei nichtstaatlichen Organisationen, den INGOs, um den Zusammenschluß von Individuen oder Gruppen mit vergleichbaren Interessen bzw. paralleler lobbyistischer Stoßrichtung. Zu ihnen sind so unterschiedliche Organisationen zu zählen wie der Internationale Philatelistenverband, der Rotary-Club, Amnesty International, die Sozialistische Internationale, die Internationale Handelskammer, die Internationale Vereinigung für Friedensforschung (IPRA) usf. Solche Organisationen können, müssen aber nicht, eine Einflußnahme auf staatliche Akteure und IGOs suchen. Nichtstaatliche internationale Organisationen können zu grenzüberschreitender Bewußtseinsbildung beitragen, eine transnationale Loyalität entstehen lassen und auf zwischengesellschaftlicher Ebene für konkrete gesellschaftliche Belange Aufmerksamkeit mobilisieren. Auch dadurch werden in Segmenten die internationalen Beziehungen vergesellschaftet; es können sich darüber gesellschaftliche Bewegungen und Interessen internationalisieren. Im internationalen System ist dieser Vorgang aus naheliegenden Gründen nicht flächendeckend, denn er setzt politische Herrschaftsordnungen und Gesellschaften voraus, in denen eine freie

Organisation von Individuen und Gruppen möglich und legitim ist. Das ist im wesentlichen in den Gesellschaften westlichen Typs der Fall, so daß auch folgerichtig die größte institutionelle Vernetzung auf gesellschaftlicher Ebene zwischen ebendiesen Ländern zu beobachten ist. Nicht anders als auf der Ebene staatlicher internationaler Organisationen spielen sich, von öffentlichkeitswirksamen Auftritten à la Greenpeace und wenigen anderen abgesehen, die allermeisten Vorgänge in nichtstaatlichen internationalen Organisationen, aber auch zwischen diesen und Regierungsorganisationen, relativ lautlos und routinemäßig ab.

Alle Segmente des internationalen Systems, in dem ökonomische und ökologische Interdependenz weiter voranschreitet, werden ein anhaltendes Wachstum von solchen nichtstaatlichen internationalen Organisationen zu verzeichnen haben.[20] Damit gewinnt eine sich internationalisierende Politik auch in der gesellschaftlichen Dimension weiter an institutioneller Grundlage und materiellem Substrat.

7. Weltweite kooperativ-funktionale Interdependenz

Die quantitative Ausweitung grenzüberschreitender Kommunikation und internationalen Verkehrs führt notwendigerweise zu mehr Interdependenz und zwingt zu einschlägigen Regelungen in den genannten Bereichen.[21] Ihre Vorgeschichte reicht in das 19. Jahrhundert zurück: So wurde 1863 eine erste internationale Postkonferenz nach Paris einberufen; 1874 hatten Vertreter von 22 Staaten die Internationale Postkonvention unterzeichnet; das damals eingerichtete Sekretariat der Konferenz wurde 1878 in eine internationale Organisation umgewandelt, heute als Weltpostverein (UPU) bekannt. Alle souveränen Staaten sind Mitglied dieser Organisation.

Auch im Bereich der Telegraphie wurden schon in den 60er Jahren des 19. Jahrhunderts internationale Regelungen getroffen. Sie bezogen sich auf die Gebührenstruktur, die Verrechnung von Leistungen und die Standardisierung von Fernmeldeausrüstun-

20 S. hierzu Thomas Risse: *Transnational Actors and World Politics* in: *Handbook of International Relations*, op. cit. (Anm. 2), Kap. 13.

21 S. hierzu Dieter Ruloff: *Weltstaat oder Staatenwelt? Über die Chancen globaler Zusammenarbeit*, München 1986.

gen, wobei den Vereinbarungen über die Schnittstellen der nationalen Telegraphiesysteme ein besonderes Gewicht zukam.

Mit der wachsenden Bedeutung von Radio und Fernsehen fielen auch diese Bereiche in die Kompetenz der Internationalen Fernmeldeunion (ITU). Das Ausmaß an grenzüberschreitender administrativer und technischer Koordination wird deutlich, wenn man bedenkt, daß allein von der Bundesrepublik seit Mitte der 1990er Jahre mehr als 1 Mrd. Auslandsgespräche getätigt werden, davon fast alle als Selbstwählferngespräche. Überdies macht jede technische Innovation im internationalen Kommunikationswesen, beispielsweise die Nutzung von Fernmeldesatelliten für den internationalen Telefonverkehr und für die Fernübertragung von Daten, neue Regelungen und internationale Organisationen (wie INTELSAT) erforderlich.

Der Flugzeugbestand der Mitglieder der Internationalen Zivilluftorganisation (ICAO) betrug schon 1987 (ohne UdSSR und VR China) weltweit 9723 Maschinen (ab 9 t max. Startgewicht). Allein Deutschland hatte 1999 2 Mill. Flugzeugbewegungen zu verzeichnen; weiterhin: 135 Mill. an- und abreisende Fluggäste, 2 Mill. t Luftfracht- und 270 t Luftpostverkehr. Ein Luftverkehr dieses Ausmaßes bedarf einer strengen weltweiten Standardisierung, insbesondere im Sicherheitsbereich. Ohne anhaltende Kooperation auf staatlicher und privater Ebene könnten weder Lande- und Überflugrechte noch die Abstimmung von Flugrouten, Flugplänen und Flugtarifen – von den Fluggästen heute als selbstverständlich unterstellte weltweite Routinedienstleistungen! – zustande kommen. Von allem grenzüberschreitenden Verkehr ist die internationale Luftfahrt der sensibelste Teilbereich, weil von ihm die größten Gefährdungen ausgehen, zumal wenn sich ungeachtet zwischenzeitlicher Abschwungphasen (Weltkonjunktur, Terrorismus) die erheblichen Wachstumsraten der vergangenen drei Jahrzehnte fortsetzen sollten.

Aber auch die internationale Schiffahrt ist ohne internationale Regelungen nicht mehr denkbar. 1998 umfaßte die Welthandelsflotte knapp 40 000 Schiffe mit etwa 400 Millionen BRT. Gemessen am Luftverkehr ist allerdings die internationale Schiffahrt weniger reglementiert und trotz der Existenz von etwa 360 Kartellen eher marktmäßig organisiert. Regelungen im Rahmen der Internationalen Schiffahrtsorganisation (IMO) betreffen die Sicherheit des Schiffsverkehrs und die Vermeidung von Risiken für die

Umwelt. Im übrigen wurde der grenzüberschreitende Schiffsverkehr, historisch gesehen, zuerst auf internationalen Binnenwasserwegen reglementiert. So wurde schon auf dem Wiener Kongreß 1815 die Rheinschiffahrtskommission gegründet, und 1856 wurde die Internationale Kommission für die Donau gebildet. Neben Übereinkünften über Sicherheit und die Vermeidung von Risiken in der internationalen Schiffahrt ist vor allem die »gerechte« Aufteilung des Frachtaufkommens international strittig. Mit Hilfe eines im VN-Rahmen formulierten Verhaltenskodexes *(United Nations Convention on Liner Conferences)*, mit dem die Aktivitäten der Schiffahrtsgesellschaften geregelt werden, sollten diese Streitfragen gelöst werden.

Jede Neuerung in grenzüberschreitender Kommunikation und im internationalen Verkehr wird, vor allem, wenn sie zunächst von privatwirtschaftlichen Unternehmen ausgeht, über kurz oder lang eine internationale Regelung erfordern. Das hat sich in den vergangenen Jahren vor allem im Bereich der Datenfernübertragung gezeigt, wo die Wachstumsraten außerordentlich hoch sind. Mit der zunehmenden Internationalisierung des Dienstleistungsgewerbes werden Telekommunikation und Datenfernübertragung im allgemeinen zu einer Branche anhaltenden Wachstums. Es sind deshalb auch auf staatlicher und privater Ebene entsprechende neue Versuche der Koordination und Verregelung zu erwarten.

Der Trend zu einer kooperativ-funktionalen Interdependenz im Bereich grenzüberschreitender Kommunikation und internationalen Verkehrs sollte über zwei Fakten jedoch nicht hinwegtäuschen: Obgleich die quantitative Zunahme beider Aktivitäten unbestreitbar ist, darf zum einen nicht übersehen werden, daß Kommunikation und Verkehr im jeweils nationalen Rahmen, zumindest im Falle der westlichen Industrieländer und der Schwellenländer, auch quantitativ deutlich gewachsen sind. Einschlägige quantitative Untersuchungen zeigen, daß die entsprechenden grenzüberschreitenden Aktivitäten, gemessen an innerstaatlicher Kommunikation und nationalem Verkehr, während vieler Jahrzehnte bis in die Wiederaufbauphase nach dem Zweiten Weltkrieg *relativ* abgenommen haben und deshalb die auch seinerzeit schon quantitative absolute Ausweitung nicht ohne weiteres als Indiz für eine Internationalisierung der betroffenen Gesellschaften interpretiert werden kann. So hat beispielsweise die durchschnittliche amerikanische Familie (von 3,4 Menschen) der 1970er Jahre jährlich ungefähr 3 700 inneramerikanische Ferngespräche geführt, aber nur ein einziges Überseegespräch, oder anders formuliert: Auf eine Million heimischer Ferngespräche kamen 1975 nur 272 Überseegespräche. Zeitreihen zeigen, daß die innerstaatliche Kommunikation überdurchschnittlich zugenommen hatte. Der Sachverhalt hängt natürlich mit der Größenordnung, der dichten Infrastruktur und hohen Mobilität der US-Gesellschaft zusammen, und er hat sich inzwischen nur geringfügig zugunsten der internationalen Kommunikation geändert: 1998 wurden in den USA knapp 650 Mrd. Inlandsgespräche, aber nur 4,5 Mrd. Auslandsferngespräche – das sind in etwa 0,7% aller Telefonate – registriert. In Gesellschaften von der Größe der USA kann ohnehin unterstellt werden, daß angesichts von Informations- und Kommunikationsüberlastung eher nationale als internationale Informationen wahrgenommen werden. In den Industrieländern mittlerer Größenordnung wie Deutschland, Großbritannien, Italien und Kanada und in den kleinen Industrieländern vom Typ Skandinaviens ist allerdings seit Beginn der 1980er Jahre eine deutliche relative Zunahme der internationalen Komponente, also eine Internationalisierung der Kommunikation zu beobachten. Jedoch sollten auch hier die begrenzten Größenordnungen beachtet werden: So belief sich beispielsweise in Deutschland im Jahre 1998 der Anteil der Auslandsferngespräche an sämtlichen Telefonaten auf nur 2,6%.

Eine zweite Beobachtung bezieht sich auf die Gefahr, kooperativ-funktionale Interdependenz als eine weltweite flächendeckende Erscheinung zu begreifen. In Wirklichkeit ist diese Interdependenz deutlich abgestuft: Sie ist vor allem in hochindustrialisierten Gesellschaften des Westens, also im OECD-Bereich, ein unübersehbarer Tatbestand. In den West-Ost-Beziehungen (zur Zeit des Ost-West-Konfliktes) und noch mehr in den West-Süd-Beziehungen lag und liegt zwar funktionale Interdependenz vor, aber auch sie ist, nicht anders als der Warenverkehr, die Investitionsströme und der Technologietransfer, von einer erheblichen Asymmetrie gekennzeichnet. Man muß solche *Asymmetrie* in Rechnung stellen, um dem Mißverständnis entgegenzuwirken, eine kooperativ-funktionale Interdependenz sei unter derzeitigen internationalen Bedingungen in den genannten Bereichen immer zum Nutzen aller ausgewogen, während in Wirklichkeit, weltweit betrachtet, deutliche Zentrum-Peripherie-Strukturen vorliegen: auf der einen Seite Clusterbildungen mit dichten Netzstrukturen und auf der anderen Seite davon einseitig abhängige Zuordnungen von Peripherien – ein anhaltender Sachverhalt, der in der früheren Dependenz-Diskussion korrekt als *»strukturelle Abhängigkeit«* bezeichnet wurde.[22]

Was hinsichtlich Kommunikation und Verkehr festgestellt wurde, läßt sich ergänzend auch auf Bildung und Wissenschaft übertragen: Trotz erheblicher internationaler Kommunikation im Bereich von Bildung, Wissenschaft und Forschung bleiben die entsprechenden Institutionen und Organisationen immer noch im wesentlichen in ihren jeweiligen nationalen Systemen verankert. So ist Forschung erst in Ansätzen grenzüberschreitend organisiert. Neuerliche Gemeinschaftsvorhaben in der Wissenschafts- und Forschungspolitik der Europäischen Union ändern diesen selbst für westliche Industrieländer immer noch grundlegenden Sachverhalt nur am Rande. Und auch im EU-Europa ist das Auslandsstudium trotz einer breiten Angebotspalette und der zunehmenden wechselseitigen Anerkennung von Zertifikaten eher Ausnahme als Regel. Von einer ausdifferenzierten funktionalen Kooperation mit flächendeckenden Folgewirkungen kann also auch in den Bereichen Bildung, Wissenschaft und Forschung noch nicht die Rede sein. *Was vorliegt, sind Zentrum-Semiperipherie-Peripherie-Strukturen:* in diesem Falle mit den USA als Zentrum, der restlichen OECD-Welt als Semiperipherie (!) und dem Rest der Welt als Peripherie, von wenigen Schwellenländern abgesehen, die in Teilbereichen auf dem Wege zur Herausbildung semiperipherer Struktur sind.

22 S. Dieter Senghaas (Hg.): *Imperialismus und strukturelle Gewalt. Analysen über abhängige Reproduktion*, Frankfurt/M. 1972; ders. (Hg.): *Peripherer Kapitalismus. Analysen über Abhängigkeit und Unterentwicklung*, Frankfurt/M. 1994.

8. Sich internationalisierende normativ-moralische Interdependenz

In Abhandlungen über internationale Politik ist häufig von der Anarchie internationaler Ordnung die Rede. Hält man dieses Bild für korrekt, so müßte eigentlich von internationaler Unordnung gesprochen werden. Die Formulierung verweist auf den elementaren Tatbestand, daß das internationale System, völkerrechtlich betrachtet, immer noch im wesentlichen auf souveränen Einzelstaaten ohne übergeordnete Autorität aufbaut. Staaten waren und sind weiterhin die eigentlichen Völkerrechtssubjekte sowohl im klassischen als auch im modernen Völkerrecht. Deshalb sind Staatengleichheit, Gegenseitigkeit und Interventionsverbot bleibende Prinzipien des zwischenstaatlichen Verkehrs, der sich im Wege der diplomatischen Beziehungen abspielt.

Eine weitgehend auf dem Recht der Selbstbeurteilung und der Selbsthilfe aufgebaute Ordnung ist jedoch nur lebensfähig, wenn es Mittel und Wege zur Koordination der Handlungen ihrer souveränen Mitglieder gibt. Aus regelloser Anarchie entsteht dann wenigstens »regulierte Anarchie«, friedliche Koexistenz und bestenfalls internationale Zusammenarbeit. Genau betrachtet sind jedoch ungeachtet aller *mainstream*-Theorie friedliche Koexistenz und Zusammenarbeit viel eher die Regel als die Ausnahme im internationalen System, andernfalls trügen souveräne Staaten viel mehr Konflikte miteinander auf kriegerische Weise aus, als es tatsächlich der Fall ist.

Es gibt also eine Fülle von Einschränkungen staatlicher Handlungsfreiheit, die offensichtlich auch für souveräne Einzelstaaten akzeptabel sind. Sie sind von bilateraler, regionaler oder weltweiter Reichweite, und sie sind in Verträgen, in gewohnheitsmäßigem Verhalten und in einer Fülle von Empfehlungen, Beschlüssen, Resolutionen und Deklarationen begründet. Bei ihrer Formulierung spielen die zahlreichen internationalen und regionalen Organisationen, an ihrer Spitze die Gremien, Organisationen und Sonderorganisationen der Vereinten Nationen, eine besondere Rolle. Solche Einschränkungen sind Ausfluß sowohl von zwingendem Recht (*ius cogens*) als auch von »weichem Recht« (*soft law*), die beide auch ohne die Existenz einer verbindlichen internationalen Sanktionsgewalt eine für den zwischenstaatlichen Verkehr regulative Bedeutung annehmen. Dadurch entsteht die

Chance, daß auf internationaler Ebene eine die Einzelstaaten übergreifende normativ-moralische Interdependenz begründet wird und sich allmählich verdichtet und auch durch internationale Regime abgesichert wird.

Den deutlichsten Ausdruck findet dieser Vorgang in der Herausbildung eines generellen *Gewaltverbotes* im modernen Völkerrecht. Darin ist ein bemerkenswerter Bruch mit dem klassischen Völkerrecht zu sehen. Denn dieses kannte keine Rechtsnormen, denen zufolge Staaten die Pflicht gehabt hätten, den Frieden zu erhalten. Aus der damaligen völkerrechtlichen Perspektive konnte der Krieg aus der internationalen Politik nicht beseitigt werden, weil sich das Völkerrecht nur die Aufgabe stellte, Kriege einzuhegen. Völlig korrekt betonen deshalb Völkerrechtler, daß das klassische Völkerrecht keine unzweideutige Friedenskraft gewesen sei. Der Übergang zum Gewaltverbot fand erst im 20. Jahrhundert statt, und mit ihm ging das klassische Völkerrecht zu Ende.

Dieser Vorgang erfolgte schrittweise: Gab es noch Zweifel, ob die Satzung des Völkerbundes ein partielles oder generelles Verbot enthielt, so erfolgte ein generelles Kriegsverbot unmißverständlich im Briand-Kellogg-Pakt (1928), in dem die vertragsschließenden Staaten erklären, daß sie den Krieg als Mittel zur Lösung internationaler Streitfälle verurteilen und in ihren gegenseitigen Beziehungen auf ihn als Werkzeug nationaler Politik verzichten. Schließlich erfolgte in der Satzung der Vereinten Nationen eine Ausweitung des Kriegsverbotes zum allgemeinen Gewaltverbot. Damit gibt es keine juristische Grundlage mehr für das Recht der souveränen Staaten zum Kriege. Das Völkerrecht wurde zu einem *Friedens*völkerrecht.

Gab es im klassischen Völkerrecht zwei gleichwertige Rechtszustände: Krieg *und* Frieden, so sind die Staaten nach dem heute allgemein gültigen Völkerrecht verpflichtet, den Frieden zu erhalten: Es gibt eine in der Satzung der Vereinten Nationen begründete und von ihr ableitbare allgemeine Friedenspflicht als oberstes Ziel internationaler Politik. Nur die Selbstverteidigung ist weiterhin erlaubt, wobei die bei der Definition von Aggression, Gewalt und Selbstverteidigung auftretenden interpretatorischen Schwierigkeiten die grundlegende Option des heutigen Völkerrechts für den Frieden und gegen den Krieg unberührt lassen. Auch das sogenannte Kriegsrecht (*ius in bello*), das bekanntlich rechtswidrige

Handlungen im Krieg eindämmen soll, um menschliche Leiden zu mildern, wird durch den qualitativen Wandel vom klassischen zum modernen Völkerrecht eher akzentuiert als geschwächt. Deshalb sind die verschiedenen Bemühungen der vergangenen Jahrzehnte, die völkerrechtlichen Bestimmungen zum Schutze der Opfer bewaffneter Konflikte im Rahmen des »humanitären Völkerrechtes« zu erweitern und zu vertiefen, nur konsequent.

Die definitorische Grauzone und die Ineffektivität solchen Rechts gegen willkürliche Gewaltmaßnahmen von einzelnen Staaten und von Militärbündnissen sind augenfällig; sie ändern nichts an der grundlegenden Reorientierung des Völkerrechtes in der genannten Hinsicht. Auch beim Schutz der *Menschenrechte*, einem weiteren Feld der sich herausbildenden normativ-moralischen Interdependenz auf internationaler Ebene, ist die Verbindlichkeit der entsprechenden allgemeinen Rechtsgrundsätze noch nicht allgemein akzeptiert. Dennoch kann kein Zweifel bestehen, daß Menschenrechtspolitik und Menschenrechtsschutz zu den großen Gegenständen internationaler Politik geworden sind und daß entsprechende Aktivitäten nicht ohne praktische Konsequenzen bleiben, wie die Entwicklungen beispielsweise in der zweiten Hälfte der 1980er Jahre in der ehemaligen Sowjetunion und in Osteuropa dokumentierten. Das ist um so bemerkenswerter, als im herkömmlichen Völkerrecht Individuen keinen Rechtsstatus hatten.[23]

Die Menschenrechtsdeklaration der Vereinten Nationen von 1948, mit der eine neue Ära des internationalen Menschenrechtsschutzes eingeleitet wurde, war, wie ihr Name besagt, eine Erklärung von moralisch-politischer Bedeutung und in bewußtseinsbildender Absicht. In ihr wurden auf der Grundlage von Gleichheit, Freiheit und dem Lebensrecht aller Menschen spezifische Rechtsschutzgarantien, konkrete persönliche Freiheitsrechte, Aktivbürgerrechte und soziale Rechte formuliert. Demgegenüber sind allerdings die beiden VN-Pakte über bürgerliche und politische Rechte sowie über wirtschaftliche, soziale und kulturelle Rechte (1966) verbindliches Recht zwischen denjenigen Staaten geworden, die diesen Konventionen beitraten. Allerdings wird auch hierdurch kein unmittelbar innerstaatlich anwendbares

23 S. hierzu Peter J. Opitz: *Menschenrechte und Internationaler Menschenrechtsschutz im 20. Jahrhundert*, München 2002.

Recht geschaffen, auf das sich der einzelne berufen könnte: Der Vollzug der Rechtsnormen ist weiterhin dem souveränen Staat anvertraut.

Der VN-Pakt für bürgerliche und politische Rechte betont das Recht auf Leben und verwirft Folter und Sklaverei, weiterhin das Recht auf persönliche Freiheit und Sicherheit sowie Freizügigkeit; die Gleichheit vor Gericht, das Recht auf Gedanken-, Gewissens- und Religionsfreiheit sowie auf unbehinderte Meinungsfreiheit. Das Recht, sich friedlich zu versammeln, wird anerkannt, ebenso das Recht, sich frei mit anderen zusammenzuschließen oder an der Gestaltung öffentlicher Angelegenheiten teilzunehmen. Das Wahlrecht im Sinne echter, wiederkehrender, allgemeiner, gleicher und geheimer Wahlen, bei denen die freie Äußerung des Wählerwillens gewährleistet ist, wird ausdrücklich hervorgehoben. Die Diskriminierung wegen der Rasse, der Hautfarbe, des Geschlechts, der Sprache, der Religion, der politischen und sonstigen Anschauungen, der nationalen oder sozialen Herkunft, des Vermögens, der Geburt oder des sonstigen Status' wird verworfen, der Minderheitenschutz gesichert. Der VN-Pakt über wirtschaftliche, soziale und kulturelle Rechte erkennt das Recht auf Arbeit und auf gerechte und günstige Arbeitsbedingungen an, weiterhin das Recht auf Interessenvertretungen im Rahmen von Gewerkschaften und das Recht eines jeden auf soziale Sicherheit und einen angemessenen Lebensstandard für sich und seine Familie. Auch wurde das Recht eines jeden auf Gesundheit und Bildung in den Katalog der Menschenrechte aufgenommen.

Während auf internationaler Ebene die verschiedenen Interpretationen von Menschenrechten lange Zeit weit auseinander lagen, gelang es im westeuropäischen Kontext, mit der Europäischen Menschenrechtskonvention von 1950 (und ihren Zusatzprotokollen) relativ homogene Rechtsanschauungen zu kodifizieren und ein entsprechendes institutionell abgesichertes Schutzsystem (bis 1999: Europäische Kommission für Menschenrechte/ ab 1999: reformierter Europäischer Gerichtshof für Menschenrechte) zustande zu bringen. Aber auch auf gesamteuropäischer Ebene, vor allem im Zusammenhang mit der Konferenz über Sicherheit und Zusammenarbeit in Europa (KSZE) und einem sich erweiternden Europarat, war Menschenrechtspolitik schließlich und endlich erfolgreich, wenngleich es hierfür erst der revolutionären Umbrüche in der östlichen Hälfte Europas bedurfte. Seine umfassendste konzeptuelle Formulierung fand der neue Konsensus in dem *Dokument des Treffens der Konferenz über die Menschliche Dimension der KSZE* in Kopenhagen im Juni 1990. Dieses Dokument ist eine Art Magna Charta für das neue Europa und kann als eine Leitperspektive der KSZE-Nachfolgeorganisation, der OSZE, gelten.[24]

Neben den erfreulichen Entwicklungen innerhalb Europas nach 1989/90 bleiben natürlich die Schwierigkeiten, weltweit zu normativen Gemeinsamkeiten zwischen Staaten unterschiedlicher Orientierung zu gelangen, unverändert bestehen. Gemeinsame Verhaltensprinzipien und Übereinstimmungen in normativen Orientierungen werden sich in einer heterogen strukturierten Welt nur mühsam und im Verlaufe langwieriger Prozesse erreichen lassen. Noch mühsamer ist jeweils vor Ort die Übersetzung solcher Prinzipien und Normen in praktische Politik. Mehr als in anderen Dimensionen internationaler Interdependenz sollte man hier die Maßstäbe der Beurteilung an der Reichweite und der Schwierigkeit der Aufgabe ausrichten. Denkt man an den erstaunlichen Bedeutungszuwachs von internationaler Menschenrechtspolitik in den vergangenen Jahrzehnten, ist sogar verhaltener Optimismus gerechtfertigt.[25]

9. Fazit

Unter Interdependenz versteht der *Duden* »die gegenseitige Abhängigkeit sämtlicher Preise; auch: die Abhängigkeit der Politik eines Landes von der anderer Länder«. Wechselseitige, aber auch einseitige Abhängigkeit ist offensichtlich das Stichwort, durch das der Kern des Interdependenzbegriffes in dieser Definition gekennzeichnet wird. Immanuel Kant formulierte einst treffender: »untereinander in wirksame Verhältnisse kommen«.

Nun ist der Kantschen Formulierung von vor mehr als 200 Jahren inzwischen in zunehmendem Maße tatsächlich Wirklichkeit zugewachsen. Denn es kann kein Zweifel daran bestehen, daß die *Reichweite* und *Intensität* von Interdependenzen, auch

24 Dieses Dokument ist abgedruckt in Dieter Senghaas: *Friedensprojekt Europa*, Frankfurt/M. 1992, S. 191-210.

25 S. hierzu Thomas Risse u. a. (Hg.): *The Power of Human Rights. International Norms and Domestic Change*, Cambridge 1999.

die *Geschwindigkeit*, mit der sie sich herstellen und aufrechterhalten, sowie ihre allenthalben spürbaren *Folgewirkungen* zugenommen haben. Die Reichweite von Interdependenzen ist heute »globaler« als jemals zuvor, und unbezweifelbar ist die Intensität quantitativ gewachsen.[26] Technologische Innovationen ermöglichen heute eine historisch unvergleichliche Geschwindigkeit von preisgünstiger weltweiter Kommunikation. Und den Folgewirkungen solcher Transformation der weltweiten politischen, ökonomischen, sozialen und kulturellen Szenerie können sich gerade auch jene Teile der Welt nicht entziehen, die sich bewußt davon abschotten wollen. Wie Nordkorea als extremer, geradezu pathologischer Grenzfall dokumentiert, sind die entsprechenden Folgekosten äußerst hoch.

Dennoch läßt eine Durchsicht der diversen Interdependenzverhältnisse in der Welt erkennen, daß es sich dabei nicht um eine weltflächig gleichgelagerte Angelegenheit handelt. Vielmehr zeigt sich in einer Realanalyse eine eindeutige *raumgeographisch erschließbare Strukturbildung:* Das Gravitationszentrum der Welt ist gekennzeichnet durch eine Clusterbildung der führenden Industrieländer untereinander. Auf der Grundlage dichter und symmetrisch gelagerter Austauschprozesse und einer hochgradigen institutionellen Vernetzung hat sich als dynamischer Pol der Welt die *OECD-Triadenstruktur* herausgebildet. *Diese baut sich auf sachbereichsmäßig aufgegliederten Teil-Clustern auf, die in etwa alle gleich gelagert (kongruent) sind:* So entsprechen sich die Strukturen des Warenaustauschs, der Investitionsströme und des Technologietransfers sowie der Informationsflüsse und der Kommunikationsnetzwerke. Und die Strukturmuster dieser Bereiche sind wiederum, wie bei einer soliden Strukturbildung nicht anders erwartbar, mit den politischen, institutionellen und funktional-kooperativen Netzwerken vergleichbar. In diesem dominanten *Gravitationszentrum*, der OECD-Welt, lassen sich also dichte, komplexe, *kongruent gelagerte* und einigermaßen symmetrische Interdependenzen beobachten. Darin konstituiert sich das Zentrum der Welthierarchie und damit vor allem auch das Zentrum der Hierarchie internationaler Arbeitsteilung bzw. der hierarchischen Struktur internationaler Wertschöpfung, an deren

26 S. hierzu David Held u. a.: *Global Transformations. Politics, Economics and Culture*, Oxford 1999.

Spitze auf der Grundlage von hoher Forschungs-, Kapital- und Humankapitalintensität die Produktion von qualitativ hochstehenden Investitionsgütern, dauerhaften Konsumgütern, Technologieerzeugnissen und Dienstleistungen lokalisiert ist.

Von dieser hervorgehobenen Clusterbildung ausgehend sind im Hinblick auf die übrige Welt in aller Regel typisch *asymmetrisch gelagerte Zentrum-Semiperipherie-Peripherie-Subperipherie-Strukturen* zu beobachten: Je weiter man vom Zentrum, der OECD-Welt, in Richtung auf Peripherien absteigt, um so weniger läßt sich eine wechselseitig gleichgelagerte Vernetzung beobachten. Von der Kantischen Formulierung ausgehend könnte man formulieren: Im Mittelfeld der internationalen Hierarchie sind die Gesellschaften (Semiperipherien) dabei, langsam und mühsam auch wechselseitig in wirksame Verhältnisse zu kommen; zwischen den Peripherien des internationalen Systems findet ein solcher Vorgang weiterhin kaum statt, zwischen Subperipherien allemal nicht. Peripherien sind, wie einst, relativ einseitig und asymmetrisch-abhängig auf jeweils spezifische Semiperipherien bzw. Zentren ausgerichtet. Die Schwierigkeit, zwischen Peripherien effektive Organisationen regionaler Kooperation und also nicht nur Papiertiger wie jüngst z. B. die Afrikanische Union (AU) aufzubauen, sind in diesem Sachverhalt begründet. Im genannten Mittelfeld und vor allem auf der Ebene von Peripherien dokumentiert sich diese abgeschichtete Hierarchie in einer entsprechenden Abschichtung von internationaler Arbeitsteilung: Am unteren Ende der internationalen Wertschöpfungshierarchie, also in den Peripherien, findet sich neben Rohstoffproduktion und fragiler Subsistenzökonomie eine forschungsarme und lohnintensive Produktion von einfachen Güter; im Mittelfeld findet jene Produktion statt, die wertschöpfungsmäßig zwischen der Spitzenproduktion des OECD-Gravitationszentrums und der einfach gelagerten Produktion in Peripherien zu situieren ist. Die Produktions- sowie die Export- und Importstatistiken der entsprechenden Länder dokumentieren genau diese Sachverhalte.

Vor dem Hintergrund eines solchen wirklichkeitsnahen *abgeschichteten Gesamtbildes der Welt* wird nunmehr auch die eingangs formulierte Frage nach der *Interdependenz von Interdependenzen* tentativ beantwortbar. Solche Interdependenz dokumentiert sich zum einen in der sachbedingt erforderlichen *Kongruenz von Clusterstrukturen innerhalb des Gravitations-*

zentrums. Denn die Dichte des Austauschs von Waren, Kapital, Technologie und Dienstleistungen verlangt eine entsprechende Dichte von Information und Kommunikation sowie in der institutionellen Koordination und in funktional-kooperativer Kooperation. Das Erfordernis einer funktional zu verstehenden Kongruenz vertieft eine sich ausdifferenzierende Strukturbildung in der Folge redundanter und konfigurativer Verursachung.

Wie die Cluster an der Spitze der internationalen Hierarchie, so zeigen auch Zentrum-Semiperipherie-Peripherie-Beziehungen über alle Sachbereiche hinweg gleichläufige Strukturmerkmale: Bewegt man sich von der Spitze der Hierarchie in Richtung auf Peripherien, so nimmt das Ausmaß an *asymmetrischer Abhängigkeit* (»abhängige Reproduktion«) und Marginalität in *allen* Sachbereichen zu.

Die Interdependenz von Interdependenzen formiert sich also entlang der Strukturmuster, die in der Welt vorherrschen. Hat man dieses Strukturmuster vor Augen, so vermittelt ein solches *informationsreiches Weltbild* die Grundlage für einen wirklichkeitsangemessenen, d. h. qualifizierten Begriff von »Globalisierung« und Globalität. Dann würden auch in diesem Begriff, der inzwischen zu einem fast beliebig benutzten Allerweltsbegriff geworden ist, die Reichweite und Ausmaße, vor allem aber die realen Abschichtungen von Strukturen und Prozessen festgehalten, vermittels deren die verschiedenen Teile der Welt auf höchst unterschiedliche Weise »untereinander in wirksame Verhältnisse kommen«.[27]

Ein weiteres Fazit ist festzuhalten: Eine Durchsicht der verschiedenen Segmente des internationalen Systems im Hinblick auf ihren *Interdependenzgehalt* läßt, wie an früherer Stelle schon erläutert, erkennen, daß die mit dem Begriff Interdependenz oft implizit, aber gelegentlich auch explizit assoziierten positiven *friedenspolitischen* Erwartungen nur in einem Segment erfüllt werden: im Bereich der *symmetrischen* Interdependenz, also innerhalb der West-West-Beziehungen. Vielleicht wäre es nützlich, in solchem Zusammenhang von einem emphatischen Interdepen-

27 S. hierzu auch Dieter Senghaas: *Die Konstitution der Welt – eine Analyse in friedenspolitischer Absicht*, in: *Leviathan*, Bd. 31, Nr. 1, 2003, S. 117-152, und den *Ausblick* im vorliegenden Buch.

denzbegriff zu sprechen: Dieses Beziehungsgefüge ist, wie gezeigt, ordnungspolitisch relativ homogen (Rechtsstaaten westlichen Typs); es ist darüber hinaus durch vergleichbare hochproduktive und effiziente Wirtschaftsprofile und daraus resultierende dichte materielle Verflechtungen (substitutive Arbeitsteilung) gekennzeichnet sowie sowohl auf Regierungs- als auch auf Nichtregierungsebene durch dichte institutionelle Vernetzungen. Das Ausmaß an Selbstregulierung ist relativ hoch; für Konfliktfälle gibt es explizite Konfliktregelungsmechanismen; und im übrigen läßt dieses Beziehungsgefüge infolge seiner dichten Struktur einen Zwang zu anhaltender Koordination auf Regierungsebene wie zwischen gesellschaftlichen Gruppen entstehen. Das Arrangement wird weithin als leidlich fair empfunden, woraus ihm Legitimität zuwächst.

Vergleichbares läßt sich natürlich im Hinblick auf *asymmetrische* Interdependenz – die Nord-Süd-Beziehungen und jegliche Beziehung zwischen Zentren und Entwicklungsregionen – nicht feststellen; auch nicht hinsichtlich *konfrontativer* Interdependenz, durch die einst der Ost-West-Konflikt geprägt wurde und heute die Regionalkonflikte zu kennzeichnen sind. In beiden Fällen zielt, rückblickend und gegenwartsbezogen betrachtet, eine kritische Argumentation, die der Überwindung konfrontativer bzw. asymmetrischer Interdependenz gilt, in Richtung auf die Komponenten *symmetrischer* Interdependenz: auf gemeinsame Verhaltensprinzipien und die Verstärkung gleichgelagerter materieller Verflechtungen, auf die Koordination des Verhaltens durch eine Intensivierung institutioneller Vernetzungen und die Suche nach Verteilungsgerechtigkeit im Sinne fairer *»pay offs«* aus tendenziell immer symmetrischer zu gestaltenden wechselseitigen Beziehungen.

Auf der Grundlage von Erfahrungswissen wird damit symmetrische Interdependenz in der Analyse und in der Praxis zu einer normativen Leitperspektive. Die Ausgestaltung dieses Typs von Interdependenz erhöht die Wahrscheinlichkeit einer Zivilisierung von internationaler Politik. Gleichzeitig ist nicht zu verkennen, daß es sich um einen sehr voraussetzungsvollen Sachverhalt und damit auch um ein sehr anspruchsvolles Konzept handelt. Dieses Konzept außerhalb der OECD-Welt, d.h. in (bevölkerungsmäßig gesehen) vier Fünftel der Menschheit in Praxis zu übersetzen, so daß auch andere Teile der Welt in der Folge eines grundlegenden Strukturwandels schließlich und endlich auf jeweils regionaler Basis und darüber hinaus symmetrisch-interdependent gelagert wären, ist eine große Herausforderung, in der Tat: mehr als eine Jahrhundertaufgabe.

Die moderne Entwicklungsproblematik und ihre Implikationen für Friedenspolitik

1. Die moderne Entwicklungsproblematik

Mit der Entwicklungsproblematik haben sich nationale und internationale Organisationen sowie die Wissenschaft vor allem in den vergangenen 50 Jahren beschäftigt. Davor war nur selten die Rede von »entwickelten« beziehungsweise »unterentwickelten« Ländern, eher von »pays capitalistes avancés« und »pays retardataires«, von »plutokratischen« und »proletarischen« Nationen, von »la société globale« und »la société locale«, schließlich von »Zentren« und »Peripherien«, also von Gebilden, die François Perroux in den 1950er Jahren als »économie dominante« und »économie dominée« bezeichnete.[1] Auch der Begriff »Entwicklungsländer« wurde nach 1945 gebräuchlich. Dieser Befund überrascht, weil die *moderne* Entwicklungsproblematik viel älter ist. Sie läßt sich bis in das 18. Jahrhundert zurückverfolgen, als es in England zuerst in der landwirtschaftlichen und dann in der industriellen Produktion zu geschichtlich beispiellosen Modernisierungs- und damit einhergehenden Produktivitätsschüben kam. Seitdem gibt es das Problem »nachholender Entwicklung« – ein grundlegendes Strukturproblem der modernen Welt mit erheblichen friedenspolitischen Implikationen.[2]

1 Eine frühe wegweisende entwicklungspolitische Diskussion mit theoretischen Implikationen fand seit der zweiten Hälfte des 19. Jahrhunderts in Rumänien statt und findet sich dokumentiert in der von Immanuel Wallerstein herausgegebenen Zeitschrift *Review*, Bd. 2, Nr. 1, 1978 (»Romania: Early Theorists of Development«). Die Debatten, die dort stattgefunden haben, waren maßgeblich von Friedrich List (s. weiter unten) inspiriert; François Perroux: *Note sur la notion de pôle de croissance*, in: *Économie appliquée*, Bd. 8, 1955, S. 307-323.

2 Der Klassiker der Diagnose über diesen Sachverhalt ist Friedrich List: *Das nationale System der Politischen Ökonomie* (1841), Tübingen 1959.

1.1 *Herausforderung und Antworten*

Die moderne Entwicklungsproblematik entsteht, wenn zwischen Gesellschaften und insbesondere ihren Ökonomien, die miteinander regen Austausch pflegen, eine Kluft an Wissen und organisatorischen Fähigkeiten existiert, beziehungsweise wenn sich eine solche Kluft in der Folge von sich ungleich verbreitenden technologischen und organisatorischen Neuerungen herausbildet. Dann steht im Laufe der Zeit einer weniger produktiven Ökonomie eine produktivere gegenüber: Zwischen ihnen entwickelt sich ein Gefälle an Fähigkeiten. Wird der Austausch aufrechterhalten, kommt es zu einem *Verdrängungswettbewerb* zwischen der höher entwickelten und der mehr rückständig bleibenden Ökonomie. Die Vorreitergesellschaft oder Spitzenökonomie wird dann mühelos im Stande sein, die mit jeweils moderner Technologie und hoher Produktivität erzeugten Waren preisgünstig auf den nationalen und internationalen Markt zu werfen. Gibt es keine Schutzmaßnahmen dagegen, werden die in der minder vorgerückten Gesellschaft mit alter Technologie, geringerer Produktivität und veraltetem Design erzeugten Waren einfach niederkonkurriert. Und ist überdies das Gefälle an Fähigkeiten zwischen der höher und der weniger entwickelten Ökonomie besonders groß, werden Anstrengungen, die in der weniger entwickelten Gesellschaft auf Gegensteuerung ausgerichtet sein müßten, oft von vornherein entmutigt. Bei solchen Nachzüglern der Entwicklung droht dann die Leistungs- und Innovationsbereitschaft vollends zu versiegen, da die kompetentere Spitzenökonomie in jeder Hinsicht ihre Überlegenheit ausspielen kann: hinsichtlich der Produktionsverfahren, der Produkte selbst sowie der Fähigkeiten zu anhaltendem Neuerungsverhalten in jedweder Hinsicht. Gewissermaßen kann und weiß eine Ökonomie, die in wichtigen Bereichen von Technologie und Produkten Durchbrüche bewirkt, immer schon alles besser.[3]

Der Verdrängungswettbewerb ist also eine umfassende Erscheinung; er dokumentiert sich nicht nur im Konkurrenzdruck preislich billiger Waren. Gesellschaften, die einem Kompetenzge-

3 S. Dieter Senghaas: *Von Europa lernen. Entwicklungsgeschichtliche Betrachtungen*, Frankfurt/M. 1982; Ulrich Menzel und Dieter Senghaas: *Europas Entwicklung und die Dritte Welt. Eine Bestandsaufnahme*, Frankfurt/M. 1986.

fälle ausgesetzt sind, werden in einer offenen Weltwirtschaft oft auf breiter Front an den Rand gedrängt: Sie werden, wie man heute in der Entwicklungsdiskussion zu sagen pflegt, peripherisiert oder marginalisiert. Erliegen sie einem breiten Peripherisierungsdruck, kommt es in ihnen entweder zum Verfall der herkömmlichen Lebensformen, also zu gesellschaftlicher Regression: Dann werden sie einfach von außen überwältigt. Oder aber sie werden zu Anhängseln oder Außenposten der höher entwikkelten Gesellschaften umfunktioniert. Wie die Geschichte von solchen Peripherien dokumentiert, wurde dabei nicht selten mit politischem Druck und auch mit überlegener militärischer Gewalt nachgeholfen.

Im zweiten Fall, der Umfunktionierung abhängig werdender Gesellschaften zu Anhängseln oder Außenposten der höher entwickelten Gesellschaften, entstehen, aus der Sicht der Spitzenökonomie betrachtet, Exklaven in der Art von Monokulturen oder Plantagenwirtschaften. In ihnen werden wenige Güter, beispielsweise Zucker, Kaffee, Tee, aber auch mineralische Produkte, für den Markt der mehr vorgerückten Ökonomie erzeugt. Bei solchen Exklaven-Ökonomien handelt es sich um in sich zerklüftete Gebilde, in denen es nicht zu einem ausgeglichenen und breitenwirksamen Potential kommt: Es entsteht strukturelle Heterogenität.[4] Zwar wird bei großer Nachfrage der sich schnell industrialisierenden und vorgerückten Gesellschaften nach landwirtschaftlichen Erzeugnissen und unverarbeiteten Rohstoffen in den entsprechenden Exklaven der minder vorgerückten Ökonomien gegebenenfalls ein erhebliches Wachstum ausgelöst. Aber die Folge ist oft nicht mehr als eine kurzlebige Scheinblüte. Denn solche Exklaven-Ökonomien bleiben in der Regel zwischen einem nach außen gerichteten Wachstumspol und einer relativ stagnierenden Restökonomie zergliedert.[5] Geht in der Folge konjunktureller und/oder struktureller Veränderungen auf seiten der Spitzenökonomien und der Weltwirtschaft die Nachfrage nach landwirtschaftlichen Gütern und Rohstoffen zurück – dies ist in

4 S. Dieter Senghaas: *Weltwirtschaftsordnung und Entwicklungspolitik. Plädoyer für Dissoziation*, Frankfurt/M. 1977.

5 In einfach gelagerten Fällen kann von einer dualistischen Struktur (*»dual economy«*) gesprochen werden; in aller Regel handelt es sich jedoch um abgeschichtete Strukturen mit inneren symbiotischen Bezügen: deshalb der sachgerechtere Begriff »strukturelle Heterogenität«.

Weltwirtschaftskrisen geschehen und bei weltwirtschaftlichem Strukturwandel der Fall –, bricht nicht nur das von außen angeregte Wachstum in dem entsprechenden Sektor zusammen, es versiegen auch die spärlichen Folgeeffekte (*linkages*) solchen Wachstums in der übrigen Ökonomie. Die betroffene Gesellschaft wird dann auf eine in der Regel kümmerliche Selbstversorgungswirtschaft zurückgeworfen. Die Reproduktionsdynamik ist keine andere, wenn in der Folge einer Auslagerungsindustrialisierung (*outsourcing*) Industrieländer einzelne Entwicklungsländer für die Produktion lohn- und/oder schadstoffintensiver Produkte niedrigen Verarbeitungsgrades nutzen. Sichtbar wird der Exklavencharakter in diesem Falle in der Existenz sog. »freier Produktionszonen«.[6]

Die moderne Entwicklungsgeschichte zeigt, daß die dargestellten Vorgänge nicht nur in den Beziehungen zwischen dem sich industrialisierenden Europa und der übrigen Welt zu beobachten waren, sondern auch innerhalb Europas selbst, wo es im 19. und 20. Jahrhundert Regionen mit umfassenden Entwicklungsdurchbrüchen gegeben hat, andererseits aber auch weite Bereiche, wie beispielsweise Süd- und Osteuropa, in denen der Verdrängungswettbewerb vor allem von seiten der Industriezentren Nordwesteuropas zu tatsächlicher Peripherisierung geführt hat. Die dargestellte Problematik ist also eine wirklich weltweite; sie ließ Europa, den Ausgangspunkt dieser Problematik, nicht unberührt, was heute oft vergessen wird.[7]

Nun ist auch eine ganz andersartige Reaktion auf ein sich herausbildendes Kompetenzgefälle vorstellbar und in der Realität beobachtbar: Der geschilderte Verdrängungswettbewerb und Peripherisierungsdruck können auch als eine Herausforderung verstanden werden, und man kann ihnen durch angestrengte Maßnahmen entgegensteuern. Die Kluft zwischen den Vorreitern der Entwicklung und Nachzüglern wird dann von den letzteren als eine Chance begriffen: Durch Nachahmung, geeignete Schutzvorkehrungen und gezielte Entwicklungsprojekte soll dann der Entwicklungsvorsprung verringert oder gar ganz beseitigt wer-

6 Zu letzterem Fall s. Folker Fröbel u. a.: *Die neue internationale Arbeitsteilung*, Reinbek 1977.

7 Dieser Sachverhalt ist zentraler Gegenstand meines in Anm. 3 zitierten Buches.

den. Die entwicklungspolitische Devise lautet dann: einholen oder gar überholen! In diesem Fall läge also eine aktive und innovative Antwort auf Verdrängungswettbewerb und Peripherisierungsdruck vor, ganz anders als im Falle einer passiven Überwältigung von außen oder auch der monokulturellen Ausrichtung einer nachgeordneten Ökonomie auf die Bedürfnisse einer Vorreiterökonomie, was landwirtschaftliche Güter, Rohstoffe und Fertiggüter niedrigen Verarbeitungsgrades betrifft. Voraussetzung für eine konstruktive Reaktion ist allerdings, daß die Kluft zwischen Vorreiter und Nachzügler nicht allzu groß ist und daß einige der für einen erfolgreichen Aufholprozeß erforderlichen innergesellschaftlichen Voraussetzungen gegeben sind. Die Geschichte Skandinaviens, Nordamerikas, Australiens und Neuseelands, neuerdings auch Ostasiens, dokumentiert, daß solche aktiven Antworten auf Verdrängungswettbewerb und Peripherisierungsdruck möglich sind und daß die Versuche einer *nachholenden Entwicklung trotz Kompetenzgefälles* nicht immer von vornherein zum Scheitern verurteilt sind.[8] Nachzügler zu sein kann also auch als eine Chance angesehen werden: Dann wird versucht, die höher entwickelte Ökonomie mit deren eigenen Waffen zu schlagen, indem deren Technologie kopiert, also eigene Entwicklungskosten gespart werden, und indem fremde Märkte mit qualitativ hochstehenden Waren erobert werden, die preisgünstiger sind, als sie aufgrund höherer Lohn- und Infrastrukturkosten von alten Industriegesellschaften hergestellt werden können. Solche Chancen haben nach 1945 Japan und Japan nachfolgend die ostasiatischen Schwellenländer Taiwan und Korea mit Erfolg wahrgenommen.[9]

1.2 Gründe für unterschiedliche Entwicklungspfade

Wenn das internationale Kompetenzgefälle zwischen mehr und minder vorgerückten Ökonomien im einen Fall zur Überwälti-

8 S. hierzu mein in Anm. 3 zitiertes Buch sowie insbes. Ulrich Menzel: *Auswege aus der Abhängigkeit. Die entwicklungspolitische Aktualität Europas*, Frankfurt/M. 1988.

9 S. hierzu Ulrich Menzel: *In der Nachfolge Europas. Autozentrierte Entwicklung in den ostasiatischen Schwellenländern Südkorea und Taiwan*, München 1985.

gung der weniger vorgerückten Gesellschaften führt, ein andermal als Chance für eine innovative Antwort genutzt wird, stellt sich natürlich die Frage, worin solche unterschiedlichen Reaktionen begründet sind. In diesem Zusammenhang lohnt es sich, sich eines frühen, besonders hellsichtigen Entwicklungstheoretikers und -praktikers zu erinnern: Friedrich List (1789-1846).[10] List, der das Problem nachholender Entwicklung als erster umfassend erkannte, argumentierte aus der Sicht seiner Zeit, aber seine Argumente sind immer noch von Bedeutung: Er hatte das England der industriellen Revolution vor Augen; der Verdrängungswettbewerb der englischen Industrie war auf dem europäischen Kontinent allenthalben zu beobachten, und die theoretische sowie praktische Auseinandersetzung spitzten sich auf die Frage zu, ob der europäische Kontinent, aber auch die USA, dem englischen Verdrängungswettbewerb erfolgreich Widerstand leisten könnten oder ob diese Wirtschaftsräume von englischen Waren und englischem Know-how einfach überrollt würden. List diskutierte seinerzeit das Problem nachholender Entwicklung im Hinblick auf die kontinentaleuropäischen Staaten, die sich noch in einer Übergangsphase von feudalaristokratischer Ordnung zur industriellen Gesellschaft befanden. Seine Überlegungen verdeutlichten in der ersten Hälfte des 19. Jahrhunderts, daß die Entwicklungschancen in Abhängigkeit vom Ausmaß und der Reichweite des in diesen Gesellschaften stattfindenden Prozesses der Entfeudalisierung zu sehen waren. Was List seinerzeit auch nach eingehenden Erfahrungen in den USA als einer nichtfeudalen Nachzüglerökonomie als Grundlage für eine *erfolgreiche Entwicklung* betrachtete, nämlich angemessene gesellschaftliche und öffentliche Zustände, kann auch heute noch als wesentliche Voraussetzung für Entwicklungsprozesse gelten:

Nach seinen Vorstellungen, die nachträglich seit der Mitte des letzten Jahrhunderts durch eine breite wirtschaftshistorische Forschung über frühe und spätere Fälle untermauert wurden,[11]

10 Aus der Fülle der Schriften von Friedrich List s. vor allem das in Anm. 2 zitierte Hauptwerk. Eine Gesamtwürdigung findet sich in Dieter Senghaas: *Friedrich List und die moderne Entwicklungsproblematik*, in: *Leviathan*, Bd. 17, Nr. 4, 1989, S. 561-573, sowie ders.: *Friedrich List (1789-1846)*, in: *Entwicklung und Zusammenarbeit*, Bd. 40, Nr. 6, 1999, S. 164-168.

11 S. vor allem Paul Bairoch: *Révolution industrielle et sous-développement*, Paris 1974; ders.: *Die Dritte Welt in der Sackgasse*, Wien 1973; Alan S. Mil-

mußte an die Stelle feudaler Autokratie eine weitsichtige und effizient arbeitende Verwaltung treten, einschließlich einer Bürokratie, die für den Zusammenhalt einer in Entwicklung begriffenen Nation zu sorgen hatte. Ein in Privilegien erschlaffender Adel mußte durch eine an Gewinn und materieller Prosperität orientierte Geschäftswelt abgelöst werden; die Leibeigenschaft war durch ein freies Bauerntum zu ersetzen; gut ernährte und gut bezahlte Arbeiter hielt List für eine der Grundlagen zunehmender Arbeitsproduktivität; die segensreichen Auswirkungen frei schaffender Wissenschaften und Künste stellte er in Kontrast zu den Folgen des überkommenen Fanatismus, wie er sich in Religionskriegen und in der Inquisition zeigte; eine geistige und sozial mobile Gesellschaft sah List als Gegenbild zu den versäulten traditionalen Gesellschaften. Entwicklung hatte also etwas zu tun mit der Mobilisierung von Kräften, die in der überkommenen Gesellschaft brach liegenblieben. Wurde dieser Prozeß gehemmt oder nur halbwegs in Gang gesetzt beziehungsweise unterbrochen, mußte es zu Entwicklungsblockaden kommen. Freiheit und Freizügigkeit figurieren als wichtige Voraussetzungen eines Entwicklungsprozesses. Ein stabiler nationaler Rahmen ist dabei ebenso wichtig wie Rechtssicherheit und die Erweiterung von Selbstverwaltung; ein freier Unternehmergeist in *allen* Schichten der Bevölkerung ebenso wie eine umsichtig und weitsichtig planende, nicht korrupte öffentliche Verwaltung (heute *»good governance«* genannt); ein weitverzweigtes Verkehrswesen, was Straßen, Eisenbahnen und Kanäle betrifft, ebenso wie ein vielgliedriges Erziehungssystem. Wenn dieser frühe Theoretiker der Entwicklungsproblematik einem Sachverhalt einen gewissen Vorrang einräumte, dann war es seine Hochschätzung für immaterielle geistige Kräfte, also für »unsichtbares Kapital«, gegenüber

ward und S. B. Saul: *The Economic Development of Continental Europe, 1780-1870*, London 1973; dies.: *The Development of the Economies of Continental Europe, 1850-1914*, London 1977; Iván Berend und György Ránki: *Economic Development in East-Central Europe in the 19th and 20th Century*, New York 1974; Sidney Pollard: *Peaceful Conquest. The Industrialization of Europe*, 1760-1970, Oxford 1981; Cynthia Taft Morris und Irma Adelman: *Comparative Patterns of Economic Development, 1850-1914*, London 1988; David Landes: *Wohlstand und Armut der Nationen. Warum die einen reich und die anderen arm sind*, Berlin 1999; Hartmut Elsenhans: *Geschichte und Ökonomie europäischer Eroberung*, Leipzig (unv. Ms.).

materiellen Werten. In der Stimulierung und Förderung von geistiger Arbeit und Erfindungsgeist, von Wissen und Können, kurz: von intellektuellen Kompetenzen erkannte List eine Quelle von Energie und Kraft, die schwerlich durch natürliche Ressourcen ersetzt werden kann.

Auch eine andere Überlegung von List ist immer noch erinnernswert und kann als wirtschaftshistorisch wohlfundiert gelten: Nach seiner Beobachtung haben Entwicklungsprozesse von Anfang an eine leistungsfähige Landwirtschaft zur Voraussetzung. Denn die Aufgaben der Landwirtschaft sind vielfältiger Natur: Einmal geht es darum, daß eine wachsende städtische Bevölkerung durch eine immer geringer werdende Zahl von in der Landwirtschaft Erwerbstätigen ernährt werden muß. Dann gilt es, die Industrie mit agrarischen Rohstoffen zu versorgen. Auch kommt die Landwirtschaft nicht umhin, in der Frühphase der Industrialisierung durch einen offenen oder versteckten Ressourcentransfer die Industrialisierung und den Aufbau von Infrastruktur zu unterstützen. Zum anderen ist der landwirtschaftliche Sektor auch ein wichtiger Markt für die Industriegüter des täglichen Bedarfs und für landwirtschaftliche Ausrüstungsgüter. Trotz erheblicher Anforderungen und Belastungen muß also im ländlichen Raum eine zahlungskräftige Nachfrage übrigbleiben, wenn die gesamtwirtschaftliche Entwicklungsdynamik aufrechterhalten werden soll. In solcher Überlegung wird deutlich, wie abwegig es ist, ohne eine ertragreiche Landwirtschaft erfolgreich industrialisieren zu wollen: Die Landwirtschaft spielt eine oft verkannte, wichtige entwicklungsstrategische Rolle in Entwicklungsprozessen. Aber in den Entwicklungsprogrammen des ausgehenden 19. und des 20. Jahrhunderts hatte man diese Selbstverständlichkeit mehr oder weniger vergessen. Man orientierte sich vielmehr am Entwicklungserfolg der sich industrialisierenden Vorreitergesellschaften, nicht erkennend, daß deren Industrieentwicklung spezifische *vorgängige* landwirtschaftliche und institutionelle Voraussetzungen hatte.[12] Erst die vielen Entwicklungsfehlschläge der vergangenen Jahrzehnte haben inzwischen dieser elementaren Einsicht zu neuem Leben verholfen: Länder ohne in-

12 S. Samir Amin: *Die ungleiche Entwicklung*, Hamburg 1974; Paul Bairoch: *Die Dritte Welt in der Sackgasse*, Wien 1973; W. A. Lewis: *The Evolution of the International Economic Order*, Princeton 1978; Hartmut Elsenhans (Hg.): *Agrarreform in der Dritten Welt*, Frankfurt/M. 1979.

stitutionelle Agrarreform und ohne agrartechnische Modernisierung bleiben unfähig, ihr Entwicklungspotential zu erschließen; sie geraten in der Regel in erhebliche Engpässe, und sie lassen katastrophale Strukturdefekte entstehen.

1.3 Lehren aus der Entwicklungsgeschichte

Welche anderen Lehren lassen sich aus erfolgreichen beziehungsweise fehlgeschlagenen Entwicklungsprozessen ziehen? Das Problem der Mobilisierung geistiger Ressourcen, des sog. Humankapitals, wurde schon angesprochen: Länder, die in der Alphabetisierung ihrer Bevölkerung sowie im Ausbau weiterführender Bildungsstätten, also von Fachhochschulen, Volkshochschulen, technischen und allgemein ausbildenden Universitäten, zurückblieben, waren nicht nur weniger erfinderisch als Gesellschaften mit differenziertem Ausbildungsangebot, sondern verhinderten auch die soziale Mobilität der betroffenen Gesellschaften. Dadurch blieben Intelligenzressourcen brachliegen: Man vergleiche in dieser Hinsicht die skandinavische Entwicklung, in der es frühzeitig, von Kirche und Staat in Angriff genommen, zu einer breiten Alphabetisierung kam, mit der Lage in weiten Teilen Süd- und Südosteuropas, wo weder Kirche noch Staat ein großes Interesse an der geistigen Emanzipation der jeweiligen Bevölkerungen zeigte. Interessant ist in diesem Zusammenhang auch der Unterschied zwischen den bildungsbeflissenen ostasiatischen Gesellschaften Japan, China, Korea, Taiwan und Singapur und anderen Teilen der Dritten Welt (insbesondere dem islamisch-arabischen Raum), in denen keine vergleichbaren Anstrengungen zu beobachten sind. Im übrigen kann man feststellen, daß eine unverhältnismäßige Mobilisierung geistigen Kapitals den Mangel an natürlichen Ressourcen wettmachen kann: Auf diesem Wege können ressourcenarme, auch kleine Länder eine qualitativ hochstehende Spezialisierung in den Nischen der Weltwirtschaft erreichen (siehe beispielhaft das inzwischen vielbewunderte Finnland als europäischem Schwellenland im 20. Jahrhundert und neuerdings Ostasien).[13]

Von erheblicher Bedeutung für den Entwicklungsprozeß ist

13 Zu Finnland s. Dieter Senghaas, op. cit. (Anm. 3), Kap. 2.

auch, daß sich eine sich verzweigende Infrastruktur herausbildet: Bei wachsender Arbeitsteilung und daraus erforderlich werdender Vernetzung einzelner Wirtschaftsbranchen und -sektoren wird eine leistungsfähige Infrastruktur zu einem unerläßlichen Medium in der Vermittlung wirtschaftlicher Aktivitäten. Da Infrastruktur ein *öffentliches* Gut ist, ist nicht zu erwarten, daß Einzelunternehmen die für die Entwicklung einer Volkswirtschaft erforderlichen öffentlichen Investitionen tätigen. Infrastruktur wird also zur öffentlichen Aufgabe; und diejenigen Länder, die diesen Sachverhalt korrekt wahrgenommen haben, haben dadurch ihrem nationalen Entwicklungsprozeß gute Dienste geleistet.

Eine erfolgreiche Entwicklung als das Ergebnis des freien Spiels von freien Kräften hat es nirgendwo in der neueren Geschichte gegeben. Mehr oder weniger staatliche Intervention war immer von erheblicher Bedeutung. Selbst unter der Bedingung freigesetzter Kräfte ist Entwicklung also kein Selbstläufer. Das zeigt sich insbesondere hinsichtlich der außenwirtschaftlichen Rahmenbedingungen, unter denen sich Entwicklungsprozesse entfalten müssen. Auch diesen Aspekt hatte Friedrich List schon hellsichtig analysiert: Heute erinnert man sich seiner vor allem als des Verfechters von sogenannten Schutzzöllen für junge Industrien (*infant industries*). Wenn es darum geht, die problematischen Einwirkungen der Vorreiter-Ökonomien in Nachzügler-Gesellschaften abzuwehren bzw. diese Einwirkungen zu filtern und zu kanalisieren, sind dazu entsprechende außenwirtschaftliche Schutzmaßnahmen erforderlich, beispielsweise Schutzzölle. Mit ihrer Hilfe sollen die Überlebenschancen von jungen Industrien in sich entwickelnden Gesellschaften erhöht werden. Doch Lists durch die spätere Wirtschaftsgeschichte bestätigtes Argument war differenzierter. Er wollte, daß vor allem solche Industrien geschützt würden, die Massenkonsumgüter produzieren, weil diese für die Erschließung des eigenen Binnenmarktes von zentraler Bedeutung sind. Als nicht sinnvoll galt es, die Produktion von kostbaren und hochwertigen Luxuskonsumgütern zu schützen. Ausländische Maschinen und Know-how sollten gezielt in den Entwicklungsprozeß eingefüttert werden, allerdings immer unter dem Vorbehalt, daß sie nicht schon vorhandenes technisches Wissen einfach überwältigen. Dabei spielt die Fähigkeit, vor Ort ausländische Technologie auf die eigenen Bedürfnisse auszurichten, eine erhebliche Rolle. Im übrigen war seinerzeit und ist heute zu betonen, daß Schutzmaßnahmen kein Allheilmittel sind: Je nach Entwicklungsstand können sie förderlich oder hinderlich sein; und sie können voreilig, aber auch zu spät getätigt werden. In der kritischen frühen Phase einer nachholenden Entwicklung gilt es, die branchen- und sektorenspezifisch richtige Dosierung von Offenheit nach außen und Schutzmaßnahmen zu finden (selektive Dissoziation bzw. Assoziation). Erforderlich ist eine qualifizierte Mischstrategie von teilweiser Abkopplung von Spitzenökonomien und teilweiser Ausrichtung auf sie. Hier das angemessene Mischungsverhältnis und den richtigen Weg zu finden, ist Aufgabe übergeordneter staatlicher Politik.[14] Das Kunstwerk besteht darin, eine in Entwicklung begriffene Ökonomie weder zu überfordern noch zu unterfordern – ein Experiment auf der Grundlage von Versuch und Irrtum, dessen Erfolg nicht von vornherein garantiert ist, wobei langfristige volkswirtschaftliche Perspektiven und kurzfristig-betriebswirtschaftliche Rentabilitätskalküle gegeneinander abzuwägen sind.

In diesem Zusammenhang muß auf eine unzweideutige Lehre aus der neueren Entwicklungsgeschichte verwiesen werden: *Schutzmaßnahmen sind nur bei entsprechenden inneren Entwicklungsanstrengungen hilfreich.* Schottet sich ein Land ab, ohne daß gleichzeitig erhebliche innere Entwicklungsanstrengungen geleistet werden, führt solcher Protektionismus ins Abseits. Die neuere Entwicklungsgeschichte des 19. und 20. Jahrhunderts ist reich an Belegen dafür. So wurden oft unter protektionistischen Vorzeichen überkommene Entwicklungsblockaden wie veraltete Agrarstrukturen und die anhaltende Privilegierung oligarchischer Gruppierungen nicht abgebaut, sondern verfestigt. Damit obsiegte nicht die Orientierung an Wettbewerb und folglich an Innovation, sondern eine an der Sicherung von Renten ausgerichtete Mentalität.[15]

Entwicklungsprozesse richtig auf den Weg zu bringen ist also keine einfache Aufgabe: Einmal geht es darum, einen schädlichen Verdrängungswettbewerb, wie er von höherentwickelten Gesell-

14 S. hierzu mein in Anm. 4 zitiertes Buch sowie insbes. Samir Amin: *La déconnexion. Pour sortir du système mondial*, Paris 1986.

15 Grundlegend hierzu Hartmut Elsenhans: *Das internationale System zwischen Zivilgesellschaft und Rente*, Münster 2001.

schaften ausgeht, abzuwehren, jedoch andererseits auch das andernorts vorhandene Wissen im eigenen Zusammenhang gezielt zu nutzen und dadurch Entwicklungskosten zu sparen. Im Lande selbst ist erfolgreiche Entwicklung abhängig von der breitenwirksamen Vernetzung zwischen Landwirtschaft, Industrie und Handel, der Erschließung eines entsprechenden *linkage*-Potentials.[16] In der Wirklichkeit ist aber allzuoft zu beobachten, daß die Industrialisierung zu Entzugseffekten zuungunsten der Landwirtschaft und zum einseitigen Vorteil der städtischen Ballungszentren führt (*urban bias*). Die dabei sich vertiefende politische, sozio-ökonomische und kulturelle Zerklüftung wird dann zur Geburtsstätte für viele sich zuspitzende Sozialkatastrophen: für den Zusammenbruch der landwirtschaftlichen Selbstversorgungsfähigkeit, für Landflucht und Massenpauperismus auf dem Land, für eine übermäßige Urbanisierung, für strukturelle Arbeitslosigkeit und Unterbeschäftigung, schließlich für ein unkontrollierbares Bevölkerungswachstum, das mit unerbittlicher Eigendynamik partielle Entwicklungserfolge zunichte macht beziehungsweise relativiert. Gerade diese vielfältigen abträglichen Erfahrungen lehren, daß nur eine breitenwirksame Mobilisierung brachliegender Ressourcen in allen Teilen der Gesellschaft, insbesondere auch in der Landwirtschaft, zum Erfolg führen kann. Dafür sind in aller Regel vorrangige oder begleitende Reformmaßnahmen erforderlich, ohne die Industrialisierungsversuche aufgesetzt bleiben und in aller Regel scheitern. Zu dem Geschick, die außenwirtschaftlichen Rahmenbedingungen von Entwicklungsvorhaben korrekt zu setzen, kommt also das praktische Kunststück hinzu, abträgliche Binnenstrukturen abzubauen und neuen Kräften Raum für Entfaltungsmöglichkeiten zu schaffen.[17]

16 S. W. Leontief: *The Structure of Development*, in: *Scientific American*, Bd. 209, 1963, Nr. 3, S. 148-166; Albert Hirschman: *A Generalized Linkage Approach to Development with Special Reference to Staples*, in: *Economic Development and Cultural Change*, Bd. 25, Supplement, 1977, S. 67-98; Jane Jacobs: *Cities and the Wealth of Nations. Principles of Economic Life*, New York 1984.

17 Sämtlich in diesem Abschnitt aufgeführten Lehren aus der Entwicklungsgeschichte – aus erfolgreichen und fehlgeschlagenen Fällen – dokumentieren, wie extrem einseitig, d. h. ökonomistisch ein Großteil der Entwicklungsdiskussion in den vergangenen Jahrzehnten gewesen ist und wie man allmählich alte, und vielfach naheliegende Erkenntnisse über Entwicklungsprozesse »wiederentdecken« mußte. Dieser Sachverhalt läßt sich insbes. am Beispiel der Weltbank-Programmatiken belegen, wie sie in den

Solche Überlegungen mögen als abstrakt, ja, als technokratisch gelten, aber sie sind natürlich ganz konkret gemeint, und sie bezeichnen durch und durch *politische* Sachverhalte: Außenwirtschaftliche Schutzmaßnahmen begünstigen oder benachteiligen konkrete Interessen. Die Alphabetisierung, die die Grundlage für die geistige Emanzipation von Menschen legt, trägt zum sozialen Wandel bei und untergräbt überkommene Machtpositionen. Infrastrukturmaßnahmen bevorzugen Regionen, in denen sie getätigt werden. Zwischen dem ländlichen Raum und den städtischen Ballungszentren ist in allen Entwicklungsprozessen ein anhaltender Konflikt angelegt. Das heißt, Entwicklungsprozesse lassen sich nicht einfach »abspulen«; vielmehr sind sie das Ergebnis politischer Konfliktkonstellationen. *Durch spezifische Kräfteverhältnisse werden Entwicklungsprozesse in eine jeweils spezifische Richtung kanalisiert*: Bleibt beispielsweise die Macht der Landoligarchie und des Handelskapitals ungebrochen, so ist die Herausbildung einer Exklaven-Wirtschaft mehr oder weniger unabwendbar. Obsiegen in der politischen Auseinandersetzung zwischen diesen Kräften und einem im Entstehen begriffenen Bürgertum die unternehmerischen Kräfte und eine sich gewerkschaftlich organisierende städtische Arbeiterschaft, ergänzt um einen sich herausbildenden Mittelstand im Dienstleistungssektor, so ist ein nationalkapitalistischer Entwicklungsweg wahrscheinlich. Andere Grundkonstellationen ließen sich benennen.[18] Solche Zusammenhänge machen auch deutlich, daß Entwicklung, Fehlentwicklung und schon gar Unterentwicklung nicht einfach auf das Vorhandensein oder auf die Abwesenheit natürlicher Ressourcen oder klimatischer Bedingungen zurückzuführen sind.

jährlich veröffentlichten Weltentwicklungsberichten zum Ausdruck kommt: Seit zwei Jahrzehnten werden Jahr für Jahr immer wieder Novitäten propagiert, die nur angesichts einer extremen Geschichtsvergessenheit als solche ausgegeben werden können. In Wirklichkeit handelt es sich um entwicklungsgeschichtlich offenkundige Wahrheiten. S. hierzu kurz und zugespitzt meinen Beitrag *Wider den entwicklungstheoretischen Gedächtnisschwund. Die Auswege aus der Armut sind bekannt*, in: Reinold E. Thiel (Hg.), *Neue Ansätze zur Entwicklungstheorie*, Bonn 1999, S. 350-354. S. hierzu auch den für diesen Zusammenhang instruktiven Band von Louis Emmerij (Hg.): *Economic and Social Development into the XXI Century*, Washington 1997.

18 S. hierzu Dieter Senghaas, op. cit. (Anm. 3).

Und sie lassen erkennen, weshalb technokratische Entwicklungsprogramme, mit deren Hilfe an politischen Machtlagen vorbei Entwicklung inszeniert werden soll, in der Regel scheitern müssen. Um die moderne Entwicklungsproblematik zu verstehen, ist also ein theoretischer Sinn für *politische* Ökonomie erforderlich.

1.5 Die Lehre aus dem gescheiterten Realsozialismus

Der politische Gehalt von Entwicklungsprozessen war bei den Klassikern der alten Entwicklungsdiskussion immer sichtbar. Er wurde erst nach 1945 in einer sich ökonomistisch verengenden theoretischen Orientierung verdrängt. Genau besehen kam er nach 1945 vor allem auch im Bereich des real existierenden Sozialismus, auf den sich die Entwicklungsdiskussion normalerweise nicht bezog, zum Ausdruck.[19] Auch die Lehren aus dieser schließlich gescheiterten Erfahrung gilt es in der Entwicklungsdiskussion angemessen zu berücksichtigen:

Werden, wie im stalinistischen Entwicklungsmodell, die Freiheitsräume der Gesellschaft beseitigt, wird eine der wichtigsten Entwicklungsressourcen, nämlich die freie Entfaltung von Individuen und Gruppen, zunichte gemacht. Wenn die Landwirtschaft, wie in diesem Modell der Fall, anhaltend ausgesaugt wird, sind negative gesamtwirtschaftliche Rückwirkungen nicht zu vermeiden. Eine Überbetonung der Schwerindustrialisierung führt zu einer Produktion vorbei an den naheliegenden alltäglichen Bedürfnissen der Konsumenten. Dadurch versiegt die Leistungsmotivation, und eine gesellschaftliche Apathisierung ist die Folge. Wird der Dienstleistungssektor vernachlässigt und aus ideologischen Gründen als »unproduktiv« verkannt, müssen sowohl die Arbeitsteilung als auch die Vernetzung der produktiven Kräfte behindert werden. Die totale Abschottung nach außen, also eine Politik der Autarkie, entzieht einer Gesellschaft die Anreize für Innovation, was im Realsozialismus doppelt negativ zu Buche schlug: Zusätzlich zur Beseitigung jeglicher Konkurrenz von außen wurde in Staatshandelsländern auch die innere Konkurrenz als eine mögliche Quelle von Innovation beseitigt. Somit

19 S. Roman Szporluk: *Communism and Nationalism. Karl Marx versus Friedrich List*, New York 1988.

mußte Innovation technokratisch geplant werden, was leidlich nur im Rüstungsbereich gelang. Im übrigen ist auch der Realsozialismus ein Beleg dafür, daß das Wachstum eine notwendige, aber keine hinreichende Bedingung für Entwicklung ist. Vielmehr kommt es darauf an, was wie stark und unter welchen Verteilungsbedingungen wächst.

Was im Realsozialismus – je länger, desto mehr – fehlte, ist aus entwicklungsgeschichtlicher Sicht unmittelbar einsichtig: die Emanzipation der Gesellschaft gegenüber dem Staats- und Parteimonopol, insbesondere der Übergang von einer Art Despotie zum aufgeklärten Absolutismus und schließlich zur Demokratie; die Schaffung politischer Freiheitsräume als Ausgangspunkt sich selbst aktivierender gesellschaftlicher Kräfte; politische Partizipation und Selbstverwaltung; eine Agrarreform, die eine weltweite Erfahrung in Rechnung stellt, nämlich die hohe Produktivität selbstwirtschaftender und genossenschaftlich vernetzter Betriebe mittlerer Größenordnung; die Erhöhung der Arbeitsproduktivität in allen Teilen der Ökonomie durch eine Verlagerung der Wachstumsprioritäten von der Grundstoff- und Schwerindustrie zur Konsumindustrie bei Förderung eines technologisch fortgeschrittenen Maschinenbaus; der Ausbau von Infrastruktur sowie die Wertschätzung und Förderung des Dienstleistungssektors; eine wachsende Öffnung zur weiteren Umwelt durch Intensivierung des Austauschs von Menschen, Gütern, Technologie und Kapital. Der Umbau dieser Gesellschaften war nach einer ersten Phase extensiven Wachstums also längst überfällig. Bekanntlich kam er zu spät: Die inneren Widersprüche ließen sich im Rahmen des realsozialistischen *Ancien régime* nicht mehr bewältigen. In einer von erheblicher Dynamik gekennzeichneten Umwelt mußten sie sich zuspitzen, weshalb mehr oder weniger revolutionäre Umbruchsituationen – prognostizierbar und frühzeitig prognostiziert – unausweichlich wurden. Wie bei jeder wirklichen Revolution war nur der konkrete Zeitpunkt (1989-92) nicht vorhersagbar.[20]

20 Über frühe Prognosen s. mein in Anm. 3 zitiertes Buch, dort vor allem die in Kap. 6 zitierten osteuropäischen Autoren, ebenfalls dort meine eigene Prognose aus dem Jahre 1982.
Hilfreich für ein Verständnis des revolutionären Umbruchs in realsozialistischen Ländern ist interessanterweise der Klassiker für die Diagnose solcher Situation, nämlich Alexis de Tocqueville: *Der alte Staat und die Revolution* (1856), Bremen o. J. (Sammlung Dieterich, Bd. 232).

Einen gesamten Entwicklungsprozeß zentral steuern zu wollen, muß in Abwege führen. Entwicklungsprozesse einfach dem freien Spiel der Kräfte zu überlassen, kann nur in Ausnahmefällen gelingen, und die hat es in der Geschichte kaum gegeben. Also kommt es darauf an, gesellschaftliche Kräfte freizusetzen und sich unter Rahmenbedingungen entfalten zu lassen, die sie nicht überfordern, aber auch nicht unterfordern. Das war immer schon eine äußerst schwierige Aufgabe, und sie ist angesichts der Tatsache, daß die Kluft zwischen den Spitzenökonomien und den Nachzüglern in den vergangenen Jahrzehnten weit größer als kleiner geworden ist, heute nicht leichter zu bewältigen als in der Vergangenheit. Dieser grundlegende strukturelle Sachverhalt ist einer der Hintergründe, warum die sich als *longue durée* manifestierende Entwicklungsproblematik zu einem Kernproblem der internationalen Politik geworden ist.

2. Implikationen für Friedenspolitik

Welches sind die friedenspolitischen Implikationen der dargelegten modernen Entwicklungsproblematik? Zwei Problembereiche sollen unterschieden werden: zum einen die Probleme, die sich aus dem inneren Umbruch einzelner Gesellschaften in der Folge von Entwicklungsprozessen ergeben, zum anderen die Probleme, die das internationale System betreffen.

2.1 Die Konfliktträchtigkeit von Entwicklungsprozessen

(1) Entwicklung, aber auch Fehlentwicklung und Unterentwicklung implizieren sozialen Wandel, das heißt den Abstieg alter Hauptgruppen einer Gesellschaft (Klassen und Schichten) sowie den Aufstieg neuer. Diese Abwärts- und Aufwärtsmobilität ist in der Regel äußerst konfliktträchtig und nach aller historischer Erfahrung mit Gewalt durchsetzt. Dabei werden nicht nur Interessen berührt, über die gegebenenfalls faire Kompromisse gefunden werden könnten, sondern auch Identitäten, die durch sozialen Wandel in Gefahr geraten bzw. neu aufgebaut werden. Wird aber ein Interessenkonflikt durch einen Identitätskonflikt überhöht, so werden die daraus folgenden politischen Auseinandersetzungen

besonders heftig. Ehe neue institutionelle Rahmenbedingungen und die in sie eingebauten politischen Spielregeln für einigermaßen legitim erachtet werden, können Jahrzehnte vergehen: In dieser Zeitspanne sind anhaltende Konflikte allermeist unausweichlich.

Die praktische Frage, die sich stellt, betrifft das Ausmaß der Gewaltsamkeit beziehungsweise die Chance der Gewaltlosigkeit in solchen gesellschaftlichen Auseinandersetzungen. Aller Erfahrung nach kann politische Partizipation in Kombination mit einer gezielten Politik der Verteilungsgerechtigkeit das Ausmaß an Gewaltsamkeit verringern helfen. Dieser Erfahrung steht die andere gegenüber, der zufolge in einer längeren ersten Phase von Entwicklungsprozessen sozio-ökonomische Ungleichheit eher zu- als abnimmt. Eine Politik der Verteilungsgerechtigkeit bedarf also des langen Atems, denn sie kommt erst in einer späteren Entwicklungsphase voll zum Tragen, vor allem dann, wenn in der Folge lobbyistischer Konflikte eine breite Demokratisierung der politischen Partizipationschancen erreicht worden ist.

Was heute akut in der Dritten Welt als Ergebnis von Modernisierungskonflikten zu beobachten ist: politische Instabilität bis hin zu bürgerkriegsähnlichen Auseinandersetzungen, hat eine jahrhundertelange Vorgeschichte auch in der frühen Entwicklungsgeschichte Europas, nur daß derzeit der politische, soziale, ökonomische und kulturelle Umbruch in einer viel kürzeren Zeitspanne erfolgt als in den Vorreiter-Gesellschaften Europas. Dadurch akzentuieren sich die Problemlagen; die praktische Bewältigung der Konflikte gestaltet sich entsprechend äußerst schwierig, zumal bedingt durch den Einsatz moderner Medien sich politische Konflikte unvergleichlich dramatisieren lassen.

Durch Entwicklungsprozesse wird unausweichlich der jeweils überkommene »soziale Frieden« gefährdet; der gesellschaftliche Umbruch macht eine Verständigung über die neuen politischen Prämissen der gesellschaftlichen Ordnung erforderlich. In Entwicklungsprozessen sind also für eine lange Zeit eher mehr oder weniger gewaltträchtige Konflikte zu erwarten als anhaltender sozialer Frieden.[21]

(2) Entwicklung impliziert auch Konflikte um die Aufwärts- und gegen die Abwärtsmobilität einzelner Staaten, Gesellschaften

21 S. hierzu vor allem Kap. 2 im vorliegenden Buch.

und Nationen in der die Welt kennzeichnenden Hierarchie, die wesentlich in der Schichtungsstruktur internationaler Arbeitsteilung begründet ist. Dabei sind zwei Problemlagen von besonderer Bedeutung: die hegemoniale Position einer Spitzenökonomie und das Problem nachholender Entwicklung mit dem Ziel einer Aufwärtsmobilität und der Verhinderung von Peripherisierung.

Seit 250 Jahren kann eine hegemoniale Spitzenstellung in der Weltwirtschaft und der internationalen Politik nur noch auf der Grundlage technologischer und organisatorischer Innovation vermittels weltwirtschaftlich führender Leitsektoren errungen werden. Ein solches Leistungsprofil ist im wesentlichen nicht das Ergebnis der Ausbeutung anderer Gesellschaften, obgleich diese hierfür hilfreich sein mag, sondern die Folge von beispiellosen Produktivitätsdurchbrüchen in der eigenen Ökonomie als Summe erarbeiteter Kompetenzen. Hegemoniale Spitzenökonomien sind natürlicherweise versucht, ihre Überlegenheit in der Weltwirtschaft auszuspielen, indem sie Freihandel propagieren und sich bemühen, diesen weltweit durchzusetzen. Freihandel impliziert, daß die *économie dominante* Kompetenzen und das eigene Wirtschaftspotential voll zur Wirkung bringen kann, weil die Chancen eines für sie erfolgreichen Verdrängungswettbewerbs von vornherein günstig sind. Und obwohl die Generalvermutung der klassischen liberalen Theorie, ein freihändlerisches Weltwirtschaftssystem beinhalte einen *kosmopolitischen* Wohlfahrtsgewinn für die Weltwirtschaft *insgesamt*, prinzipiell richtig ist, ist jedoch nicht die Weltwirtschaft die eigentliche Einheit, um die sich ökonomisches Handeln dreht, sondern einzelne unterschiedlich entwickelte Volkswirtschaften.[22] Der kosmopolitische Wohlfahrtsgewinn kann für die Beteiligten sehr Unterschiedliches bedeuten: in der Regel für die Spitzenökonomie weitere Wachstumschancen, für einige Staaten mit einer geschickt inszenierten Strategie nachholender Entwicklung die Ermöglichung beziehungsweise Beschleunigung der Aufwärtsmobilität, indem sie sich an die Wachstumslokomotive an der Spitze der Weltwirtschaft anhängen und eine breitenwirksame nachholende Entwicklung inszenieren. Für viele bedeutet jedoch Wirtschaften unter freihändlerischen Bedingungen die Gefahr von Peripheri-

22 S. hierzu Paul Bairoch: *Economics and World History. Myths and Paradoxies*, New York 1993, insbes. Kap. 2 und 3.

sierung und schließlich eine tatsächliche Peripherie-Entwicklung, sei es im Sinne einer monokulturellen Ausrichtung auf die Bedürfnisse der Spitzenökonomie (wie oft im Falle von weltwirtschaftlichen Boomphasen), sei es im Sinne von sozio-ökonomischer und sozio-kultureller Regression (vor allem im Falle weltwirtschaftlicher Abschwungphasen).

Vor allem unter der Bedingung von abhängiger Aufwärtsmobilität, die schließlich zu einer breitgefächerten nachholenden Entwicklung, also zum Erfolg führt, ist eine auf die eigenen Entwicklungschancen bedachte Politik beobachtbar. Dabei geht es darum, den Verdrängungswettbewerb von außen abzuwehren bzw. zu kanalisieren sowie eine staatlich geförderte Entwicklungspolitik zur Erschließung der eigenen produktiven Kräfte auf den Weg zu bringen. Solche Maßnahmen rechnen sich zunächst in aller Regel nicht kurzfristig, weil sie auf den Ausbau von Infrastruktur, die Erschließung des Humankapitals und eine öffentlich geförderte Industriepolitik gerichtet sind. Da nachholende Entwicklung kein Selbstläufer ist, sondern solcher Maßnahmen im nationalen Rahmen bedarf, muß solcher »Entwicklungsnationalismus« als ein wichtiges Medium zur Erschließung des eigenen Entwicklungspotentials, der Volkswirtschaft oder Nationalökonomie, betrachtet werden. Aus entwicklungspolitischen Gesichtspunkten ist es also nicht sinnvoll, jede betont nationale, den Wirtschaftsprozeß steuernde Politik von vornherein zu verwerfen. Vielmehr geht es bei der Bewertung von »Nationalismus« um die Frage, ob dieser der breitenwirksamen Entwicklung der jeweiligen Gesellschaft dient oder ob er nichts weiter als ein demagogisches beziehungsweise militantes Mittel bei der herrschaftlichen Absicherung des jeweiligen Status quo ist. Der Nationalismus der letzteren Variante bedarf allerdings, gerade unter friedenspolitischen Gesichtspunkten, einer grundlegenden Kritik, da mit ihm in der Regel nur eine offensiv-expansionistische Politik verschleiert werden soll. Und oft wird eine solche Politik nach außen nur betrieben, um den jeweiligen Status quo gegen gesellschaftliche Kräfte, die als Ergebnis von Entwicklungsprozessen nachdrängen, abzusichern und zu zementieren.[23]

Die Vorstellung, die auch derzeit bei den Spitzenökonomien

23 Über diese Problematik und verschiedene Typen von Entwicklungsnationalismus s. Dieter Senghaas: *Wohin driftet die Welt? Über die Zukunft friedlicher Koexistenz*, Frankfurt/M. 1994, Kap. 2 und 3.

timieren, um schließlich eine Aufwertung (*»upgrading«*) seiner Position in der Hierarchie internationaler Arbeitsteilung zu erreichen (wie das nach 1960 Südkorea und Taiwan gelang), oder wird China angesichts der enormen Probleme im Inneren des Landes eher einen kulturell-chauvinistischen, wirtschaftsnationalistischen Kurs verfolgen? Diese Fragen wagen auch intime China-Beobachter nicht definitiv in die eine oder andere Richtung zu beantworten, weshalb eine künftige Hegemoniekrisenproblematik nicht eindeutig zu prognostizieren ist.[29] Gewiß ist jedoch, daß diese Problematik, die die moderne Staatenwelt an der Spitze ihrer Hierarchie immer wieder charakterisierte, mit der derzeitig eindeutigen militärischen und der keineswegs gleichermaßen eindeutigen ökonomisch-technologischen sowie kulturellen Suprematie der USA nicht einfach zu Ende gekommen ist.[30]

Neben dieser Friedensproblematik an der Spitze internationaler Hierarchie sind vier weitere Problembereiche zu kennzeichnen:

2.2.2 *Die Welt der OECD*

Nach ungefähr 100 bis 150 Jahren erfolgreicher nachholender Entwicklung haben die heute hoch industrialisierten Gesellschaften des Westens (OECD) ökonomische Binnenprofile erreicht, die es ihnen erlauben, untereinander tendenziell freihändlerisch zu agieren.[31] Diese Lage findet ihren Ausdruck in substitutiver Arbeitsteilung, das heißt in einem Wettbewerb in allen wesentlichen Sparten der Ökonomie, die sich allesamt durch hohe Pro-

29 S. in diesem Zusammenhang Gunter Schubert: *Chinas Kampf um die Nation. Dimensionen nationalistischen Denkens in der VR China, Taiwan und Hongkong an der Jahrtausendwende*, Hamburg 2002.

30 S. hierzu G. John Ikenberry: *Wither Pax America? Balance of Power, Hegemony, and the Future of American Preponderance*, Washington 2000; John J. Mearsheimer: *The Tragedy of Great Power Politics*, New York 2001; Joseph S. Nye: *Das Paradox der amerikanischen Macht. Warum die einzige Supermacht der Welt Verbündete braucht*, Hamburg 2003; Michael Mann: *Die ohnmächtige Supermacht. Warum die USA die Welt nicht regieren können*, Frankfurt/M. 2003. S. auch Tony Judt: *America and the World*, in: *New York Review of Books*, Bd. 50, Nr. 6, 10. April 2003, S. 28-31; Werner Link: *Imperialer oder pluralistischer Frieden? Plädoyer für eine Politik der kooperativen Balance*, in: *Internationale Politik*, Bd. 58, Nr. 5, 2003, S. 48-56.

31 S. hierzu Kap. 6 im vorliegenden Buch.

duktivität auszeichnen. So kommt es in diesem Kernsegment der Weltwirtschaft zu tendenziell symmetrischer Interdependenz von erheblicher Größenordnung. Das sind Gesellschaften mit hoher politischer Stabilität, mit breiten demokratischen Partizipationschancen, aufbauend auf politischen Ordnungen, die durch Rechtsstaatlichkeit gekennzeichnet sind. Ökonomisch handelt es sich um Hochlohnländer mit potenten Binnenmärkten. Ein erhebliches Ausmaß an symmetrischer ökonomischer Verflechtung und überwölbender institutioneller Vernetzung führt zwischen den Mitgliedern dieses Clubs zu einer einigermaßen fairen Verteilung der Gewinnchancen. Auf Grund einer trilateralen Koordination der Wirtschaftspolitiken zwischen den USA, Japan und der Europäischen Gemeinschaft erfolgt eine wechselseitige wirtschaftspolitische Anpassung, durch die bisher weltwirtschaftliche Verwerfungen von nicht mehr beherrschbarer Größenordnung verhindert werden konnten.

Im übrigen zeigt jedoch auch der Club der OECD-Ökonomien, wie selbst unter Spitzenökonomien die moderne Entwicklungsproblematik, also die strukturellen Gefahren eines Verdrängungswettbewerbs, virulent bleiben:[32] Auch diese Spitzenökonomien fördern und schützen durch entsprechende staatliche Maßnahmen potentiell neue wirtschaftliche Leitsektoren, deren erfolgreiche Entwicklung ihnen zu einem entsprechenden zeitlichen Vorsprung in der Weltwirtschaft verhelfen würde (Innovationsprotektionismus). Aber sie schützen auch, wenngleich im Einzelfall über längere Zeit rückläufig, alternde Industriebranchen und -subbranchen durch Erhaltungsprotektionismus gegen den Wettbewerb junger aufwärtsmobiler Industriegesellschaften (Schwellenländer). Das freihändlerische Arrangement zwischen den OECD-Ökonomien bleibt also immer von zwei Seiten her gefährdet – ein Problem, das in einer anhaltenden, meist krisenbedingten Diskussion über den Neomerkantilismus beziehungsweise Neoprotektionismus deutlich zum Ausdruck kommt.

Trotz solcher abgefederter Virulenz darf jedoch nicht übersehen werden, daß die »OECD-Welt« eine Zone stabilen Friedens darstellt: Weder wird in ihr im Hinblick auf Interessenkonflikte mit militärischer Gewalt gedroht, noch ist vorstellbar, daß es in

32 Den Hintergrund für diese Problematik leuchtet aus Michael E. Porter: *The Competitive Advantage of Nations*, London 1990.

den wechselseitigen Beziehungen der OECD-Staaten zur Anwendung militärischer Gewalt kommen könnte. Der »OECD-Frieden« ist eine erhebliche Errungenschaft, vor allem, wenn man bedenkt, daß noch vor 120 Jahren führende Industrieländer in imperialistische Konflikte geraten sind und danach zwischen ihnen zwei Weltkriege ausgefochten wurden. Die Wahrscheinlichkeit dieses Typs von Konflikt ist heute eher gering. Angesichts beispiellos verflochtener Interessen sind Konfliktregelungen via institutionalisierter Verhandlungswege und einschlägiger Regelwerke (»internationaler Regime«) weit wahrscheinlicher. Verflochtene Interessen führen zur Konzertierung des Verhaltens.

2.2.3 Die Nord-Süd-Beziehungen

Demgegenüber liegen in den Beziehungen zwischen den Industriegesellschaften des Westens und den Entwicklungsregionen der Welt weder in politischer noch in ökonomischer Hinsicht vergleichbare Symmetrien vor. Im Gegenteil, diese Beziehungen zeichnen sich durch tiefe Asymmetrien aus. Hier kommt die moderne Entwicklungsproblematik voll zum Durchbruch: Den Spitzenökonomien des Clubs der OECD-Wirtschaften stehen Ökonomien entgegen, die eine Peripherie-Entwicklung durchlaufen haben und mit mehr oder weniger Erfolg sich bemühen, eine nachholende Entwicklung zu inszenieren. Nur in Ostasien haben wirkliche Entwicklungsdurchbrüche, die eine Aufwärtsmobilität implizieren, stattgefunden. Andernorts liegen eher problematische und nicht selten katastrophale Ergebnisse vor.

In diesen Beziehungen dokumentiert sich die Asymmetrie in der ungleichen Relevanz füreinander: Für die Industrieländer, die schwerpunktmäßig in ihren ökonomischen Aktivitäten um sich selbst kreisen, ist mit Ausnahme von ca. 10 Schwellenländern und den energieproduzierenden Staaten die Dritte Welt nur von begrenzter Bedeutung, während die Entwicklungsländer in ihren außenwirtschaftlichen Aktivitäten im wesentlichen auf die Industrieländer ausgerichtet bleiben. Vor allem aber sind die strukturellen Folgen dieser Beziehungen tendenziell asymmetrisch: Für die Industrieländer bedeuten die außenwirtschaftlichen Aktivitäten in der Dritten Welt ergänzende Betätigungsfelder für schon diversifizierte und qualitativ hochstehende Ökonomien; für die Entwicklungsländer implizieren die Beziehungen zwar Einkommenschancen, die allerdings einer höchst unterschiedlichen Verwendung zugeführt werden, sei es, daß sie für produktive Investitionen benutzt werden, sei es, daß sie konsumtiv aufgebraucht oder einfach verschwendet werden. Aber auch die produktiven Investitionen sind nicht unter allen Umständen entwicklungsfördernd, können sie doch gerade in der Folge falscher Prioritäten drastische Fehlentwicklungen provozieren. Könnte man aber eine einigermaßen korrekte Prioritätensetzung unterstellen – eine ziemlich unrealistische Annahme –, so wäre dennoch zumindest für die am wenigsten entwickelten Länder ergänzend eine internationale Sozialpolitik erforderlich, die als flankierende Hilfe für nationale Entwicklungsanstrengungen begriffen werden müßte. Realistisch betrachtet, ist jedoch nach aller Erfahrung auch ein solcher Ressourcentransfer von den Zentren der Weltwirtschaft in die Peripherien keineswegs zwangsläufig immer entwicklungsfördernd: Unkonditioniert kann er auch zur Zementierung alter Strukturen oder zu Fehlallokationen führen. Wichtig sind also auch in dieser Hinsicht die korrekt gesetzten Schwerpunkte von Entwicklungspolitik: korrekt im Hinblick auf die oben dargelegten Kriterien à la List.

Was den Grad der Konfliktintensität der Nord-Süd-Beziehungen angeht, so ist weiterhin nicht von einem breit angelegten, durchgängigen Nord-Süd-Konflikt im Sinne sich antagonistisch verstehender und organisierter Konfliktparteien auszugehen. Dazu stellen die Entwicklungsländer ein zu uneinheitliches Gebilde dar. Im übrigen besitzen sie auch keine schlagkräftigen kollektiven Organisationen; ihre Interessen lassen sich deshalb nur schwer artikulieren, bündeln und durchsetzen. Aller Wahrscheinlichkeit nach wird es eine große einheitliche Konfliktfront zwischen *den* Industrieländern und *den* Entwicklungsländern nicht mehr geben, sondern eher vielfältige Kleinkonfliktfronten, die aus spezifischen Problemlagen resultieren, beispielsweise aus unterstellten militärischen Gefahren (in der Folge von nuklearer, biologischer und chemischer Rüstung in der Dritten Welt) oder in der Folge von tiefen politischen und sozio-ökonomischen Zerrüttungen, die heute schon, wenngleich bisher nur in begrenztem Ausmaße, Ströme von Wirtschaftsflüchtlingen auslösen. Und selbst solche Kleinkonfliktfronten gibt es nicht viele; derzeit sind nur der Nahe Osten und der Golfbereich als *weltpolitisch* gefährlich einzustufen; nicht also Lateinamerika, Schwarzafrika, der

ASEAN-Bereich und Ostasien. In Südasien droht allerdings ein Konflikt zwischen Indien und Pakistan, der bei entsprechenden Einwirkungen von außen eventuell noch auf einen Regionalkonflikt begrenzt werden kann.[33]

2.2.4 *Die neuen West-Ost-Beziehungen*

In den Beziehungen zwischen den westlichen Industriegesellschaften und den nach 1989-92 zusammengebrochenen Gesellschaften des Realsozialismus drohte eine Kluft, die sich leicht in eine chronische Peripherientwicklung übersetzen könnte. Eine solche Entwicklung ist allerdings nicht zwangsläufig: Ihr kann durch entsprechende Reformmaßnahmen vor Ort und durch eine erhebliche Sanierungshilfe von außen entgegengewirkt werden. Auch ist nicht zu verkennen, daß der im Realsozialismus erzwungene Egalitarismus im Transformationsprozeß zu einem Aktivposten auf Zeit werden kann, weil nach alter Erfahrung anfänglich egalitär angelegte Gesellschaften entwicklungsfähiger sind als solche, die sich von vornherein durch eine krasse Ungleichheit auszeichnen. Im übrigen steht in den ehemals realsozialistischen Gesellschaften, die sich seit einem Jahrzehnt in einem Übergang zu demokratischen Rechtsstaaten mit marktwirtschaftlicher Ordnung befinden, ein erhebliches ausgebildetes Humankapital zur Verfügung, das ohne besondere Schwierigkeiten weiter gefördert und qualifiziert werden kann.

Doch ist es offenkundig, daß diese Gesellschaften durch eine von dogmatisch-freihändlerischen Prämissen ausgehende umfassende Liberalisierung ihrer außenwirtschaftlichen Rahmenbedingungen einem ebenso umfassenden Verdrängungswettbewerb ausgesetzt wären, gegen den sie sich angesichts der Schwäche der eigenen Transformationsökonomien nicht behaupten können. Andererseits ist aber eine selektive Öffnung zum Weltmarkt erforderlich, um aus der Wagenburg-Struktur der früheren Planökonomien herauszukommen und Anschluß an neuere technologische Entwicklungen bei Produkten und Produktionsverfahren zu erreichen. Das Geschick wird also auch in diesen Fällen darin bestehen müssen, einen ruinösen Verdrängungswettbewerb ab-

33 S. hierzu Detailstudien in Karl Kaiser und Hans-Peter Schwarz (Hg.): *Weltpolitik im neuen Jahrhundert*, Bonn 2000; Mir A. Ferdowsi (Hg.): *Internationale Politik im 21. Jahrhundert*, München 2002.

zuwehren bzw. gemäß eigener Bedürfnisse zu kanalisieren, während gleichzeitig eine selektive Ankopplung an die Weltwirtschaft dringend geboten ist. Wie immer in solchen Situationen drohen Fehlentscheidungen in der einen oder anderen Richtung, sei es, daß die Abwehr gegen Verdrängungswettbewerb zu lange und zu umfassend erfolgt, sei es, daß sie zu kurz und nicht ausreichend genug ist und daß insbesondere, in dem einen wie in dem anderen Falle, entsprechende innere Entwicklungsanstrengungen unzureichend bleiben und sich also eine uralte entwicklungpolitische Erfahrung wiederholt.

Es ist jedoch durchaus vorstellbar, daß in diesem Beziehungsmuster, anders als in den Nord-Süd-Beziehungen, Umbau- und Aufbauhilfen innerhalb einer relativ kurzen Zeitspanne von zwei Jahrzehnten sichtbare Erfolge zeitigen werden, nicht nur, weil sie im Falle Ostmitteleuropas, des Baltikums und (wenngleich mit noch erheblichen Abstrichen) Südosteuropas auf aufnahmefähige Strukturen treffen, sondern weil sie in ein umfassendes Konzept einer Europäischen Friedensordnung, der EU-Osterweiterung, eingebunden sind. Eine Struktur dauerhaften Friedens in Europa wird nur erreichbar sein, wenn es zu einem ökonomischen Ausgleich zwischen West- und Osteuropa kommen wird, oder anders ausgedrückt: Wenn sich Europa ökonomisch zerklüftet, werden lebensfähige *gesamt*europäische Institutionen nicht zu erreichen sein.[34]

2.2.5 Die Süd-Süd-Beziehungen

Von wenigen Ausnahmen abgesehen sind die Wirtschaftsbeziehungen zwischen den Entwicklungsländern untereinander von größenmäßig geringer Bedeutung. Deshalb erscheint es derzeit einigermaßen aussichtslos, den Konflikten in diesem Bereich durch Aufbau ökonomischer Interdependenz effektiv entgegenwirken zu wollen. Machtpolitische Auseinandersetzungen – das zeigt ein Blick in die Dritte Welt – kommen hier ganz unverstellt zum Durchbruch, und nüchterne ökonomische Interessenkalküle spielen oft eine weit geringere Rolle als politische Kalküle des Machterwerbs, insbesondere der Machtbehauptung bzw. Machterweiterung. Die sogenannten »neuen Kriege«, die in der Herr-

34 S. Dieter Senghaas: *Friedensprojekt Europa*, Frankfurt/M. 1992.

schaft von Kriegsherren und Gewaltmärkten (»warlordism«) ihre Grundlage haben, dokumentieren einen geradewegs chronisch gewordenen sozialpathologischen Sachverhalt.[35] Dabei könnten die Entwicklungsländer bei entsprechender politischer Koordination die wichtigsten Probleme ihrer eigenen weiteren Entwicklung ohne weiteres unter sich selbst lösen: Trotz eines niedrigen, aber dennoch schon differenzierten Entwicklungsniveaus könnten sie sich wechselseitig äußerst nützlich sein. Die Gefahr, von Partnern vergleichbaren Entwicklungsniveaus überwältigt und überrollt zu werden, wäre bei weitem nicht so groß wie jene, die aus dem Gefälle zwischen den Spitzenökonomien der industriellen Welt und ihnen selbst resultiert. Aber eine solche Perspektive der *»collective self-reliance«* ist in den Entwicklungsländern bisher nicht auf fruchtbaren Boden gefallen, weshalb, von Schwellenländern abgesehen, ihre Außenwirtschaftsbeziehungen in alte bilaterale Strukturen kolonialen Typs eingebunden bleiben.

3. Zusammenfassende Überlegung

Die moderne Entwicklungsproblematik, die spätestens mit der agrarischen und industriellen Revolution Englands einsetzte, hat im Laufe der Jahrzehnte an Virulenz zugenommen: Dabei kam es zu machtzyklisch sich entfaltenden Auseinandersetzungen um die Spitzenpositionen in der Weltwirtschaft, also zu modernen Hegemoniekonflikten. Auch politisierte sich das Problem nachholender Entwicklung immer stärker, weil die Entwicklungsfrage zu einem wichtigen Bezugspunkt regionaler und weltweiter politischer Auseinandersetzung wurde. Überdies kommt hinzu, daß über die Erleichterung internationaler Information und Kommunikation Demonstrationseffekte zwischen vorgerückten Gesellschaften und Nachzüglern durchschlagen, weshalb Entwicklungsgefälle immer weniger toleriert werden. Ohne ein Gleichgewicht des Besitzes, »bei welchem jeder sich erträglich befindet«, wie Fichte einst schrieb, sind friedliche Beziehungen innerhalb von Gesellschaften und zwischen ihnen kaum erwart-

35 S. Mary Kaldor: *Neue und alte Kriege*, Frankfurt/M. 2000; Erhard Eppler: *Vom Gewaltmonopol zum Gewaltmarkt?*, Frankfurt/M. 2002; Herfried Münkler: *Die neuen Kriege*, Reinbek 2002.

bar.[36] Eine Politik aktiver Verteilungsgerechtigkeit ist also eine Mindestvoraussetzung für den sozialen Frieden innerhalb von Gesellschaften wie zwischen ihnen.

Wenn man nach den friedenspolitischen Implikationen der modernen Entwicklungsproblematik fragt, so kann eine Antwort, die sich auf die klassische Position »Frieden durch Handel« oder gar »Frieden durch Freihandel« bezieht, bei weitem nicht genügen. Entwicklungsgeschichtlich war diese Devise gegen die Machterweiterungs- und -eroberungspolitik der europäischen Dynastien im 17., 18. und 19. Jahrhundert gerichtet, während gleichzeitig langfristig die kosmopolitischen Interessen des aufsteigenden Bürgertums gefördert werden sollten. Die moderne Entwicklungsproblematik, bei der es um die Ermöglichung nachholender Entwicklung geht, kam dabei nicht bzw. nicht angemessen in den Blick. Unbestrittenermaßen ist heute insbesondere angesichts der krassen Asymmetrien in der Welt ebendiese Problematik für die Konstitution der Welt in einem grundlegenden Sinne strukturbestimmend. So sind die variablen Ausprägungen der Sicherheitsdilemmata ohne das Verständnis des *vorgängig gelagerten* Entwicklungsdilemmas nicht mehr begreifbar. Allein schon dieser elementare Sachverhalt katapultiert die Entwicklungsproblematik unmittelbar in das Zentrum der Diskussion über die Bedingungen einer Ermöglichung von Frieden im einzelstaatlichen, regionalen und weltpolitischen Kontext.[37]

36 Johann Gottlieb Fichte: *Zum ewigen Frieden – Ein philosophischer Entwurf von Immanuel Kant*, abgedruckt in: Zwi Batscha und Richard Saage (Hg.), *Friedensutopien. Kant, Fichte, Schlegel, Görres*, Frankfurt/M. 1979, S. 91.

37 S. hierzu Dieter Senghaas: *Die Konstitution der Welt – eine Analyse in friedenspolitischer Absicht*, in: *Leviathan*, Bd. 31, Nr. 1, 2003, S. 117-152.

Interkultureller Dialog angesichts kultureller Globalisierung

Weltweit ist seit der Mitte der 1990er Jahre der Begriff der »Globalisierung« massiv in das Zentrum des politischen und auch des wissenschaftlichen Diskurses gerückt. Aus der Geschichte öffentlich wirksam gewordener Begriffe weiß man, daß ein solcher Vorgang immer reale Sachverhalte widerspiegelt. Dennoch: Problematisch wird der gängig gewordene Begriff, insofern mit ihm – wie es häufig in industriell hochentwickelten Ländern geschieht – weltweite Gleichläufigkeiten unterstellt werden, wodurch ein fragwürdiges, gegebenenfalls sogar ein falsches Bild der Welt entsteht. Denn diese Welt zeichnet sich immer noch durch höchst unterschiedliche Teilstrukturen bzw. Teilwelten aus, die allerdings in hierarchisch gelagerten Abschichtungen aufeinander bezogen sind, also nicht je für sich existieren.[1]

Eine solche Aussage gilt nicht nur im Hinblick auf die politische Ökonomie der Welt, also die beobachtbare Existenz von *symmetrisch* interagierenden Zentren und von *asymmetrisch-interdependenten* Zentren, Subzentren, Semiperipherien, Peripherien und Subperipherien, sondern auch hinsichtlich politisch relevanter kontextspezifischer Kulturprofile. Gerade letzterer grundlegender Sachverhalt – die Einbettung von Kulturprofilen in spezifische, heutzutage weitgehend *ökonomisch* bestimmte Gesellschaftsformationen der aufgezählten Art – muß verstanden werden, will man zu einem fruchtbaren *interkulturellen* Dialog gelangen.

1. Über die kulturell relevanten Kontexte der Weltwirtschaft

An der Spitze der Weltgesellschaft sind zwischen den fortgeschrittenen Industriegesellschaften (OECD-Welt) Entgrenzungsprozesse, die in allen Dimensionen (Politik, Wirtschaft, Gesellschaft,

1 S. Dieter Senghaas: *Die Konstitution der Welt – eine Analyse in friedenspolitischer Absicht*, in: *Leviathan*, Bd. 31, Nr. 1, 2003, S. 117-152.

Kultur) *komplexe Interdependenzen* entstehen lassen, zu beobachten. Im ökonomischen Bereich ist dieser Vorgang am weitesten fortgeschritten. Beispielhaft ist hierfür die forcierte Entwicklung des europäischen Binnenmarktes, der heute durch eine freihändlerisch motivierte Mobilität der entscheidenden ökonomischen Faktoren gekennzeichnet wird. Die hier inzwischen entstandenen Interdependenzen zeichnen sich durch *Symmetrie* und *substitutive Arbeitsteilung* aus. D. h., alle beteiligten Ökonomien, ob klein oder groß, produzieren tendenziell kapital-, wissens- und technologieintensiv; sie sind in allen Sektoren vergleichbar wettbewerbsfähig, und sie exportieren ein und denselben Typ von Gütern hoher Wertschöpfung über die Grenzen hinweg. Das führt zu einem erheblichen Wettbewerb und doch gleichzeitig zu grenzüberschreitenden integrierten Märkten. Da der Wettbewerb auf gleichem Kompetenzniveau stattfindet, kommt es zu dem, was man als *Globalisierung de luxe* bezeichnen könnte: einer *symmetrisch* gelagerten Durchdringung der Märkte mit vergleichbaren, eben »substituierbaren« Gütern. Von der Natur abgesehen gewinnen bei diesem Typ von Arbeitsteilung alle Beteiligten, einschließlich der Konsumenten.[2]

Ein solcher Sachverhalt läßt sich aber weltweit, d. h. jenseits der OECD-Ökonomien, nur in Ansätzen und punktuell beobachten. Denn weltweit existiert weiterhin, wie schon in den vergangenen Jahrzehnten, wenn nicht gar Jahrhunderten, ein erhebliches Produktivitäts- und Kompetenzgefälle zwischen den hochproduktiven Ökonomien und den weniger produktiven. Die weniger produktiven Ökonomien sind dabei einem dramatischen Verdrängungswettbewerb ausgesetzt; sie befinden sich unter Peripherisierungsdruck, d. h. in der Gefahr, innerhalb der Weltwirtschaft an den Rand gedrängt, also peripherisiert oder gar marginalisiert zu werden.[3]

Natürlich sind das Produktivitäts- und Kompetenzgefälle und der daraus resultierende *asymmetrisch* gelagerte Verdrängungswettbewerb nicht überall gleich ausgeprägt. Und natürlich gibt es unterschiedliche Reaktionsweisen einer weniger produktiven Ökonomie (*économie dominée*) gegenüber der überragend produktiven *économie dominante*: Abbau und Verfall, also Regres-

2 S. Kap. 6 im vorliegenden Buch.
3 S. Kap. 9 im vorliegenden Buch.

sion, ist eine der möglichen Reaktionen, und sie ist keineswegs die seltenste (siehe heute Schwarz-Afrika). Teilweise Abschottung bei gleichzeitigem Versuch des Überlebens unter selbst gewählten Bedingungen (»Importsubstitutionsindustrialisierung«) ist eine weitere denkbare und empirisch beobachtbare Reaktion (siehe bis vor kurzem Lateinamerika). Den dritten, eher seltenen Typ von Reaktion könnte man als innovative Antwort auf die genannte Herausforderung bezeichnen: Hier werden alle Kräfte mobilisiert, um dem Verdrängungswettbewerb standzuhalten und ihm gegebenenfalls erfolgreich entgegenzuwirken. Inszeniert wird dann ein Verdrängungswettbewerb gegen die höher produktive Ökonomie: Man schlägt den Herausforderer mit qualitativ vorzüglichen einfachen und später komplexen Produkten, die mit zunächst niedrigen Lohnkosten erzeugt werden, was zu einem *»dependency reversal«* führt: zu einem Verdrängungswettbewerb in umgekehrter Richtung, von den Nachzüglern der Entwicklung zu den Altindustrieländern (z. B. Ostasien in den vergangenen Jahrzehnten).

Doch anders als in diesem exzeptionellen Fall führt Globalisierung in den weniger produktiven Gesellschaften und Ökonomien allermeist zu jener Erscheinung, die Entwicklungsforscher seit Jahrzehnten korrekt als *»strukturelle Heterogenität«* bezeichnet haben. Mit diesem Begriff wird eine Gesellschafts- und Wirtschaftsstruktur gekennzeichnet, in der sich unterschiedliche Produktivitätsniveaus und Produktionsweisen, hierarchisch-abgeschichtet gelagert, miteinander verschränken – gewissermaßen im Spektrum von den hochproduktiven Tochterfirmen multinationaler Konzerne einerseits und einer kärglichen Selbstversorgungswirtschaft andererseits, dazwischen findet sich eine fragile lokale Industrie und ein aufgeblähter Dienstleistungssektor. Die bekannte Folge dieser Struktur, in die ein Gefälle an Kapital- und Technologieausstattung, an Organisationsfähigkeit und Kompetenzen sowie ein Macht- und Einkommensgefälle eingebaut sind, besteht in aller Regel in einer Akzentuierung der Kluft zwischen Reich und Arm, zwischen Privilegierung und Marginalität *in ein und derselben Gesellschaft.* Wirtschaftswachstum führt dann dazu, daß die strukturelle Heterogenität nicht ab-, sondern zunimmt. Die für eine erfolgreiche Entwicklung erforderliche tendenzielle Homogenisierung der Ökonomie findet nicht statt. Darüber akzentuieren sich die bekannten Sozialkatastrophen von

Entwicklungsländern, um die seit den 1960er Jahren die entwicklungspolitische Diskussion kreist.[4]

Wenn vor mehreren Jahrzehnten in einer fulminanten lateinamerikanischen Entwicklungsdiskussion über »transnationale kapitalistische Integration bei gleichzeitiger nationaler Desintegration« reflektiert wurde – auf diese Problematik bezog sich der Kern der sogenannten *dependencia*-Diskussion –, dann hat sich inzwischen die seinerzeit geschilderte Problemlage für diesen Typ von Ländern in der Welt um einiges zugespitzt. Denn das Produktivitäts- und Kompetenzgefälle und damit der Peripherisierungs- und Marginalisierungsdruck sind in der Zwischenzeit nicht kleiner geworden, sondern größer. Autoren (wie u. a. A. Cordova, F. H. Cardoso, R. M. Marini, A. Quijano und O. Sunkel) haben seinerzeit über den Fall Lateinamerika nachgedacht, andere (wie insbesondere Samir Amin) über Afrika und die übrige Welt, und wiederum andere Autoren haben entsprechende Beobachtungen zur Ausgangslage einer »Weltsystem-Analyse« (I. Wallerstein) gemacht.[5] Die Globalisierungsproblematik (»transnationale kapitalistische Integration«), wie sie heute den größten Teil der Welt tangiert, ist also eine nicht unvertraute Erscheinung, und so auch ihre vielerorts unerbittliche Folge: »nationale Desintegration« als Konsequenz eines asymmetrischen Verdrängungswettbewerbs von den Zentren der Weltwirtschaft bis hin zu deren Subperipherien. *Für die Entwicklungsgesellschaften der Welt existierte sie, lange ehe Globalisierung als Begriff in Umlauf kam.* Deshalb kann es nur nützlich sein, sich erneut der Sachverhalte einer *Globalisierung avant la lettre* zu vergewissern, um der Denkfalle zu entgehen, die Erfahrungen aus dem Umkreis einer OECD-*Globalisierung de luxe* als repräsentativ für die gesamte Welt zu unterstellen.[6]

4 Eine ausführliche Analyse zur Problematik struktureller Heterogenität findet sich in Dieter Senghaas: *Weltwirtschaftsordnung und Entwicklungspolitik. Plädoyer für Dissoziation*, Frankfurt/M. 1977.

5 Zentrale Beiträge der genannten und anderer Autoren sind veröffentlicht in Dieter Senghaas (Hg.): *Imperialismus und strukturelle Gewalt. Analysen über abhängige Reproduktion*, Frankfurt/M. 1972; ders. (Hg.): *Peripherer Kapitalismus. Analysen über Abhängigkeit und Unterentwicklung*, Frankfurt/M. 1974; ders. (Hg.): *Kapitalistische Weltökonomie. Kontroversen über ihren Ursprung und ihre Entwicklungsdynamik*, Frankfurt/M. 1979.

6 Globalisierung *avant la lettre* und wie sie sich heute darstellt, findet sich besonders erhellend analysiert in Osvaldo Sunkel und Michael Mortimore:

2. Strukturanaloge Kulturprofile

Nun zeigt sich, vom ökonomischen Bereich her gesehen, eine bemerkenswerte Strukturanalogie im Hinblick auf *kulturelle Globalisierung*. Auch hier ist ein abgeschichtetes Bild erforderlich. Entgrenzung findet statt, aber diese hat wiederum ganz unterschiedliche Ausprägungen, ob wir uns im Bereich der OECD-Welt bewegen oder in den übrigen Teilen der Welt.

Innerhalb der OECD-Welt wird der zunehmende kulturelle Austausch als *qualitative Bereicherung* empfunden, gleichgültig, ob er in anderen, vergleichbar entwickelten Gesellschaften oder in der übrigen Welt seinen Ursprung hat. Denn mit ihm verstärkt sich die Vielfalt der kulturellen Impulse, sei es in der bildenden Kunst, im Film, in der Musik (»Weltmusik«) oder in der Literatur. Diese Vielfalt vermehrt das ohnehin reichliche kulturelle Angebot, was ein weltläufiges postmodernes Flair dieser Gesellschaften noch einmal akzentuiert. Stilmischungen kommen zustande, sei es in Form einer Hybridisierung, von *cross-overs* oder ähnlichen Durchmengungen.[7] In der breitenwirksamen Populärkultur sind Vorgänge solcher Art interessant, oft kulturell aufregend, aber politisch weitgehend belanglos. Denn offensichtlich lassen sich diese vielfältigen Impulse absorbieren, ohne daß die betroffenen Gesellschaften auch nur anfänglich in Identitätskrisen zu verfallen drohen. Vor allem: eine sich dergestalt pluralisierende, bunter werdende Kulturszene bedroht nicht, zumindest nicht bis heute, den Kernbestand der politischen Kultur, d. h. die inzwischen routinisierte Akzeptanz von Pluralität und die erprobte Fähigkeit, diese mit Hilfe bewährter institutionalisierter Vorkehrungen abzufedern und konstruktiv zu bearbeiten. Hier also haben wir es, von der räumlich eingrenzbaren Problematik der Integration von Migranten abgesehen, mit einer kulturellen *Globalisierung de luxe* zu tun.

Gegenüber dieser ist die Lage in den Entwicklungsgesellschaften der Welt in aller Regel eine ganz andere. Dort wird allermeist

Transnational Integration and National Disintegration Revisited, in: Björn Hettne, András Inotai und Osvaldo Sunkel (Hg.), *Comparing Regionalisms. Implications for Global Development*, London 2001, S. 54-92.

7 S. hierzu aus einer Fülle von Literatur Bernd Wagner (Hg.): *Kulturelle Globalisierung. Zwischen Weltkultur und kultureller Fragmentierung*, Essen 2001.

der kulturelle Außeneinfluß, der aus der ökonomisch, technologisch und medienwirksam überlegeneren OECD-Welt stammt, als ein direkter Angriff auf die eigene (meist ohnehin schon brüchig gewordene) Identität begriffen. Die fremde, aus den Zentren sich aufdrängende Kultur wird dann unter den Vorzeichen eines aggressiven, wiederum *asymmetrisch* gelagerten *kulturellen* Verdrängungswettbewerbs betrachtet. Und wiederum gibt es, wie im ökonomischen Bereich, drei grundsätzliche Reaktionsweisen: die Regression in der Folge von Überforderung; ein sich aufbäumender Widerstand als Ausdruck von Gegenwehr (man findet diesen allerdings punktuell auch in hoch entwickelten Gesellschaften, wie z. B. früher in Frankreich gegenüber dem überwältigenden Kultureinfluß der USA); und gelegentlich kommt es zu innovativer Reaktion: Dann entsteht Neues in der Folge einer zunächst als überwältigend empfundenen Herausforderung.

Doch in der Regel führt der Verdrängungswettbewerb, nicht anders als in der Ökonomie, zur Herausbildung von *struktureller Heterogenität*, nunmehr in kultureller Hinsicht:[8] Dann zergliedern sich Gesellschaften in der Folge von kultureller Globalisierung in Schichtungen unterschiedlicher mentaler und kultureller Orientierung: Da gibt es die »Westler«, die mit westlicher Kultur (Pluralität von Interessen und Identitäten, Individualismus, Gleichheit der Geschlechter, Selbstbestimmung usf.) keinerlei Schwierigkeiten haben. Im Gegenteil wollen sie, daß die eigenen Gesellschaften möglichst schnell ein vergleichbares Kulturmuster ausprägen, was als Ausdruck von zivilisatorischem Fortschritt empfunden wird und aus struktureller Abhängigkeit herausführen soll. Dann gibt es jene, die gewissermaßen ein Mischprogramm anstreben, also eine Synthese aus Moderne und überkommenen Kulturmustern. Und nicht gering an Zahl sind jene Vertreter, die die eigene Kultur retten, aber doch die Segnungen der fremden Technologie nicht entbehren wollen. Als »halbierte Modernisten« wurden sie bezeichnet, weil sie nur Wissenschaft und Technologie modernisieren, nicht aber die Kultur unter Veränderungsdruck gesetzt sehen wollen. Auch gibt es die Traditionalisten, die in der Vergangenheit oft nur das sehen, was sie in

8 Eine frühe Analyse findet sich in Hans Bosse: *Sozio-kulturelle Faktoren von Unterentwicklung. Überwindung von Unterentwicklung als Lernprozeß*, in: *DGFK-Informationen* (Deutsche Gesellschaft für Friedens- und Konfliktforschung), Sonderheft Schwerpunkt II, Bonn 1974, S. 33-44.

diese hineinprojizieren, und die damit zu Repräsentanten jenes Vorgangs werden, den man als »Erfindung von Tradition« bezeichnet hat. Schließlich gibt es die fundamentalistische Reaktionsweise, die vor Ort, aber auch international mit aggressiver Reaktion auf die Herausforderung westlicher Kultur (»den Teufel«, »den Satan«) reagiert, im Grenzfall sogar mit lokal oder international inszeniertem Terrorismus. Der Kulturgehalt der letztgenannten Reaktion ist allerdings minimal bis inexistent. Denn terroristisch motivierte Gewalt will Schrecken verbreiten, darüber bei Gleichgesinnten zusätzliche Sympathien mobilisieren. Vor allem aber wird Terror als Instrument der Machterringung begriffen. Dabei wird Kultur, insonderheit Religion, allermeist auf ganz vordergründige Weise machtopportunistisch funktionalisiert, woraus Unkultur, im Grenzfall kulturell bzw. religiös verbrämte Makrokriminalität erwächst.[9]

Nun hängt die jeweils beobachtbare Mischung einer politisch-kulturell motivierten Reaktion in erheblichem Maße vom Erfolg bzw. Mißerfolg sozio-ökonomischer und politischer Transformationsprozesse ab. Sind, wie beispielsweise in Ostasien, die Transformationsprozesse (langfristig betrachtet) relativ erfolgreich – man beobachtet dann ein *»upgrading«* –, so sind kulturelle Veränderungsprozesse zwar schmerzhaft, aber, nolens volens, von Anpassungsfähigkeit und Lernoffenheit gekennzeichnet.[10] Befinden sich demgegenüber Gesellschaften in einer tiefen, überdies einer sich chronifizierenden Entwicklungskrise, also einer Krise ohne Aussicht auf ihr Ende, so akzentuieren sich, parallel zur sich zuspitzenden strukturellen Heterogenität in der Ökono-

9 S. Mark Juergensmeyer: *Terror in the Mind of God. The Global Rise of Religious Violence*, Berkeley 2000; Martin Riesebrodt: *Die Rückkehr der Religionen. Fundamentalismus und der Kampf der Kulturen*, München 2000; Henner Fürtig (Hg.): *Islamische Welt und Globalisierung. Aneignung – Abgrenzung – Gegenentwürfe*, Würzburg 2001; Thomas Scheffler (Hg.): *Religion between Violence and Reconciliation*, Beirut 2002; Harald Barrios und Andreas Boeckh (Hg.): *Resistance to Globalization. A Comparison of Three World Cultures*, New York 2003.

10 S. Klaus-Georg Riegel: *›Asiatische Werte‹ – Die Asiatisierungsdebatte im Kontext der Globalisierung*, in: *Zeitschrift für Politik*, Bd. 48, Nr. 4, 2001, S. 397-425; Manfred Mols: *Bemerkungen zur Globalisierung in Ost- und Südostasien*, in: ebd., S. 427-447. S. auch Peter Birle, Jörg Faust, Günther Maihold und Jürgen Rüland: *Globalisierung und Regionalismus. Bewährungsproben für Staat und Demokratie in Asien und Lateinamerika*, Opladen 2002.

mie und in der Sozialschichtung, die kulturellen Verwerfungen, wobei ein Nährboden für ein breites Spektrum von meist gleichzeitig beobachtbaren Reaktionsweisen entsteht. Unter dem Vorzeichen einer chronischen Entwicklungskrise, eines *»downgrading«*, wird der Kulturkonflikt vor Ort unausweichlich zu einer anhaltenden, meist militant werdenden Auseinandersetzung über die Ausrichtung der öffentlichen Ordnung, also zu einem durchweg öffentlichen und hochpolitischen Ereignis. Es kommt zu einem *Kulturkampf* im ernsten Sinne des Begriffes: zu einer Auseinandersetzung über unterschiedliche Optionen in der Gestaltung der öffentlichen Angelegenheiten. Kulturkonflikte gleichen dann Machtkämpfen, die ihrerseits Verfassungskämpfe sind, weil es in ihnen um grundlegende Fragen künftiger Gesellschaftsordnung geht. So beispielsweise, vor allem in islamisch geprägten Gesellschaften, um die Frage von theokratischer oder säkularer Orientierung bzw. entsprechenden Mischformen (»Gottes Staat als Republik«), wie seit einigen Jahren und derzeit intensiviert beispielhaft im Iran beobachtbar.[11]

Kulturkämpfe dieser Art offenbaren in Gestalt von Machtkonflikten existentielle Identitätskrisen. Kulturelle und bewußtseinsmäßige Heterogenität ist dann nicht nur auf gesamtgesellschaftlicher Ebene oder in einzelnen Sozialschichten, sondern gerade auch in den Einzelpersonen selbst zu beobachten. Mit den Folgewirkungen einer kulturellen *Globalisierung de luxe*, einer sich immer selbst bereichernden Kulturszene, einer spielerisch-postmodernen Beliebigkeit hat dieser Sachverhalt nichts zu tun. Denn in den extremen Fällen sind Konflikte der genannten Art (Algerien, Iran u. a.) Auseinandersetzungen auf Leben und Tod.

Man tut also gut daran, wie in der ökonomischen (und allgemeinen) Globalisierungsdiskussion, so auch in der kulturellen Dimension von Globalisierung unterschiedliche Kontexte und die sie charakterisierenden Sachverhalte auseinanderzuhalten, aber gleichzeitig in den jeweiligen, in aller Regel konfliktgeladenen Kontexten die ökonomischen Profile und jene der Kultur, insonderheit der politischen Kultur, in ihrer real existierenden Verklammerung zu sehen.

11 S. Gudrun Krämer: *Gottes Staat als Republik. Reflexionen zeitgenössischer Muslime zu Islam, Menschenrechten und Demokratie*, Baden-Baden 1999.

3. Folgerungen für einen fruchtbaren interkulturellen Dialog

Welche Folgerungen für den heute vielfach für unausweichlich erklärten interkulturellen Dialog ergeben sich aus den vorangegangenen kompakten Beobachtungen?

Was in den Entwicklungsgesellschaften der Welt heute unter den Vorzeichen ökonomischer und kultureller Globalisierung und angesichts eines tiefgreifenden sozialen Wandels zu beobachten ist, ruft, wenngleich nicht in jedem Detail, so doch in den Grundzügen, Erinnerungen an heute im öffentlichen Bewußtsein weithin verdrängte europäische Erfahrungen wach. Denn Europa, d.h. präziser: Nord- und Westeuropa, ist jener Kontinent, der seit der frühen Neuzeit, insbesondere aber seit ca. 1750 zum erstenmal in der Weltgeschichte in der Folge sozialer Mobilisierung zur Geburtsstätte dramatischer Modernisierungsschübe und entsprechender mentaler Umbruchserfahrungen wurde. Ihre Begleiterscheinung waren tiefgreifende ordnungs- bzw. gesellschaftspolitische Konflikte, auch Kulturkämpfe der vorgenannten Art, in den jeweiligen Gesellschaften.

Die derzeitigen politischen, sozio-ökonomischen und soziokulturellen Veränderungen in den Entwicklungsgesellschaften der Welt sind somit dem geschichtsbewußten Beobachter europäischer Entwicklungsgeschichte nicht unvertraut: Wie einst in Europa, so ist heute weltweit eine dramatische *soziale Mobilisierung*, d. h. eine Entbäuerlichung bzw. Verstädterung von Gesellschaften, eine breitenwirksame Alphabetisierung sowie die Politisierung von herkömmlicherweise eher apolitischen, nunmehr organisierbar werdenden Bevölkerungen zu beobachten. Darüber kommt es, säkular betrachtet, zu einer Pluralisierung von zunehmend politisierten klassen- und schichtspezifischen Interessen und Identitäten. Und darüber entsteht die moderne Koexistenzfrage, die zur grundlegenden Verfassungsfrage wird: Welche verbindlichen institutionellen Vorkehrungen werden in einer sich pluralisierenden Gesellschaft für die friedliche Bearbeitung von unausweichlichen, durchweg politisierten Konflikten gefunden *und als legitim akzeptiert*? Genau diese Problematik trieb die neuzeitliche Geschichte Europas um, und ebendiese Problematik kennzeichnet heute die politischen Konflikte in weiten Teilen der außereuropäischen Welt.[12]

Nun läßt sich die politisch virulente kulturelle Identitätskrise vieler gegenwärtiger Entwicklungsgesellschaften quer durch die Welt (einschließlich des ehemaligen Bereichs des Realsozialismus) nicht durch exklusive Rückgriffe auf die eigene Tradition oder die pure Übernahme fremder Angebote bewältigen, obgleich beides gelegentlich beobachtbar ist. Der Ausweg kann, nicht anders als seinerzeit in Europa, nur das Ergebnis von Kompromissen sein, die aus politischen Konflikten resultieren. Solche machtlagenbedingten Kompromisse müssen den jeweiligen überkommenen Status-quo-Mächten abgerungen werden, denn es handelt sich bei ihnen allermeist um *Weichenstellungen wider Willen*. Das war in Europa nicht anders: Keine der zivilisatorischen Errungenschaften, die *heute* in Europa und in der westlichen Welt insgesamt als grundlegend für die Struktur und den Aufbau der öffentlichen Ordnung erachtet werden (der Schutz individueller Grundrechte, die Gleichheit vor dem Gesetz, die Gewaltenteilung u. a.), waren tragende Prinzipien in der vormodernen alteuropäischen politischen Ordnung: Sie alle sind, nicht anders als die regulative Idee der Toleranz, ein sehr spätes Produkt zivilisatorischer Entwicklung in unseren eigenen westlichen Breitenkreisen.[13]

Im Hinblick auf Europa sollte also nicht vergessen werden: Die Zivilisierung des modernen sozialen Konfliktes, wie sie in den Kernländern Europas zu beobachten ist, war zu keinem Zeitpunkt gewissermaßen in die Kulturgene Alteuropas eingeprägt. Sie ist das Ergebnis einer jahrzehnte- bzw. jahrhundertelangen Konfliktgeschichte. Und im Süden Europas wurden die zivilisatorischen Errungenschaften der Entwicklung einer modernen politischen Kultur erst jüngst nach dem Ende der faschistischen Regime in Portugal und Spanien sowie der Militärdiktatur in Griechenland zur Grundlage politischer Ordnung, in Ostmitteleuropa und im Baltikum erst nach dem Zusammenbruch des Realsozialismus. Im östlichen und südöstlichen Europa und auf dem Balkan sind die Organisationsprinzipien moderner politischer Systeme und ihr kultureller Gehalt derzeit oft immer noch

12 S. hierzu Kap. 2 im vorliegenden Buch.

13 S. Dieter Senghaas: *Zivilisierung wider Willen. Der Konflikt der Kulturen mit sich selbst*, Frankfurt/M. 1998.

nur fassadenhaft-oberflächlich existent und deshalb anhaltend rückfallgefährdet.

Wer nun die eigene europäische Kultur, gerade auch die inzwischen allseits wertgeschätzte, auf Pluralität ausgerichtete politische Kultur, als das historische Ergebnis eines konfliktreichen, oft konvulsiven *kollektiven Lernprozesses* begreift, wird angesichts andernorts zugespitzter gesellschaftspolitischer Konfliktlagen dort kaum in holistisch-kulturessentialistischer Manier unverrückbare homogene Kulturprofile (»asiatische/islamische Werte«) unterstellen. Im Gegenteil: Seit langem ist zu beobachten, wie außereuropäische Kulturen als Reflex eines sich akzentuierenden sozio-ökonomischen Wandels und daraus resultierender politischer Konflikte mit sich selbst in Konflikt geraten, d.h. sich schichtmäßig und mental ausdifferenzieren und darüber selbstreflexiv werden. Vernünftig inszeniert, erleichtert dieser in den Entwicklunggesellschaften unübersehbare Sachverhalt, der *»clash within civilizations«*, den interkulturellen Dialog, vor allem, wenn gleichzeitig europäischerseits (westlicherseits) die reale Konfliktgeschichte Europas erinnert wird und damit von einem wirklichkeitsgetreuen Selbstbild ausgegangen wird.[14] Was die letzte Prämisse angeht, so wäre es nützlich, wenn die Europäer (oder Westler) sich daran erinnern würden[15]

- daß in ihren vormodernen, also in den *alteuropäischen* Gesellschaften, die allemal vielerorts noch im 19. Jahrhundert und oft genug in Ausläufern bis in das 20. Jahrhundert hinein existierten, jene korporativ-kollektivistischen, nach Sozialschichten und Ständen abgeschichteten Werte selbstverständlich waren, die heute andernorts *und antiwestlich*, zum Beispiel als »asiatische Werte« propagiert werden – Werte, die einfach repräsentativ für traditionale Gesellschaften waren und demzufolge auch als andalusisch, schwäbisch, anatolisch, nipponisch, punjabisch usf. bezeichnet werden könnten;

14 Über die Bedeutung eines solchen realistischen Selbstbildes nicht nur für den interkulturellen Dialog, sondern auch für die weitere Entwicklung Europas s. jetzt Emanuel Richter: *Das republikanische Europa. Aspekte einer nachholenden Zivilisierung*, Opladen 1999.

15 Über die nachfolgend aufgelisteten Sachverhalte ist besonders erhellend Ernst-Wolfgang Böckenförde: *Vom Wandel des Menschenbildes im Recht* (Gerda Henkel-Vorlesung), Münster 2001.

• daß die heute glücklicherweise in Grund- und Menschenrechtsdeklarationen artikulierte Unterstellung, *alle* Menschen seien frei und gleich an Würde und Rechten geboren, in Alteuropa, wie klar und unmißverständlich im damaligen Rechtswesen dokumentiert, als eine befremdlich-abwegige, absurde Idee gegolten hat;

• daß das abstrakte Individuum (also das Individuum ungeachtet von Schichtzugehörigkeit, Geschlecht, Hautfarbe, Alter, Intelligenz usf., *das es realiter eigentlich gar nicht gibt*) *qua Rechtssubjekt* im größten Teil europäischer Geschichte nicht bekannt war und demnach als kontrafaktisch unterstellte Rechtsfigur juristisch nicht existierte, um schließlich nach vielen politischen, insbesondere verfassungspolitischen Auseinandersetzungen zum Inbegriff der modernen Rechtsordnung zu werden;

• daß die Gleichheit der Geschlechter im Recht und schon gar faktisch nicht einmal angedacht war;

• daß Religionsfreiheit qua Grundrecht lange Zeit unbekannt, dann umstritten und (auch von den reformatorischen Konfessionen) heftig abgewehrt wurde und von der katholischen Kirche erst in den 1960er Jahren (2. Vatikanisches Konzil) Zustimmung fand;[16]

• daß Toleranz in Alteuropa verworfen wurde, weil sie als Werthaltung galt, von der man erwartete, daß sie die Welt antichristlich werden lasse (Toleranz als die Wurzel der antichristlichen Welt, »die erstgeborene aller Abscheulichkeiten«);[17]

• daß mit der Konfessionalisierung der christlichen Religion (von wenigen Brückenbauern, den Irenikern, abgesehen) eine im christlichen Mittelalter für unproblematisch gehaltene, gewissermaßen routinemäßige Intoleranz nicht nur auf gegenreformatorischer, sondern gerade auch auf reformatorischer Seite militant wurde, bis hin zur Etablierung selbstbewußt und explizit propagierter intoleranter, an die Taliban-Herrschaft erinnernder theokratischer Gemeinwesen zwinglianischer und calvinistischer Provenienz – dies übrigens auch zeitweilig in den nordamerikanischen Kolonien Englands, dort begründet von Menschen, die ei-

16 Hierzu besonders aufschlußreich Hans Maier: *Wie universal sind die Menschenrechte?*, Freiburg 1997.

17 Zu diesem und den folgenden beiden Punkten s. insbes. Henry Kamen: *Intoleranz und Toleranz zwischen Reformation und Aufklärung*, München 1967.

gentlich der religiösen Verfolgung in Alteuropa, Folge von militanter Intoleranz, entronnen waren;

- daß es gegenüber Minderheiten – Häretikern, Heiden und Juden (schon gar gegenüber Muslimen) und Hexen – ohnehin kein Nachsehen und Erbarmen gab, und daß Zensur, die Gängelung des Geistes, an der Tagesordnung war, denn Wissenschaftsfreiheit im heutigen Sinne existierte nicht;
- daß gemäß dem damaligen Verständnis die Menschen nicht eigentlich Rechte besaßen, sondern mit Pflichten in Gemeinschaften eingebunden waren, die ihrerseits von einer breitgefächerten »Polizey-Gewalt« (Berufs-, Sitten-, Haus- und Wirtschaftspolizei) gestützt und abgesichert wurden, was in einer reichhaltigen affirmativen »Polizey-Wissenschaft«, dem Vorläufer moderner Politikwissenschaft, thematisiert wurde;
- daß Moral und Tugend, Pflichten und Sitten, verankert in Gemeinschaften, den standesmäßig verorteten Menschen auf die Bahn einer substantiell vorgegebenen, *sozial definierten* heteronomen Sittlichkeit lenkten, da eine auf individuelle Autonomie abhebende Ethik unbekannt war bzw., wo gefordert, bekämpft und verworfen wurde;
- und daß die moderne Vorstellung vom Individuum als autonomem Subjekt, also das moderne Menschenbild, gegenüber dem alteuropäisch-gemeinschaftsfundierten Bild vom Menschen, der als primär sozialmoralisches Wesen in eine bevormundende öffentliche Ordnung einzubinden war, gerade auch in Europa einer Zäsur, geradewegs einer *Kulturrevolution* gleichkam – einer Zäsur, die in der Folge von Modernisierungsprozessen und sozialem Wandel unausweichlich wurde.

Kannte Alteuropa eine verbindliche, herrschaftlich abgesicherte und bewachte Sozialidee in den unterschiedlichen Ausprägungen des Feudalismus und des kameralistisch-merkantilistischen *Ancien régime*, so wurde erst mit der Heraufkunft der bürgerlichen Marktgesellschaft *und* ihrem sich allmählich aufbauenden proletarischen Fundament das Individuum auf sich gestellt bzw. auf sich zurückgeworfen.[18] Dieser Wandel und Übergang in der Folge antifeudal-bürgerlicher und später antibürgerlich-proletarischer Bewegungen löste emanzipatorische Impulse aus, provozierte aber gleichzeitig auch reaktionären Wi-

18 S. Wolfgang Böckenförde, op. cit. (Anm. 15).

derstand bis hin zu geistigen und politischen Bewegungen theokratischer Konterrevolution. Deren alte, inzwischen in Europa verblichene Topoi finden sich jedoch heute weltweit vielfach in den Entwicklungsgesellschaften wieder: so die abwehrende Kritik am Individualismus, Liberalismus und Säkularismus, an dem in dieser Kritik unterstellten Sitten- und Kulturverfall, an Pluralität im allgemeinen und Toleranz gegenüber vielfältigen Wertehaltungen im besonderen als den Geburtsstätten gesellschaftlicher Anomie und moralischer Orientierungslosigkeit und Verderbtheit.[19]

Bekanntlich handelt es sich hier um Topoi, die sich nicht am Rande, sondern im Zentrum besonders auch der Geistes- und Kulturgeschichte Deutschlands, insbesondere in relevanten politischen Gruppierungen und Bewegungen dieses Landes *bis weit in das 20. Jahrhundert hinein* beobachten lassen. Im Lichte der inzwischen glücklicherweise überwundenen Debatte über »deutsche Werte«, die den Werten westlicher Aufklärung und dem angelsächsischen Pragmatismus entgegengesetzt wurden (»Kultur vs. Zivilisation«), schon gar im Lichte der kulturpolitischen Plädoyers für einen »deutschen Obrigkeitsstaat« im Gegensatz zum zersetzenden Pluralismus westlicher politischer Ordnung (noch in den 1920er Jahren markant und prominent verfochten), sollte es zumindest hierzulande nicht schwerfallen, den Kontext der derzeit in außereuropäischen Ländern beobachtbaren, öffentlich relevanten Wertedebatten zu begreifen und auch den politischen Stellenwert solcher Debatten nachzuempfinden: In unterschiedlichen Varianten von Entwicklungsnationalismus reflektieren sie heute, wie einst auch in der neueren europäischen Geschichte, *entwicklungsbedingte*, besonders fehlentwicklungsbedingte Problemlagen.[20] So ist die alte und neuerdings wieder revitalisierte

19 S. den exzellenten Beitrag von Christoph Marx: *Fundamentalismus und Nationalstaat*, in: *Geschichte und Gesellschaft*, Bd. 27, 2001, S. 87-117; weiterhin Wolfgang Reinhard (Hg.): *Die fundamentalistische Revolution*, Freiburg 1995; Martin Riesebrodt: *Die fundamentalistische Erneuerung der Religionen*, in: *WeltTrends*, Nr. 30, Frühjahr 2001, S. 9-27.

20 Zur deutschen Debatte s. Paul Nolte: *Die Ordnung der deutschen Gesellschaft. Selbstentwurf und Selbstbeschreibung im 20. Jahrhundert*, München 2000; Stefan Breuer: *Ordnungen der Ungleichheit. Die deutsche Rechte im Widerstreit ihrer Ideen 1871-1945*, Darmstadt 2001. Besonders aufschlußreich für die Debatte über »deutsche Werte« bzw. eine Orientierung an »Kultur« im Unterschied zur Orientierung an »Zivilisation« s. die

Debatte über »slawische Werte« in Rußland, der Kulturkampf zwischen den dortigen »Westlern« und den Slawophilen, als Reflex chronisch ungelöster gesamtgesellschaftlicher Problemlagen zu verstehen. Überall waren und sind, von einem gewissen Lokalkolorit abgesehen, solche Defensivreaktionen in vergleichbaren antiwestlichen Projektionen – »Okzidentalismus« – begründet. Sie sind das Gegenbild zum sogenannten »Orientalismus«, den gängigen pauschalierenden Projektionen des Westens hinsichtlich außereuropäischer Gesellschaften.[21]

Europäer (und Westler) sollten sich also an einem interkulturellen Dialog mit dem Wissen um ihre eigene reale Vorgeschichte beteiligen. Sie sollten zuvor verstanden haben, daß viele heute in der weiten Welt sich abspielenden, politisch motivierten Kulturdebatten ihre analogen Vorläufer in Europa hatten und daß die heute beobachtbaren Kulturkämpfe nicht unvertraut, schon gar nicht neu sind, insofern man sich der eigenen europäischen Geschichte erinnert. Ein solcher Einstieg in den Dialog wirkt, nachweisbar erprobt, diskursive »Wunder«, indem er nämlich vor einer meist unbewußten Essentialisierung einer Spätphase europäischer (westlicher) Kultur schützt (darin wird die Kultur Europas per se mit *modernen* Wertehaltungen und Organisationsprinzipien der öffentlichen Ordnung gleichgesetzt), und indem ein solcher Ansatz jeglicher Versuchung entgegenwirkt, andere, jetzt erst in einem vergleichbaren Umbruch befindliche Kulturen zu essentialisieren, sie also in Herderscher Manier als quasi-monadische Kugelgestalt wahrzunehmen: Ein essentialistisches Selbstbild und ein essentialisierendes Fremdbild führen jedoch jedwede Kulturdebatte in eine Sackgasse, zumal wenn diese, wie nicht selten, unter politisierten Vorzeichen stattfindet. Ein fruchtbarer Kultur-

Kontroverse zwischen den Brüdern Thomas und Heinrich Mann: Thomas Mann: *Betrachtungen eines Unpolitischen* (1918), Frankfurt/M. 2001, sowie Thomas Mann/Heinrich Mann: *Briefwechsel 1900-1949*, Frankfurt/M. 1995 (Taschenbuch-Ausgabe).

21 Hierzu jetzt Ian Buruma und Avishai Margalit: *»Okzidentalismus« oder Der Haß auf den Westen*, in: *Merkur*, Bd. 56, Heft 4, 2002, S. 277-288. Eine grundlegende Untersuchung über den Orientalismus, in diesem Fall auf das östliche Asien bezogen, findet sich jetzt in Eun-Jeung Lee: *»Anti-Europa«. Die Geschichte der Rezeption des Konfuzianismus und der konfuzianischen Gesellschaft seit der Aufklärung*, Münster 2003. S. auch Heiner Bielefeldt: *Philosophie der Menschenrechte*, Darmstadt 1998.

dialog setzt folglich Kenntnisse über den Paradigmenstreit voraus, der die reale Geschichte jedes Kulturbereichs, besonders auch aller Weltreligionen, kennzeichnet.[22]

Was nun die außereuropäischen Partner eines solchen Dialogs angeht, so wäre wichtig, daß auch diese sich nicht zu Repräsentanten von Kulturen und Religionen hochstilisieren oder in eine solche Position drängen lassen, denn angesichts tiefgreifender akuter Kulturkonflikte innerhalb aller Kulturen gibt es solche »repräsentativen Repräsentanten« im Grunde genommen nicht. Was zu beobachten ist, das sind repräsentative Vertreter der unterschiedlichsten Strömungen, die sich seit langem, wenngleich im Einzelfall quantitativ unterschiedlich präsent, in allen von struktureller Heterogenität geprägten Kulturen finden und befehden: die Traditionalisten und Modernisten, die Theokraten und Säkularisten, die Wertekonservativen und Postmodernisten, die Aufklärer und Gegenaufklärer, die Progressiven und Reaktionäre, die Universalisten und Kommunitaristen, die Ungläubigen und Fundamentalisten, die Status-quo-Anhänger und die Dissidenten. Deren Differenzen sind oft weniger in spezifischen, für nicht austauschbar bzw. nicht verhandelbar gehaltenen Kulturinhalten begründet; vielmehr spiegeln diese kontroversen, oft antagonistischen Positionen modernisierungsbedingte, die einzelnen Kulturkreise übergreifende *analoge* sozio-ökonomische und sozio-politische Problemlagen sowie auch *analoge* Handlungsperspektiven zu deren Bearbeitung und Bewältigung wider – und dies heute außerhalb Europas nicht anders als einst in Europa selbst.

Positionen der genannten Art sind also in erster Linie entwicklungsgeschichtlich-kontextbedingt und keineswegs exklusivkulturspezifisch geprägt, anders wären die über geschichtliche Etappen und einzelne Kulturkreise hinweg bestehenden *gleichläufigen* Konfliktkonstellationen samt Kulturkampfpositionen kaum erklärbar. So finden sich beispielsweise heute in den Argumenten des militanten Islamismus theokratischer Prägung – interessanterweise ohne vorgängige Kenntnisnahme – genau die Argumente der theokratischen Konterrevolution wieder, die

22 Der Wandel von Paradigmen in der Entwicklung von Weltreligionen wird beispielhaft entfaltet in Hans Küng: *Das Christentum. Wesen und Geschichte*, München 1994; ders.: *Das Judentum. Die religiöse Situation der Zeit*, München 1991; ders.: *Der Islam*, München 2004.

nach 1789 in Reaktion auf den laizistischen Staat à la française vorgebracht wurden.[23] In der skripturalistischen Orientierung ist sich die Orthodoxie jeglicher Provenienz weltweit einig. Und wie einst in Europa, so folgen auch heute unter den Vorzeichen eines politisierten Kulturkonfliktes vor allem in islamischen Ländern auf den Versuch einer Dekonstruktion »heiliger Texte« der Entzug der Lehrerlaubnis, ggf. ein Anschlag auf Leib und Leben und oft genug die Flucht in das Exil als einzige Möglichkeit, das eigene Leben zu retten. Argumente gegen das Wahlrecht von Frauen bzw. die Wählbarkeit von Frauen sind heute so einfallslos-verschroben wie einst.[24] Diese und weitere Beispiele dokumentieren, daß sich die Geschichte mehr wiederholt, als es uns in einer schnellebigen geschichtsvergessenen Zeit eigentlich bewußt ist.

Wer immer sich also heute anschickt, interkulturelle Dialoge zu inszenieren, sollte die real existierenden Kulturwelten, nicht also die Fiktion von homogenen Kulturen zum Ausgangspunkt nehmen. Und er sollte sich, *geschichtsbewußt*, der Wiederkehr von analogen Konfliktkonstellationen bewußt werden *und diesen Sachverhalt selbst zum Thema des Dialogs machen*. Das erfordert zunächst einmal die Auflösung von selbstverschuldeten klischeehaften Denkblockaden: vor allem die Erweiterung des intellektuellen Horizonts im Hinblick auf Geschichte und eine weltweit ausgerichtete vergleichende Analyse.[25] Dadurch würde einer kontraproduktiv werdenden Routine, dem beobachtbaren Leerlauf vieler heute gängiger wohlmeinender interkultureller Dialoge, die allermeist nur abstrakte Metadialoge sind, entgegengewirkt. Dergestalt neu ausgerichtet, würden interkulturelle Dialoge zu wichtigen Beiträgen für eine sich allmählich herausbildende, durch vielfältige Kreuz- und Querbezüge geprägte kulturelle Globalität.

Deren grundlegende Problematik, *alt und neu*, läßt sich zusammengefaßt wie folgt kennzeichnen: *Pluralisierung und Plura-*

23 S. hierzu die Darstellung über das nachrevolutionäre Frankreich in Johann Baptist Müller: *Religion und Politik*, Berlin 1997, Kap. IV, sowie vergleichend Sadik J. Al-Azm: *Unbehagen in der Moderne. Aufklärung im Islam*, Frankfurt/M. 1993.

24 Zum Hintergrund dieser Problematik s. aufschlußreich Ronald Inglehart und Pippa Norris: *The True Clash of Civilizations*, in: *Foreign Policy*, März/April 2003, S. 63-70.

25 S. Martin Marty und R. Scott Appleby: *Herausforderung Fundamentalismus. Radikale Christen, Moslems und Juden im Kampf gegen die Moderne*, Frankfurt/M. 1996.

lität von Einzelgesellschaften und der Welt insgesamt ist die *zentrale Herausforderung – als konstruktive Antwort sind Toleranz und Koexistenz*, Ergebnis immer rückfallgefährdet bleibender kollektiver Lernerfahrungen, *anzustreben*. Interkulturelle Dialoge, *sinnvoll ausgerichtet*, könnten bei der Suche und Inszenierung von notwendigerweise vielfältigen, kontextspezifischen, aber auch von sich herauskristallisierenden allgemeinen Antworten von erheblichem Gewinn sein.[26]

Für den interkulturellen Dialog gibt es demnach, zusammenfassend formuliert, einige klare friedenspolitisch bedeutsame Merkposten:

- Es gilt, die Kontexte der politisch relevanten Selbstartikulationen von Kultur zu beachten, also deren Einbettung in spezifische Handlungszusammenhänge, die eine Analyse der jeweiligen Gesellschaftsformationen samt ihres Bezugs zu einem weltweiten Umfeld zu erschließen hat.
- Zu beachten gilt es die Ambivalenzen, die Vieldeutigkeiten, die inneren Brüche, auch die inneren Konflikte, die schon in den meisten Zeugnissen *traditionaler* Kultur in einzelnen Kulturkreisen zu beobachten sind. So wird im Alten Testament nicht nur dafür plädiert, Schwerter zu Pflugscharen und Spieße zu Sicheln zu machen (Jesaja 2,2), sondern auch für das Gegenteil: »Macht aus euren Pflugscharen Schwerter und aus euren Sicheln Spieße« (Joel 4,4)! Die traditionelle chinesische Philosophie, die vor allem über die Ermöglichung öffentlicher Ordnung praxisnah reflektierte, wurde nicht nur von Kontroversen, sondern von geradewegs antagonistischen Positionen gekennzeichnet. Sachverhalte dieser Art, die auch andernorts zu beobachten sind, bleiben in interkulturellen Dialogen meist unterbelichtet. Ein wirklichkeitsnahes Kulturbild müßte also weit früher, d. h. bei der Ausprägung der jeweils traditionalen Kultur ansetzen. Auch dies würde einer Essentialisierung von Kultur entgegenwirken.[27]

26 S. hierzu aus philosophischer Sicht Heinz Kimmerle: *Interkulturelle Philosophie zur Einführung*, Hamburg 2002; Franz Martin Wimmer: *Interkulturelle Philosophie*, Wien 2004; aus politikwissenschaftlicher Sicht s. Harald Müller: *Das Zusammenleben der Kulturen. Ein Gegenentwurf zu Huntington*, Frankfurt/M. 1998.

27 S. hierzu ausführlich und in komparativer Analyse mein in Anm. 13 zitiertes Buch.

• Auch zu beachten gilt, daß Kultur und insonderheit Religion per se erst politisch relevant werden, insofern ihre Anforderungen in den politischen Meinungs-, Willens- und Entscheidungsprozeß, d. h. in die gängigen Prozesse des politischen Systems Eingang finden und darüber politisches Gewicht gewinnen.[28] Der interkulturelle Dialog hat mit solcher politisierten Kultur und Religion zu tun, weniger mit deren unterstellten »originären« Selbstartikulationen, die ohnehin allermeist kontrovers interpretiert werden.

• Ein sinnvoller interkultureller Dialog bewegt sich damit immer schon im Spannungsfeld jener Kontroversen und Konflikte, die in den jeweiligen Kulturkreisen die diversen Kulturströmungen in sich und gegeneinander austragen. Damit werden der Wandel im Selbstverständnis von einzelnen Kulturen und die Abfolge entsprechender Paradigmen, die in Widerstreit zueinander geraten, ebenfalls zum Gegenstand des Dialogs.

• Eine historisch und gegenwartsorientierte vergleichende Beobachtung (Komparatistik) ist für den interkulturellen Dialog eine unerläßliche Methode. Ohne historische und vergleichende Orientierung drohen Dialoge in die Routine eines wohlmeinenden, aber folgenlosen Austauschs oder in die Sackgasse selbstverschuldeter Verständnislosigkeit abzugleiten.

28 Die Bedingungen, unter denen ein politisches Thema oder eine Streitfrage für die Politik relevant wird, finden sich erläutert in Ernst-Otto Czempiel: *Internationale Politik*, Paderborn 1981.

Ausblick

»Untereinander in wirksame Verhältnisse kommen« – das war Immanuel Kants begriffliche Umschreibung für jene Erscheinung, die heute landläufig als sich erweiternde und vertiefende weltweite Interdependenzen bezeichnet wird. Und schon Kant hatte eine verhaltene Vorahnung in seinen Schriften über das, was nunmehr ganz offenkundig ist und dennoch im Friedensdiskurs selten oder nur beiläufig registriert wird: die Tatsache, daß »untereinander in wirksame Verhältnisse kommen« zu extrem unterschiedlichen Lagen in der Welt führt und folglich auch eine entsprechend differenzierte Lagebeurteilung samt differenzierter friedenspraktischer Folgerungen erforderlich macht. Die *Eine Welt*, auf die eine Vielzahl von politischen Stellungnahmen sich bezieht, ist in Wirklichkeit eine in Teilwelten zerklüftete Welt, die allerdings keineswegs voneinander abgesondert existieren, sondern vielmehr, wie in diesem Buch dargelegt, innerhalb einer einzigen komplexen Struktur abgeschichtet aufeinander bezogen sind.[1] Nicht Homogenität, sondern strukturelle Heterogenität in dem im Vorwort dargestellten und in diesem Buch erläuterten Sinne kennzeichnet die real existierende Welt:

Eine der Teilwelten – nennen wir sie, wie in diesem Buch erfolgt, die OECD-Welt oder einfach *Welt I* – verkörpert das materiell, kommunikativ und institutionell dicht vernetzte Gravitationszentrum der Welt. Die Vorgeschichte von *Welt I* ist die Geschichte rivalisierender, kriegsgeneigter *moderner* Machtstaaten samt der sie kennzeichnenden kompetitiven Interessenpolitik. Diese Vorgeschichte endet im westlichen Teil Europas nach dem Zweiten Weltkrieg. Danach entsteht jene neue *Welt I*-Konfiguration, die in Teilbereichen, insbesondere im EU-Kontext, als *postmodern* etikettiert werden kann, weil wesentliche Merkmale der klassischen modernen Staatenwelt, die mit Nationalstaatlichkeit assoziiert werden, an Bedeutung verloren haben oder regelrecht überwunden wurden. In dieser Teilwelt findet auf relativ symmetrischer Grundlage, deren Voraussetzung an früherer

1 S. Dieter Senghaas: *Die Konstitution der Welt – eine Analyse in friedenspolitischer Absicht*, in: *Leviathan*, Bd. 31, Nr. 1, 2003, S. 117-152.

Stelle eingehend erläutert wurde, eine ständige Koordination politischer Strategien, in einem der Teilbereiche sogar Integration statt (s. Kap. 6). Diese erfreulichen Sachverhalte sind nicht unumkehrbar, denn mit der Veränderung ihrer Voraussetzungen können auch sie sich erneut verändern; d. h., Regression ist nicht ausgeschlossen. Und genau in diesem Punkt ist die neuerliche Debatte über das transatlantische Auseinanderdriften, Folge einer unterstellten unipolaren Hegemonialstellung der USA oder gar einer sich imperial gebärdenden amerikanischen Machtpolitik, zu lokalisieren.[2]

In einer anderen Teilwelt, nennen wir sie *Welt II*, wiederholt sich im Grunde genommen die Erfahrung der Vorgeschichte von *Welt I*, nur daß hier, im ostasiatischen Raum, der Prozeß zeitlich gerafft vonstatten geht und jene Entwicklungsstufe noch nicht erreicht ist, die ein der EU vergleichbares regionales Integrationsarrangement ermöglichen könnte. Ein solches Stadium ist nicht auszuschließen, setzt aber voraus, daß Japan weiterhin an seiner handelsstaatlichen Orientierung festhält, China der Option des Handels- und nicht des Machtstaates folgt und daß die USA in diesem Raum eine umsichtige Politik mit im wesentlichen handelsstaatlicher Orientierung verfolgen. Auch dies sind Voraussetzungen, von denen nicht gesichert ist, daß sie tatsächlich eintreten werden. Die Gefahr eines klassischen Machtkonfliktes bzw. eines mehr oder weniger ausgeprägten Konfliktes um regionale Hegemonialpositionen in diesem Raum ist derzeit nicht von der Hand zu weisen und wird im wesentlichen davon bestimmt werden, in welche Richtung sich China entwickelt, wie sich das chinesisch-amerikanische Verhältnis gestalten wird und wie Japan sich in ein regionales Arrangement einfügt.

Eine weitere Teilwelt, die *Welt III*, ist dadurch gekennzeichnet, daß sie sich einem transnational-kapitalistisch integrierten, institutionell vernetzten Gravitationszentrum (*Welt I*) gegenübersieht, in das ihre Mitglieder, die einzelnen Staaten, je selektiv (und somit nicht alle zusammen als kollektiver Akteur bzw. als

2 S. das Schwerpunktheft *Die neue Weltordnung* von *Internationale Politik*, Bd. 58, Nr. 5, 2003, mit Beiträgen von Karl Kaiser, Ivo Daalder/James Lindsay, Hans-Peter Schwarz, Robert Cooper, Christian Tomuschat und Werner Link. Als glänzende Analyse aus journalistischer Feder s. Ulrich Speck: *Macht und Widerstand. Amerikas Rolle in der unipolaren Weltordnung*, in: *Merkur*, Bd. 57, Nr. 5, 2003, S. 395-404.

kooperierendes Kollektiv) eingegliedert sind. In dieser Welt (man hat sich angewöhnt, sie als »Dritte Welt« zu bezeichnen) finden sich einige Insignien der Moderne, vor allem ein oft noch leidlich operierender Staatsapparat, eine in Einzelfällen durchaus mehr oder weniger differenzierte Ökonomie und eine in der Tendenz entsprechende Sozialschichtung. Alle diese Insignien werden jedoch durch eine gravierende strukturelle Heterogenität durchkreuzt. Da diese Heterogenität kaum abgebaut wird, sich oft sogar akzentuiert, sollte diese Welt eher als *pseudomodern* bezeichnet werden. Wobei der Übergang von *Welt III* zu *Welt II* (letztere ist derzeit gewissermaßen die neue moderne Welt) nicht prinzipiell ausgeschlossen ist, sondern, wie in einem früheren Kapitel dargelegt, davon abhängt, ob entsprechende Reformen und Entwicklungsstrategien inszeniert werden (Kap. 9).

Auch eine weitere Teilwelt, die *Welt IV*, war in der ersten postkolonialen Phase von scheinbar modernen, in Wirklichkeit fragil-pseudomodernen Insignien gekennzeichnet: »fragil-pseudomodern« deshalb, weil sie auf eine schmale Basis ohne ökonomische Eigendynamik aufgesetzt waren. Diese Welt ist in einem Zerfallsprozeß und wird inzwischen durch viele *prämoderne* Merkmale gekennzeichnet: durch die Herrschaft von Kriegsherren (*war lordism*) und endemische Bürgerkriege, durch lokal inszenierte, aber oft international vernetzte Gewaltmärkte und den Zusammenbruch selbst der aus dem kolonialen Erbe zunächst noch erhaltenen Infrastruktur, durch eine Ausweitung von gesellschaftlicher Anomie und sozialem Elend bei gleichzeitiger Selbstbereicherung der Kriegsherren samt ihrer Klientel und auch der Oberschicht im allgemeinen.[3]

Diese vier Teilwelten werden durch mehr oder weniger ausgeprägte Eigendynamiken gekennzeichnet; aber sie sind ihrerseits in eine weltweit vorhandene Hierarchie abgeschichtet-struktureller Abhängigkeit eingebettet. In dieser Hierarchie gibt es eine durch die *Welt I* bestimmte, raumgeographisch lokalisierbare Clusterbildung, die der Ausgangspunkt einer Zentrum-Semiperipherie-Peripherie-Subperipherie-Struktur ist. Weiterhin sind in

3 Der Sachverhalt hat eine intensive Debatte über sogenannte »neue Kriege« ausgelöst. S. Mary Kaldor: *Neue und alte Kriege*, Frankfurt/M. 2000; Erhard Eppler: *Vom Gewaltmonopol zum Gewaltmarkt?*, Frankfurt/M. 2002; Herfried Münkler: *Die neuen Kriege*, Reinbek b. Hamburg 2002.

dieser Hierarchie, wie die vergangenen Jahrzehnte lehren, begrenzte Aufwärts- und Abwärtsmobilitäten sowie gespaltene Erfahrungen zu beobachten.

Die unterschiedlichen Entwicklungslagen dieser Teilwelten und der aus ihnen konstituierten Welt definieren auf absehbare Zeit die Grundproblematik der Welt. Sich in einem hierarchisch strukturierten Gebilde zu behaupten, in dem Interdependenzen jeglicher Art zunehmen (s. Kap. 8) und sich gleichzeitig das Kompetenzgefälle akzentuiert, definiert – von der Spitze, dem OECD-Gravitationszentrum *(Welt I)*, bis hin zur Welt erodierender Staatlichkeit *(Welt IV)* – das Grundproblem dieser Welt querdurch: das Entwicklungsdilemma. Und während auch das Sicherheitsdilemma quer durch die Welt zu beobachten ist, ist es doch in seinen konkreten Ausprägungen nur verständlich, wenn man diese als einen Reflex der sich markant unterschiedlich konstituierenden Teilwelten begreift. An der Spitze der Welthierarchie ist es entwicklungslagenbedingt eingehegt und abgefedert und zum Teil überwunden (s. Kap. 6); in *Welt IV* ist es hobbesianisch-virulent; in den Lagen dazwischen erinnert die derzeitige Dilemmasituation an die kriegsgeneigte Machtgeschichte des neuzeitlichen Europa bis zum Zweiten Weltkrieg und deren innergesellschaftliche Voraussetzung: die Nicht- und Nochnichtexistenz hexagonaler Gesellschaft (s. Kap. 2).

In der real existierenden Welt hat somit Friedenspolitik ganz unterschiedliche, im Buch ausführlich diskutierte, hier abschließend nur kurz zu kennzeichnende Aufgaben: In der *Welt I* geht es um ein verläßliches Management symmetrischer Interdependenz, zu dem heute auch die geschickte Abwehr einer von den USA unipolar inszenierten Weltordnungspolitik gehört, weil heute die Folgen einer solchen Politik andernorts weniger als jemals zuvor bzw. nicht mehr akzeptiert werden und Gegenmachtbildung provoziert wird.[4] In der *Welt II* geht es um die Einhegung eines sich

4 Gemäß der auf die weltweit relevante Verteilung von Machtpotentialen aufbauenden sogenannten »realistischen« Theorie internationaler Beziehungen, der die derzeitigen Verfechter eines unipolaren Weltmachtstatus der USA anhängen, ist in einer solchen Konstellation Gegenmachtbildung geradewegs zwangsläufig-unentrinnbar. Dies ist eine theorieimmanente Prognose, die jedoch bezeichnenderweise bei den betroffenen Praktikern ausgeblendet bleibt. Der Sachverhalt bestätigt eindrucksvoll Karl W. Deutschs Machtdefinition, wenn von diesem Autor in *The Nerves of Government.*

potentiell entwickelnden regionalen Hegemoniekonfliktes durch den Aufbau eines entgegensteuernden Arrangements regionaler Kooperation; die EU könnte hier als Modell figurieren. Nur so läßt sich verhindern, daß in diesem Raum das Sicherheitsdilemma als eine eigenständige geschichtsmächtige Größe virulent wird. Eine wichtige Voraussetzung dafür, daß dies nicht geschieht, ist in einem weiteren Reifeprozeß der betroffenen Ökonomien zu sehen, aber auch in der Weiterentwicklung emergenter in genuin hexagonale Gesellschaften (s. Kap. 2) In der *Welt III* geht es um die altbekannte Aufgabenstellung, breitenwirksame Entwicklungsprozesse und gleichzeitig (äußerst schwierig!) regionale Austauscharrangements zu inszenieren. Nur Entwicklungsprozesse mit Breitenwirkung ermöglichen den Aufbau hexagonal strukturierter Gesellschaften und politischer Ordnungen – und damit die Zivilisierung des modernen sozialen Konfliktes (s. Kap. 9). Demgegenüber stellt sich der Friedenspolitik in *Welt IV* eine Aufgabe elementarster Natur: die Überwindung gesellschaftlicher und aus dem Zerfall staatlicher Institutionen resultierender Anomie durch Etablierung eines soliden Gewaltmonopols. Aber diesem wird nur Legitimität zuwachsen, wenn es erkennbar durch rechtsstaatliche Kontrollen eingehegt wird und eine legitimatorische Rückversicherung durch eine sich ausweitende demokratische Partizipation findet. Solche Partizipation bedarf einer soliden materiellen Grundlage, d.h. einer sich aufbauenden und ausdifferenzierenden Ökonomie (s. Kap. 9).

Da das tatsächliche und das potentielle friedenspolitische Störpotential, das in den einzelnen Teilwelten sowie in deren Interaktion eingelagert ist, für den weiteren Gang der Geschichte der Welt von erheblicher Bedeutung sind, wird eine *Weltordnungspolitik*, die diesen Störpotentialen gezielt entgegenwirkt, von zunehmender Bedeutung. Noch ist Weltordnungspolitik keine breitenwirksame geschichtsmächtige Kraft; was zu beobachten ist, sind erste Entwicklungen in diese Richtung. Aber die Menschheit hat, in aller Nüchternheit und ohne jegliche Emphase formuliert, langfristig nur eine Überlebenschance, wenn es gelingt, die Zer-

Models of Political Communication and Control, New York 1966², formuliert wurde: »power as the ability to afford not to learn« (S. 111)! Der Mächtige glaubt, es sich leisten zu können, nicht zu lernen: Darin ist aber genau die Lernpathologie von Macht begründet, wie Karl W. Deutsch in Kap. 13 seines Buches ausführlich darlegte.

klüftungen, Ungleichheiten und dramatischen Ungerechtigkeiten der real existierenden Welt wenigstens abzubauen und einzuebnen, wenn nicht gar zu überwinden. Dies ist eine friedenspolitische Jahrhundertaufgabe, deren erfolgreiche Bearbeitung unausweichlich verfehlt werden wird, wenn es nicht gelingen sollte, langfristige Zielsetzungen schon hier und heute in operativer Tagespolitik angemessen zu berücksichtigen.[5]

5 S. auch die thematisch breitgefächerten Beiträge in Dieter Senghaas (Hg.): *Frieden machen*, Frankfurt/M. 1997.

Editorisches Nachwort

Wenn man als Autor ein Buch veröffentlicht, dessen Thema für ihn selbst neu, vielleicht sogar ungewöhnlich ist und das über Sachverhalte abhandelt, die erstaunlicherweise bisher noch keine monographische Darstellung erfuhren, so kann man von einem glücklichen Umstand sprechen, zumal, wenn überdies die Veröffentlichung eine erfreulich positive Resonanz auslöst. So geschehen mit meinem letzten Buch und einer darauf aufbauenden CD-ROM, die die Annäherung klassischer Musik an die Friedensproblematik zum Thema haben.[1]

Das vorliegende Buch entspringt nicht einer solchen Konstellation, weder in objektiver noch in subjektiver Hinsicht. Denn die Literatur zur Friedensthematik ist reichhaltig, und überdies habe ich selbst zu ihr während der letzten vier Jahrzehnte anhaltend beigetragen. Diese Beiträge bezogen sich auf unterschiedliche Ebenen der friedenspolitischen Problemstellungen: von der Mikro- zur Meso- bis zur Makroebene. Auch gab es über die Zeit dabei thematische Verlagerungen im eigenen wissenschaftlichen Friedensdiskurs: im Hinblick auf die zeitliche Abfolge in etwa andeutbar mit Stichworten wie Sicherheit, Entwicklung, Kultur, aber auch Weltordnungspolitik, Konfliktanalyse, konstruktive Konfliktbearbeitung und insbesondere Zivilisierung des Konfliktes sowie Friedenstheorie.

Die Konsequenz aus diesen Sachverhalten besteht nun darin, daß das vorliegende Buch natürlich erneut zu vielen dieser hier mit Stichworten angedeuteten früheren Themen Stellung beziehen muß, nunmehr allerdings mit der Absicht, die einst thematisch aufgefächerten Beobachtungen auf die Kernfrage zu fokussieren, die dem zentralen Kapitel dieses Buches, dem *Zweiten Abschnitt*, vorangestellt ist: Wodurch und wie konstituiert sich Frieden heute? Warum es trotz der Fülle der Literatur für eine wissenschaftliche Bearbeitung dieser Frage immer noch Anlaß gibt, habe ich im Vorwort dargelegt.

Die dreiteilige Gliederung des Buches ermöglicht es dem Leser,

1 *Klänge des Friedens. Ein Hörbericht*, Frankfurt/M. 2001; CD-Rom *Frieden hören*! (www.friedenspaedagogik.de).

bei der Lektüre, sofern er möchte, eigene Schwerpunkte zu setzen. Teil I enthält die Kernaussagen des Buches. Insbesondere die Kapitel von Teil III dienen der Vertiefung von spezifischen (vor allem strukturellen) Aspekten, die in den Abschnitten von Teil I oft nur kurz erläutert werden können. Dabei sind die Kapitel in Teil II und Teil III so verfaßt, daß sie für den Leser auch als Einzelkapitel verständlich sind.

In einem der Kapitel bin ich nur Ko-Autor. Die Überlegungen über die Bedingungen, die friedenspolitische Vernunft ermöglichen (Kap. 3), entstanden während einer für mich intellektuell besonders anregenden Zusammenarbeit mit einem der großen Friedensforscher der zweiten Hälfte des 20. Jahrhunderts, Karl W. Deutsch. An seinen ganz wesentlichen Beitrag zur Thematik habe ich jüngst aus Anlaß des 10. Todestages dieses Gelehrten in einem Vortrag erinnert (»*Politik mit wachen Sinnen betreiben*«, in: *WZB-Vorlesungen*, Heft 4, Berlin 2003).

Wie in *Klänge des Friedens*, so möchte ich auch an dieser Stelle meiner inzwischen langjährigen Mitarbeiterin Tina Menge für ihre verständnisvolle Hilfe bei der immer wieder erforderlichen Neubearbeitung des Manuskriptes, insbesondere bei der Erstellung der Endfassung, herzlich danken. Da die Texte auf eine inzwischen als altmodisch zu bezeichnende Weise entstanden sind, kann als sicher gelten, daß sie ohne ihre Hilfestellung die geneigte Öffentlichkeit gar nicht erreichen würden.

Eva Senghaas hat die letzten Jahrzehnte meiner Beschäftigung mit der Friedensproblematik engagiert begleitet und nicht nur durch ihre eigenen Arbeiten zur Thematik bereichert. Ihr ist das Buch zum 60. Geburtstag gewidmet: in Liebe.

Bremen, im Sommer 2003

Inhaltsverzeichnis

II Zusätze

III Anhang

edition suhrkamp
»Kultur und Konflikt«

Unter dem Titel »Kultur und Konflikt« ist 1994 eine Publikationsreihe des Forschungsschwerpunktes in der *edition suhrkamp* eröffnet worden, die von Wilhelm Heitmeyer, Günter Albrecht, Otto Backes und Rainer Dollase herausgegeben wird.

Das Gewalt-Dilemma. Gesellschaftliche Reaktionen auf fremdenfeindliche Gewalt und Rechtsextremismus. Herausgegeben von Wilhelm Heitmeyer. es 1905. 464 Seiten

Die bedrängte Toleranz. Ethnisch-kulturelle Konflikte, religiöse Differenzen und die Gefahren politisierter Gewalt. Herausgegeben von Wilhelm Heitmeyer und Rainer Dollase in Zusammenarbeit mit Johannes Vossen. es 1979. 507 Seiten

Bundesrepublik Deutschland: Auf dem Weg von der Konsens- zur Konfliktgesellschaft. Herausgegeben von Wilhelm Heitmeyer. Zwei Bände in Kassette. es 2004 und es 2034. 1138 Seiten

Verlockender Fundamentalismus. Türkische Jugendliche in Deutschland. Von Wilhelm Heitmeyer, Jochen Müller und Helmut Schröder. es 1767. 277 Seiten

Die Krise der Städte. Analysen zu den Folgen desintegrativer Stadtentwicklung für das ethnisch-kulturelle Zusammenleben. Herausgegeben von Wilhelm Heitmeyer, Rainer Dollase und Otto Backes. es 2036. 470 Seiten

NF 316/1/11.00

Die Bindung der Unverbindlichkeit. Mediatisierte Kommunikation in modernen Gesellschaften. Von Uwe Sander. es 2042. 297 Seiten

Politisierte Religion. Ursachen und Erscheinungsformen des modernen Fundamentalismus. Herausgegeben von Heiner Bielefeldt und Wilhelm Heitmeyer. es 2073. 494 Seiten

Schattenseiten der Globalisierung. Rechtsradikalismus, Rechtspopulismus und separatistischer Regionalismus in westlichen Demokratien. Herausgegeben von Dieter Loch und Wilhelm Heitmeyer. es 2093. 544 Seiten

NF 316/2/11.00

Geschichte und Politik in der edition suhrkamp Eine Auswahl

Hannah Arendt revisited. »Eichmann in Jerusalem« und die Folgen. Herausgegeben von Gary Smith. es 2135. 320 Seiten

Stephen Bronner. Augenblicke der Entscheidung. Übersetzt von Petra Willim. es 1981. 247 Seiten

Marie-Janine Calic. Der Krieg in Bosnien-Hercegovina. Ursachen – Konfliktstrukturen – Internationale Lösungsversuche. es 1943. 256 Seiten

Lorraine Daston. Vom Nutzen und Nachteil der Historie für die Wissenschaften. es 2199. 80 Seiten

Kurt Eisner. Zwischen Kapitalismus und Kommunismus. Herausgegeben und mit einer biographischen Einführung versehen von Freya Eisner. Mit Abbildungen. es 1982. 311 Seiten

Europa im Krieg. Die Debatte über den Krieg im ehemaligen Jugoslawien. es 1809. 157 Seiten

Richard J. Evans. Im Schatten Hitlers? Historikerstreit und Vergangenheitsbewältigung in der Bundesrepublik. Übersetzt von Jürgen Blasius. es 1637. 283 Seiten

Fluchtpunkt Europa. Migration und Multikultur. Herausgegeben von Martina Fischer. es 2062. 248 Seiten

NF 315/1/11.00

Juan Goytisolo
- Ein algerisches Tagebuch. Übersetzt von Thomas Brovot. Mit Abbidungen. es 1941. 120 Seiten
- Landschaften eines Krieges: Tschetschenien. Übersetzt von Thomas Brovot. es 1768. 110 Seiten
- Notizen aus Sarajewo. Mit zahlreichen Abbildungen. Übersetzt von Maralde Meyer-Minnemann. es 1899. 140 Seiten
- Weder Krieg noch Frieden. Palästina und Israel heute. Übersetzt von Thomas Brovot. Mit Fotos. es 1966. 108 Seiten

Ludolf Herbst. Das nationalsozialistische Deutschland. Herausgegeben von Hans-Ulrich Wehler. 1933-1945. Die Entfesselung der Gewalt: Rassismus und Krieg. NHB. es 1285. 495 Seiten

Alfred Herzka. Kuba. Abschied vom Kommandanten? es 2061. 258 Seiten

Die Hexen der Neuzeit. Studien zur Sozialgeschichte eines kulturellen Deutungsmusters. Herausgegeben von Claudia Honegger. Mit 15 Abbildungen. es 743. 393 Seiten

Wolfgang Hoffmann-Riem
- Kriminalpolitik ist Gesellschaftspolitik, es 2154. 240 Seiten
- Modernisierung von Recht und Justiz. Eine Herausforderung des Gewährleistungsstaates. es 2188. 368 Seiten

Dick Howard. Die Grundlegung der amerikanischen Demokratie. Übersetzt von Ulrich Rödel. es 2148. 450 Seiten

Konrad H. Jarausch. Die unverhoffte Einheit. 1989-1990. es 1877. 416 Seiten

NF 315/2/11.00

Judentum im deutschen Sprachraum. Herausgegeben von Karl E. Grözinger. es 1613. 435 Seiten

Ketzer, Zauberer, Hexen. Die Anfänge der europäischen Hexenverfolgungen. Herausgegeben von Andreas Blauert. es 1577. 285 Seiten

Ekkehart Krippendorff. Kritik der Außenpolitik. es 2139. 240 Seiten

Kritisches Wörterbuch der Französischen Revolution. Herausgegeben von François Furet und Mona Ozouf. Zwei Bände. es 1522. 1712 Seiten

André Leroi-Gourhan. Die Religionen der Vorgeschichte. Paläolithikum. Übersetzt von Michael Bischoff. Mit Abbildungen. es 1073. 171 Seiten

Christian Meier. Die Ohnmacht des allmächtigen Diktators Caesar. Drei biographische Skizzen. es 1038. 287 Seiten

Oskar Negt/Alexander Kluge. Geschichte und Eigensinn. Drei Bände. Mit zahlreichen Abbildungen. es 1700. 1249 Seiten

»Niemand zeugt für den Zeugen«. Erinnerungskultur und historische Verantwortung nach der Shoa. Herausgegeben von Ulrich Baer. es 2141. 278 Seiten

Frank Niess. Die europäische Idee – aus dem Geist des Widerstands. es 2160. 260 Seiten

Ostdeutsche Biographien. Lebenswelt im Umbruch. Herausgegeben von Rainer Zoll unter Mitarbeit von Thomas Rausch. es 2078. 416 Seiten

NF 315/3/11.00

Politik ohne Projekt? Nachdenken über Deutschland. Herausgegeben von Siegfried Unseld. es 1812. 494 Seiten

Schattenseiten der Globalisierung. Rechtsradikalismus, Rechtspopulismus und separatistischer Regionalismus in westlichen Demokratien. Herausgegeben von Dietmar Loch und Wilhelm Heitmeyer. es 2093. 544 Seiten

Bernhard Schlink. Heimat als Utopie. es-Sonderdruck. 48 Seiten

Alessandro Silij. Verbrechen, Politik, Demokratie in Italien. Übersetzt von Ulrich Hausmann. es 1911. 389 Seiten

Der Spanische Bürgerkrieg. Eine Bestandsaufnahme von Manuel Tuñón de Lara, Julio Aróstegui, Angel Viñas, Gabriel Cardona, Joseph M. Bricall. es 1401. 708 Seiten

Standort Europa. Europäische Sozialpolitik. Herausgegeben von Stephan Leibfried und Paul Pierson. es 2021. 400 Seiten

Dietrich Staritz. Geschichte der DDR. 1949-1989. Aktualisierte Neuausgabe. NHB. es 1260. 350 Seiten

Hans-Peter Ullmann. Das Deutsche Kaiserreich 1871-1918. NHB. es 1546. 308 Seiten

Paul Veyne. Foucault: Die Revolutionierung der Geschichte. Übersetzt von Gustav Roßler. es 1702. 84 Seiten

Vom Ewigen Frieden und vom Wohlstand der Nationen. Dieter Senghaas zum 60. Geburtstag. Herausgegeben von Ulrich Menzel. es 2173. 640 Seiten

NF 315/4/11.00

Von der Risikogesellschaft zur Chancengesellschaft. Herausgegeben von Erwin Teufel. es 2209. 300 Seiten

Was hält die moderne Gesellschaft zusammen? Herausgegeben von Erwin Teufel. es 1977. 340 Seiten

Der Zusammenbruch der DDR. Soziologische Analysen. Herausgegeben von Hans Joas und Martin Kohli. es 1777. 325 Seiten

Eine kleine Geschichte ...

Eine kleine Geschichte Brasiliens. Von Walther L. Bernecker, Horst Pietschmann und Rüdiger Zoller. es 2150. 368 Seiten

Kleine Geschichte Haitis. Von Walther L. Bernecker. Unter Mitarbeit von Sören Brinkmann und Patrick Ernst. Mit Abbildungen. es 1994. 220 Seiten

Eine kleine Geschichte Polens. Von Rudolf Jaworski, Christian Lübke. Michael G. Müller. es 2179. 384 Seiten

Eine kleine Geschichte der Schweiz. Der Bundesstaat und seine Traditionen. Von Manfred Hettling, Mario König, Martin Schaffner, Andreas Suter, Jakob Tanner. es 2079. 322 Seiten

Eine kleine Geschichte Ungarns. Von Holger Fischer und Konrad Gündisch. es 2114. 302 Seiten

NF 315/5/11.00

Ute Frevert. Frauen-Geschichte. Zwischen bürgerlicher Verbesserung und Neuer Weiblichkeit. es 1284. 357 Seiten

Immanuel Geiss. Geschichte des Rassismus. es 1530. 375 Seiten

Dieter Grimm. Deutsche Verfassungsgeschichte 1776-1866. es 1271. 270 Seiten

Ludolf Herbst. Das nationalsozialistische Deutschland. 1933-1945. Die Entfesselung der Gewalt: Rassismus und Krieg. es 1285. 495 Seiten

Karl Holl. Pazifismus in Deutschland. es 1533. 275 Seiten

Hans Jaeger. Geschichte der Wirtschaftsordnung in Deutschland. es 1529. 292 Seiten

Konrad H. Jarausch. Deutsche Studenten 1800-1970. es 1258. 255 Seiten

Gotthard Jasper. Die gescheiterte Zähmung. Wege zur Machtergreifung Hitlers 1930-1934. es 1270. 271 Seiten

Hubert Kiesewetter. Industrielle Revolution in Deutschland 1815-1914. es 1539. 351 Seiten

Ulrich Kluge. Die deutsche Revolution 1918/1919. Staat, Politik und Gesellschaft zwischen Weltkrieg und Kapp-Putsch. es 1262. 248 Seiten

Kurt Kluxen. Geschichte und Problematik des Parlamentarismus. es 1243. 302 Seiten

Margret Kraul. Das deutsche Gymnasium 1780-1980. es 1251. 248 Seiten

NF 317/2/11.00

Dieter Langewiesche. Deutscher Liberalismus.
es 1286. 381 Seiten

Detlef Lehnert. Sozialdemokratie zwischen Protestbewegung und Regierungspartei 1848-1983. es 1248. 261 Seiten

Karl-Egon Lönne. Politischer Katholizismus im 19. und 20. Jahrhundert. es 1264. 339 Seiten

Peter Marschalck. Bevölkerungsgeschichte Deutschlands im 19. und 20. Jahrhundert. es 1244. 203 Seiten

Michael Mitterauer. Sozialgeschichte der Jugend.
es 1278. 276 Seiten

Horst Möller. Vernunft und Kritik. Deutsche Aufklärung im 17. und 18. Jahrhundert. es 1269. 354 Seiten

Eckart Pankoke. Die Arbeitsfrage. Arbeitsmoral, Beschäftigungskrisen und Wohlfahrtspolitik im Industriezeitalter.
es 1538. 346 Seiten

Detlev J. K. Peukert. Die Weimarer Republik.
es 1282. 313 Seiten

Jürgen Reulecke. Geschichte der Urbanisierung in Deutschland. es 1249. 232 Seiten

Klaus Schönhoven. Die deutschen Gewerkschaften.
es 1287. 290 Seiten

Hans-Christoph Schröder. Die Revolutionen Englands im 17. Jahrhundert. es 1279. 290 Seiten

NF 317/3/11.00

Winfried Schulze. Deutsche Geschichte im 16. Jahrhundert. es 1268. 312 Seiten

Reinhard Sieder. Sozialgeschichte der Familie. es 1276. 360 Seiten

Wolfram Siemann
- Die deutsche Revolution von 1848/49. es 1266. 256 Seiten
- Gesellschaft im Aufbruch. Deutschland 1849-1871. es 1537. 355 Seiten

Dietrich Staritz. Geschichte der DDR 1949-1989. es 1260. 350 Seiten

Dietrich Thränhardt. Geschichte der Bundesrepublik Deutschland. 1949-1989. es 1267. 387 Seiten

Hans-Peter Ullmann. Das Deutsche Kaiserreich 1871-1918. es 1546. 308 Seiten

Hans-Ulrich Wehler. Grundzüge der amerikanischen Außenpolitik 1750-1900. Von den englischen Küstenkolonien zur amerikanischen Weltmacht. es 1254. 222 Seiten

Albert Wirz. Sklaverei und kapitalistisches Weltsystem. es 1256. 256 Seiten

Gilbert Ziebura. Weltwirtschaft und Weltpolitik 1922/24-1931. Zwischen Rekonstruktion und Zusammenbruch. es 1261. 230 Seiten

Personen, Ereignisse, Soziale Bewegungen. Gesamtregister zur ›Modernen Deutschen Geschichte‹. Redaktion: Bernd Holtwick und Claus Kröger. es 1280. 160 Seiten

NF 317/4/11.00